国家社会科学基金一般项目（19BFX048）结项成果

行政指导性案例实证研究

Empirical Study of
Administrative Guiding Cases

王红建　主编

法律出版社
LAW PRESS·CHINA
北京

图书在版编目(CIP)数据

行政指导性案例实证研究 / 王红建主编. -- 北京 : 法律出版社, 2022
ISBN 978-7-5197-6907-9

Ⅰ. ①行… Ⅱ. ①王… Ⅲ. ①行政诉讼-审判-案例-中国 Ⅳ. ①D925.318.25

中国版本图书馆 CIP 数据核字(2022)第126616号

行政指导性案例实证研究
XINGZHENG ZHIDAOXING ANLI SHIZHENG YANJIU

王红建 主编

策划编辑 许 睿
责任编辑 许 睿
装帧设计 李 瞻

出版发行 法律出版社
编辑统筹 司法实务出版分社
责任校对 朱轶佳
责任印制 胡晓雅
经　　销 新华书店

开本 710毫米×1000毫米 1/16
印张 25　　字数 393千
版本 2022年12月第1版
印次 2022年12月第1次印刷
印刷 固安华明印业有限公司

地址:北京市丰台区莲花池西里7号(100073)
网址:www.lawpress.com.cn
投稿邮箱:info@lawpress.com.cn
举报盗版邮箱:jbwq@lawpress.com.cn
销售电话:010-83938349
客服电话:010-83938350
咨询电话:010-63939796

书号:ISBN 978-7-5197-6907-9
定价:118.00元
凡购买本社图书,如有印装错误,我社负责退换。电话:010-83938349

序　言

“一个案例胜过一打文件。”相较形成于日常司法实践中的普通案例，指导性案例是极其宝贵的司法资源，是上下级法院系统联动凝结的司法智慧。指导性案例在总结审判经验、指导审判实践、提高法官司法能力过程中发挥着重要的作用。2020年11月，习近平总书记在中央全面依法治国工作会议上对司法为民提出了新要求，“努力让人民群众在每一个司法案件中感受到公平正义。”〔1〕指导性案例的存在见证着司法为民的温度、司法公正的力度和司法触角的广度。可以说，指导性案例中蕴含着的鲜活正义就是公正司法的指南针。

我国的案例指导制度肇始于2010年最高人民法院发布的《关于案例指导工作的规定》，该规定印发后，自2011年12月最高人民法院发布第一批指导性案例至2021年12月，最高人民法院已发布178个指导性案例。案例指导制度虽然在我国司法实践中发挥了一定的积极作用，但也应当看到，该制度虽正式实行已逾十年，目前却仍存在不少的问题。综观2010年以来的司法实践，裁判文书中引用已发布指导性案例的数量少之又少，案例指导制度目前发挥的作用远未达到制度设定的预期价值。因此，从实践中存在的问题出发，完善相应的案例指导制度，以更为有效的发挥指导性案例的作用是当务之急。

于行政诉讼而言，指导性案例的存在显得更为必要。行政指导性案例在行政诉讼中发挥着统一法律适用标准、实现同案同判、实质性化解行政争议、实现司法公正等重要功能。

首先，成文法和司法解释具有的抽象性、一般性、滞后性等内生缺陷。相较于汗牛充栋的民事诉讼所适用的成文法和司法解释，行政诉讼所适用的成文法

---

〔1〕习近平：《坚定不移走中国特色社会主义法治道路　为全面建设社会主义现代化国家提供有力法治保障》，载《求是》2021年第5期。

和司法解释供给相对不足。行政执法内容、方式的快速转变和发展,更是加剧了法律制度供给的紧张。在这样的情形下,因为缺乏充分且必要的素材,行政诉讼中的法官需要有更为具体真实的法律适用结果来辅助其开展在行政案件审理过程中的法律适用,进而做到同案同判,维护法律的权威。

其次,当行政指导性案例的发布能够对成文法和司法解释的弊端进行弥补、对行政诉讼实践中存在的现实问题进行解决时,行政诉讼被寄托的实质性化解行政争议的目的也会实现。而司法公正基本内涵是要在司法活动的过程和结果中坚持和体现公平与正义的原则,既要求法院的审判过程遵循平等和正当的原则,也要求法院的审判结果体现公平和正义的精神,这与实质性化解行政争议的目的不谋而合。简言之,实质性化解行政争议的目的就是实现司法公正,使行政争议得到实质解决。

知其厚重,道阻且长。本书通过明确已发布的行政指导性案例所确立的裁判规则,促使法院在审理行政案件中对行政指导性案例加以正确适用,并结合行政指导性案例的相关理论以及行政指导性案例在司法实践中的运用情况,深入挖掘行政指导性案例本身及其在实践运用中存在的问题,进而对行政指导性案例的遴选标准、质量控制机制、类案认定规则、拘束力实现机制等制度的完善进行系统研究,以期行政指导性案例真正发挥其统一司法尺度和裁判标准、规范法官裁量权等作用,从而促进行政争议的实质性化解,维护公民、法人或者其他组织的合法权益,真正实现司法公平正义。

本书在撰写过程中呈现出以下特点:一是对行政指导性案例涉及的行政法相关理论进行了系统研究,特别是深入研究了行政指导性案例在行政法体系中的定位。二是通过收集、整理大量援用行政指导性案例的案件,生动展现了行政指导性案例在司法实践中的运用状况,可以为学者在未来以实证分析方法研究案例指导制度提供借鉴。三是通过对行政指导性案例的遴选标准、质量控制机制、类案认定规则、拘束力实现机制等进行系统研究,丰富了案例指导制度所涉及的相关理论,引进了域外特别是判例法国家的先进理论与制度,有利于促进案例指导制度相关研究的发展与繁荣。四是通过对行政指导性案例进行专门研究,开创了系统研究单个部门法领域的指导性案例的先河,具有为民事、行政指导性案例的研究提供方法论的意义。

当前,学术界对指导性案例的基础理论、制度的完善等方面的研究方兴未艾。同时,最高人民法院发布的指导性案例属于类案检索的范围,且检索到的类案为指导性案例的,人民法院应当参照作出裁判,因而司法实践对完善的案例指导制度、明确的指导性案例裁判规则也具有巨大的刚性需求。本书的出版针对案例指导制度目前存在的缺失与不足,系统性提出完善建议,同时也进一步梳理明确了已发布的行政指导性案例的裁判规则。这不仅有助于学者和法科学生对行政指导性案例开展学习与研究,还及时回应了法官、律师、行政机关等在行政诉讼审理过程中如何正确运用行政指导性案例的困惑,更能促进我国案例指导制度的进一步发展完善。

作者分工

王红建(郑州大学):第一章、第二章、第三章、第四章

刘　辉(中国政法大学):第一章、第四章

吕亚满(郑州大学):第二章

肖海生(河南省高级人民法院):第二章、第七章

刘继汉(郑州大学):第三章

周紫阳(郑州大学):第五章

唐文琦(郑州大学):第六章

袁天威(郑州大学):第七章

目　　录

第一章

行政指导性案例的理论基础

“案例指导制度是指最高人民法院针对我国由于幅员辽阔、各地经济社会发展不平衡、诉讼纠纷复杂多样、某些法院之间乃至同一法院的不同法官之间存在‘同案不同判’等现象，为及时总结审判工作经验，指导各级法院审判工作，统一司法尺度和裁判标准，规范法官自由裁量权，充分发挥典型案例在审判工作中指导性作用的一种具有中国特色的司法制度。”[1]

2005 年，最高人民法院发布的《人民法院第二个五年改革纲要（2004—2008）》（法发〔2005〕18 号）中提出：“建立和完善案例指导制度，重视指导性案例在统一法律适用标准、指导下级法院审判工作、丰富和发展法学理论等方面的作用。”这是最高人民法院第一次正式提出“案例指导制度”与“指导性案例”的概念。[2] 2010 年最高人民法院印发《关于案例指导工作的规定》（法发〔2010〕51 号，以下简称《案例指导工作规定》），设定了案例指导基本制度框架，规定了指导性案例的发布主体、遴选标准、推荐主体、审查方法等基本制度，这标志着案例指导制度在我国正式建立。2015 年最高人民法院印发《〈关于案例指导工作的规定〉实施细则》（以下简称《实施细则》），对案例指导工作的具体问题作出了具有操作性的细化规定。2019 年最高人民法院发布《最高人民法院关于深化人民法院司法体制综合配套改革的意见——人民法院第五个五年改革纲要（2019—2023）》确定了 10 个方面 65 项改革举措，其中“完善统一法律适

〔1〕 胡云腾、于同志：《案例指导制度若干重大疑难争议问题研究》，载《法学研究》2008 年第 6 期。

〔2〕 参见王利明：《我国案例指导制度若干问题研究》，载《法学》2012 年第 1 期。

用机制”的要求中就包括“完善指导性案例制度,健全案例报送、筛选、发布、评估和应用机制”。这一系列举措标志着案例指导制度得到了执政党的肯认,是中国特色社会主义司法制度的重要组成部分。[1]

近十年来,在《案例指导工作规定》与《实施细则》等有关规范性文件的指导下,最高人民法院已累计发布指导性案例二十余批。每批发布的案例数量虽然有限,但在各级法院司法实践过程中发挥了一定的积极作用。原因在于,案例指导制度具有明确的问题意识和现实针对性,它直面了当下由于司法环境紧迫、司法能力参差不齐等复杂因素对裁判品质的不利影响以及对“同案同判”的司法公正原理的诉求、对“同案不同判”的司法乱象及其对司法、法治和人心所造成危害的痛切感受。[2]

案例指导制度虽然在我国司法实践中发挥了一定的作用,但也无法否认,该制度虽正式建立已有十余年,目前却仍然存在各种各样的问题。指导性案例的“说理性和说服性尚需增强”[3]“指导性案例遴选方式的行政化使其质量和效益有相当大的不确定”[4]等一系列问题早已被众多学者和法官提出,但这些问题至今尚未得到解决。而纵观 2010 年以来的司法实践,裁判文书引用已发布指导性案例的比例少之又少,案例指导制度目前发挥的作用远未达到最高人民法院的预期。如何完善我国案例指导制度,以更为有效地发挥指导性案例的作用,是我国案例指导制度当前急需解决的问题。本章通过对案例指导制度的相关理论进行阐述,为行政指导性案例相关制度的完善奠定理论基础。

第一节　案例指导制度的理论基础概述

自案例指导制度在我国被提出以来,很多法理学者对案例指导制度的理论基础进行了专门研究。学界多以“不同的法律形式为司法活动提供规则的机

〔1〕 参见徐媛媛:《案例指导制度中的理性建构偏好——基于审判指导性案例的展开》,载《国家检察官学院学报》2019 年第 5 期。

〔2〕 参见张志铭:《中国法院案例指导制度价值功能之认知》,载《学习与探索》2012 年第 3 期。

〔3〕 左卫民、陈明国主编:《中国特色案例指导制度研究》,北京大学出版社 2014 年版,第 122 页。

〔4〕 秦宗文:《案例指导制度的特色、难题与前景》,载《法制与社会发展》2012 年第 1 期。

理”为主线，[1]对我国建构案例指导制度的正当性加以证成。具体而言，在案例指导制度的建构背景方面，学者对“中国案例指导相关制度的理论与实践”与“两大法系的借鉴与融合”作出了理论阐述；在案例指导制度的法律定位方面，则对“法的确定性与不确定性”、“法律解释的困境与变通”以及“指导性案例的性质与作用”进行了详细研究。

一、中国案例指导相关制度的理论与实践

案例指导制度建立前后，陈兴良、左卫民等学者对案例指导相关制度展开了历史考察。他们的研究主要从两个方面展开：一是研究古代中国至近代中国与案例指导制度相关的判例运行机制；二是梳理中华人民共和国成立后最高人民法院用案例解释法律的尝试，以此来研究判例为什么应当具有不同于法律的独特性，即明确不同的法律样式为司法活动提供规则的机理。

在古代中国，“判例在立法与司法两个层面都发挥着重要的功能”之观点受到了肯定。[2] 如有学者指出：“在中国古代，法律是经由两条并行的路线发展成长的。一是设计生成的理性主义路线，主要体现在律典的修订。二是自然生成的经验主义的路线。主要体现在成文法体系之外，通过创设及适用判例，在实践活动中不断的探索，反复的检验，逐步的积累，在成熟后再将其改造吸纳入法律体系之中。”[3]不难发现，在该学者的描述之下，我国古代的案例仅是成文法的一种生成机制。原因在于，“中国古代有分工明确而且比较稳定的行政机关，却没有一个常设的立法机关，这是因为皇帝代表国家牢牢垄断立法权”[4]。在这种立法权被君主所垄断的政治体制之下，成文法作为规则的载体具有唯一性，而司法活动只不过是对法律的消极适用，不可能创制规则，这“决定了成文法是法律的唯一载体，而判例的效力在通常情况下是不被承认的，案例只不过是为成文法提供规则来源”[5]。

清末以来，近代国家进入国家和社会的转型期，形成了“三千年未有之大变

---

〔1〕 参见陈兴良主编：《中国案例指导制度研究》，北京大学出版社 2014 年版，第 29 页。

〔2〕 参见左卫民、陈明国主编：《中国特色案例指导制度研究》，北京大学出版社 2014 年版，第 19 页。

〔3〕 刘笃才：《中国古代判例考论》，载《中国社会科学》2007 年第 4 期。

〔4〕 郝铁川：《中华法系研究》，复旦大学出版社 1997 年版，第 199 页。

〔5〕 陈兴良：《案例指导制度的法理考察》，载《法制与社会发展》2012 年第 3 期。

局”,法律制度的变革也风云涌动。这一时期,判例制度发展到了一个较高的层次。民国时期,制定法付之阙如,面对大量案件需要审理的情形,当时的“大理院”不得不通过创制判例的方式解决这一难题,先后公布了《大理院判决录》《大理院判例要旨》《大理院判例要旨汇览》等。当时的《法院编制法》第 45 条则明确规定:“凡大理院所做之判词,都具有法律效力,下级法院不得争论。”[1] 而在陕甘宁边区政府时期,鉴于当时制定法的缺失,高等法院比较重视通过判例为司法实践提供相应指导,并编制了《陕甘宁边区判例汇编》,但因当时大量案件裁判时适用的是党的政策,判例并不是一种正式的法律渊源,不能在裁判文书中直接引用,仅对其后的司法活动具有参考价值。[2]

中华人民共和国成立以来,特别是在改革开放之后,党和国家的主要任务从政治运动恢复到经济与社会建设,法治建设随之跟进,因而在此时期,案例指导的实践呈现一片繁荣景象。1985 年,《最高人民法院公报》正式创刊并登载典型案例公开发行。随后,最高人民法院有关部门为教学、研究和指导审判工作需要,也开始选编审判案例,这些案例的载体主要有 1992 年起由原中国高级法官培训中心(现为国家法官学院)与中国人民大学法学院联合编辑出版的《中国审判案例要览》,1992 年由最高人民法院中国应用法学研究所编辑出版的《人民法院案例选》,1999 年以后最高人民法院各审判庭如刑事审判第一庭与刑事审判第二庭主编的《刑事审判参考》、审判监督庭主编的《审判监督指导与研究》、行政审判庭主编的《行政执法与行政审判》等。[3] 不可否认的是,这些探索都对人民法院的司法审判工作起到了不同程度的指导作用,但此时指导性案例尚未形成为一项有效的制度,被收录的案件更是没有明确的法律效力。[4]

由此可以看出,我国自古至今都比较重视案例在司法审判中的指导作用,但作为一个典型成文法国家,除在极个别社会混乱、法治不彰之时期,案例均无法作为直接创制法律规则的方式,更无法直接作为后案裁判的法律依据。

---

[1] 左卫民、陈明国主编:《中国特色案例指导制度研究》,北京大学出版社 2014 年版,第 23 - 24 页。

[2] 参见汪世荣、刘全娥:《陕甘宁边区高等法院编制判例的实践与经验》,载《法律科学(西北政法大学学报)》2007 年第 4 期。

[3] 参见左卫民、陈明国主编:《中国特色案例指导制度研究》,北京大学出版社 2014 年版,第 33 页。

[4] 参见王利明:《我国案例指导制度若干问题研究》,载《法学》2012 年第 1 期。

二、世界两大法系逐渐融合的发展趋势

在19世纪中叶以前,普通法系与大陆法系两个法律体系之间可谓泾渭分明,大陆法主要以法典和法规的形式出现,而普通法主要存在于法院的判决中。但进入20世纪后,二者开始相互学习与借鉴,以判例法为主的英、美等国家制定了大量的制定法,而在奉行制定法主义的大陆法系国家或地区,逐步建立了判例制度,两大法系出现相互借鉴和融合的发展趋势。[1] 因此,很多学者从"世界两大法系逐渐融合的发展趋势"之角度探索"这两大法系究竟是如何融合的,它们之间又是如何相互借鉴和吸收的",[2] 以此明晰作为典型成文法国家的中国建立案例指导制度的合理性以及指导性案例在其中发挥的作用。

英美法系的判例具有法源地位,对今后类似案件有着规范意义的拘束力,应当作为下级法院裁判类似案件的依据,任何法院都不能无视上级法院就同一法律问题已作出的权威性司法判决,"遵循先例"是其判例适用的基本原则。英美法系国家普遍认为,遵循先例原则建立的逻辑基础是上级法院的法官比下级法院的法官更有经验,理由是依据其法官遴选制度,与下级法院的法官相比,上级法院的法官不仅学识高、独立性强,而且能更自由地发展法律或者解释和适用法律。[3] 判例法派学者认为,判例法优于制定法。判例法是自发的法律,而制定法则是创造的法律,是立法机关从外部强加的专断工具,危及了法律的本质。[4] 在此种观念之下,英美法系长期对一切简单的概括都抱着怀疑的态度,但19世纪以来,英美法系国家在保持判例法的基础上已经大大加快了制定法的制定步伐。目前,英国在许多领域都已经制定了比较完整的成文法体系;美国的制定法已经涵盖了社会生活的主要方面,且在不少领域,制定法甚至成了主要的法律渊源,地位也往往高于判例法。[5]

在对待成文法上,与英美法系对一切简单的概括都抱着深刻的怀疑态度不同,大陆法系国家特别重视法律的体系化、理性化与科学化。由于其法律发展

---

〔1〕 参见于同志:《案例指导研究:理论与应用》,法律出版社2018年版,第58页。

〔2〕 刘作翔、徐景和:《案例指导制度的理论基础》,载《法学研究》2006年第3期。

〔3〕 参见于同志:《案例指导研究:理论与应用》,法律出版社2018年版,第198－199页。

〔4〕 参见刘作翔、徐景和:《案例指导制度的理论基础》,载《法学研究》2006年第3期。

〔5〕 参见于同志:《案例指导研究:理论与应用》,法律出版社2018年版,第59－60页。

大多由立法者和法学家主导，因此，成文法典被视为最主要乃至于最重要的法律形式。大陆法系国家法律的基本特征就是审判必须以法律为准绳，仅仅是在法无明文规定的情形之下，法官才能适当引用习惯、习俗等作出判决。[1] 在此种模式下，法官的自由裁量权会受到严格的限制，虽然能够发挥一定的积极作用，但也会导致机械司法，加之成文法的固有缺陷，使越来越多的学者从社会学的角度出发主张建立和发展"活的法律"，在弥补法律漏洞方面发挥其应有的能动性和创造性，[2] 因而人们越来越重视判例，判例的作用在大陆法系随之不断增强，以至于一些学者认为现在大陆法系的法律渊源中已经包含了判例法。大陆法系最具代表性的国家是法国和德国。在法国，司法判例通过解释对这种社会需求予以发展、补充或限制，既阐发旧的法律思想，又提出新的法律思想；法国行政法则更是在判例尤其是最高行政法院判例的基础上发展起来的。在德国，根据主流观点，在联邦德国境内并不存在具有拘束力的判决，因此判决并不是正式的法源，而仅仅只是法学知识的来源。就实定法的情况而言，至少可以认为最高法院的判决是法律渊源，当然效力低于法律规定。如果涉及的是对一般条款或是不明确条款的法律概念在判决中进行具体化，法官法便具有类似成文法的效力。[3]

通过观察英美法系和大陆法系的法律体系的发展方式之后不难发现，两大法系目前既注重成文法的作用，也注重判例在司法实践中发挥的作用。但值得注意的是，判例在两大法系中的地位或者说发挥的作用并不相同。在英美法系国家，虽然越来越多的成文法被制定出来，但判例仍然发挥着创制法律规则的重要作用；而在大陆法系国家，判例的地位却没有如此重要，往往仅发挥弥补制定法缺陷、为制定法输送规则的辅助作用。在我国，法律体系是以成文法为中心的，立法机关制定的成文法形成了我国法律体系的基本框架。进言之，我国的判例或者说指导性案例原则上也仅发挥弥补制定法缺陷、为制定法输送规则的辅助作用，但事实上，学界目前仍存在极大的争议。

---

〔1〕 参见左卫民、陈明国主编：《中国特色案例指导制度研究》，北京大学出版社 2014 年版，第 4 页。

〔2〕 参见刘作翔、徐景和：《案例指导制度的理论基础》，载《法学研究》2006 年第 3 期。

〔3〕 参见陈兴良：《中国案例指导制度研究》，北京大学出版社 2014 年版，第 714 页。

三、成文法的确定性与不确定性

案例指导制度和指导性案例的定位之所以在学界产生巨大的争议，最主要的原因在于学者们对成文法的态度有所不同。

众所周知，成文法具有体系完整、逻辑严密、结构科学等优点。在成文法体制下，规则的提供采用了一种类似于计划经济的径路：通过自上而下的制度性安排，向司法活动提供规则。[1] 如果成文法达到理想状态，案件与法律之间就总能处于一一对应状态，司法工作人员只需找到法条就可以办案，甚至司法过程就像自动售货机一样，只要输入事实和法条就可以显示判决结果。[2] 同时，法治要求法律必须具备可预测性，只有如此，人们才能更好地计划和安排自己的行为，这就要求制定法及司法判决都必须具备安定性，而不能朝令夕改，使人们无所适从，[3] 而成文法最典型的特征之一便是法的可预测性。

遗憾的是，成文法似乎永远无法达到上述理想状态。首先，立法者的理性和智慧是有限的，而社会发展和事实情况的变化又是近似无限的，这意味着立法者在创制法律的时候不可能完全预测到这些变化[4]，而成文法因具有稳定性而不能随时根据社会发生的变化进行修改，因而其不可避免地具有滞后性。其次，法律用语的模糊性决定了法律概念的相对确定性，不可能存在绝对的可能性，在此种情况下，不仅司法工作人员无法直接根据法律规则进行裁判，可预测性也并不是成文法的绝对特征。最后，法律规则所构成的规则体系并不是无缝之网，当法律对具体案件没有规定从而存有漏洞，或者在适用于具体案件的规则含义不清晰时，法官只能行使自由裁量权，[5] 此时，成文法原本具有的最大优势又转变成其最大弊端，即从最具确定性转变为最不具确定性。

成文法既具有确定性也具有不确定性，在学界早已成为共识，对确定性与不确定性所分别包含的具体内容似乎也没有多大的争议。争议之处在于，在成

---

〔1〕 参见陈兴良：《案例指导制度的法理考察》，载《法制与社会发展》2012 年第 3 期。

〔2〕 参见于同志：《案例指导研究：理论与应用》，法律出版社 2018 年版，第 57 页。

〔3〕 参见孙跃：《案例指导制度的改革目标及路径——基于权威与共识的分析》，载《法制与社会发展》2020 年第 6 期。

〔4〕 参见孙跃：《案例指导制度的改革目标及路径——基于权威与共识的分析》，载《法制与社会发展》2020 年第 6 期。

〔5〕 参见李桂林：《实质法治：法治的必然选择》，载《法学》2018 年第 7 期。

文法的确定性与不确定性之后,我们应当选择哪条路径推进我国的法治。具体而言,有些学者认为,法治必须在很大程度上保持形式性,如果放弃形式法治的主导,实际上就会引导法治走向虚无。[1] 在此种观点下,我国仍应以成文法为基础推行法治,指导性案例仅起到辅助作用。但也有学者对案例指导制度向司法判例制度转型的必要性与正当性进行了详细论证,[2] 而一旦将指导性案例理解为英美法系中所说的判例,其显然就不会仅仅发挥辅助成文法的作用。

四、法律解释的作用与困境

从我国长期以来的立法实践来看,立法机关致力于制定一套尽可能完善的法律体系。自 20 世纪 70 年代末始,伴随改革开放,我国开始了新一轮的法治现代化建设。[3] 伴随数以百计的法律规范的颁布和实施,2011 年 3 月 14 日,第十一届全国人民代表大会第四次会议批准的全国人大常委会工作报告宣布中国特色社会主义法律体系已经形成。不难发现,我国一直以不断完善成文法作为主要方式之一推进中国特色社会主义法治进程,但正如上文所述,成文法总会存在模糊性、滞后性、不周延性等缺陷,不同于其他国家直接以判例来弥补成文法的不足,我国首先选择以建立起完善的法律解释制度,增强制定法的确定性、协调性和可操作性作为克服或者缓解成文法局限性的主要方式。[4]

1981 年 6 月 10 日,第五届全国人大常委会第十九次会议通过《全国人民代表大会常务委员会关于加强法律解释工作的决议》,其第 1 条规定:"凡关于法律、法令条文本身需要进一步明确界限或作补充规定的,由全国人民代表大会常务委员会进行解释或用法令加以规定。"第 2 条规定:"凡属于法院审判工作中具体应用法律、法令的问题,由最高人民法院进行解释。凡属于检察院检察工作中具体应用法律、法令的问题,由最高人民检察院进行解释……"原则上讲,全国人大作为立法机关,当其制定的法律具有瑕疵或漏洞时,需要其积极行

---

〔1〕 陈金钊:《实质法治思维路径的风险及其矫正》,载《清华法学》2012 年第 4 期。

〔2〕 参见张骐:《论中国案例指导制度向司法判例制度转型的必要性与正当性》,载《比较法研究》2017 年第 5 期。

〔3〕 参见郜永昌、刘克毅:《论案例指导制度的法律定位》,载《法律科学(西北政法大学学报)》2008 年第 4 期。

〔4〕 参见于同志:《案例指导研究:理论与应用》,法律出版社 2018 年版,第 63 页。

使解释权。我国现行《宪法》已确立了专门的立法解释机关，但由于各种原因，全国人大常委会只是偶尔行使这种立法解释权，尚不能满足实践中大多数法律获得准确解释的客观需要。在此种情况下，根据《全国人民代表大会常务委员会关于加强法律解释工作的决议》的规定，只能由最高司法机关制定司法解释来填补法律解释的缺位。

长期以来，相对于全国人大常委会作出的法律解释，数量众多的司法解释在司法实践中发挥了更为重要的作用，但在形式上，司法解释具有立法的形式特征。除个别批复等解释涉及内容相对单一因而不需要条款设定以外，一般均有条款的设置，在形式上同立法规范毫无二致。[1] 正如学者所言，“梳理我国已成体系的司法解释制度，其整体呈现适用性困境凸显的难题，集中表现为：未跳出制定法的固有窠臼和同案不同判乱象屡见不鲜”[2]。因此，司法解释虽然相较于法律更具灵活性等特征，但其固有的缺陷使其永远也无法完全满足司法实践的需要，想要进一步推进法治进程还需要作出变通。

五、指导性案例的性质与定位

案例指导制度的理论主要建立在中国案例指导相关制度的理论与实践、世界两大法系逐渐融合的发展趋势、成文法的确定性与不确定性以及法律解释的作用与困境四个方面之上。申言之，在我国现有的法律体制之下，立法机关制定的成文法和司法机关制定的司法解释存在众多固有缺陷，无法完全满足司法实践的需要，如何对现行体制作出进一步的变通成为急需解决的问题。而对世界两大法系的发展趋势进行观察后发现，英美法系的判例体制和大陆法系的成文法体制早已不是那么泾渭分明，二者正在逐渐融合。成文法和判例目前在两大法系中均发挥着重要的作用。我国作为典型的成文法国家，原则上可以借鉴大陆法系的发展趋势，且我国自古以来都有重视案例所发挥的作用的传统，在案例指导制度建立之前，司法机关也一直以各种方式尽可能发挥典型案例的指导作用，因而在我国实行案例指导制度，具有一定的理论基础。

指导性案例是由最高人民法院遴选并发布的，其性质应当属于裁判规则，

---

〔1〕 参见林维：《刑法解释的权力分析》，中国人民公安大学出版社 2006 年版，第 443 页。

〔2〕 侯欢：《司法解释与案例指导制度关系之辨》，载《北方法学》2019 年第 3 期。

但在我国现行的法律体制下，指导性案例到底处于何种位置？笔者认为，不同于英美法系，我国的司法裁判规则仍应以成文法为主，指导性案例则发挥着辅助作用。同时，司法解释是对立法的阐释和说明，虽然降低了成文法的抽象程度，但其本质上仍然具有成文法属性，承袭成文法所固有的缺陷，所以存在对司法解释进行再解释之必要。因此，指导性案例也可以弥补司法解释之不足，并配合司法解释发挥作用。[1]

第二节 行政案例指导制度的理论基础

当前我国案例指导制度理论基础的相关研究成果，大都是从法理角度对宏观案例指导制度进行的研究，证成手段也都是选用各个法律部门共同适用之法理。这些研究成果无疑为我们研究行政案例指导制度提供了一定的基础，但应当注意的是，不同部门法的法理实际上存在极大的差别，不同部门法在我国目前运作的状况、存在的问题都有巨大的不同。不同类型的指导性案例在不同的部门法中更为具体的定位和作用是否相同，需要我们根据不同部门法的理论进行更为精细化的作业来加以探寻。因此，笔者将在上文论述的基础上，对行政案例指导制度的理论基础进行进一步研究。

一、行政诉讼的定位、反思与发展

行政诉讼，俗称"民告官"，是指"作为行政相对人的公民、法人或者其他组织认为作为行政主体的行政机关或法律、法规、规章授权的组织所实施的行政行为侵犯其合法权益，依法向人民法院起诉，人民法院依法对被诉行政行为的合法性进行审查，并依法作出裁决的活动"[2]。相较于民事诉讼和刑事诉讼，行政诉讼在我国的起步较晚，1989 年《行政诉讼法》的颁布标志着我国行政诉讼制度的全面建立。[3] 根据 1989 年《行政诉讼法》第 1 条的规定，该法的立法

---

〔1〕 参见姜远亮：《指导性案例与司法解释的关系定位及互动路径——以刑事审判为视角》，载《法律适用》2019 年第 8 期。

〔2〕 姜明安：《行政诉讼法》（第 3 版），北京大学出版社 2016 年版，第 75 页。

〔3〕 参见何海波：《行政诉讼法》（第 2 版），法律出版社 2016 年版，第 15 页。

目的为"保证人民法院正确、及时审理行政案件，保护公民、法人和其他组织的合法权益，维护和监督行政机关依法行使行政职权"，包括行政诉讼审查模式、行政诉讼受案范围在内的一系列具体制度均围绕此目的而建立。

在行政诉讼的审查模式方面，1989 年《行政诉讼法》第 5 条规定："人民法院审理行政案件，对具体行政行为是否合法进行审查"，从而确立了沿用至今的合法性审查模式。行政诉讼中的合法性审查，长期以来均是指对行政机关作出的行为是否合法进行形式审查。具体而言，由全国人大及其常委会制定的法律为行政机关提供行政权的依据，行政机关必须在法律规定的范围内行使行政权，也就是必须要遵循依法行政原则。依法行政原则的核心是，行政权必须依法行使，否则它不具备合法性。[1] 从 1989 年《行政诉讼法》第 1 条的规定来看，行政诉讼的重要目的之一便是"维护和监督行政机关依法行使行政职权"，因而相较于民事诉讼和刑事诉讼，行政诉讼的审查模式有自身较大的特色。一方面，为实现"监督行政"的目的，法院并不完全按照原告即行政相对人的诉求进行审查，而是对被诉行政行为的合法性进行全面审查。也就是说，原告的诉讼请求似乎仅仅只有启动行政诉讼程序功能，进入行政诉讼之后，司法审查的深度与广度不受制于原告诉讼请求，而是依据相关的法律规定。[2] 另一方面，合法性审查仅是狭义上的合"法"性审查，也就是仅审查行政行为在形式上是否符合法律的明文规定，对行政机关基于自由裁量权等作出的行政行为，法院会以专业性不足等原因采取司法尊让，对该类行政行为是否具有实质合法性一般不予审查。

现行的行政审判模式在司法实践中产生了一系列问题。在审查范围方面，法院在严格适用法律完成对行政行为的合法性审查后，其任务即宣告终结，至于原告的诉求是否真正得到解决，则不构成其审理和判决的内容。[3] 因此，在很多情况下，虽然法院判决行政机关作出的行政行为违法，但也没有支持相对人的诉讼请求，行政相对人与行政机关间的争议自然也没有得到化解。而

---

〔1〕 参见章剑生：《现代行政法总论》（第 2 版），法律出版社 2019 年版，第 36 页。

〔2〕 参见章剑生：《行政诉讼"解决行政争议"的限定及其规则——基于〈行政诉讼法〉第 1 条展开的分析》，载《华东政法大学学报》2020 年第 4 期。

〔3〕 参见沙卫鹏：《监督行政对权利的影响——以〈行政诉讼法〉第 1 条为基础的解释学展开》，载《交大法学》2021 年第 1 期。

在审查强度方面，我国立法机关在制定法律时大都采取“骨骼式”立法模式，法律条文大都规定得较为抽象，行政机关在依据法律行使行政职权时，往往具有较大的自由裁量权，因而很多行政行为在形式上符合成文法的规定但自由裁量权的行使存在不合理的情况。此时，法院如果仅审查行政行为的形式合法性，行政机关显然不会败诉，行政争议并没有得到化解，《行政诉讼法》第1条“保护公民、法人和其他组织的合法权益”的立法目的也没有实现，原告只能选择上诉或其他救济路径，这也是行政争议上诉率和信访率高的主要原因之一。

在行政诉讼的受案范围方面，根据1989年《行政诉讼法》的规定，人民法院受理公民、法人和其他组织对行政处罚、行政强制措施、行政许可等具体行政行为不服提起的行政诉讼。2014年《行政诉讼法》修改时增加列举了行政协议等可以提起诉讼的行政行为，并概括规定行政行为侵犯“其他人身权、财产权等合法权益的”，都可以提起诉讼。可见，行政诉讼的受案范围在不断扩充。在司法实践中，行政相对人如果认为行政机关作出的某项行为违法而向法院提起诉讼，即便《行政诉讼法》未作明确列举规定，但该行为只要属于侵犯“人身权、财产权等合法权益的”行政行为，法院均应予以受理。但此时产生了一个问题，即法院在审查某些行政行为的合法性时往往无法可依。例如，2014年《行政诉讼法》第12条将“行政机关不依法履行、未按照约定履行或者违法变更、解除政府特许经营协议、土地房屋征收补偿协议等协议”的行为列入行政诉讼受案范围，但在2019年11月27日《最高人民法院关于审理行政协议案件若干问题的规定》发布之前，行政协议案件的审理并无明确的标准，法官按照各自的理解对行政协议纠纷进行审查与裁判，造成司法实践中的极大混乱。这种情况不仅导致全国各地普遍发生“同案不同判”的现象，行政相对人与行政机关间的争议也很难得到有效化解。

针对行政诉讼实践遇到的上述问题，很多学者对行政行为的合法性审查模式提出了质疑，并呼吁行政诉讼应以实质性化解行政争议为主要目的。2014年《行政诉讼法》在第1条加入“解决行政争议”作为该法的立法目的之一。“实质性解决行政争议”的目的就在于解决上文所述之问题，因而它一方面要求法院的审理和裁判应当围绕行政争议展开，而非机械地围绕行政行为合法性展开审查[1];另一方面还要求法院不仅要对行政行为的形式合法性进行审查,还要对行政行为是否具有合理性进行审查。另外,即便法院在行政诉讼中遇到新类型等没有明确法定裁判依据的案件,也不能拒绝或随意裁判,而应达到真正化解行政机关与行政相对人间的争议之目的。

当前,“实质性解决行政争议”已成为法官在审理行政案件时的一项基本要求,但需要解决问题时,行政诉讼应通过何种路径实现“实质性解决行政争议”之目的?换句话说,成文法具有的抽象性和滞后性特征天然地与对行政行为进行合理性审查、合理解决没有法定裁判依据的案件等要求不符,我国需要通过何种手段来确认行政诉讼在实现“实质性解决行政争议”目的过程中面临的因成文法弊端产生的问题?实际上,此问题如何解决早已引起学界的广泛关注,学者们通常认为,实质性解决行政争议的目的在于切实维护行政相对人的合法权益,实现司法正义。从行政法治的整体框架来看,实质性解决行政争议作为人民法院在审理行政案件时的一种价值理念,是我国在实现实质行政法治进程中的“最后一道防线”,也是推进实质行政法治最重要的一道环节,因而学界往往将上述问题转化为如何实现实质法治。而在此研究角度下,学界给出了两种截然不同的解决路径。实质行政法治的实现路径关系到“实质性解决行政争议”遇到的上述问题的解决路径,进而关系到行政指导性案例有无存在的必要性及需要发挥的作用,因而下文将对实质行政法治的实现路径的争议及选择进行阐述。

二、实质行政法治是什么

实质法治通常被认为是与形式法治相对立的概念,而概念的对立则使得具有不同主张的人之间的争论变得异常激烈。偏激的实质法治论者认为,形式意义上的法治国家以法律为中心,凡对公民自由和财产的侵害必须具有议会法律的授权;而只要国家活动形式上符合法律,即视为达到法治国家的要求。[2] 而形式法治论者则主张,一个包含了过多实质内容的、负担过重的法治概念会使

---

〔1〕 参见章剑生:《行政诉讼“解决行政争议”的限定及其规则——基于〈行政诉讼法〉第1条展开的分析》,载《华东政法大学学报》2020年第4期。

〔2〕 参见邵建东:《从形式法治到实质法治——德国“法治国家”的经验教训及启示》,载《南京大学法律评论》2004年第2期。

法治更加不可能，因为基于正义观念和社会实效性而产生的对实定法的质疑很容易转化为不尊重乃至轻视的态度，这使法律权威和法律秩序的建立变得更加困难。[1]

笔者认为，形式法治与实质法治不是绝对对立的概念，但两者确实存在一定分歧。何海波教授从法律的推理方式、价值偏好和制度安排三个方面对两者的分歧进行了概括，他认为，在法律推理方式上，形式法治秉承法律实证主义传统，相信法律能够通过解释得到正确的适用；实质法治则关注法律推理的不确定性，在承认法律不确定性的前提下寻求合法性。在法治的价值偏好上，形式法治坚信，法治的价值在于维护法律的确定性，法治的生命在于严格遵守既定的规则；实质法治认为，法律的确定性只是法治应当追求的价值之一，法治还应当关注法律自身的品质，考虑法律原则等基本的正义准则。在法治运作的制度安排上，形式法治强调国家对于法律规则制定和适用的垄断，而实质法治则关注整个法律共同体的行为。[2]

在中国行政法学界，学者们往往流露出对实质行政法治的偏好，这是因为，实质行政法治是我国行政法治建设的终极目标。实质行政法治的内涵不在于不仅要遵从立法者提供的一套规则，还要发挥法院、法官或法律共同体的能动性；实质行政法治真正的内涵在于寻求法律的实质正当性，[3]而如何实现实质行政法治，则仅仅是一个路径或手段问题。

三、实质行政法治的进路

当前，在我国行政法学界，实现实质行政法治的路径有两种具有较大区别的主张。一些学者认为，仅仅依靠立法者制定的法律并不能实现实质法治的目标，需要在形式合法性诸原则之外进一步增添其他法律内容。[4] 如何海波教授认为，实质法治关注司法的能动性，并对法官通过判决发展法律寄予厚望。[5]另一些学者则认为，法治必须在很大程度上保持形式性。在实施法治的过程

〔1〕 参见张翔：《形式法治与法教义学》，载《法学研究》2012 年第 6 期。
〔2〕 参见何海波：《实质法治：寻求行政判决的合法性》（第 2 版），法律出版社 2020 年版，第 15－16 页。
〔3〕 参见张翔：《形式法治与法教义学》，载《法学研究》2012 年第 6 期。
〔4〕 参见李桂林：《实质法治：法治的必然选择》，载《法学》2018 年第 7 期。
〔5〕 参见何海波：《实质法治：寻求行政判决的合法性》（第 2 版），法律出版社 2020 年版，第 17 页。

中,如果放弃形式法治的主导,实际上就会引导法治走向虚无。[1] 如江必新教授认为,如果把实质法治比作一辆车,那么形式正义就是底盘,过不了底盘这道坎,车辆无法运行;而实质正义则是方向盘,主导着车辆运行的方向。[2]

第一种主张是当前实质法治论者的典型观点。他们提出的此种主张建立在对实在法严重的怀疑基础上。一方面,他们认为,法律存在"恶法"的可能性,根据"恶法"作出的司法判决显然不具有实质合理性。另一方面,即便当下的法律不是"恶法",但成文法固有的滞后性、模糊性使行政机关在作出行政行为时具有极大的自由裁量权,自由裁量权行使不当,就可能会侵害行政相对人的合法权益,因此,也必须赋予法院和法官足够的能动性和裁量权,以确保不合理的行政行为能够通过法院的行政审判得以纠正。另一种观点的主张者通常被认为是形式法治论者,但笔者不认同此种观点。依照美国圣约翰大学法学院塔马拉哈(Brian Z. Tamanaha)对形式法治理论的分类,形式法治理论由弱到强包括三种类型:依法而治(rule by law)理论、形式合法性(formal legality)理论、民主与形式合法性(democracy and for - mallegality)理论。[3] 依法而治理论是一种最弱的法治,它不强调法律的善恶,而只主张政府的行动必须有法律的授权。形式合法性理论不是我们通常所认为的行政机关作出行政行为不能违反法律,而是强调法律本身应达到一定标准。而民主与形式合法性理论不仅强调法律本身达到一定标准,还强调法律的民主因素。当前,那些被认为是形式法治理论的学者所主张的并不是依法而治理论,一方面,他们假定,立法不应该制定"恶法",现代社会中明文规定的"恶法"越来越少,如果发现"恶法"也是通过呼吁立法来改变。因而有效的法律就应该执行。[4] 另一方面,他们认为,法缺少安定性,可能会导致国家陷入恐惧之中,正义等实质法治的目标只有在遵循法的安定性的前提下才能实现。[5] 由此可知,所谓的形式法治论者在当下其实也是实质法治论者,只不过与第一种实质法治论者不同的是,他们主张必须在形式正义的基础上实现实质法治。我国当前所谓的形式法治论与实质法治论的

---

[1] 参见陈金钊:《实质法治思维路径的风险及其矫正》,载《清华法学》2012 年第 4 期。
[2] 参见江必新:《严格依法办事:经由形式正义的实质法治观》,载《法学研究》2013 年第 6 期。
[3] 参见黄文艺:《为形式法治理论辩护——兼评〈法治:理念与制度〉》,载《政法论坛》2008 年第 1 期。
[4] 参见陈金钊:《实质法治思维路径的风险及其矫正》,载《清华法学》2012 年第 4 期。
[5] 参见陈金钊:《实质法治思维路径的风险及其矫正》,载《清华法学》2012 年第 4 期。

对立，只不过是实现实质法治过程中的两种进路的对立而已。

在此两种路径下，我国实现实质法治应当如何选择，需要结合我国当前的行政法治进程。改革开放四十余年来，我国行政法经历了从无到有，再到基本完备的过程，行政法治建设也取得了长足的发展。时至今日，具有中国特色的行政法学理论体系初步形成，制定了一套较为有效的行政法律制度初步实现了对行政权的规范，依法行政的观念和意识也逐渐深入人心。[1] 从我国当前的实践状况来看，因行政部门法过于繁杂，行政法治仍存在很多不足之处，但不可否认的是，我国的行政法律制度对规范行政机关行使行政权、保护行政相对人的合法权益、推进行政法治的进程做出了最为重要的贡献。总之，我国的行政法是善法，而不是恶法，第一种实质法治论者所主张的第一个论据在我国当下并不存在。

此外，从我国长期以来的立法习惯来看，法律甚至行政法规、地方性法规往往规定较为原则和模糊，但是，行政机关在实践中并不仅依据法律、法规作出行政行为，法律、法规大都存在一系列下位的配套规范，包括行政法规、地方性法规、规章甚至是其他规范性文件。根据《行政诉讼法》[2]第 63 条的规定，法院在对行政行为进行审查时，以法律、法规为依据，参照规章。法律和地方性法规是由全国人大或地方人大及其常委会颁布的，其制定需要经过严格的法定程序，基本上能够满足民主与形式合法性的要求。行政法规是由国务院制定的，是最高级别的行政立法，虽然以前也存在《城市流浪乞讨人员收容遣送办法》等行政法规，但当前的行政法规大都能够满足形式合法性的要求，且民主因素也逐渐增多。规章分为部门规章和地方政府规章，当前，规章的制定与实施需要经过备案审查程序，且法院认为规章的规定不合法时，可以不予适用；其他规范性文件的制定与实施需要经过规范性文件合法性审核程序，且法院有权对规范性文件进行附带审查。

上述背景表明，配套立法的大量存在使法律的模糊性大大降低，法院又能对大多数配套立法进行选择适用，对其他规范性文件进行附带合法性审查。在此种情况下，行政机关在作出行政行为时，不仅要适用规定相对较为原则的法

---

〔1〕 参见马怀德、孔祥稳：《中国行政法治四十年：成就、经验与展望》，载《法学》2018 年第 9 期。

〔2〕 以下关于具体法律规定的引用，未经特别标注的，均指向当前正在实施的法律文本。

律，还要适用针对该法律而制定的大量的配套立法，如实施细则、实施条例等，行政机关本身具有的自由裁量权并没有主张第一种路径的实质法治论者说的那么大。同时，如果法院发现行政机关作出行政行为所依据的规章、其他规范性文件违法时，不予适用，行政行为自然也会被判定为违法，在此种情况下，实质性解决行政争议的目标仍然能够得到实现。

另外值得注意的是，即便法律和配套立法的规定越来越完善，但随着福利社会与行政国家的日益凸显，[1]行政事务变得越来越复杂且具有专业性，立法赋予行政机关必要的行政裁量权也就极具必要性。法律授予行政执法者裁量权的前提是执法者有广博的专业知识、专门经验和专门技能，能正确行使裁量权。此时，行政裁量是一种手段和工具，法律赋予行政执法者这种手段和工具也正是为了更好地实现公共利益和更好地保护相对人利益。[2] 但是，从实践中可以发现，当前我国执法者的专业素质参差不齐，行政裁量权的行使并没有达到立法者赋予其裁量权时的期望，行政裁量权经常被滥用。在此种情况下，执法者进行的裁量就可能既背离形式正义，又背离实质正义，[3]因此，有必要对行政机关的自由裁量权进行规制。

规制行政裁量权的路径有很多，比如《行政诉讼法》规定法院可以对行政机关作出的行政行为是否存在“滥用职权”“明显不当”等情形进行审查。但是，基于对行政机关专业判断的尊重，法院应当遵循司法尊让的理念，避免对行政裁量问题进行无限制的干预。[4] 且法官具有法律问题上的专业性，但可能不具备某些具体事务上的专业性，因此，法院对行政机关行使自由裁量权的审查必须要有一定的限度，在此种限度下，司法能动的空间也不会太大。当前，对行政裁量权的规制主要依赖于行政机关的自我规制，即通过设置裁量基准规范行政机关自由裁量权的行使。裁量基准是行政机关在行政裁量的空间中设置的若干阶格。[5] 这一制度的核心技术，主要是通过“规则细化”甚至“量化”的方式

---

〔1〕 参见周佑勇：《裁量基准的正当性问题研究》，载《中国法学》2007 年第 6 期。

〔2〕 参见姜明安：《论行政裁量的自我规制》，载《行政法学研究》2012 年第 1 期。

〔3〕 参见姜明安：《论行政裁量的自我规制》，载《行政法学研究》2012 年第 1 期。

〔4〕 参见何海波：《实质法治：寻求行政判决的合法性》（第 2 版），法律出版社 2020 年版，第 331 – 332 页。

〔5〕 参见章剑生：《现代行政法总论》（第 2 版），法律出版社 2019 年版，第 104 页。

而压缩甚至消灭自由裁量，借助具体的、明确的、细化的规则来抑制自由裁量的滥用。[1] 裁量基准在形式上表现为一种脱离个案的规范性文件，在本质上可以看作是法规范的延伸部分。但是，它本身不是法规范，没有法规范的效力。从这一点上看，裁量基准可以归入行政规定范畴。[2] 裁量基准以其特有的技术规范着行政裁量权，行政裁量权被滥用的可能也就大大降低。同时，法院在对行政机关依据行政裁量权和裁量基准作出的行政行为进行审查时，如果发现作为行政规定的裁量基准本身不合法，可以不予适用，行政相对人提出请求时，法院还可以对裁量基准本身进行合法性审查。

通过上述分析得知，一味追求司法的能动性而忽视实在法的作用，是不符合当前我国的行政法治现状的，且当前各级人民法院法官的素质参差不齐，赋予法官过大的自由裁量权也可能会导致司法审判的混乱。在此种背景下，以实在法为主并发挥法院适当的司法能动作用，是我国实现实质行政法治最为合理的选择。

四、司法能动下的司法解释

1981 年《全国人民代表大会常务委员会关于加强法律解释工作的决议》第 2 条规定："凡属于法院审判工作中具体应用法律、法令的问题，由最高人民法院进行解释……"我国《行政诉讼法》颁布并实施以来，最高人民法院运用司法解释权，对我国行政诉讼中的若干重大问题进行了较为详细的解释。最高人民法院的司法解释不仅对于规范我国行政审判中对法律的具体运用起到了前所未有的重要指导作用，而且对于我国行政法治建设的发展，也做出了卓越的贡献。[3]

司法解释是法院在审判中对具体应用法律问题进行的解释，其不是"明确具体含义"，更不是"明确适用法律依据"，解释需要符合立法的目的、原则和原意。最具有代表性的司法解释即最高人民法院针对《行政诉讼法》制定的行政诉讼法司法解释。此外，还有大量针对某一类案件或某一项问题的解释或批复

---

〔1〕 参见王锡锌：《自由裁量权基准：技术的创新还是误用》，载《法学研究》2008 年第 5 期。

〔2〕 参见章剑生：《现代行政法总论》（第 2 版），法律出版社 2019 年版，第 104 页。

〔3〕 参见沈福俊：《实践视角下的行政法治》，北京大学出版社 2019 年版，第 342 页。

等。例如,《最高人民法院关于违法的建筑物、构筑物、设施等强制拆除问题的批复》(法释〔2013〕5号)指出:“根据行政强制法和城乡规划法有关规定精神,对涉及违反城乡规划法的违法建筑物、构筑物、设施等的强制拆除,法律已经授予行政机关强制执行权,人民法院不受理行政机关提出的非诉行政执行申请。”《最高人民法院关于请求公开与本人生产生活科研等特殊需要无关政府信息请求人是否具有原告诉讼主体资格问题的批复》([2010]行他字第193号)指出:“公民、法人或者其他组织认为行政机关针对政府信息公开申请作出的答复或逾期不予答复侵犯其合法权益,提起行政诉讼,人民法院应予受理。申请人申请公开的政府信息是否与本人生产生活科研等特殊需要有关,属于实体审理的内容,不宜作为原告主体资格的条件。”可以看出,司法解释的目的在于使法官在遇到法律未明确规定或规定的较为模糊的事项时,能够更为准确地进行司法裁判。

但是,从当前的司法实践来看,最高人民法院的司法解释并未满足于《全国人民代表大会常务委员会关于加强法律解释工作的决议》的制度安排,而是将司法解释的功能进行了扩张。例如,行政诉讼司法解释丰富了我国的行政主体理论,在事实上承认了规章授权的行政机关内设机构、派出机构和其他组织的行政诉讼被告资格;通过拓宽可诉性行政行为范围使行政活动受到了较为广泛的司法监督;原告资格的进一步明确使公民的行政诉权得到全面的保护;通过对行政诉讼证据制度的规定明确行政证据的一般规则;等等。[1]

立法机关制定的法律通常都具有模糊性和滞后性,而法规、规章的制定则通常都要具有上位法的依据。相对而言,司法解释具有更大的灵活性。当前,司法解释实际上承担着根据司法实践现状,明确法律的司法适用规则、弥补法律规定的缺陷等功能,其目的则是便利法官的司法裁判、统一法律适用、实质性解决行政争议等。以行政协议为例,随着现代行政法的产生和发展、行政权的服务功能和给付功能的逐步加强,行政权强制色彩趋于淡化,以“命令—服从”为主要模式的单一且多以强权作为后盾的传统依法行政手段逐渐被改变,行政协议等非强制性手段在行政机关履行其行政管理职责过程中被使用得越来越

〔1〕 参见沈福俊:《实践视角下的行政法治》,北京大学出版社2019年版,第343－353页。

普遍。[1] 2014 年《行政诉讼法》将行政协议争议明确纳入行政诉讼的受案范围后，[2] 2015 年《最高人民法院关于适用〈中华人民共和国行政诉讼法〉若干问题的解释》（以下简称《行政诉讼法司法解释》）随之在第 11 条初步明确了行政协议的定义和行政协议案件的受案范围。[3] 但随着行政协议案件受案数量越来越多，行政协议类型也逐渐多元化，《行政诉讼法》及《行政诉讼法司法解释》的规定已经不能满足司法实践的需要。2019 年 11 月 27 日发布的《最高人民法院关于审理行政协议案件若干问题的规定》（法释〔2019〕17 号，以下简称《行政协议司法解释》），从行政协议的定义和范围、诉讼主体资格、诉讼管辖原则、审查标准、赔偿原则、强制执行等方面对行政协议案件审理规则进行了较为全面的规定。除内容更加全面外，相较于《行政诉讼法》及《行政诉讼法司法解释》的规定，《行政协议司法解释》的规定更为合理。比如，相较于《行政诉讼法司法解释》对行政协议内涵的规定，《行政协议司法解释》第 1 条对行政协议的定义去掉了“公共利益”和“在法定职责范围内”。对此，梁凤云法官指出，行政机关是否属于“实现公共利益”应是法院判断的问题，不能假设行政机关订立行政协议都是为了“公共利益”；若严格依据“法定职责范围内”，会把部分行政协议排除在外，而行政机关也会以此为由拒绝司法审查。[4] 由此可见，最高人民法院的法官可以根据其在司法实践中积累的审判经验，及时对司法解释中不合理的规定进行调整，这也是立法机关制定的法律所不具备的优势。

总而言之，最高人民法院制定的司法解释能够在一定程度上弥补成文法的不足，法官在依据法律、法规的基础上再依据司法解释审理行政案件，能够进一

---

〔1〕 参见袁曙宏、赵永伟：《西方国家依法行政比较研究——兼论对我国依法行政的启示》，载《中国法学》2000 年第 5 期。

〔2〕 2017 年《行政诉讼法》第 12 条规定：“人民法院受理公民、法人或者其他组织提起的下列诉讼：……（十一）认为行政机关不依法履行、未按照约定履行或者违法变更、解除政府特许经营协议、土地房屋征收补偿协议等协议的……”

〔3〕 《行政诉讼法司法解释》第 11 条规定：“行政机关为实现公共利益或者行政管理目标，在法定职责范围内，与公民、法人或者其他组织协商订立的具有行政法上权利义务内容的协议，属于行政诉讼法第十二条第一款第十一项规定的行政协议。公民、法人或者其他组织就下列行政协议提起行政诉讼的，人民法院应当依法受理：（一）政府特许经营协议；（二）土地、房屋等征收征用补偿协议；（三）其他行政协议。”

〔4〕 参见梁凤云：《行政协议的界定标准——以行政协议司法解释第 1 条规定为参照》，载《行政法学研究》2020 年第 5 期。

步规范法官的自由裁量权、统一司法适用、实质性解决行政争议。同时，虽然司法解释对行政机关不具有法定的约束力，但基于法官应当依据司法解释审查行政行为的合法性，在行政机关作出行政行为时，司法解释实际上具有事实上的约束力。因此，司法能动下的司法解释在实现实质行政法治进程中发挥着重要的作用。

五、司法能动下行政指导性案例的定位

在我国法治建设初期立法相对疏漏的情况下，最高人民法院的司法解释能够及时回应社会转型，具有一定的功能正当性。司法解释对于法官解决法律规定模糊、法律规范冲突、存在法律空白等情况下的疑难案件问题，往往提供了极大便利。[1] 但不可否认的是，最高人民法院制定的司法解释大多都是抽象解释，即便其相较于法律具有一定的灵活性，也不可避免地具有滞后性等弊端，当有新类型的案件发生时，最高人民法院可能也不能及时制定司法解释以满足法官审理新类型行政案件具有明确依据的需要。同时，司法解释也不能弥补法律的所有缺陷。例如，关于国有土地使用权出让合同的性质问题，法律没有明确的规定。民法学者认为，在国有土地使用权出让合同中，行政机关一方的身份具有双重性，其既代表国家行使国有土地使用权，也是国有土地的管理者。行政机关依法所享有的监督权、提前收回土地权等，是其依据国有土地管理者身份所享有的权力，但并不影响国有土地使用权出让合同本质上是民事合同的属性。[2] 行政法学者则认为，国有土地使用权出让合同是最为典型的行政协议。在司法实践中，对国有土地使用权出让合同案件的受案及审理情况也较为混乱，出现民事审判庭和行政审判庭都能且都在审理国有土地使用权出让合同案件的情况。《行政协议司法解释》颁布前夕，众多行政法学者盼望最高人民法院能够明确国有土地使用权出让合同的性质，但是最高人民法院最终并未明确将国有土地使用权出让合同定性为行政协议，仅将矿业权等国有自然资源使用权出让协议列为行政协议案件受案范围。《行政协议司法解释》的颁布并未解决

---

〔1〕 参见王彬：《指导性案例的效力困境及其解决》，载《河南大学学报（社会科学版）》2017 年第 4 期。

〔2〕 参见王利明：《论行政协议的范围——兼评〈关于审理行政协议案件若干问题的规定〉第 1 条、第 2 条》，载《环球法律评论》2020 年第 1 期。

司法实践中有关国有土地使用权出让合同性质的争议。

具有抽象性特征的司法解释并不能弥补成文法的所有弊端。在司法实践中,法官在很多时候仍然不得不行使自由裁量权来审理行政案件,而这又可能会导致出现错判、"同案不同判"的情况,而行政指导性案例则能够有效解决上述问题。不同于法律和司法解释,行政指导性案例本身并不具有抽象性。行政指导性案例一般是法官行使自由裁量权审判的案件,该案件在一定程度上对法律进行了解释或填补了法律的漏洞,裁判的结果具有合理性,且能够对其他法官在未来审理类似案件时起到一定的参考作用。行政指导性案例能够在统一法律适用、实质性解决行政争议方面发挥其独特的作用,具体而言:第一,行政指导性案例根据司法实践中的个案生成,裁判要点的确立对司法实践的指导也往往更具有现实意义。第二,法院往往能够在司法审判过程中及时发现法律和司法解释的漏洞,通过行政指导性案例的形式弥补这些漏洞,更具有及时性。第三,相较于司法解释,行政指导性案例的遴选和发布更具有灵活性,可以有效避免法律和司法解释因抽象性而导致的弊端。第四,行政指导性案例在依托个案的前提下归纳了裁判要点,法官在参照裁判要点审理案件时还可以参照个案的事实和裁判理由,相较于直接适用较为抽象和模糊的法律和司法解释,参照行政指导性案例审理的行政案件错判的概率更小。

因此,我国实质行政法治的实现绝不能仅仅依赖于无限扩大法官的自由裁量权或借助外在众多不确定的因素,推行实质行政法治在很大程度上必须保持形式性[1]。申言之,实现实质行政法治,第一,要不断完善我国的行政法律制度,包括法律规定的具体化和对法律漏洞的填补;第二,最高人民法院应继续重视司法解释在法律适用方面发挥的作用,对裁判规则不断进行完善;第三,基于成文法与司法解释的弊端,要进一步发挥行政指导性案例的作用,即通过及时发布指导性案例,弥补成文法和司法解释存在的不足,为法官审理行政案件提供更为明确的裁判规则,促使行政争议得到实质性化解,实现行政诉讼"解决行政争议"的目的,以达到司法公正这一最终目标。

---

〔1〕 参见陈金钊:《实质法治思维路径的风险及其矫正》,载《清华法学》2012 年第 4 期。

六、行政指导性案例的实践功能

基于上述对行政指导性案例的定位,笔者认为,行政指导性案例的功能可以概括为统一法律适用标准、实现“同案同判”、实质性化解行政争议、实现司法公正四种。其中,统一法律适用标准和实现“同案同判”是行政指导性案例的直接功能,而实质性化解行政争议和实现司法公正则是行政指导性案例的实质功能。

(一)行政指导性案例的直接功能

行政指导性案例的直接功能是最高人民法院在各类有关案例指导制度的文件中均着重强调的功能。统一法律适用标准的结果是各级各地法院在司法裁判过程中做到“同案同判”,案例指导制度即最高人民法院针对长期以来各级各地法院普遍存在的“同案不同判”现象的制度回应。

具体而言,正如上文所述,成文法和司法解释具有的抽象性、一般性、滞后性等缺陷,使法官具有较大的自由裁量权,且目前全国各级各地法院的法官的专业水平仍参差不齐,导致同案或类案的判决结果不同甚至完全相反。例如,“责令限期拆除”在行政机关整治违法建筑过程中使用较为普遍,但在当前,《土地管理法》《住房城乡建设行政复议办法》等法律规范对行政机关强制执行前的责令限期拆除行为的性质作出了不同的规定,学界对其性质到底为行政处罚、行政强制措施还是行政命令争议较大,这种情况导致行政机关和法院在实践中对责令限期拆除行为的性质定性不一。以“河南省军安实业服务中心有限公司诉郑州市城乡规划局、河南省住房和城乡建设厅城市规划管理案”为例,[1]郑州市规划局以原告河南省军安实业服务中心有限公司(以下简称军安公司),违法建设为案由立案调查,并依照《郑州市城乡规划管理条例》对军安公司作出(郑城规)限拆字(2017)第1020号《限期拆除决定书》,责令军安公司在收到本决定书之日起三日内自行拆除。两审法院、各方当事人对责令限期拆除的性质都提出了不同的主张及理由,其中原审郑州市管城回族区人民法院与原审被告郑州市城市管理局认为是行政强制措施,上诉人河南省住房与城乡建设厅认为是行政处理决定,上诉人郑州市规划局认为是行政处罚,郑州市中级人民法院

---

〔1〕 参见河南省郑州市中级人民法院行政判决书,(2018)豫01行终822号。

则认为是行政命令。因每种类型的行政行为都有不同的听证程序、简易程序、起诉期限等制度,定性错误会使行政机关接下来的行为违法,最后不仅未能拆除违法建筑,反而会削弱行政机关的权威性和行政行为的统一性。且各地的法院如果仅是按照自己的理解进行定性,则会出现案情类似的案件在此地胜诉而在其他地方败诉的情形,不仅会损害当事人的合法权益,还会导致法律适用混乱,严重损害司法公信力。"同案同判"是人民群众对司法公正最朴素的价值追求,是现代法治社会应当恪守的一项基本原则。[1] 因此,最高人民法院有必要通过一定的途径遏制此类"同案不同判"的情形。

指导性案例的统一法律适用标准、实现"同案同判"之功能最初在《案例指导工作规定》等文件中进行了规定。近年来,最高人民法院对"同案同判"的实现机制一直保持着高度关注,并逐步在案例指导制度的基础上逐步对类案检索制度进行了建构和完善。

类案检索制度,是指法院应当针对特定情形的案件,在特定范围内寻找与该案件在基本事实、争议焦点、法律适用问题等方面具有相似性且已经人民法院裁判生效的案件,并参照或参考寻找到的类案作出裁判的制度。2015 年 9 月《最高人民法院关于完善人民法院司法责任制的若干意见》、2017 年 4 月《最高人民法院关于落实司法责任制完善审判监督管理机制的意见(试行)》、2017 年 7 月《最高人民法院司法责任制实施意见(试行)》均对类案检索作出了相关规定。2020 年 7 月,最高人民法院发布《最高人民法院关于统一法律适用加强类案检索的指导意见(试行)》(以下简称《类案检索意见》),就应当进行类案检索的案件类型、类案检索范围、类案检索方法法律适用分歧解决等方面作出了更为明确的规定。[2]

根据《类案检索意见》的规定,整个类案检索制度是为了统一法律适用,尤其要做到"类案同判""异案异判"。[3] 《类案检索意见》规定,人民法院应当进行类案检索的情形包括:(1)拟提交专业(主审)法官会议或者审判委员会讨论的;(2)缺乏明确裁判规则或者尚未形成统一裁判规则的;(3)院长、庭长根据

〔1〕 参见姚建军:《类案检索是统一法律适用的重要路径》,载《人民法院报》2020 年 11 月 2 日,第 2 版。

〔2〕 参见刘树德、胡继先:《关于类案检索制度相关问题的若干思考》,载《法律适用》2020 年第 18 期。

〔3〕 参见李梦雨:《类案检索制度对法官提出新要求》,载《人民法院报》2020 年 7 月 30 日,第 2 版。

审判监督管理权限要求进行类案检索的;(4)其他需要进行类案检索的。类案检索的范围则包括:(1)最高人民法院发布的指导性案例;(2)最高人民法院发布的典型案例及裁判生效的案件;(3)本省(自治区、直辖市)高级人民法院发布的参考性案例及裁判生效的案件;(4)上一级人民法院及本院裁判生效的案件。可以看出,最高人民法院发布的指导性案例属于类案检索范围的第一顺位,且《类案检索意见》第9条规定,"检索到的类案为指导性案例的,人民法院应当参照作出裁判",而其他类案仅可以作为法院裁判的参考。在《类案检索意见》未出台之前,案例指导制度已正式运行接近十年,其在本质上就是类案检索的一种表现。《类案检索意见》第4条及第9条的规定对应《案例指导工作规定》第7条的规定,同时又进一步显示出指导性案例在类案检索中的特殊地位。

以实现统一法律适用标准、"同案同判"为目的的案例指导制度,虽然经十余年发展仍存在指导性案例发布数量不足、实践中适用率不高等问题,且难免引发最高人民法院是否还会继续推行案例指导制度的质疑,但从最高人民法院近年来的政策倾向来看,案例指导制度无疑会继续推行下去,而统一法律适用标准、实现"同案同判"则是案例指导制度和指导性案例的直接功能和目的。

(二)行政指导性案例的实质功能

行政指导性案例的直接功能是根据指导性案例自身的特点就可以直接确定的功能。一方面,行政指导性案例不同于成文法中的法律规则,其具有个体性特征,未被作抽象化处理,法官在审理行政案件时不用对其进行解释就可以直接适用,因而也就消除了不同法官因作出不同解释而导致"同案不同判"的可能;另一方面,"检索到的类案为指导性案例的,人民法院应当参照作出裁判"的规定,使法官在审理行政案件时无法拒绝参照行政指导性案例。因此,且不论行政指导性案例的裁判结果和裁判要点是否正确,只要所有法院均参照行政指导性案例对案件进行审理和判决,即能够达到统一法律适用标准、实现"同案同判"的目的。

与行政指导性案例的直接功能不同的是,行政指导性案例的实质功能即实质性化解行政争议、实现司法公正的实现不仅要求行政指导性案例在实践中得到参照适用,还要求行政指导性案例本身必须具有合理性,即行政指导性案例的裁判结果和裁判要点是正确的,法官在审理行政案件时遇到类案而参照行政指导性案例进行审理和判决后应当达到公正合理解决行政争议的目的,这是相较于直接功能对行政指导性案例提出的更高要求,也是行政指导性案例的本质目的。

如上文所述,“解决行政争议”是2014年《行政诉讼法》修改中新增加的一个诉讼目的,该目的的增加,使《行政诉讼法》由原先过多地强调公法秩序的维护,转向开始强化行政诉讼的争议解决功能。[1] 实质性化解行政争议是最高人民法院最近几年特别强调的一个命题,最高人民法院也围绕这个命题进行了一系列的制度创新和工作机制的改革和完善。[2]《最高人民法院关于为构建社会主义和谐社会提供司法保障的若干意见》(2007年)、《最高人民法院关于加强和改进行政审判工作的意见》(2007年)、《最高人民法院关于行政诉讼撤诉若干问题的规定》(2008年)、《最高人民法院关于依法保护行政诉讼当事人诉权的意见》(2009年)、《最高人民法院关于进一步保护和规范当事人依法行使行政诉权的若干意见》(2017年)等文件中都有加强行政争议实质性解决的精神或规定。[3] 相较于民事诉讼和刑事诉讼,行政诉讼更强调“实质性解决争议”这一概念,原因在于,行政诉讼中存在更大的“案结事未了”的可能性。“案结事未了”,也被称为“行政诉讼程序空转”,是自我国行政诉讼制度产生以来在实践中一直存在的问题。一方面,当前我国正处于社会剧烈转型时期,行政纠纷日益增多,案件涉及的利益关系日益复杂,[4]而行政法完善的脚步却赶不上这种变化。因此,法官在审判过程中往往具有较大的自由裁量权,但当下我国法官的专业素质仍参差不齐,再加上对结案率的追求,极易导致“案结事未了”的情况发生。另一方面,我国《行政诉讼法》虽然规定法院可以对行政机关作出的行政行为是否具有“滥用职权”“明显不当”等情形进行合理性审查,但总体而言,我国行政审判还是主要审查行政行为的合法性。在很多情形下,行政机关作出的行政行为并不违反法律的规定,但却是不合理的,如果法院仅对行政行为进行合法性审查而作出不利于行政相对人的裁判,并不会使行政相对人信

[1] 参见李广宇:《新行政诉讼法逐条注释》,法律出版社2015年版,第9-11页。

[2] 参见江必新:《论行政争议的实质性解决》,载《人民司法》2012年第19期。

[3] 参见王万华:《行政复议法的修改与完善——以“实质性解决行政争议”为视角》,载《法学研究》2019年第5期。

[4] 参见王万华:《行政复议法的修改与完善——以“实质性解决行政争议”为视角》,载《法学研究》2019年第5期。

服，行政争议当然得不到实质性解决。

当前，实质性解决行政争议无疑是我国行政诉讼的主要目标，而实现该目标则需要多种手段共同发挥作用。例如，近几年，各地人民法院正在积极展开对行政争议繁简分流机制的探索，最高人民法院也发布并实施了《关于开展行政诉讼简易程序试点工作的通知》，繁简分流可以使大部分法官有更多的时间审理重大、疑难案件，有利于实质性化解行政争议。又如，2017 年《行政诉讼法》第 3 条第 3 款规定了行政机关负责人出庭应诉制度。[1] 2018 年《行政诉讼法司法解释》第 128 ~ 132 条则又从行政机关负责人的范围、应当出庭应诉的情形、行政机关负责人不出庭的说明义务、"行政机关工作人员"的含义、不出庭应诉的不利后果等方面作出了较为详细的规定。[2] 2020 年 6 月 23 日，最高人民法院发布《关于行政机关负责人出庭应诉若干问题的规定》，从行政机关负责人的范围、法院"应当"和"可以"通知行政机关负责人出庭应诉的案件种类和情形、行政机关负责人不能出庭应诉的法定情形、行政机关负责人庭审过程中的义务、行政机关负责人不出庭的法律后果等方面作出了更为具体的规定。特别是该司法解释第 11 条第 3 款"行政机关负责人出庭应诉的，应当就实质性解决行政争议发表意见"的规定，与行政诉讼法的立法目的相一致，也符合行政争议诉源治理的基本要求。

上述手段均能在一定程度上促进行政争议的实质性化解。但正如上文所述，要真正达到实质性化解行政争议的目的，还是要依赖行政指导性案例从根本上弥补我国行政诉讼中存在的漏洞，即消除成文法和司法解释存在的弊端。但应当注意的是，实质性化解行政争议中行政诉讼程序终结后未再启动新的法律程序与行政实体法律关系经由行政诉讼程序获得实质处理两项要求，理论上仅需通过行政指导性案例消除成文法和司法解释存在的弊端即可以满足，但从司法实践情况来看，行政指导性案例应当发挥的作用不止于此，因此除成文法和司法解释的弊端外，行政诉讼还存在很多现实问题。例如，行政机关负责人出庭应诉制度的建立本与成文法和司法解释的弊端无关，而是由于在当前国家

---

[1] 2017 年《行政诉讼法》第 3 条第 3 款规定："被诉行政机关负责人应当出庭应诉。不能出庭的，应当委托行政机关相应的工作人员出庭。"

[2] 参见江必新：《论行政诉讼法司法解释对行政诉讼制度的发展和创新》，载《法律适用》2018 年第 7 期。

机关的权利分工下，相较于法院，行政机关处于优势地位，这就导致即便法院作出具有合理性的判决，行政机关不依照判决履行，行政争议依然无法得到履行。又如，行政诉讼要发挥解决纠纷的功能，法院有解决纠纷、提供救济的能力无疑是关键，但在很多情况下，法院基于受到地方政府的限制等原因，不愿意受理那些本该受理的案件。即便勉强受理，法院也不一定能够做到公正裁判。[1] 在此种现实背景下，相较于民事指导性案例和刑事指导性案例，行政指导性案例或许还要承担最高人民法院想要实现的诸多现实功能。

综上所述，当行政指导性案例的发布能够弥补成文法和司法解释的弊端、解决行政诉讼实践中存在的现实问题时，行政诉讼被寄托的实质性化解行政争议的目的也会实现。而司法公正基本内涵是要在司法活动的过程和结果中坚持和体现公平与正义的原则，既要求法院的审判过程遵循平等和正当的原则，也要求法院的审判结果体现公平和正义的精神，这与实质性化解行政争议的目的不谋而合。简而言之，实质性化解行政争议的目的就是实现司法公正，行政争议得到实质性解决，司法公正自然也能够得到实现。

---

〔1〕 参见何海波：《行政诉讼法》（第2版），法律出版社2016年版，第41页。

第二章

行政指导性案例确立的裁判规则

2010 年 11 月 26 日，最高人民法院发布《案例指导工作规定》，首次明确了指导性案例的概念与效力，学术界与实务界普遍认为这是我国建立案例指导制度的标志。在此之前，最高人民法院在《人民法院第二个五年改革纲要（2004—2008）》中描绘了案例指导制度的规划蓝图：建立和完善案例指导制度，重视指导性案例在统一法律适用标准、指导下级法院审判工作、丰富和发展法学理论等方面的作用。随后最高人民法院制定关于案例指导制度的规范性文件，规定指导性案例的编选标准、编选程序、发布方式、指导规则等，案例指导制度在我国初步确立。尽管自发性运用判例指导司法实践的惯例在我国由来已久，但是判例在我国从来都不具备法源性地位，对高质量判例的引用、借鉴只是法官隐藏于法律适用之外的默契。《案例指导工作规定》赋予指导性案例“参照适用”的效力，无疑认可了指导性案例确立裁判规则的正当性。裁判规则是由司法机关在司法过程中形成的、存在于案例或司法解释中的对某种争议问题的法律解决方案。[1]

指导性案例所确立的裁判规则是案例指导制度的核心要素，关于案例指导制度的学术争论与制度设计，都是围绕指导性案例确立的裁判规则展开的。案例指导制度是我国在推进司法改革过程中渐进形成的司法制度，与判例法语境下的遵循先例逻辑不同，指导性案例确立的裁判规则的性质、效力、适用等也都带有明显的中国特色。指导性案例确立的裁判规则，其本土色彩在行政法领域

〔1〕 参见张骐：《论裁判规则的规范性》，载《比较法研究》2020 年第 4 期。

尤其浓厚,这与我国行政法治发展背景密切相关。指导性案例之所以具有参照适用的法律效力,不仅源于案例指导制度自上而下的强制要求,更主要的原因在于指导性案例确立了明确的裁判规则,而裁判规则本身具有的法源属性以及其强大的司法认同价值,是指导性案例得以应用的核心动力。因此,认识裁判规则的定位与性质,在此基础上梳理指导性案例所确立的具体裁判规则,有助于全方位再现指导性案例所确立裁判规则的特征,是评价指导性案例制度的首要步骤。

第一节　行政指导性案例确立的裁判规则概述

一、指导性案例中裁判规则的定位

(一)裁判规则的概念与构成

裁判规则并非一个确定的法律概念,它是伴随司法审判活动而产生与发展的学术用语,与裁判规则相近的概念有"裁判规范""审判规则""审判规范"等。关于裁判规则的概念与含义,学者们根据自身研究的特点与需求,给出了不同的意见。早期黄茂荣从法学方法的角度对裁判规则(裁判规范)作出了比较权威的论断,即法条或法律规定之意旨,若在要求受规范之人趋向于它们而为行为,则它们便是行为规范;法条或法律规定之意旨,若在要求裁判法律上争端之人或机关,以它们为裁判之标准进行裁判,则它们便是裁判规范。〔1〕 由此可见,裁判规范是依附于法条或法律规定,存在于裁判活动中的解决争端之主体使用的标准。陈金钊从三个方面展现了审判规范的基本含义,即审判规范是针对具体案件的个别规范,是个案判决的理论依据,由审判操作规范和裁判规范两部分构成。〔2〕 陈金钊强调了审判规范的来源,以及审判规范具有个案适用的本质特征。谢晖则认为,裁判规范是指法官在司法活动中所援引或构造的、适用于当下案情(个案)的裁判规则,并把裁判规范分为法官援引的某种规范和法官构

〔1〕 参见黄茂荣:《法学方法与现代民法》,中国政法大学出版社 2001 年版,第 110 ~ 111 页。

〔2〕 参见陈金钊:《论审判规范》,载《比较法研究》1993 年第 3、4 期。

造的裁判规范。[1] 而张其山认为,裁判规范仅是法官在审理案件时所创立的直接用于裁判案件的规范。[2] 狭义上的裁判规则是指法官在具体案件的裁判过程中缺乏应有的裁判准则或者现有的裁判准则过于模糊等,在不违背立法本意、遵循公平正义基础上创制的解决个案或具有一定普遍适用意义的裁判依据。[3] 综观学术界关于裁判规则以及相近概念的争论不难发现,虽然学术界在裁判规则的内涵与外延方面存在一定的争议,但是裁判规则概念所具备的与司法活动息息相关、有一定应用功能等特点,是公认的界定裁判规则概念的核心要素。

从法律规范的类型区分着手层层剥离出裁判规则的内核,在裁判规则特征出现的情况下更加有利于界定裁判规则的概念。法律原则与法律规则是实现法律价值的两个重要手段,也是法律规范的基本构成要素。除了缺乏法律准则或者法律准则与法律原则不一致这两种特殊情况外,司法审判中往往遵循优先适用法律准则的惯例。按照法律规则调整的领域不同,将其分为立法规则、司法规则与行政规则;按照确立方式又可以将其划分为立法活动所确立的准则与司法活动所确立的准则。在司法活动中形成并确立的法律准则在表现形式上有成文与不成文两种,前者在案例指导制度确立以来主要指以最高人民法院通过发布指导性案例的方式确立的裁判规则,即本章所讨论的裁判规则,后者散见于司法审判实践中法官之间不成文的经验、习惯乃至于默认的职业传统。因此,这里讨论的裁判规则指的是经最高人民法院以发布指导性案例形式确定的旨在指导全国司法审判活动的法律规则。

法律规则在逻辑上由三个部分构成:假定、行为模式、法律后果。假定是法律规则中有关适用该规则的条件和情况部分,包括两个类别:(1)法律规则的适用条件,即法律规则在什么时间、什么地域以及对什么人生效;(2)行为主体的行为条件,包括行为主体的资格构成和行为的情境条件。行为模式是法律规则中规定人们如何具体行为或活动之方式的部分,可分为三类:(1)可为模式;(2)应为模式;(3)勿为模式。可为模式又称"权利行为模式",应为模式与勿为

---

〔1〕 参见谢晖:《民间法与裁判规范》,载《法学研究》2011 年第 2 期。

〔2〕 参见张其山:《裁判规范的创立原则》,载《政治与法律》2009 年第 10 期。

〔3〕 参见张嘉军:《论裁判规则的基本含义及其功能》,载《河南财经政法大学学报》2020 年第 1 期。

模式合称“义务行为模式”。法律后果是法律规则中规定人们在假定条件下作出符合或不符合行为模式要求的行为时应承担相应的结果的部分，可分为两种：(1)肯定性的法律后果，即规定人们按照行为模式的要求行为而在法律上予以肯定的后果，表现为对人们行为的保护、许可与奖励；(2)否定性的法律后果，规定人们不按照行为模式的要求行为而在法律上予以否定的后果，表现为对人们行为的制裁、不予保护、撤销、停止或要求恢复、补偿等。〔1〕作为法律规则的一种，裁判规则更多强调的是法律后果的实现，即在行为模式与假定条件共同作用的情况下应当实现什么样的法律后果。

根据最高人民法院研究室《最高人民法院关于编写报送指导性案例体例的意见》要求，指导性案例的体例主要包括标题、关键词、裁判要点、相关法条、基本案情、裁判结果、裁判理由七个部分。其中标题、关键词属于辅助指导性案例完整性的构成要件，并不具有实质意义。该意见要求裁判要点应简要归纳和提炼指导性案例体现的具有指导意义的重要裁判规则，而对于指导性案例的其他构成要件则没有类似要求。由此可见，指导性案例确立的裁判规则以裁判要点为表达载体，是在裁判要点中归纳和提炼的具有指导意义的裁判规则。借助裁判要点、关键词等信息，可以快速地检索与参照适用案例裁判规则。〔2〕裁判要点因高度凝练与专业的观点表达而具有单独适用的条件，因此参照适用指导性案例大多数情况下表现为对裁判要点的引用。但是这并不意味着裁判要点可以或者应当独立承担表达裁判规则的重任，裁判规则是一项或多项动态的法律推理过程，对裁判规则的理解与运用必须依托于具体的案情，在特定的时间、主体、环境下完成。

(二)裁判规则的法源属性

根据《最高人民法院关于加强和规范裁判文书释法说理的指导意见》第13条的规定，指导性案例可以作为法官论证裁判理由的论据，以提高裁判结论的正当性和可接受性。结合《实施细则》有关“指导性案例作为裁判理由引述而不作为裁判依据引用”的规定，指导性案例确立的裁判规则区别于法律、法规以及司法解释的属性已经显而易见。最高人民法院对指导性案例裁判理由论据的

---

〔1〕 参见舒国滢主编：《法理学导论》(第2版)，北京大学出版社2012年版，第102页。

〔2〕 参见孙跃：《论类案裁判规则及其提炼方法》，载《湖北社会科学》2021年第8期。

法律定位,引发了学术界关于指导性案例确立的裁判规则法源属性的争论。对裁判规则法源属性的探讨一直被视为指导性案例作为法律概念并形成一项法律制度是否具有正当性的核心。事实上,在2010年最高人民法院建立案例指导制度之前,学术界就不乏关于指导性案例性质的讨论。[1] 2010年后,学术界关于指导性案例法律属性的讨论,随着指导性案例制度确定具有参照适用的法律效力,转移至指导性案例适用规则所体现出的法源属性。雷磊认为,指导性案例的正当性来自1981年全国人大授予最高人民法院法律解释权的规定。[2] 这种主张将指导性案例所确立的裁判规则视为司法解释体系内对司法解释的补充,因此指导性案例并不具有独立的法律属性,其正当性必须依附于司法解释的法律地位。张骐则认为,指导性案例所具有的"正确的决定性判决理由"和"经最高审判组织确定认可的程序安排"才是其正当性的来源。[3] 张骐从内容与形式两方面分别论证了指导性案例的正当性,将指导性案例的正当性追溯并聚焦于指导性案例立法层面的正当性。相比雷磊的司法解释说,该主张彰显了指导性案例制度的独特价值。与此相对,泮伟江则认为,指导性案例的正当性不能如前两位学者一样立足于立法中心的"命令说",而必须立足于"同案同判"的司法构成性义务及健康的审级制度,才得以长久。[4]

"法源"即法律渊源,是一个包含多重含义、多种分类的法理概念。对指导性案例法源属性的探讨,应当以法律渊源概念的厘定为前提。彭中礼教授指出,法律渊源的概念除在近代特定历史时期(主要是18~19世纪理性主义与"法典万能主义"盛行的时期)发生过变异外,其内涵一直都属于司法而非立法的范畴。[5] "法律渊源"一词是舶来品,我国最早使用该词是在20世纪初期翻译过来的一些法学著作中。在中西方法律文化不断融合的过程中,法律渊源概念在我国被赋予了更多的中国语义色彩。陈金钊立足于中国法治实践与法律渊源的拟制性,主张法源拟制的开放与系统,他提出法律渊源是传统法学的重

---

[1] 主要参见周佑勇:《作为过渡措施的案例指导制度——以"行政[2005]004号案例"为观察对象》,载《法学评论》2006年第3期;刘作翔、徐景和:《案例指导制度的理论基础》,载《法学研究》2006年第3期;刘作翔:《我国为什么要实行案例指导制度》,载《法律适用》2006年第8期。

[2] 参见雷磊:《指导性案例法源地位再反思》,载《中国法学》2015年第1期。

[3] 参见张骐:《再论指导性案例效力的性质与保证》,载《法制与社会发展》2013年第1期。

[4] 参见泮伟江:《论指导性案例的效力》,载《清华法学》2016年第1期。

[5] 参见彭中礼:《法律渊源词义考》,载《法学研究》2012年第6期。

要概念，是法学家等法律人面对制定法实施的困境，秉持开放姿态，假法源之名拟制、确认法之范围，进而实现法之自主，其实质是运用再定义的方式确定司法之法。[1] 法律渊源概念的"规范多元主义"界定不仅符合我国法治实践多元并进的实现路径，也契合法律规范拟制性的基本特点。因此，法源性实则是对法治工具在司法活动中是否具有法律规制意义的描述与定性。

简言之，关于指导性案例法源属性的探讨，实质是对指导性案例所确立的裁判规则是否具有司法适用权威的判断。指导性案例在司法实践中不仅具有参照适用的制度保障，更重要的是，由指导性案例确立的裁判规则更多来自各级人民法院自下而上共同认可的审判经验，因而指导性案例在司法实践中还具有公认的事实上的权威性。指导性案例制度是中国法治发展实践中的重大创新成果，其确立的裁判规则与法律、法规等共同构成了司法实践的规则体系，因而具有无可争议的法源属性。

二、指导性案例确立裁判规则的制度设计

（一）指导性案例确立裁判规则的立法模式

2005 年，最高人民法院在《人民法院第二个五年改革纲要（2004—2008）》中首次明确提出"建立和完善案例指导制度"的要求。将案例指导制度作为司法制度改革的重要任务提出来，为案例指导制度的建立提供了政策性支撑。《人民法院第二个五年改革纲要（2004—2008）》指出案例指导制度的作用主要在于"统一法律适用标准、指导下级法院审判工作、丰富和发展法学理论等"方面，这也是建立案例指导制度的功能导向。2010 年《案例指导工作规定》是指导性案例制度初步确立的标志，该规定对指导性案例的特点、遴选、发布与效力作了相应规定。《案例指导工作规定》发布后，为进一步规范案例指导工作，2011 年最高人民法院相继印发了《关于编写报送指导性案例体例的意见》和《指导性案例样式》两份文件。2015 年，最高人民法院印发《实施细则》，对指导性案例制度的具体实施作出了细化规定。指导性案例制度的建立轨迹呈现以最高人民法院为主导的基本特点，相应的制度规范也仅仅停留在最高人民法院

---

〔1〕 参见陈金钊：《法源的拟制性及其功能——以法之名的统合及整饬》，载《清华法学》2021 年第 1 期。

的文件层面，并没有上升至法律。2018 年修订的《人民法院组织法》第 18 条新增了“最高人民法院可以发布指导性案例”的规定，至此指导性案例制度才完成了从政策性改革到法律性规定的过渡，“指导性案例”作为一个法律概念正式出现。有学者主张，指导性案例的裁判要点往往是裁判规则和司法价值的统一，所以不宜将其理解成纯粹的裁判规则。[1] 这种观点混淆了作为纯粹技术规则的裁判规则与作为指导性案例所确立之蕴含司法价值判断的裁判规则，容易使人产生误解。换言之，此处所指“纯粹的裁判规则”乃是裁判过程中的技术性规则，而非指导性案例所确立的具有指导司法审判功能的裁判规则。《实施细则》关于“应当参照相关指导性案例的裁判要点作出裁判”[2] 的规定，将指导性案例的效力集中于裁判要点的类案参照，构建了指导性案例通过裁判要点确立裁判规则的立法模式。因此，指导性案例确立的裁判规则在立法层面具有以下特性：

1. 裁判规则须经最高人民法院依法确立。对法律的解释与续造，是法官的天职，因此，每一份裁判文书都体现了一定的法律适用主张。指导性案例在形式上也属于个案，其所附带的裁判要点在未经权威认可之前当然不具有拘束力，不能成为裁判规则。根据《人民法院组织法》规定，指导性案例的发布主体是最高人民法院，最高人民法院是确立裁判规则的法定职权机关。程序上，指导性案例的遴选采取各级人民法院自下而上推荐的机制，各级人民法院按照规定的体例要求将认为符合条件的案例逐级推荐给最高人民法院，由最高人民法院审查决定是否选定为指导性案例并最终发布。除各级人民法院之外，人大代表、政协委员、专家学者等社会各界人士也可以向生效裁判的原审人民法院推荐认为符合条件的案例。

2. 裁判规则是指导性案例的核心。与指导性案例的相关法条、基本案情、裁判结果以及裁判理由等组成要素相比，裁判要点无疑是指导性案例重中之重的核心构成，这是基于裁判要点确立裁判规则的承载功能。[3] 指导性案例之所以能从个案上升至具有指导性意义的案例，在于其通过裁判要点确立了一项或

---

[1] 参见胡云腾：《关于参照指导性案例的几个问题》，载《人民法院报》2018 年 8 月 1 日，第 5 版。

[2] 《实施细则》第 9 条规定：“各级人民法院正在审理的案件，在基本案情和法律适用方面，与最高人民法院发布的指导性案例相类似的，应当参照相关指导性案例的裁判要点作出裁判。”

[3] 参见张骐等：《中国司法先例与案例指导制度研究》，北京大学出版社 2016 年版，第 265 页。

数项裁判规则,裁判规则契合法律规范的规制属性。换言之,指导性案例因其确立的裁判规范或运用的法律方法和法律思维而具有指导意义。[1] 裁判规则的定义与性质,历来是一个备受争议的话题。黄茂荣认为,裁判规则从属于法律规定,是用以裁判法律争端的标准。[2] 也有学者主张,裁判规则是法官等法律职业群体在诉讼活动中依据法律规定共同构建的一种适用于具体案件的个别规范,它是在审判活动中生成的规范,是由实体法规定衍变出的规范。[3] 指导性案例制度在我国的发展只有十余年时间,在理论研究与实践发展尚且不足的情形下对指导性案例中的裁判规则下定义,还为时过早。尽管如此,指导性案例通过裁判要点确立了一项法律规范如何具体适用的裁判规则,这是不争的事实。目前来看,指导性案例确立的裁判规则主要是在司法审判经验基础之上抽象出的法律适用规则,因指导性案例制度的构建而具有规范的权威性,因其所蕴含的司法审判经验价值而具有事实上的普遍适用性。

3. 裁判规则的适用受"类案"判断限制。尽管裁判要点居于指导性案例的核心,但这并不意味着裁判要点可以独立于指导性案例的个案属性而自成裁判规则。从指导性案例的生成过程来看,裁判要点(包括部分指导性案例的案例评析部分)并非伴随案例产生的,而是为了赋予指导性案例参照适用的效力而附加在个案之外的裁判规则载体。裁判要点呈现于案例本身,从权威性与共识性的考量要素来看,裁判要点不仅源于指导性案例这一个案,而是对大量个案法律适用问题的抽象凝练。也就是说,指导性案例的相关法条、基本案情、裁判结果、裁判理由等构成要件可以对应转换为类似个案的构成要素,而不影响裁判要点所确立裁判规则的逻辑自洽,这也是裁判规则类案适用的合理性所在。指导性案例确立的裁判规则对类案具有参照适用的效力已经为《实施细则》所明确规定,但是如何鉴别类案只能从《实施细则》第9条规定的"基本案情"和"法律适用"两个维度去考察。

4. 裁判规则仅具有参照适用的效力。学术界关于指导性案例确立的裁判规则是否具有效力以及其效力如何的认识,一直是有争议的,可谓众说纷纭。

---

〔1〕 参见张卓明:《完善法律体系的司法路径》,载《法学》2011年第8期。
〔2〕 参见黄茂荣:《法学方法与现代民法》(第5版),法律出版社2007年版,第141页。
〔3〕 参见陈金钊:《论审判规范》,载《比较法研究》1999年Z1期。

《人民法院组织法》第18条将最高人民法院发布指导性案例的条款置于第1款最高人民法院对具体应用法律问题进行司法解释的条款之后，表达了司法审判中指导性案例与司法解释并重的立法用意，这种做法也引发了学界关于指导性案例效力定位的司法解释说，即将指导性案例确立的裁判规则视为司法解释。也有学者专门研究指导性案例与司法解释之间的关系，并提出将指导性案例归于司法解释的具体主张，其认为，指导性案例与抽象司法解释在本质上都属于依附于制定法的法律渊源形式以及司法解释手段，若能将指导性案例作为“解释”“批复”“规定”“决定”之外的第五种司法解释形式，则能够简单易行地解决指导性案例效力不明的现实问题。〔1〕 持反对观点者主张指导性案例对于司法适用具有独特意义，不是司法解释的附庸或补充。〔2〕 指导性案例参照适用的效力是指导性案例制度建立以来一以贯之的原则，这与司法解释所具有的法律依据效力截然不同。因此，将指导性案例视为司法解释补充的观点缺乏规范依据。《实施细则》明确了指导性案例参照适用的具体含义：参照适用的对象是指导性案例的裁判要点；参照适用的方法是将指导性案例作为裁判理由引述，但不作为裁判依据引用。因此，指导性案例确立的裁判规则只有事实上的拘束力，用以增强裁判理由的说服力，并不作为裁判所依据的法律规范。

（二）指导性案例确立裁判规则的司法适用

各级人民法院审理与指导性案例类似案件时，应当参照指导性案例裁判要点确立的裁判规则作出裁判，指导性案例这一基本制度要求被视为“同案同判”从一项道德要求转化为法律义务的转折点。长期以来，学术界关于“同案同判”的性质与定位问题争论不休，指导性案例制度的建立也并不能消弭这场关于“同案同判”的学术争议。〔3〕 尽管如此，对于法官、当事人、律师乃至关注司法审判工作的普通民众而言，在实践中“同案同判”一直被视为司法公正的表现。对个案事实认定与法律适用方面是否符合法律规定的判断常常过于专业，且伴随主观价值判断。相较而言，民众对于个案是否符合“同案同判”的判断更加直接而敏锐。案例指导制度建立之前，“同案同判”作为一项朴素的法治理念，在

〔1〕 参见陆幸福：《最高人民法院指导性案例法律效力之证成》，载《法学》2014年第9期。

〔2〕 参见陈兴良主编：《中国案例指导制度研究》，北京大学出版社2014年版，第25页。

〔3〕 参见周少华：《同案同判：一个虚构的法治神话》，载《法学》2015年第11期；孙海波：《“同案同判”：并非虚构的法治神话》，载《法学家》2019年第5期。

司法实践中已经具备深厚的发展土壤，并成为法官在裁判活动中不得不面对和考量的裁判因素。可想而知，“同案同判”作为一项重要的民间和司法诉求，具有符合民众思维逻辑和心理期待的现实意义、体现和保障法律的平等价值和安定价值的法律意义、塑造司法形象和提升司法公信力的司法意义。[1]

对“同案同判”所体现的公平正义法治理念的趋从，是法官自发遵循案例指导制度的内在动力。除此之外，上级人民法院对下级人民法院进行组织监督与业务指导的关系，是“同案同判”在司法审判纵向领域的制度保障。法官审判经验交流机会的增多与现代类案检索技术的发展，为“同案同判”在横向领域的广泛实现提供了客观条件。我国实行司法审判两审终审制，二审人民法院有权对一审人民法院的错误裁判进行纠正，纠正方式包括直接纠正和发回重审时作出审判建议两种形式，以此促进上下级人民法院保持审判活动一致性。部分高级人民法院、中级人民法院还会针对某种类型案件的审理活动印发规定和文件，要求所辖区域各级人民法院在审理该类案件时按照统一的规则作出裁判。[2]裁判文书网的建立宣告了司法审判信息的共享时代已经到来，为法官提供了更多掌握先进审判理念的机会，使法官最大限度地避免因“同案不同判”遭受诉讼参与人的责难。

指导性案例制度进一步明确了“同案同判”的“同判”意指裁判规则的统一适用，而非对案件结果的同化规定，打消了“同案同判”干扰人民法院司法审判独立性的顾虑。“同案同判”的司法认同，在指导性案例制度建立以后集中表现为司法审判领域对指导性案例的应用热情。在司法实践中，应用指导性案例的主体范围十分广泛，除了各级人民法院之外，还包括原告、被告、公诉人、辩护人等诉讼参与主体。伴随指导性案例整体数量的不断增多和发布速度的逐渐加快，学界关注的重点也渐渐从“是否需要建立案例指导制度转到怎样充分发挥指导性案例在法治实践中的重要作用上来”[3]。不容忽视的是，司法实践中不

---

〔1〕 吴叶乾、韩青松：《对“同案同判”的全面理解及其实现》，载《浙江理工大学学报（社会科学版）》2020 年第 1 期。

〔2〕 如《江苏省高级人民法院关于审理带薪年休假纠纷若干问题的指导意见》《江苏省高级人民法院关于审理城镇房屋租赁合同纠纷案件若干问题的意见》《北京市高级人民法院关于审理公司强制清算案件操作规范》。

〔3〕 张骐：《发展案例指导制度需要处理好的三个关系》，载《中国审判》2011 年第 10 期。

规范应用先例的传统做法已经根深蒂固，加之类似案件参照适用指导性案例的应用规定尚不健全，各级人民法院在应用指导性案例时出现了各种各样的应用模式，包括对指导性案例的隐性应用。尽管部分法官选择以隐性的、非明示的方式将指导性案例引入裁判过程，但其实质上仍然“适用”了这些案例。从这个角度来看，对于指导性案例是否对眼前待决案件具有可能的指导性价值或意义，法官所持有的态度在整体上是积极的。[1] 截至 2019 年 12 月 31 日，已经发布的 24 批 139 例指导性案例中，有 91 例被应用于司法实践，应用指导性案例的案例数量高达 5104 例。[2]

三、行政指导性案例中裁判规则的现状与特点

（一）裁判规则覆盖范围有限难以满足司法实践需求

截至 2021 年 8 月 1 日，最高人民法院发布的行政指导性案例共 27 例，其中包括 3 例知识产权纠纷案件和 1 例行政赔偿纠纷案件。需要说明的是，最高人民法院 91 号行政赔偿指导性案例与最高人民法院 43 号、116 号司法赔偿指导性案例不同，指导案例 91 号所确立的行政赔偿诉讼举证规则也属于行政诉讼范围，因此，在讨论行政指导性案例确立的裁判规则时，亦应将指导案例 91 号纳入考察范围。已经公布的 27 例行政指导性案例确立的裁判规则包括实体性裁判规则与程序性裁判规则。实体性裁判规则涵盖行政处罚、行政许可、行政确认、行政征收、信息公开、知识产权、行政登记等九大类别的行政行为，以及行政协议与行政公益诉讼两类新型行政案件中的实体性问题。程序性裁判规则主要包括诉讼主体资格、受案范围和正当程序三方面的裁判规则。27 例指导性案例中有 18 例以“一案例一规则”的形式确立了共计 18 项裁判规则，其余 9 例指导性案例以“一案例多规则”的形式确立了共计 24 项裁判规则。

从 2011 年最高人民法院发布第一批指导性案例起至今已经十余年，行政指导性案例目前只有 27 例，所确立的裁判规则也仅有 42 项。与民事指导性案例和刑事指导性案例相比，行政指导性案例数量偏少。数量不容乐观的行政指

[1] 参见孙海波：《指导性案例的隐性适用及其矫正》，载《环球法律评论》2018 年第 2 期。

[2] 参见郭叶、孙妹：《最高人民法院指导性案例 2019 年度司法应用报告》，载《中国应用法学》2020 年第 3 期。

导性案例相对于庞大冗杂的行政法律关系网，难以发挥指导性案例制度建立之初预设的多重功能。仅就行政指导性案例确立的实体性裁判规则而言，一方面裁判规则数量难以满足行政诉讼审判实际需求，这是基础性的问题；另一方面现有裁判规则的范围仍然聚焦于对行政处罚、行政许可等传统行政行为的法律规制，裁判规则的滞后性加剧了裁判规则范围有限与司法实践需求过大的冲突。

行政指导性案例及其确立的裁判规则数量不足带来的范围有限困境，在短时间内以自上而下的制度设计方式是可以得到缓解的。而限制行政指导性案例确立的裁判规则充分发挥指导司法审判作用更深刻的因素，在于裁判规则的碎片化。从理论上讲，我国行政诉讼案件受理数量在2015年实行立案登记制之后出现了“飞跃式”增长，向最高人民法院输送行政指导性案例的案件供应是十分充足的。行政指导性案例裁判规则碎片化的状况，应当归咎于行政法非法典化的立法模式。通过对比可以发现，刑事指导性案例遵循了刑法典的体例结构，以定罪、量刑为基本思路，形成了一套刑事指导性案例裁判规则。民事方面，得益于《民法总则》、《合同法》、《侵权责任法》等《民法典》基本构成部分的长期充分发展，我国于2020年制定了统一的《民法典》。这部《民法典》吸收了大量的民事审判经验，整合了民事指导性案例的裁判规则供给力量。行政法与行政程序法法典化是一项讨论已久的系统化工程，也是行政法治发展的必然趋势。[1] 目前的行政法主要以《行政处罚法》《行政许可法》《行政强制法》等单行法为主，还包括经济行政法、环境行政法、教育行政法、社会保障行政法等部门法。单行法与部门法各行其是的传统已经无法适用公共行政多元性、复杂性的新发展，行政法的任务也不仅局限于实现行政管理目标、提高行政执法效率或者简单地维护个人权益，现代行政在更广泛意义上是对各种价值进行衡量进而实现整体利益的最大化。反观行政指导性案例确立的裁判规则，始终难以冲破现行立法模式的局限，不仅缺乏系统规范的裁判规则确立规划，更加无力对错综复杂的行政诉讼起到应有的指导作用。

---

〔1〕 相关理论研究，参见江必新：《迈向统一的行政基本法》，载《清华法学》2012年第5期；章志远：《中国特色行政法法典化的模式选择》，载《法学》2018年第9期；胡建淼：《行政法学》（第4版），法律出版社2015年版；叶必丰主编：《行政法与行政诉讼法》（第4版），中国人民大学出版社2015年版等。

(二)裁判规则类型总体上偏实体而轻程序

根据行政指导性案例确立的裁判规则指向的法律规范属性不同,可以将裁判规则分为实体性裁判规则和程序性裁判规则。行政诉讼中的程序包括行政程序和司法程序。因为实体法与程序法的内容、价值不同,所以行政法中历来便有实体法与程序法的划分,相应地,裁判规则也可以划分为实体性裁判规则和程序性裁判规则。最高人民法院公布的行政指导性案例确立的42项裁判规则中,实体性裁判规则有29项,程序性裁判规则有13项,实体性裁判规则是程序性裁判规则的两倍之多。程序性裁判规则的发布日期多集中在2016年12月28日最高人民法院发布第十五批指导性案例之前,2016年12月28日至今发布的指导性案例中只有3项程序性裁判规则。具体情况见表2-1、表2-2。

表2-1 实体性裁判规则与程序性裁判规则分布

规则类别	指导性案例案例号
实体性裁判规则	5号、21号、38号、39号、40号、41号、60号、76号、88号、89号、90号、94号、101号、113号、114号、137号、138号、139号、162号
程序性裁判规则	6号、22号、26号、38号、39号、59号、69号、77号、88号、91号、136号

表2-2 程序性裁判规则分类

裁判规则分类	裁判规则内容	指导性案例及发布时间
原告资格	举报人就其自身权益受损而举报的,与行政机关的举报处理行为之间具有法律上的利害关系,具有行政诉讼原告资格	指导案例77号;2016年12月28日
受案范围	行政机关内部批复满足以下两个条件的,属于行政诉讼受案范围:①行政管理部门直接将该批复付诸实施;②对行政相对人的权利义务产生了实际影响	指导案例22号;2013年11月8日
	高等学校因受教育者违反校规校纪拒绝颁发学位证、毕业证的行为,属于行政诉讼受案范围	指导案例38号;2014年12月24日
	高等学校不授予受教育者学位的决定,属于行政诉讼受案范围	指导案例39号;2014年12月25日
	建设工程消防验收备案结果通知含有消防竣工验收是否合格的评定,具有行政确认的性质,属于行政诉讼受案范围	指导案例59号;2016年5月20日

续表

裁判规则分类	裁判规则内容	指导性案例及发布时间
受案范围	程序性行政行为满足以下两个条件的,属于行政诉讼受案范围:①对当事人权利义务产生明显实际影响;②当事人无法通过提起针对相关的实体性行政行为的诉讼获得救济	指导案例69号;2016年9月19日
	行政机关对与举报人有利害关系的举报仅作出告知性答复,未按法律规定对举报进行处理,已经对举报人产生了实际影响,属于行政诉讼受案范围	指导案例77号;2016年12月28日
举证规则	在房屋强制拆除引发的行政赔偿案件中,原告提供了初步证据,但因行政机关的原因导致原告无法对房屋内物品损失举证,行政机关亦无法对房屋内物品损失举证的,人民法院对原告未超出市场价值的符合生活常理的房屋内物品的赔偿请求,应当予以支持	指导案例91号;2017年11月15日
行政程序	行政机关作出没收较大数额涉案财产的行政处罚决定前,应当履行告知听证并依法组织听证的程序	指导案例6号;2012年4月9日
	当事人通过网络系统提交信息公开申请日期的认定:原则上以系统确认申请提交成功的日期,行政机关对于该申请的内部处理流程,不能成为行政机关延期处理的理由	指导案例26号:2014年1月26日
	高等学校对受教育者作出影响其基本权利的决定之前,应当允许其申辩并及时履行送达程序	指导案例38号:2014年12月25日
	许可机关作出许可决定时未告知许可期限,事后以许可期限届满终止当事人的许可权益的,违反法定程序	指导案例88号;2017年11月15日
审判程序	环境行政公益诉讼可以与检察机关就同一环境污染行为提起的环境民事公益诉讼,分别立案、一并审理、分别判决	指导案例136号;2019年12月26日

重实体、轻程序的倾向,多呈现于中外法学家的学术研究中,对程序法的忽视主要在于对程序法价值的认识过度依赖于实体法。18世纪的英国法学家边沁(Jeremy Bentham)就是程序工具主义的典型代表,在他看来,“程序法的最终有用性要取决于实体法的有用性,……除非实体能够实现社会的最大幸福,否则程序法就无法实现同一目的”[1]。国内学者也不乏“程序法是为保证实体法

[1] Gerald. Postema, *The principle of Unility and the Law of Procedure: Bentham' s Theory of Adjudication*, In Georgia Law Review , Vol. 11, 1393, 1977.

所规定的权利义务关系的实现而制定的诉讼程序的法律”这样的主张者,[1]并且占据了主流地位。行政法拥有庞大的法律规范体系,程序法往往以实体法的组成部分嵌入其中。在行政程序法立法缺位的情况下,指导性案例确立的裁判规则主要依托于行政实体法,以实体性裁判规则居多。程序性裁判规则不仅数量少而且范围有限,集中在诉讼程序裁判规则,如原告资格、受案范围、举证规则等,整体凸显分布结构不均匀的特点。

(三)裁判规则功能兼顾对法律的文义解释与延伸解释

总结审判经验,统一法律适用,提高审判质量,维护司法公正,这是指导性案例制度的宗旨。具体而言,指导性案例制度的宗旨须以其确立的裁判规则弥补成文法不足、填补法律漏洞、发挥法官能动性、规范司法裁量权等价值付诸实现,这些都离不开指导性案例确立的裁判规则以案释法、以案辅裁、以案宣法的指导功能。以案释法是指导性案例确立裁判规则的基础功能,通过在特定法律关系构架内解释法律规定,从而增强法律规定的适用性。也有学者依据指导性案例是对法条的直接引用还是对法条进行了具体化或在法条文意射程范围内进行了解释,抑或对法规范作了漏洞填补还是超越法律的法续造,将指导性案例分为法条重述型、释法型和造法型指导性案例。[2] 此处“造法型指导性案例”概念不免夸大了指导性案例的作用,但指导性案例超越文义解释范畴对法律原则与规定的延伸理解所体现出的司法能动性,由此可见一斑。不同的指导性案例在裁判要点中对法律的解释态度与方法不同。对法律原则与规定的文义解释,一般表现为对法条的重述与字面理解。相比延伸性解释,文义解释显现了司法能动性在立法权威面前的保守姿态。在行政指导性案例确立的42项裁判规则中,文义解释的裁判规则有23项,延伸解释的裁判规则有19项。[3]

文义解释的裁判规则包括:指导案例5号对《立法法》(2000年)中立法保

---

〔1〕 参见《法学词典》编辑委员会编:《法学词典》(第2版),上海辞书出版社1984年版,第914页。

〔2〕 参见瞿灵敏:《指导性案例类型化基础上的“参照”解读——以最高人民法院指导性案例为分析对象》,载《交大法学》2015年第3期。

〔3〕 由于裁判规则内容的复杂性与影响性差别明显,下文对指导性案例裁判规则的阐述不会面面俱到涵盖所有指导性案例。如指导案例26号关于通过政府公众网络系统向行政机关提交政府信息公开申请时间的裁判规则,与指导案例136号关于环境行政公益诉讼的审理规则,内容单一不具有较大争议,且均为技术性的规则,因此不再具体展开。另外,知识产权类的裁判规则技术性强,也不在本书讨论范围内。

留原则的解释（地方性法规和地方政府规章不得违反法律、法规设定行政许可或者行政处罚的）；指导案例26号通过互联网提交政府信息公开申请日期的认定对《政府信息公开条例》（2007年）第24条的解释；指导案例38号对高等学校依据违反法律规定的校规校纪作出的退学等处理决定不予认可（对高等学校违反法律规定情形的解释）；指导案例38号对正当程序原则进行解释要求高等学校作出影响学生基本权利义务决定时应履行听取申辩、送达的法定程序；指导案例40号对《工伤保险条例》规定的"因工作原因"进行解释；指导案例40号对《工伤保险条例》规定的"工作场所"进行解释；指导案例40号对《工伤保险条例》中职工"故意犯罪""醉酒或者吸毒""自残或者自杀"情形进行解读，认定职工在本职工作中存在过失不属于以上情形，不影响工伤的认定；指导案例41号对《行政诉讼法》（2014年）规定的行政机关作出行政行为没有法律依据的情形进行解释，认定行政机关作出行政行为时未引用具体法律条款，且在诉讼中不能证明行政行为符合具体规定的，视为行政机关作出行政行为没有法律依据；指导案例60号对《食品安全法》[1]规定的"标示要求"进行解释，认定食品经营者在食品标签、食品说明书上特别强调添加、含有一种或多种有价值、有特性的配料、成分，应标示所强调配料、成分的添加量或含量，并对"强调"和"有价值、有特性的配料"作了概念释明；指导案例77号通过解释《行政诉讼法》[2]判断原告资格的"利害关系"标准，认定举报人就其自身合法权益受侵害而举报的，与处理机关的处理行为之间存在利害关系，因而具有原告资格，处理机关对于举报仅作告知性答复而未作处理的行为，属于行政诉讼受案范围；指导案例88号根据行政许可具有法定期限的规定，推断认定行政机关作出行政许可时应当履行告知许可期限的正当程序；指导案例88号重申了《行政诉讼法》关于程序违法案件的判决类型适用规则，即因程序违法本应作出撤销判决的，如果判决撤销被诉行政行为将会给社会公共利益和行政管理秩序带来明显不利影响的，人民法院应当判决确认被诉行政行为违法；指导案例89号对《全国人民代表大会常务委员会关于〈中华人民共和国民法通则〉第九十九条第一款、〈中华人民共和国婚姻法〉第二十二条的解释》中"不违反公序良俗的其他正当理由"

---

〔1〕 适用的是2009年《食品安全法》，后于2015年、2018年、2021年修正。

〔2〕 适用的是2014年《行政诉讼法》，后于2017年修正。

进行了释明,认为仅凭个人喜好和愿望在父姓、母姓之外选取其他姓氏或者创设新的姓氏的行为,违反了公序良俗,不应予以支持;指导案例 90 号是对《道路交通安全法》[1]第 47 条第 1 款"礼让行人"进行的解释,认为机动车驾驶人驾驶车辆行经人行横道,遇行人正在人行横道通行或者停留时,应当主动停车让行,除非行人明确示意机动车先通过;指导案例 91 号关于强制拆除引起的行政赔偿案件中被告举证责任的裁判规则,是对《行政诉讼法》行政赔偿审理中举证责任倒置与法院酌情确定损失数额规定的细化;指导案例 94 号是对《工伤保险条例》中"为维护公共利益受到伤害情形"的解释,认定职工为制止违法犯罪而受到伤害的情形,也属于为维护公共利益受到伤害的情形,视同工伤;指导案例 138 号重述了《水污染防治法》关于"禁止私设暗管或者采取其他规避监管的方式排放水污染物"的规定,强调即便私排污水达标也不能逃避监管处罚;指导案例 162 号对《商标法》第 15 条所指的"被代理人的商标"进行了排除性认定,即商标图样、产品设计等均由代理人一方提出,且定制产品销售合同明确约定被代理人未经代理人授权不得使用定制产品的产品概念、广告用语,被代理人没有在先使用行为的,不能将商标认定为被代理人的商标。

延伸解释的裁判规则包括:指导案例 6 号通过对《行政处罚法》[2]较大数额罚款适用听证程序的规定,类推认定处以没收较大数额财产也应当适用听证程序;指导案例 21 号对《人民防空法》应建防空地下室的情形进行类推解释,认定应建防空地下室而未建的不适用廉租住房和经济适用住房等保障性住房建设项目关于"免收城市基础设施配套费等各种行政事业性收费"的规定;指导案例 22 号在《行政诉讼法》[3]规定的受案范围之外,将行政机关内部批复有条件地纳入行政诉讼受案范围,即内部批复已经付诸实施并对当事人权利义务产生实际影响的可诉,这其实是对《行政诉讼法》"内部行政行为不可诉"的突破,将"对当事人权利义务产生实际影响"作为判断行政诉讼受案范围的实质性标准在法律规定之外拓展出的新型行政诉讼受案范围;指导案例 38 号将高等学校拒发毕业证、学位证的行为纳入行政诉讼受案范围,也是对"对当事人权利义务

---

[1] 适用的是 2011 年《道路交通安全法》,于 2021 年修订未改动。

[2] 适用的是 2009 年《行政处罚法》,于 2017 年、2021 年修正,并被 2021 年修正后第 63 条第 1 款吸收。

[3] 适用的是 2014 年《行政诉讼法》,后于 2017 年修正。

产生实际影响”的受案范围判断标准的延伸；指导案例39号将高等学校不授予学位的决定纳入行政诉讼受案范围与指导案例38号的裁判思路一致；指导案例39号确立了尊重高等学校学术自治的裁判规则，人民法院应当支持高等学校学术自治范围内制定的学术审查标准以及据此作出的是否授予学位的决定；指导案例59号是通过对建设工程消防验收备案结果通知进行定性，认定其属于行政确认，进而将建设工程消防验收备案结果通知纳入行政诉讼受案范围；指导案例69号在《行政诉讼法》[1]规定的受案范围之外，将原本属于内部行政行为的程序性行政行为有条件地纳入行政诉讼受案范围，即程序性行政行为对当事人的权利义务产生实际影响，且当事人无法通过提起针对相关的实体性行政行为的诉讼获得救济的，对该程序性行政行为提起的诉讼属于行政诉讼受案范围，这样一方面重申了“对当事人权利义务产生实际影响”的受案范围判断标准，另一方面也重述了行政诉讼实质性解决行政争议的立法目的，具有一定的宣示作用；指导案例76号是最高人民法院发布的第一个行政协议指导性案例，提出行政机关在职权范围内对行政协议条款进行的解释具有拘束力，并可以作为审查行政协议的依据，这是在法律规定的裁判依据外创设了审查行政协议的依据类型；指导案例88号通过对政府实施人力客运三轮车经营权许可的目的进行解释，结合规范性文件的规定，认定人力客运三轮车经营权许可是有期限的，行政机关作出行政许可时未告知许可期限的程序瑕疵不影响许可期限的实际认定，该案例确立的裁判规则实质上蕴含了对程序瑕疵与立法目的二者价值的衡量；指导案例101号通过对信息公开案件中原告、被告双方举证规则的设置，明确了信息公开机关应尽到充分合理的查找、检索义务，这是对信息公开机关法定义务的延伸；指导案例113号通过系统分析原《民法通则》、原《民法总则》以及原《侵权责任法》对姓名权的保护，认定姓名权可以构成商标法规定的在先权利，这是对《商标法》“在先权利”的扩充；指导案例113号对外国自然人就特定名称主张姓名权保护的情形，设立了三项限制性前提条件；指导案例113号扫除了姓名权人按照《商标法》关于在先权利的规定主张权利的障碍，即不以自然人主动使用该姓名为前提要件；指导案例113号还强调了对违反诚实信用原则，恶意申请注册商标的惩戒规则，不以该商标的宣传、使用、获奖、被保护等

---

〔1〕 适用的是2014年《行政诉讼法》，后于2017年修正。

情况形成了“市场秩序”或者“商业成功”为合法条件；指导案例 114 号对《商标法实施条例》第 13 条“以三维标志申请商标注册的”规定进行了延伸解释，将符合国际注册条件的三维商标注册申请视为中国商标局据以审查、决定商标指定中国进行领土延伸保护申请能否获得支持的事实依据，并要求行政机关对商标国际注册中的瑕疵给予申请人合理的补正机会；指导案例 136 号新增环境行政公益诉讼可以与检察机关就同一环境污染行为提起的环境民事公益诉讼，分别立案、一并审理、分别判决的审理程序规则；指导案例 137 号明确了环境行政公益诉讼中审查行政机关是否履行法定职责的标准，通过指导性案例的形式为新型诉讼案件类型设置了相应裁判规则；指导案例 139 号对《大气污染防治法》[1]与《固体废弃物污染环境防治法》[2]的竞合适用设置了从重处罚的裁判规则。

第二节　行政指导性案例确立的实体性裁判规则

一、行政处罚案件裁判规则

（一）地方政府规章不得违反法律规定设定行政处罚

1. 裁判规则的内容。指导案例 5 号是最高人民法院发布的第一例行政指导性案例，以最为典型的行政处罚和行政许可行为为对象确立了地方性法规与地方政府规章设定行政处罚、行政许可的裁判规则。指导案例 5 号以盐业管理领域为切入点，重申了地方政府规章设定行政处罚的权限。2007 年 11 月 12 日，鲁潍公司从江西等地购进 360 吨工业盐，苏州盐务局认为鲁潍公司违反了《江苏省〈盐业管理条例〉实施办法》（以下简称《江苏盐业实施办法》）规定，未办理工业盐准运证，故对鲁潍公司未办理工业盐准运证而从外省购进工业盐的行为作出行政处罚决定。鲁潍公司主张国家已经取消了工业盐准运制度，苏州盐务局的行政处罚违反了《行政处罚法》的规定。根据《行政处罚法》（2009 年）第 13 条[3]规定，地方政府规章只能在法律、法规规定的给予行政处罚的行为、

〔1〕适用的是 2015 年《大气污染防治法》，后于 2018 年修正。

〔2〕适用的是 2016 年《固体废弃物污染防治法》，后于 2020 年修订。

〔3〕2021 年修订后变为第 14 条。

种类和幅度内作出具体规定。作为行政法规的原《盐业管理条例》对盐业公司之外的其他企业经营盐的批发业务没有设定行政处罚,《江苏盐业实施办法》却以地方政府规章的形式将经营者未经江苏省盐业公司调拨或盐业行政主管部门批准从省外购进盐产品的行为规定为违法行为,并设置了相应的行政处罚条款。人民法院在判决理由中指出,根据《行政处罚法》关于行政处罚设定权的规定,《江苏盐业实施办法》对盐业经营行为的处罚规定因违反上位法规定而不予适用。

2. 裁判规则的适用。我国盐业管理领域的立法严重不足,关于盐业管理方面的规定目前位阶最高的仍是国务院制定的《食盐专营办法》。〔1〕 为了满足地方盐业管理的实际需要,不少省、自治区和直辖市都通过地方性法规或者地方政府规章的形式制定了本地区盐业管理的实施办法,《江苏盐业实施办法》就是其中之一。人民法院在审判工作中对《江苏盐业实施办法》的适用属于行政诉讼法规定的依据法律、法规之外"参照适用"规章的问题。所谓参照规章,是指人民法院在适用规章时,首先应当对规章的相关规定是否合法有效、是否与上位法一致进行审查判断,只有那些符合上位法规定、合法有效的规章,人民法院才可以参照适用。〔2〕 本案在参照适用《江苏盐业实施办法》的过程中,需要法官进行三个层次的逻辑推演:第一,根据《立法法》规定的法律效力层级规定,地方政府规章应当符合法律、行政法规和地方性法规的规定。第二,《江苏盐业实施办法》属于地方政府规章,就盐业管理而言,不得与其上位法原《盐业管理条例》和《食盐专营办法》相抵触;就行政处罚而言,不得与其上位法《行政处罚法》相抵触。第三,《行政处罚法》规定地方政府规章规定不得超出法律、法规规定的行政处罚行为、种类和幅度,作为上位法的原《盐业管理条例》没有将盐业公司之外的其他企业经营盐的批发业务行为规定为应予行政处罚的行为,《江苏盐业实施办法》无权将该行为规定为违法行为并对之进行行政处罚。虽然指导案例5号在裁判要点中仅将裁判规则限制在盐业管理领域,但是通过以上三个层次的分析可以看出,对地方政府规章中盐业管理领域行政处罚规定是否违

---

〔1〕 原《盐业管理条例》在2017年《食盐专营办法》修订以后即被废止,目前盐业管理在行政法规层面仅有《食盐专营办法》。

〔2〕 参见耿宝建、姚宝华:《指导案例5号〈鲁潍(福建)盐业进出口有限公司苏州分公司诉江苏省苏州市盐务管理局盐业行政处罚案〉的理解与参照》,载《人民司法》2012年第15期。

反上位法的判断思维，同样可以适用于其他领域。因此，笔者在指导案例5号的裁判要点基础上，将指导案例5号确立的裁判规则扩大至所有地方政府规章行政处罚设定权的合法性判断，还原了裁判规则的普适性。

在法律位阶以外，指导案例5号还涉及新旧法的适用问题，尽管裁判要点没有归纳新旧法的适用规则，但是法律适用问题常常掺杂着法律位阶与新旧法冲突等多重因素。在指导案例5号中，苏州盐务局主张《江苏盐业实施办法》的颁布与实施早于《行政处罚法》，属于旧法，根据《立法法》法不溯及既往的原则，《江苏盐业实施办法》仍然应当适用。最高人民法院对此回应为，法不溯及既往是指法律的规定仅适用于法律生效以后的事件和行为，对于法律生效以前的事件和行为不适用。言外之意，法不溯及既往仅针对法律规制违法事件与行为的时间范围，并非新旧法适用的原则。《行政处罚法》(2009年)第64条第2款已经要求该法公布以前制定的法规与规章应当依照该法进行修改，因此苏州盐务局关于法不溯及既往的抗辩理由不能成立。最高人民法院的解释回应了个案中当事人的主张，却没有就新旧法的适用形成普遍适用的裁判规则。《行政处罚法》(2009年)第64条第2款的条款设置以立法形式明确了下位法不得与《行政处罚法》相抵触，尽管《江苏盐业实施办法》在形式上仍是有效的地方政府规章，但是其因内容与上位法《行政处罚法》相抵触而实质上丧失了继续适用的效力。即便《行政处罚法》(2009年)没有在第64条第2款中明确规定下位法不得与上位法相抵触，在上位法已经有新的规定或作出修改后致使旧的下位法丧失了事实依据的情况下，旧的下位法不管在形式上是否已经被废止，都不再具备继续实施的法律效力。有学者依据2004年发布的《最高人民法院关于审理行政案件适用法律规范问题的座谈会纪要》，将新旧法适用的问题划分为"旧"下位法依据区分相抵触、丧失依据且不能单独施行、不相抵触三类情形来确定相应适用准则的分析框架，与指导案例5号相结合，归纳出旧下位法适用的裁判规则，值得借鉴。[1]

3. 裁判规则的评析。地方政府规章可以有限度地设定行政处罚，这是自1996年《行政处罚法》制定以来的规定。2021年修订的《行政处罚法》延续了行

---

〔1〕 参见郑磊、卢炜：《"旧"下位法的适用性——以第5号指导性案例、第13号行政审判指导案例为焦点》，载《政治与法律》2014年第7期。

政处罚法一直以来的规定，赋予地方政府规章对尚未制定法律、法规的违反行政管理秩序行为，设定警告、通报批评或者一定数额罚款的行政处罚。《行政处罚法》依据法律位阶对行政处罚作出了不同的设定与规定，并形成了法律、法规、规章三个层次的行政处罚设定权与规定权格局。具体而言，法律可以设定各种类型的行政处罚；行政法规可以设定除限制人身自由以外的各类行政处罚；地方性法规可以设定除限制人身自由、吊销企业营业执照以外的行政处罚；部门规章和地方政府规章可以在法律、行政法规规定的给予行政处罚的行为、种类和幅度的范围内作出具体规定，尚未制定法律、行政法规的，部门规章与地方政府规章对违反行政管理秩序的行为，可以设定警告、通报批评或者一定数额罚款的行政处罚。法律、行政法规与地方性法规具有行政处罚设定权，部门规章与地方政府规章具有行政处罚规定权，这是《行政处罚法》明确规定且没有争议的。但是部门规章与地方政府规章能否依据《行政处罚法》关于可以设定警告、通报批评或者一定数额罚款的规定，享有一定限度的行政处罚设定权，是颇具争议的。《行政处罚法》采用“设定”一词，极易造成地方政府规章拥有行政处罚设定权的误解，而地方政府规章享有部分行政处罚设定权也被视为地方立法的组成部分。[1] 2021 年对《行政处罚法》的修订扩大了地方性法规的行政处罚设定权，规定地方性法规可以在法律、行政法规未对违法行为作出行政处罚规定的情况下，补充设定行政处罚。地方性法规设定行政处罚权扩大化的立法趋势不免使人又重新审视地方政府规章的行政处罚设定权发展趋势。

根据《行政处罚法》对法律、法规行政处罚设定权的规定以及对规章行政处罚规定权的限制可知，行政处罚设定权包括三个方面，即规定哪些行为应当给予行政处罚、规定行政处罚种类、规定行政处罚幅度。通俗意义上，法律、法规没有将某一具体行为定性为应予行政处罚的，地方政府规章就不得规定对该行为进行行政处罚。然而，《行政处罚法》赋予地方政府规章对违反行政管理秩序的行为设定一定的行政处罚，从表述上看此处“违反行政管理秩序的行为”不以法律、法规的在先规定为前提。地方政府规章认为某一行为违反了行政管理秩序，即便没有法律、法规的在先规定，也可以对该行为设定一定的行政处罚。这样一来，《行政处罚法》关于地方政府规章的具体规定权限制在认定应予行政处

---

〔1〕 参见黄喆：《地方立法设定行政处罚的权限困境与出路》，载《政治与法律》2019 年第 7 期。

罚行为这一层面就形同虚设。指导案例5号中的《江苏盐业实施办法》就是地方政府规章违反法律、法规规定新设应予行政处罚行为的实例。根据公法领域通用的“法无授权不可为”原则，法律、法规没有将工业盐运营行为纳入应予行政处罚的范围，意味着工业盐运营行为属于合法行为，企业可以自由从事工业盐运营行为，而行政机关不得对企业从事工业盐运营行为进行行政处罚。但是从行政管理角度出发，法律、法规层面存在工业盐运营管理规制的缺位，地方政府规章可以依据《行政处罚法》的规定，对法律、法规没有规定的违反行政管理秩序的行为进行处罚。根据《立法法》规定，地方政府规章可以就下列事项作出规定：(1)为执行法律、行政法规、地方性法规的规定需要制定规章的事项；(2)属于本行政区域的具体行政管理事项。[1]《立法法》赋予了地方政府规章执行性立法权和创制性立法权。[2]行政处罚作为法律规定的行政管理手段，属于地方政府规章执行性立法权和创制性立法权的交叉辐射范围。由此可见，厘定地方政府规章的行政处罚设定权边界，应当以立法权的合法性与正当性为出发点，在行政处罚法对行政处罚设定权的结构设置基础上以立法形式进行明确规定。

与西方国家不同，我国的民主体制并不完全遵循立法权、司法权和行政权分立的权力制约与抗衡模式，各级人民代表大会是享有立法权的权力机关，各级人民政府享有的行政权应当服从立法权的领导，属于执法机关。因此，扩大地方性法规的行政处罚设定权乃是基于地方人大立法机关地位的彰显，有利于充分发挥各级人民代表大会为民发声的作用。地方政府规章不同于地方性法规，其制定主体的执法机关属性决定了在立法权配置上，应当重视地方政府规章的执行性立法，而对创制性立法进行严格限制，以维护立法体系的统一。限缩地方政府规章的行政处罚设定权，首先应当明确禁止地方政府规章在法律、法规没有规定的情况下直接创设新的应予行政处罚的行为，即那些属于违反行政管理秩序的违法行为应由法律、法规作“首创规定”，法律、法规没有明确规定某一行为属于违法行为而应予行政处罚，地方政府规章就无权对该行为设置行政处罚。地方政府规章不得通过变相创设新的违法行为等方式以行政处罚规

---

〔1〕 参见《立法法》第82条第2款。

〔2〕 参见林秋萍：《行政法领域的“设定权”与“规定权”》，载《河北法学》2014年第11期。

定权之名行行政处罚设定权之实。

（二）食品经营者应标示所强调特定配料、成分的添加量或含量

1. 裁判规则的内容。指导案例60号通过解释《食品安全法》（2009年）的规定，明确食品经营者在食品标签、食品说明书上特别强调添加、含有一种或多种有价值、有特性的配料、成分的，应标示所强调配料、成分的添加量或含量，未标示的，属于违反《食品安全法》的行为，人民法院支持行政管理部门对食品经营者作出行政处罚。同时，指导案例60号还对《食品安全法》（2009年）所规定的“强调”和“有价值、有特性的配料”两个法律概念进行了解释说明。2012年盐城市东台工商行政管理局（以下简称东台工商局）在执法检查时，发现某超市销售的金龙鱼牌橄榄原香食用调和油标签上有“橄榄”二字，配有橄榄图形，标签侧面标示“配料：菜籽油、大豆油、橄榄油”等内容，吊牌上写明：“金龙鱼橄榄原香食用调和油，添加了来自意大利的100%特级初榨橄榄油……”上述金龙鱼牌橄榄原香食用调和油是奥康公司2011年9月从海外购进销售给该超市的。东台工商局认为该金龙鱼牌原香食用调和油标签正面突出“橄榄”二字，配有橄榄图形，吊牌写明“添加了来自意大利的100%特级初榨橄榄油”，但未注明橄榄油的添加量，属于食品标签上特别强调添加某种有价值、有特性配料而未标示添加量的情形，因此对奥康公司作出行政处罚决定。

根据《食品安全法》（2009年）第20条第4项[1]规定，食品安全标准包括对与食品安全、营养有关的标签、标识、说明书的要求。奥康公司进口涉案金龙鱼牌食用油的违法行为发生在2011年9月，当时正在实施的食品国家安全标准之一GB 7718－2004《预包装食品标签通则》规定：“如果在食品标签或食品说明书上特别强调添加了某种或数种有价值、有特性的配料，应标示所强调配料的添加量。”人民法院认为GB 7718－2004《预包装食品标签通则》（2012年，已失效）属于《食品安全法》（2009年）第24条第4项规定的食品安全标准，食品经营者应当按照GB 7718－2004《预包装食品标签通则》的规定，对强调添加的有价值、有特性的配料标示添加量。人民法院进一步明确GB 7718－2004《预包装食品标签通则》规定的“强调”，是特别着重或着重提出，一般意义上，通过名称、色差、字体、字号、图形、排列顺序、文字说明、同一内容反复出现或多

[1] 2021年修订后变为第26条第4项。

个内容都指向同一事物等形式表现,均可理解为对某事物的强调;“有价值、有特性的配料”是指对人体有较高的营养作用,配料本身不同于一般配料的特殊配料。通常理解,此种配料的市场价格或营养成分应高于其他配料。通过以上解读,人民法院认为奥康公司经营的金龙鱼牌食用油在外包装和标签上突出了“橄榄”这一配料,对橄榄油价值的突出描述以及橄榄油本身营养作用与市场价格高于市场一般配料的特征,可以认定为橄榄油属于“有价值、有特性的配料”。综上,人民法院判决支持东台工商局以奥康公司违反《食品安全法》为由作出的行政处罚。

2. 裁判规则的适用。指导案例 60 号确立的食品经营者标示义务的案例所涉法律适用问题裁判难度虽然不大,但社会效果突出,具有一定价值。[1] 由此可见,指导案例 60 号属于典型的具有法律宣示意义的指导性案例,对于维护消费者权益,加强食品安全管理、促进行业健康发展具有指导意义。该案产生的背景在《食品安全法》实施之初,行政执法实务中的食品安全意识与执法经验均显露出严重不足,违反食品标签、标识、说明书有关规定的违反食品安全标准的案例较为普遍,且类型繁多。与此相对应的,司法审判对食品安全领域尤其是违反食品标示规定的行政处罚案件的审理,也亟待最高人民法院明确更多切实可行的裁判规则。指导案例 60 号是 2016 年 5 月 20 日发布的,虽然发布时间较晚,但是应用较多,2016—2018 年分别有 88 例、350 例、65 例应用案例,分别占当年度应用案例数量的 15%、27%、8%。[2] 在行政指导性案例中,指导案例 60 号的司法应用频率最高,印证了指导案例 60 号确立的裁判规则在司法审判中具有不可或缺的参照价值。总结指导案例 60 号确立的裁判规则在司法应用中效果突出的有效经验,有利于促进指导性案例制度的完善发展。

指导案例 60 号确立的经营者食品安全行政处罚案件的裁判规则,是对《食品安全法》具体条款和法律概念的解释。与其他行政指导性案例确立的裁判规则相比,指导案例 60 号确立的裁判规则具有以下特点:第一,宣示意义突出。

---

〔1〕 参见石磊:《〈盐城市奥康食品有限公司东台分公司诉盐城市东台工商行政管理局工商行政处罚案〉的理解与参照——食品经营者在食品标签、说明书上应依法标示特别强调的配料、成分的添加量或含量》,载《人民司法(案例)》2017 年第 14 期。

〔2〕 参见郭叶、孙妹:《最高人民法院指导性案例司法应用年度比较分析报告——以 2011 - 2018 年应用案例为研究对象》,载《上海政法学院学报》2019 年第 6 期。

食品安全问题事关国计民生,加大对食品安全违法行为的法律规制力度,是民心所向,也是行政执法机关和司法审判部门的共识。共识是对权威的重要补充,共识的强弱直接决定了司法判决能否被广泛解释并真正成为人们的行为指南。[1] 因此,指导案例 60 号将 GB 7718 – 2004《预包装食品标签通则》认定为《食品安全法》规定的对与食品安全、营养有关的标签、标识、说明书的要求,在一定程度上彰显了指导性案例对食品安全问题的重视与从重规制的意图。在共识基础上确立的裁判规则顺应了司法审判的实务需求,减少了指导案例 60 号确立的裁判规则在司法应用中的客观障碍。第二,指导案例 60 号确立的裁判规则是通过对两个法律概念进行解释的方式形成的,而对法律概念进行解释是司法审判工作的首要任务与必备步骤,精准明确的法律概念有助于司法裁判的统一化。指导案例 60 号首先立足于基本案情,通过分析由 GB 7718 – 2004《预包装食品标签通则》到 GB 7718 – 2011《预包装食品标签管理通则》的发展演变,认定 GB 7718 – 2004《预包装食品标签通则》的性质属于《食品安全法》规定的对与食品安全、营养有关的标签、标识、说明书的要求。《食品安全法》中"对与食品安全有关的标签、标示、说明书的要求"这一概念仅仅说明了要求的内容,即有关食品安全的标签、标示、说明书的要求,但是没有明确要求的表现形式。正常情况下,法律、法规的相关要求当然可以理解为《食品安全法》规定的要求,但是规范性文件、行业标准等文件制定的要求是否可以归为《食品安全法》规定的食品安全标准,在行政执法与司法实践中存在分歧。指导案例 60 号认定 GB 7718 – 2004《预包装食品标签通则》属于食品安全标准,将食品安全标准的制定主体范围扩大至法律、法规之外的规范性文件,暗合了国家在食品安全领域从严规制的本意,也统一了关于食品安全标准的司法审查力度。在此基础上,指导案例 60 号的第二项裁判要点又进一步对 GB 7718 – 2004《预包装食品标签通则》中"强调"和"有价值、有特性的配料"两个容易引发争议的概念作了详细解释,化解了人民法院在适用 GB 7718 – 2004《预包装食品标签通则》过程中面对新概念可能产生的分歧。第三,指导案例 60 号确立的食品安全司法审查的裁判规则,是对《食品安全法》具体条款的理解适用规则。与指导案

[1] 参见孙跃:《案例指导制度的改革目标及路径——基于权威与共识的分析》,载《法制与社会发展》2020 年第 6 期。

例 60 号相类似的指导案例 90 号，同样也是对《道路交通安全法》（2011 年）第 47 条第 1 款“礼让行人”规定中的核心法律概念进行了具体解释，指导案例 90 号在行政指导性案例中的司法应用效果也是十分可观的。[1] 由此可见，聚焦于法律条款中法律概念的详细解释而形成的裁判规则的司法应用效果更佳。

3. 裁判规则的评析。指导案例 60 号确立的将 GB 7718 －2004《预包装食品标签通则》认定为《食品安全法》规定的食品安全标准这一裁判规则，在司法实践中已经得到广泛应用。但这并不意味着学术界关于食品安全标准的认识已经趋于一致，而食品安全标准的立法缺位，更是加剧了学术界关于食品标识不规范是否属于违反食品安全标准行为的争论。2009 年《食品安全法》第 99 条第 2 款在论述“食品安全”的含义时指出，食品安全指食品无毒、无害，符合应当有的营养要求，对人体健康不造成任何急性、亚急性或者慢性危害。2015 年《食品安全法》在修订时沿用了该定义。而根据《食品安全法》的规定，食品安全标准的定义相对食品安全标准而言，在范围上并非完全一致。食品安全仅指食品无毒、无害、符合应有的营养要求等具有实质性危害的情况，食品安全标准却包含了食品从生产到经营、从实质到形式的方方面面，全面整合了食用农产品质量安全标准、食品卫生标准、食品质量标准和有关食品的行业标准中强制执行的标准。食品标签、标示的不规范是否属于《食品安全法》规定的违反食品安全的行为，是由食品安全与食品安全标准概念分离引发的最具代表性与争议性的问题。虽然在二元价值体系的引领下，公私法常常分别衍生出彼此独立的概念体系和规范体系，甚至相同或近似概念在公私法上也呈现截然不同的内涵。[2] 但是《食品安全法》在对违反食品安全行为的公法规制与私法规制上，显示出了高度的一致。《食品安全法》第 124 条与第 125 条对违反食品安全行为的处罚规定区分了对食品安全产生实质性危害的行为和食品标示存在瑕疵但不影响

---

〔1〕“从个案的年度应用情况来看，2014—2018 年度应用数量最多的依然是指导案例 24 号（机动车交通事故责任纠纷），依次为 64 例、90 例、122 例、238 例、157 例，分别占到当年度应用案例数量的 43%、37%、21%、18%、20%。”参见郭叶、孙妹：《最高人民法院指导性案例司法应用年度比较分析报告——以 2011—2018 年应用案例为研究对象》，载《上海政法学院学报》2019 年第 6 期。

〔2〕参见宋亚辉：《食品安全标准的私法效力及其矫正》，载《清华法学》2017 年第 2 期。

食品安全且不会对消费者造成误导的行为，处罚力度相差较大。[1]《食品安全法》第148条对消费者因食品安全问题遭受的损害保护方面，也明确区分了不符合食品安全标准的食品和标签、说明书存在不影响食品安全且不会对消费者造成误导的瑕疵的食品。事实上，食品标签是消费者了解产品信息的主要方式之一，其功能在于通过信息传递促使消费者作出正确合理的消费选择。通常情况下，食品标签的不规范，尤其是像指导案例60号所呈现的标示强调等不规范行为，并不会对消费者的食品安全问题造成实质性影响。因此，从法律规制的必要性与合理性方面综合考量，将诸如GB 7718－2004《预包装食品标签通则》类的技术性规范提升到与食品添加剂的品种、使用范围、用量等相同高度，并将之认定为食品安全标准，远远超出了食品生产经营者的预期违法成本，也将造成行政执法与司法审判的资源浪费。对食品安全问题确实应当给予格外重视，但是一味地增强法律规制力度，加大司法审查难度，俨然不再是重视食品安全问题的唯一选择，重新审视食品标示违法行为的立法定位与司法规制路径，已经势在必行。

（三）对不礼让行人的机动车驾驶人的行政处罚

1. 裁判规则的内容。指导案例90号对《道路交通安全法》（2011年）第47条规定的“行人正在通过人行横道”的具体情形进行了解释，从而确立了“礼让行人”的裁判规则。礼让行人是文明安全驾驶的基本要求，指导案例90号在裁判要点中简明扼要地指出了礼让行人的性质与定位。2015年1月31日，贝某丰驾驶涉案车辆遇行人正在通过人行横道，未停车让行。海宁市交警大队执法交警当场将涉案车辆截停，适用简易程序作出了给予贝某丰罚款100元、记3分的行政处罚决定。人民法院认为“行人正在通过人行横道”的行为是一个“连续行为”，以此判断本案中行人当时正在通过人行横道，将机动车驾驶人的让行义务扩大至“应关注行人示意内容”的范围，从而认定贝某丰没有尽到礼让行人

[1] 根据《食品安全法》第124条规定，对食品安全产生实质性危害的行为，尚不构成犯罪的，由县级以上人民政府食品安全监督管理部门没收违法所得和违法生产经营的食品、食品添加剂，并可以没收用于违法生产经营的工具、设备、原料等物品；违法生产经营的食品、食品添加剂货值金额不足1万元的，并处5万元以上10万元以下罚款；货值金额1万元以上的，并处货值金额10倍以上20倍以下罚款；情节严重的，吊销许可证。《食品安全法》第125条第2款规定：“生产经营的食品、食品添加剂的标签、说明书存在瑕疵但不影响食品安全且不会对消费者造成误导的，由县级以上人民政府食品安全监督管理部门责令改正；拒不改正的，处二千元以下罚款。”

的安全驾驶义务。指导案例 90 号在生效判决中演绎的三层逻辑结构包括:第一,根据机动车驾驶与行人的危险性状态,对机动车驾驶人在行驶过程中进行一定的权利限制,其中当然意味着遇到人行横道时的格外审慎义务;第二,运用"连续行为"理论对"行人正在通过人行横道"的具体情形加以细化,以扩大对行人的保护力度;第三,以设置有红绿灯道路路口的互动交通规则,模拟在机动车相对于行人处于优势地位的状态下,机动车驾驶人主动停车让行的必要性与合理性。

"礼让行人"的裁判规则主要内容是对人行横道前行人是否属于"正在通过人行横道"的情形进行判断。交通安全和通行效率是与生俱来的矛盾,道路交通立法的价值取向就是追求这两种利益的合理平衡,即一方面要保证通行安全,保护公民的人身、财产权利,另一方面又要追求通行的有效性、流畅性。[1]交通安全与通行效率之间存在对立统一的双重关系,过分注重交通安全往往会以减损通行效率为代价,而良好的交通安全状况实际上又会大大提高通行效率。因此,在交通安全与通行效率相冲突的地带,指导案例 90 号所确立的"礼让行人"裁判规则通过解释"行人正在通过人行横道"时的保护行人倾向,表明了交通安全相对于通行效率的价值优位。

2. 裁判规则的适用。虽然《道路交通安全法》并没有明确提出"礼让行人"的法律概念与原则,但是通说认为,《道路交通安全法》第 47 条是"礼让行人"裁判规则的具体法律依据,"礼让行人"的裁判规则是对该条款的适用解释。在法律规范之外,"礼让行人"更多的是机动车驾驶人、行人、行政机关以及司法裁判者为了消解机动车与行人之间的路权冲突,而自发形成的行为准则。在行政执法部分领域,尽管没有提出"礼让行人"的准确要求,但是行政执法的实践操作都贯彻了"礼让行人"的基本精神。2017 年 5 月 10 日,西安市召开了推进文明交通"车让人"工作会议,市文明办印发《关于开展文明交通"车让人"主题实践活动的通知》,联合市交警支队向广大市民发出《西安市大力推行文明交通"车让人"行动倡议书》,迅速启动文明交通"车让人"行动工作。"礼让行人"作为一项道德约束和一般行为准则在道路交通活动中的运用,为指导案例 90 号确立的"礼让行人"裁判规则的适用提供了丰富的实践经验与理论基础。

---

〔1〕 参见薛玮、季春:《机动车礼让行人义务的厘定与审查》,载《人民司法(案例)》2016 年第 20 期。

指导案例90号确立“礼让行人”的裁判规则之后，各地更是在原有对道路交通安全管理的基础上加大了对道路交通中行人安全的保障力度，并相应出台了一系列措施促进机动车驾驶人严格遵守“礼让行人”的基本驾驶要求与道路交通准则。《杭州市文明行为促进条例》就是首个将“礼让行人”作为法律概念与行为准则的地方性法规，甘肃、江西、广州等地也纷纷出台文件，将“礼让行人”纳入道路交通安全管制范围。以《杭州市文明行为促进条例》为典型代表，各地出台的地方性文件中普遍存在机动车只要“经过人行横道”就要礼让行人的规定。有学者认为，《杭州市文明行为促进条例》第7条规定了驾驶机动车“经过人行横道时，应当礼让行人”，“通过路口、人行横道时，应当注意避让行人”，这些规定实质上为行人的通行优先权解除了“正在通过人行横道”的限制。[1] 尽管在地方立法过程中出现了诸如“违反上位法规定”“扩大机动车驾驶人注意义务”等争议，但是毫无疑问的是，以指导案例90号为契机而蓬勃兴起的“礼让行人”地方立法从广度到深度全方位树立了国民“礼让行人”的行为意识。因此，“礼让行人”的裁判规则先于司法实践在全民自觉与行政管理阶段最大程度实现了其作为行为准则的存在意义。

3. 裁判规则的评析。本案是2016年全国“两会”最高人民法院工作报告中提到的“有关法院依法审理的首例‘斑马线罚款案’”，是全国首例机动车驾驶人不服因在人行横道前未礼让行人被罚款、记分而提起行政诉讼的案件。[2] 除了确立“礼让行人”裁判规则的首创意义外，指导案例90号对于行政执法与司法审判而言更加深远的影响在于，该案确立的“礼让行人”裁判规则肯定了对机动车驾驶人违反礼让行人基本驾驶要求的行政处罚的合法性，进而开启了对道路交通安全行为更为全面、深入的民法规制与行政规制的交叉规制机制。行政规制是由政府在本益分析的基础上，于事前确立社会最优的规制标准，并由行政机关主动实施该标准；司法控制旨在通过事后法律责任为风险行为“定价”，

---

〔1〕 参见柳砚涛、原浩洋：《过程性行为理论在行政审判中的应用——对全国首例“斑马线罚款案”的法理反思》，载《北京行政学院学报》2017年第1期。

〔2〕 参见薛玮、杨奕：《人行横道前机动车礼让义务的认定——贝某诉海宁市公安局交警大队行政处罚案》，载《中国法律评论》2016年第3期。

并由潜在加害人根据其自身的本益衡量，自行决定是否实施风险行为。[1] 具体而言，本案的新颖性在于将“礼让行人”规范的实施路径从以往一贯的司法控制路径，拓展至行政规制的实施路径。随着“礼让行人”法律地位的日益提升，各地相应加大了对违反“礼让行人”违法行为的处罚力度：福建省将机动车驾驶人违反“礼让行人”的违法行为具体化为七种情形；南京市对机动车不礼让斑马线的行为进行处罚，一个月竟多达8600多起；吉林省对驾校学员、事故责任人、记满12分驾驶人、“三公”等车辆驾驶人员，采取“大讲堂”、签订责任状（承诺书）等形式，开展针对性教育。[2]

值得注意的是，尽管“礼让行人”在立法层面获得了更多的关注，各地、各层级行政执法机关也都加强了对违反“礼让行人”行为的管制力度，但是行人与机动车驾驶人的路权冲突并未因此而稍显缓和，反而呈现愈演愈烈的态势。究其原因，不外乎“礼让行人”的法律规范关于“礼让”的界限过于模糊且扩张性明显，导致地方立法与行政执法过分纵容行人的通行权而引发了机动车驾驶人群体的隐性抵抗。一方面，地方立法与行政执法已经表现出了明显的“只要行人过马路机动车必须让行”的态度倾向，使机动车驾驶人难以预测违章风险，行政处罚难以发挥出规制作用；另一方面，国民根深蒂固的法不责众思想加上道路交通安全法律规范对行人通行权限制机制的缺失，导致行人与机动车驾驶人之间缺乏良好沟通与理解机制，助长了机动车驾驶人对礼让行人的抵触情绪。仅以最普遍的机动车右转是否应当为行人让行的问题为例，即便右转车辆在交通信号灯指示右转的前提下正常右转，仍然经常受行人不规范横穿人行道行为的阻绝，造成行人与右转车辆互不相让的局面。交警很难在这种情形下对右转车辆没有礼让行人进行处罚，因为这无异于苛求右转车辆放弃右转机会；同样基于“礼让行人”的约束与法不责众的限制，交警也很难对行人进行处罚。

为了消减“礼让行人”规则给道路交通安全与效率带来的负面影响，有必要重新规划指导案例90号确立的“礼让行人”裁判规则的适用路径。指导案例90号“贝某丰诉海宁市公安局交通警察大队道路交通管理行政处罚案”是在涉案

---

〔1〕参见宋亚辉：《社会性规制的路径选择：行政规制、司法控制抑或合作规制》，法律出版社2017年版，第2页。

〔2〕参见肖松：《各地严查“机动车不礼让斑马线”行为》，载《人民交通》2017年第9期。

路口没有设置交通信号灯的基本事实之下生成的“礼让行人”裁判规则。从生效判决的裁判理由可以看出，人民法院作出支持行政处罚判决结果的三层推理结构中，第一项理由系行人相对于机动车的弱势地位因而应当对机动车的行驶给予一定的限制，第二项裁判理由系行人在人行道上放慢速度观察路况属于“正在通过人行横道”，以上两项裁判理由均是对法律规定在正常限度内的解释。最后一项裁判理由是在前两项裁判理由基础上的总结升华，也是指导案例90号确立“礼让行人”裁判规则的关键步骤，即在没有设置交通信号灯的路口，行人与机动车驾驶人之间存在互动，有互动才有冲突与让步，才有规制的空间与必要性。而在设置有交通信号灯的路口，行人与机动车驾驶人都应当遵守交通信号灯的指示，二者之间不存在直接的互动，因此不具备适用指导案例90号确立之“礼让行人”裁判规则的前提条件与现实必要。也就是说，行人的优先通行权只有在没有设置交通信号灯等交通管制工具的路段而行人必须与机动车驾驶人进行直接互动的情形下才具备存在条件，有交通信号灯或者其他通行规制工具的话，交通信号灯和其他通行规制工具已经为行人与机动车驾驶人的通行设置了行为方式指引。在已经设置了行为准则的前提之下，行人与机动车驾驶人只能依照准则通行，任何一方都没有通行优先权。

回溯指导案例90号的发布背景事实，有助于我们有针对性地化解行人与机动车驾驶人的路权冲突。在人流量与车流量较小的无交通信号灯等交通管制工具的路段，行人与机动车驾驶人的互动过程中应当秉持“礼让行人”的原则，限制机动车行驶，保障行人在相对于机动车的弱势条件下优先通行。即便如此，也不宜一味强调机动车驾驶人的让行义务而苛责其进行过分审慎的观察、避让。根据《道路交通安全法》的相关规定，在仅划定地面标线的人行横道，由于路况条件不同，因而机动车驾驶人承担的礼让义务也有所不同。因此，有学者尝试将无交通信号灯等交通管制工具的路段上行人与机动车驾驶人的互动过程作出具体分类，以此确定机动车的礼让义务。〔1〕 对于已经设置了交通信号灯等交通管制工具的路段，行人与机动车驾驶人依照交通管制通行，此时交通管制工具是行人与机动车驾驶人发生关系的重要纽带。交通管制措施科学、合理，行人与机动车驾驶人的冲突就会减少。相反，交通管制措施错误、滞后，

〔1〕 参见杨士林、杨非楠：《人行横道前的机动车礼让义务》，载《人民司法（案例）》2016年第20期。

会直接导致人车矛盾的爆发。因此,在已经设置了交通信号灯等交通管制工具的路段,交通管理部门应当提高交通管制措施的合理性与可行性,如引入智能信号灯等,将人车矛盾化解于行人与机动车驾驶人依规行驶的自觉性日常。

二、行政许可案件裁判规则

(一)地方性法规与地方政府规章不得违反法律规定设定行政许可

1. 裁判规则内容。地方性法规与地方政府规章的行政许可设定权向来是行政许可制度的重点,也是争议比较大的问题。指导案例 5 号以工业盐准运证为例,强调了地方性法规与地方政府规章不能违反法律、行政法规规定设定行政许可。具体来讲,正如指导案例 5 号裁判要点中阐明的,盐业管理的法律、行政法规没有设定工业盐准运证的行政许可,地方性法规或者地方政府规章不能设定工业盐准运证这一新的行政许可。通过指导案例 5 号审理法院生效裁判中查明的基本事实可以发现,该案其实并未涉及地方性法规对工业盐准运许可的设定问题,被告作出行政处罚的依据是作为地方政府规章的《江苏盐业实施办法》。而最高人民法院发布的指导案例 5 号的裁判要点着重强调了地方性法规与地方政府规章的行政许可设定权,由此反映出最高人民法院对行政许可设定权的约束与限制要求远远高于同为行政行为的行政处罚设定权。根据《行政许可法》规定,地方性法规与地方政府规章的行政许可设定权确有不同,但是就上位法已经设定了行政许可而需要下位法对上位法设定的行政许可作出具体规定的,地方性法规与地方政府规章的行政许可规定权是完全一致的,都表现为不得违反上位法规定增设行政许可。因此,最高人民法院在案件事实根本不涉及地方性法规的情况下提炼出地方性法规与地方政府规章的行政许可设定权裁判规则,用意在于明确地方性法规与地方政府规章不得违反上位法规定增设行政许可。

有学者将行政许可的设定权分为三个层次,即能不能设定行政许可、要不要设定行政许可以及如何设定行政许可。其中,能不能设定行政许可主要涉及行政许可设定的必要性问题,关系到行政许可设定范围的界定;要不要设定行政许可则要求综合考量行政许可与其他行政管理手段的利弊;而如何设定行政许可则是行政许可设定权的分配和行政许可设定的程序规则问题。[1] 地方性法规与地方政府规章的行政许可设定权与法律、行政法规的行政许可设定权二者之间的关系，涉及更多的是行政许可设定权的第三个层次，即行政许可设定权在中央与地方的分配。地方性法规与地方政府规章虽然有权设定行政许可，但是不得违反上位法规定设定行政许可，这是行政许可设定权在中央与地方分配的基本原则。根据指导案例5号中人民法院生效裁判查明的基本事实，最高人民法院将第一项裁判要点总结为地方性法规与地方政府规章不得增设法律、行政法规没有设定的行政许可，意味着地方性法规与地方政府规章不得违反法律、行政法规增设行政许可，属于不得违反上位法的情形之一。

2. 裁判规则的适用。指导性案例确立的裁判规则主要价值在于指导人民法院在类案审理时参照适用，这是案例指导制度的核心。指导案例5号关于地方政府规章违反法律规定设定许可和行政处罚，人民法院在行政审判中不予适用的裁判规则已经在裁判要点中予以明确，并且从法规范的统一性来讲，对规章的参照适用意味着人民法院有权对规章的合法性进行审查进而选择适用。同时，指导案例5号在裁判要点第一项中同样也指明了地方性法规不得违反上位法规定设定行政许可。从语义解释角度理解裁判要点第一项的表述，最高人民法院在行政许可设定权的合法性判断方面已经表露出将地方性法规与地方政府规章等同对待的倾向。然而在裁判要点第三项关于司法适用的关键陈述中，只列明地方政府规章违反上位法设定行政许可的，司法审判中不予适用，毫不遮掩地"故意遗漏"了违反上位法规定的地方性法规的司法适用问题。因为指导案例5号并不涉及具体的地方性法规，也侥幸避免了为各级人民法院提供对违反上位法规定的地方性法规如何适用的参照模板。

尽管指导案例5号确立的行政许可裁判规则对地方性法规的态度看似自相矛盾，但其所蕴含的深远意义仍不容忽视。沈岿教授曾就此问题提出"最高人民法院实际上通过裁判要点1预留了以后在待决案件中对付此类地方性法规的后招"这一试想，并肯定了指导案例5号在两个重要方面的潜在巨大意义：

---

〔1〕 参见李明超：《行政许可设定的三层次分析》，载《河南财经政法大学学报》2019年第3期。

一是明确了法院的立场；二是明确了行业标准。[1] 从立法者的表见意思来看，法律、行政法规和地方性法规应该作为审判依据直接适用，而规章则是在进行审查的基础上选择适用。这个意思被广大法律专家、学者和法官们普遍领会和接受，且运用于审判实践。[2] 一方面，指导案例5号确立的行政许可设定权裁判规则，对司法审判最直接的影响在于有利于促进司法审判过程中对规章参照适用的普遍化与规范化。另一方面，指导案例5号创设性地将地方性法规的行政许可设定纳入合法性评判的范围，也极大地推动了《立法法》对于行政法规、地方性法规、自治条例和单行条例违法审查制度的落实。[3]

3. 裁判规则的评析。学术界与实务界对指导案例5号关于地方性法规行政许可设定权裁判规则语焉不详的批判，症结在于指导案例5号虽然在裁判要点中要求地方性法规不得违反上位法规定增设行政许可，却没有解决违反上位法规定增设行政许可的地方性法规应当如何在司法审判中适用的问题。基于行政诉讼法已经明确了地方性法规应当作为审判依据予以适用，这意味着司法审判中人民法院不能审查地方性法规的合法性，那么对于明显违反了上位法规定的地方性法规，人民法院尚可采取回避方式依据法律、行政法规规定作出裁判。由此又引发了更为深刻的难题，即人民法院应当以何标准判断地方性法规与地方政府规章是否违反了上位法规定存在增设行政许可的情形。

根据《行政许可法》第12条和第15条的规定，法律、行政法规可以设定的行政许可事项，地方性法规也可以对此设定行政许可；对地方性法规设定行政许可范围的限制主要有三点，即不能设定应当由国家统一确定的资格、资质类行政许可；不得设定企业或者其他组织的设立登记及其前置性行政许可；不得设定限制经营者和商品正常市场自由流通的行政许可。除了行政许可法明确规定的地方性法规的行政许可设定权限制之外，在《行政许可法》第12条列明的法律、行政法规、地方性法规以及地方政府规章可以设定的行政许可事项范

---

[1] 参见沈岿：《指导案例助推垄断改革——以指导案例5号为分析对象》，载《行政法学研究》2014年第2期。

[2] 参见董皞：《论行政审判对行政规范的审查与适用》，载《中国法学》2000年第5期。

[3] 《立法法》（2000年）第90条第2款规定："前款规定以外的其他国家机关和社会团体、企业事业组织以及公民认为行政法规、地方性法规、自治条例和单行条例同宪法或者法律相抵触的，可以向全国人民代表大会常务委员会书面提出进行审查的建议，由常务委员会工作机构进行研究，必要时，送有关的专门委员会进行审查、提出意见。"《立法法》第99条第2款沿用了以上规定。

围内，如何理解“尚未制定法律、行政法规”这一前提性规定，直接决定了地方性法规与地方政府规章是否存在“违反上位法规定增设行政许可”的违法情形。究竟以何标准来区分“尚未制定”上位法（因而地方立法可以设定许可）与上位法已有规定（因而地方立法不得新设许可）的情形？目前学界的相关讨论中，较有代表性的解释视角主要有“领域说”与“事项说”之争以及“积极抵触”与“消极抵触”之辩两种。[1]

“领域说”以全国人大常委会法制工作委员会在2004年12月24日作出的《如何理解和掌握〈中华人民共和国行政许可法〉有关规定》的答复为支撑，主张行政许可法规定的尚未制定法律、行政法规，是指“某一领域尚未制定法律、行政法规”。该学说的支持者主张“领域说”比较符合传统的法律保留原则，也吻合我国《行政许可法》“相对集中”行政许可设定权、改变“行政许可过多、过滥”之现实的立法原意。[2] 持“事项说”的以司法审判人员居多，他们主要从《行政许可法》第12条规定的行政许可事项范围的语义解释出发，认为判定法律、行政法规是否存在尚未设定行政许可的标准在于其是否设定了某一行政许可事项。“领域说”虽然有全国人大常委会法制工作委员会的答复予以明确支持，但是它过分限制了地方立法空间，特别是在国家层面的立法覆盖面不断扩大的情况下，可能在事实上使得行政许可法上有关地方“可以设立”许可的规定成为具文。[3] 而“事项说”即便为地方设定行政许可预留了一定的空间，也难以跳出因“事项”含义过于模糊而引发的事项具体程度之争。“积极抵触”和“消极抵触”则是从上位法与下位法的关系角度切入，将下位法与上位法“不一致”的情形归为下位法的积极抵触，下位法“没有上位法依据”归为下位法的消极抵触。无论“积极抵触”还是“消极抵触”，都必然面临对“抵触”概念的解释，“不一致”和“没依据”看似通俗易懂，但是对应到行政许可设定权的中央与地方分配关系上，仍然难以达到定分止争的效果。指导案例5号的第一项裁判要点指明，盐业管理的法律、行政法规没有设定工业盐准运证的行政许可，地方性

〔1〕 参见金自宇：《地方立法行政许可设定权之法律解释：基于鲁潍案的分析》，载《中国法学》2017年第1期。

〔2〕 参见杨景宇：《关于〈中华人民共和国行政许可法（草案）〉的说明》，载中国人大网，http://www.npc.gov.cn/wxzl/gongbao/content_5323224.htm，最后访问日期：2021年8月25日。

〔3〕 参见沈关成：《对地方立法权的再认识》，载《中国法学》1996年第1期。

法规或者地方政府规章不能设定工业盐行政许可。姑且不论指导案例5号对于“尚未制定法律、行政法规”的认定采取了何种判断标准,可以断定的是,最高人民法院严格区分了工业盐与食用盐,表明法律、行政法规虽然设定了食用盐的行政许可,但是没有设定工业盐的行政许可,因此地方不得在法律、行政法规没有设定工业盐行政许可的情况下,增设工业盐行政许可,这中间存在严重的逻辑矛盾。既然行政许可法规定在法律、行政法规没有设定行政许可时,地方可以设定行政许可,那么地方此时的设定权必然表现为在法律、行政法规之外增设行政许可。最高人民法院已经确认了本案属于工业盐行政许可“尚未制定法律、行政法规”的大前提,却否定了地方增设工业盐行政许可的合法性,与行政许可法的规定相悖。

(二)高等学校作出退学处理等决定的限制

1. 裁判规则的内容。最高人民法院发布的指导性案例中只有38号、39号两例高等学校纠纷,这两例案件都是关于高等学校与学生之间有关学校处理行为的争议。总体来讲,这两例高等学校与学生之间的纠纷都是围绕学位授予这个核心展开的。将指导案例38号确立的高等学校不得依据违背国家法律、行政法规或规章的校规、校纪,对受教育者作出退学处理等决定的裁判规则归为行政许可类裁判规则,是有争议的,因为学位授予行为之法律性质有着“许可说”与“确认说”之分歧。行政许可说源自对学位授予行为作为收益性行政行为的本质理解,主张学位授予是高等学校对申请学位的学生作出的典型行政许可,被赋予学位资格的学生可享有与学位相关的权利,如就业资格权、报考研究生资格权、享受某种福利待遇资格权等。[1] 行政确认说则认为对学位申请人学术水平给予肯定性评价的行政行为,是代表国家对学位申请人学术水平在申请当时达到相应学位水平事实的确认。[2] 最近的研究成果中也不乏以学位授予行为本质特征为判断标准的学说,认为学位授予行为最能体现其核心特征的环节恰恰是“准许”,该环节表现为最终结果上的“解禁”色彩,赋予了学位申请人一定的资格与权利。这显然有别于行政确认不变动而仅仅是强化权利义务关

〔1〕 参见许中华:《高校学位授予权的行政法分析》,载《理论界》2007年第8期。

〔2〕 参见肖鹏:《论撤销学位的法律规制——对中山大学撤销陈颖硕士学位案件的法律思考》,载《中国高教研究》2008年第2期。

系的特性。[1] 对指导性案例确立之高等学校纠纷裁判规则的研究，应当侧重裁判规则的内容与适用，因此裁判规则的分类只是辅助性手段，在此不作深入研究。鉴于学位授予行为行政许可说已经取得一定的学术研究基础，突出学位授予行为的授益性也符合实务界的普遍认识，故将最高人民法院发布的38号、39号指导性案例确立的有关高等学校学位授予纠纷的裁判规则归为行政许可类裁判规则。

指导案例38号确立的实体性裁判规则在第二项裁判要点中表述为高等学校依据违背国家法律、行政法规或规章的校规、校纪，对受教育者作出退学处理等决定的，人民法院不予支持。换言之，高等学校可以依据校规、校纪对受教育者作出退学处理等决定，但是校规、校纪不得违反国家法律、行政法规或规章的规定。“田某诉北京科技大学案”改变了我国长期以来高等学校与学生之间因管理引发纠纷的司法救济途径阻塞的现实，首次明确了司法对高等学校校规、校纪的审查权限。根据《高等教育法》的规定，高等学校享有“自主办学”和“按照章程自主管理”的权力，因此高等学校的教学与管理行为一直被视为高等学校自治的表现而不受其他公权力与私权利的干预，也不应受司法审判的制约。但在该案中，海淀区人民法院生效裁判认为，高等学校“自主办学”或“按照章程自主管理”的行为虽然有一定的自主性，却不意味着高等学校的管理行为可以超越法律规定范围，更不意味着司法审判对于高等学校管理行为没有审查权限。最高人民法院发布的指导案例38号裁判要点明确司法审查应当对高等学校校纪、校规进行合法性审查，一方面为司法审查介入高等学校管理行为提供了肯定式范例，使得高等学校的管理行为不再是法外之域；另一方面指出对高等学校校规、校纪的司法审查原则应当以合法性审查，即校规、校纪不得违背法律、法规或规章的规定。

2. 裁判规则的适用。指导案例38号确立的对高等学校校规、校纪司法审查的裁判规则，其司法适用路径在于通过审查高等学校校规、校纪是否存在违背法律、法规或规章的情形，进而对高等学校依据校规、校纪作出的管理行为是否合法作出议定，这也是高等学校与受教育者关于学校处分行为行政纠纷的基本解决思路。在本案中，田某因考试作弊被北京科技大学查处，北京科技大学

[1] 参见刘慧：《论学位撤销行为的法律性质》，载《武汉理工大学学报（社会科学版）》2019年第5期。

依据该校于1994年制定的校发(94)第068号《关于严格考试管理的紧急通知》中有关“凡考试作弊的学生一律按退学处理并取消学籍”的规定,决定对田某作退学处理。海淀区人民法院认为北京科技大学制定的《关于严格考试管理的紧急通知》与《普通高等学校学生管理规定》所规定的退学条件不符,故而判定北京科技大学依据违反上位法规定的校规、校纪对受教育者作出的处理决定违法。按照指导性案例类案参照适用的规则,人民法院在适用指导案例38号确立之对高等学校校规、校纪司法审查的裁判规则过程中,必然面临对高等学校校规、校纪是否违反上位法规定的审查认定。

在现代大学治理中,不论是行政权力、学术权力的运行,抑或是对教师、学生权利的保障,大多数都是通过校规予以规定的,校规规划并描述着高等学校的治理框架与治理秩序。[1] 然而,一些大学校规又引发争议,有必要接受司法审查。虽然大学校规司法审查的正当性被充分肯定,但对大学校规司法审查如何展开却存有分歧。[2] 司法机关在审查校规时多采用“不违反上位法原则”的观点,只要上位法没有明确禁止的或校规没有明显与上位法冲突的,就视为校规合法。如在“田某某与沈阳工程学院履行颁发学位证职责案”[3]中,法院认为校规合法的理由是“沈阳工程学院制定的《学士学位工作实施细则》并未违背上位法”。但在“高某某与苏州大学应用技术学院行政确认案”[4]中,法院则采用了“主体是否适格、内容是否违反上位法、内容实质是否合理”的“三分法”进行审查。虽然仅此一例,但也说明法院对高等学校校规的审查方式既有“不违反上位法”方式,也有涵盖主体、形式、内容等三分法方式,司法实践对审查方式的选择并不统一。[5]

依法治校的国家政策要求实施以来,高等学校校规、校纪的合法性问题再度引起社会广泛关注。2012年教育部发布的《全面推进依法治校实施纲要》已对校规合法性提出了政策层面要求,即“章程及学校的其他规章制度要遵循法

---

〔1〕 参见徐靖:《高校校规:司法适用的正当性与适用原则》,载《中国法学》2017年第5期。

〔2〕 参见高冠宇:《大学校规司法审查的法理阐释》,载《法学评论》2021年第4期。

〔3〕 参见辽宁省沈阳市中级人民法院行政判决书,(2016)辽01行终297号。

〔4〕 参见江苏省张家港市人民法院行政判决书,(2017)苏0582行初56号。

〔5〕 参见王霁霞:《高等学校校规司法审查的类型分析与进路重构——基于近3年40起高等学校教育行政诉讼案件的实证研究》,载《中国高教研究》2018年第9期。

律保留原则,符合理性与常识,不得超越法定权限和教育需要设定义务"[1]。不管是从维护受教育者合法权益的立法原意还是从规范高等学校依法治校的政策高度出发,对高等学校校规、校纪的司法审查都不应仅仅是形式审查,而必须包含对高等学校校规、校纪从制定主体、制定程序、制定宗旨、指定内容等方方面面合法性的实质审查。司法审查的介入方式也不能沿袭对规范性文件附带审查的方式。有学者主张对高等学校校规、校纪的司法审查应当以附带性审查为启动方式,高等学校校规也只有进入附带性审查程序,方可最终被确定是否能适用于案件审理。高等学校校规司法适用中的附带性审查原则,是指公民、法人或其他组织需在提起教育行政诉讼的同时即一并申请对所涉高等学校校规条款的附带审查,法院不可主动对高等学校校规进行司法审查。[2] 需要强调的是,高等学校校规、校纪在学校管理过程中扮演着不可或缺的重要角色,几乎所有的对受教育者的管理行为都是通过校规、校纪的实施实现的。即便受教育者没有在诉讼过程中提出对校规、校纪的合法性审查要求,但由于对校规、校纪的合法性审查结果往往决定了高等学校处理行为的合法性,如果仅以诉讼当事人没有提出对校规、校纪的附带性审查要求而跳过对校规、校纪的合法性审查,不仅有违司法审查有错必纠的基本立场,也无法从根本上维护受教育者的合法权益。因此,对高等学校校规、校纪的合法性审查应当立足于案件基本事实,采取由人民法院主动审查的方式。当然,这并不意味着人民法院必须在每个案件中都对高等学校的校规、校纪作出合法性判断,在不涉及高等学校依据校规、校纪对受教育者作出处理行为的案件中自然无须主动启动对校规、校纪的合法性审查。

3. 裁判规则的评析。对高等学校校规、校纪的合法性审查以及在司法审判中适用高等学校的校规、校纪,都离不开对于高等学校校规、校纪法律性质的讨论。有学者主张高等学校校纪、校规具有法源性规范与自治性规范的双重属性。其中法源性规范即校纪、校规制定的权源来自法律的授权而非高校所自有,此类法源性规范是教育行政法律、法规、规章在校内管理领域的具体化与制

---

〔1〕《全面推进依法治校实施纲要》(教政法〔2012〕9号)第6条。

〔2〕参见徐靖:《高校校规:司法适用的正当性与适用原则》,载《中国法学》2017年第5期。

度化。[1] 自治性规范即高等学校自治规章是由自治公法人根据自治权制定的规范，它的制定不需要法律的授权，也不是为了执行法律。它只适用于自治公法人内部并受法律的承认和保护……根据自治权制定的自治规章，建立于经过法律规范的自治行政的政治理想；因此，自治权既是原始的也是独立的法律源泉。[2] 长期以来，鉴于教育法将高等学校定位为独立的法人，从法人属性出发，高等学校的校规、校纪也被视为法人内部管理体制，因而高等学校的校纪、校规具有自治性规范属性是有法律依据的权威主张。正是“田某诉北京科技大学案”的判决认定高校中存在高校内部法律关系与行政法律关系两种法律关系，那么以高校“章程”为基础，作用范围为高校“内部管理体制”，体现其自主权的“自主性校规”就不能进入从外部介入高校事务的国家行政权的领域。因此，后者行政职权的内容就不属于高校的自主权。[3] 尽管对高等学校校规、校纪的双重属性划分尚未有明确的法律依据，指导案例 38 号也未区分高等学校校规、校纪的双重属性，但是绝大多数高等学校的校规、校纪涉及事项都可作“学术性事项”与“非学术性事项”的区分，并且针对所涉及事项的不同，司法审查的方法与态度亦不相同，这是不争的事实。[4]

（三）尊重高等学校学术自治范围内的自主权

1. 裁判规则的内容。2007 年 6 月 30 日，何某强获得华中科技大学武昌分校颁发的普通高等学校毕业证书，由于其本科学习期间未通过全国大学英语四级考试，武昌分校根据《华中科技大学武昌分校授予本科毕业生学士学位实施细则》规定，认为其不符合学位申请条件，故未向华中科技大学推荐其申请学士学位。8 月 26 日，何某强向华中科技大学和武昌分校提出授予工学学士学位的申请。2008 年 5 月 21 日，武昌分校作出书面答复，因何某强没有通过全国大学英语四级考试，不符合授予条件，华中科技大学不能授予其学士学位。该案作为指导性案例，在第二项裁判要点中确立了高等学校授予学位决定之司法审查的裁判规则，即高等学校依照《学位条例暂行实施办法》的有关规定，在学术自

[1] 参见徐靖：《高校校规：司法适用的正当性与适用原则》，载《中国法学》2017 年第 5 期。

[2] 参见于安编著：《德国行政法》，清华大学出版社 1999 年版，第 77 页。

[3] 参见朱芒：《高校校规的法律属性研究》，载《中国法学》2018 年第 4 期。

[4] 指导案例 39 号涉及的学术标准的司法审查，就开辟了与指导案例 38 号对学生退学处理决定司法审查完全不同的另一种路径，详见以下对指导案例 39 号确立的裁判规则的论述。

治范围内制定的授予学位的学术水平标准,以及据此标准作出的是否授予学位的决定,人民法院应予支持。《学位条例》对于授予学士学位的标准作了原则性的规定,该条例第4条规定:"高等学校本科毕业生,成绩优良,达到下述学术水平者,授予学士学位:(一)较好地掌握本门学科的基础理论、专门知识和基本技能……"《学位条例暂行实施办法》第25条规定:"学位授予单位可根据本暂行实施办法,制定本单位授予学位的工作细则。"《学位条例暂行实施办法》赋予学位授予单位在不违反《学位条例》所规定授予学士学位基本原则的基础上可自行制定学士学位授予标准的权力和职责。将通过全国大学英语四级考试作为学士学位授予必备的学术水平衡量标准,是很多高等学校的习惯做法。本案中人民法院生效裁判显然认为这一标准并未超出法定的学术水平范围,属于高等院校的学术自治范畴,并将司法对高等学校学位授予行为的司法审查原则明确为不能干涉和影响高等学校的学术自治。虽然该案的生效裁判中要求对学位授予类行政诉讼案件司法审查的范围应当以合法性审查为基本原则,但是通过对比指导案例38号确立的对高等学校校规、校纪的司法审查裁判规则可知,学位授予类行政诉讼的合法性审查显然不同于普通的高等学校处理决定行政纠纷的合法性审查。前者受到高等学校学术自治的限制,势必会影响司法审查的方式与强度。本案例第二项裁判要点基于的事实是被告将学士学位授予与全国大学英语四级考试挂钩,但裁判要点在编写时作了适当抽象概括,没有局限于全国大学英语四级考试,而是扩展表述为高等学校在学术自治范围内实施的审查授予学位决定,人民法院应当以合法性审查为原则,合法的应当予以支持。作出这样的表述也是为了适当扩展本案例适用的情形。[1] 最高人民法院对高等学校学术自治在司法审判中的包容态势,由此可见一斑。

通过对比指导案例38号与39号的区别,有利于阐明指导案例39号所确立的对于高等学校学术自治范围内授予学位行为的司法审查裁判规则内容。两个案例都涉及对高等学校自行制定的校规、校纪进行司法审查。但是"田某诉北京科技大学案"中的基本事实是以高等学校对田某考试作弊这一行为进行行为标准评价为依据拒绝颁发学位证的,而"何某强"案的争议焦点是高等学校制

---

〔1〕 参见石磊:《〈何小强诉华中科技大学拒绝授予学位案〉的理解与参照——高等学校在学术自治范围内有依法制定学术评价标准职权》,载《人民司法(案例)》2016年第20期。

定的学位授予学术水平标准是否合法。在审理此类案件时,法院在决定是否给予高校学位授予细则学术自治尊让时,应对其形式上是否位于“学术自治范围内”和内容上是否属于“学术水平标准”进行具体审查。前述方法在审判实践中的运用,有助于法院正确参照指导案例 39 号。[1]

2. 裁判规则的适用。仅从指导性案例的裁判要点考察的话,指导案例 38 号可称得上是教育行政诉讼第一案,其重大意义在于开启了司法审查介入高等学校管理行为的大门。但是回归到该案的基本事实与生效裁判本身的思路,海淀区人民法院在对涉案的校规、校纪进行司法审查之前,阐明了高等学校依法具有相应的教育自主权。最高人民法院归纳的指导案例 38 号的裁判要点并没有提及高等学校的教育自主权,而何为“教育自主权”,教育自主权与司法审查有什么关系,这些问题在司法实践中更是众说纷纭。与教育自主权相关的概念,如“大学自治”“学术自治权”“学术自由”等在司法实践中都有呈现。指导案例 39 号的发布,重塑了“学术自治”的法律概念。如果说指导案例 38 号是司法审查走进高等学校管理领域的垫脚石,那么指导案例 39 号对学术自治的清晰表达以及确立的司法审查尊重学术自治裁判规则就如警钟一般,提醒司法力量在教育行政诉讼中应当把握一定的限度。有学者从规范意义解读学术自治,将大学自治视为法律对学术自由的实质性保护建制,大学享有学术自治权,以宪法上相应条款为规范基础,通过立法建制得以实现。这种观点强调法律规范的建构作用,有明显的理性主义、规范主义的倾向,通常围绕自治权内涵和相应的规范展开。[2] “大学自治”并非一个确切的法律概念,在我国的法律规范体系中,大学自治更多体现为《高等教育法》中的高等学校办学自主权,学校开展教学、科学研究和社会服务活动遵循以培养人才为中心。从指导案例 38 号到 39 号的演变过程可以发现,指导案例 39 号所称“学术自治”实指大学自治(办学自主权)中的学术自治,不包括行政管理自治。根据我国现行立法,学位授予权的取得采用的是“双阶层”方式,即在“资格审核”前提下的“法律授权”,这使

〔1〕 参见郑磊:《论学术自治尊让原则的具体化——基于最高人民法院指导案例 39 号之展开》,载《郑州大学学报》2016 年第 3 期。

〔2〕 参加李惠宗:《教育行政法要义》,台北,元照出版有限公司 2004 年版,第 292～307 页。

学位授予权兼具行政权力和学术权利的双重属性。[1] 指导案例 39 号正是基于华中科技大学制定的学位申请条件涉及学位授予的学术属性，才作出了尊重高等学校学术自治的判断。

对高等学校学位授予条件是否属于学术水平标准的判断，应当严格限定在对法律规范的文本解释。根据《学位条例》第 4 条的规定，高等学校毕业生学术水平达标的标准只有两项，即较好地掌握本门学科的基础理论、专门知识和基本技能；具有从事科学研究工作或担负专门技术工作的初步能力。高等学校即便依据《学位条例暂行实施办法》第 25 条规定制定本单位授予学位的工作细则，也只能在《学位条例》第 4 条规定的两项学术水平标准范围内进一步细化，而不能增设与之无关的限制性条件。指导案例 39 号认可华中科技大学将全国大学英语四级考试成绩与学位授予条件挂钩的做法，等同于宣示了高等学校毕业生的英语水平属于学术水平标准之一。

对"学术自治""学术水平标准"这两个基础性的概念作出界定之后，指导案例 39 号确立的尊重高等学校学术自治的司法审查裁判规则在司法适用中的关键，主要表现为如何把握司法审查的深度与边界，即以何种方式实现司法公平公正与尊重学术自治之间的平衡。也有学者从大学自治权与学生权利的司法平衡这一颇具实践性的角度，试图寻求这个问题的答案。[2] 最高人民法院并没有在现有行政诉讼司法审查模式之外对教育行政诉讼单独规划司法审查路径，尊重学术自治的司法审查裁判规则如何适用，目前仍然只能在司法实践层面获取经验总结。通过对比最高人民法院发布的两例教育行政诉讼的裁判规则，在"何某强案"所代表的学术类学位授予纠纷案件中，法院的审查用语也是"有授权"和"不违反上位法"，但在逻辑上依然不同，"冲突性"审查已不是判断校规合法性的关键。在这类案件中，上位法即《学位条例》和《学位条例暂行实施办法》所涉规定非常笼统和原则化。高等院校有权自主决定学生学习成绩的评价标准及学位授予学术要件，法院在学术评价和不确定法律概念的判断问题

---

〔1〕 参加周佑勇：《法治视野下学位授予权的性质界定及其制度完善——兼述〈学位条例〉修订》，载《学位与研究生教育》2018 年第 11 期。

〔2〕 参见周慧蕾：《再论大学自治权与学生权利的司法平衡——从我国司法实践切入》，载《法治研究》2018 年第 6 期。

上应倾向于接受高校作出的判断。[1] 在司法实践中，对高等学校授予学位行为的司法审查涉及学术自治时，形成了以程序审查和形式审查为主、实体审查为辅的审查方式，并与慎重选择撤销判决、尽量为高等学校创造补救空间的判决方式共同作用，以尊重高等学校学术自治的裁判规则适用惯例。

3. 裁判规则的评析。高等学校在学术自治范围内制定的授予学位的学术水平标准，在司法审判过程中应当给予一定的尊重。指导案例 39 号确立的该项裁判规则设置了两项适用前提，即高等学校制定的学位授予标准须在学术自治范围内，且该标准仅限于学术水平标准。对于高等学校不限于学术自治范围制定的授予学位标准，以及是否应当进一步区分超出学术自治范围制定的学术水平标准和其他类型的标准有差别地进行司法审查，这都是指导案例 39 号没有回答但是司法实践中亟待解决的问题。有学者统计，现形成学位授予纠纷的原因主要是违纪（占比近 50%），其次是学业不合格（占比 31.4%），再者是占比为 9% 的学位授予前置条件不具备（诸如无报考资格、相关证明文件缺失以及前置学历不符合授予规定）等。[2] 与此相对应的因学业原因及不满足前置条件而产生的纠纷，基于二者刚性较强兼具专业判断余地，高校的行为往往得到司法权的高度尊重，尽管有部分案件和解，但总体上还是获得了法院 90% 以上的高支持率。对学业成绩的评定和论文水平的实质性评价则属于学术自治的范畴，行政和司法权力不应干预也得到了认可。[3] 而占学位授予纠纷成因近 50% 比重的违纪标准，因其往往隐藏于高等学校制定的学位授予细则之间，容易被披上学术自治的外衣，却又与高等学校校规、校纪有着千丝万缕的联系，故因违纪而引起的学位授予纠纷犹如游离于指导案例 38 号与 39 号所确立裁判规则之外的异类，至今没有形成权威统一的裁判规则。

（四）关于行政许可期限的裁判规则

1. 裁判规则的内容。在指导案例 88 号“张某文、陶某等诉四川省简阳市人

---

〔1〕 参见杨艳飞：《司法介入高校学位授予纠纷之模式探析——以“田永案”与“何小强案”为分析视角》，载《学位与研究生教育》2015 年第 8 期。

〔2〕 参见王工厂：《基于司法大数据的高校学位授予实证研究——兼论高校学位授予关联行为的规范》，载《学位与研究生教育》2021 年第 1 期。

〔3〕 参见陈越峰：《高校学位授予要件设定的司法审查标准及其意义》，载《华东政法大学学报》2011 年第 3 期。

民政府侵犯客运人力三轮车经营权案”[1]中，张某文、陶某等人认为，因市政府在1996年实施人力客运三轮车经营权许可时并未告知许可期限，据此认为该许可无时间限制。围绕张某文等1996年取得的人力客运三轮车经营许可的期限，本案先后经三级人民法院审理，最终由最高人民法院提审作出了最终生效判决。最高人民法院将本案作为指导性案例发布时总结了三项裁判要点，归纳起来包括：第一，行政许可具有法定期限；第二，许可机关在作出行政许可时应当告知行政许可的期限，作出行政许可时未告知许可期限时以行政许可期限届满为由终止行政许可的，程序违法；第三，行政相对人不得以许可机关作出行政许可时未告知许可期限为由，主张行政许可没有期限。仅从字面意思理解，“行政许可的期限”一语容易引起误解，因为期限不仅可以指代有限期，通常也被用于描述行政机关作出行政行为或行政决定的时间长短。通过本案的基本事实可知，在指导案例88号确立之行政许可期限的裁判规则中，行政许可的期限特指行政许可的有效期。指导案例88号第一项裁判要点虽然以简洁的陈述语句指明“行政许可具有法定期限”，但这一裁判规则对立法、司法与行政执法都有密切相关的指导意义。对于立法机关而言，应当在设定行政许可时明确行政许可的有效期，而不能设定无期限的行政许可。对于司法审判而言，即便行政机关作出行政许可时没有对行政许可的有效期作出限制要求，也并不意味着行政许可权益人据此享有永久的许可权益。最重要的是，行政机关在作出行政许可时，应当告知当事人行政许可的有效期，这是正当程序的必然要求。第二项裁判要点与第三项裁判要点，分别就行政许可具有法定期限这一基础性裁判规则对于当事人以及行政许可机关具有规制方法。根据第三项裁判要点，行政机关作出行政许可时未告知当事人行政许可有效期，这一行为因违反正当程序而违法。在此情况下，行政机关以行政许可期限届满为由终止当事人行政许可权益的行为，因该许可作出行为的违法性一直延续并影响到了行政许可终止行为的合法性，故而行政机关终止行政许可权益的行为也是违法的。

2. 裁判规则的适用。行政许可法并没有关于行政许可应当具有有效期限的直接规定，这就为行政许可具有法定期限的裁判规则在司法实践中适用带来许多难题。本案人民法院生效裁判认定行政许可具有法定期限的理由主要是

---

〔1〕 参见最高人民法院行政判决书，(2016)最高法行再81号。

四川省交通厅制定的规范性文件对涉案行政许可的期限作出了“一次不得超过两年”的规定，加之人民法院认为基于行政执法和行政管理需要，客运经营权也需要设定一定期限的推理。指导案例88号确立的行政许可具有法定期限的裁判规则，通过地方政府行政管理部门制定的规范性文件以及人民法院的推理得以证成，但是如何具体适用这一裁判规则的难题，在指导性案例中并没有清晰的答案。首先，行政许可具有法定期限中的“法定”显然不能仅仅理解为规范性文件，只有地方政府行政管理部门制定的规范性文件而缺乏上位法的明确规定，才是行政许可具有法定期限的合法性瑕疵所在。其次，并非所有类型的行政许可事项都可以在规范性文件中找到关于设定行政许可有效期的规定，这一方面使得行政机关作出行政许可时无法确定当事人行政许可的有效期，另一方面即便行政机关按照行政执法惯例或者实际需要设定了行政许可有效期，也会因当事人对该期限确定的合法性有质疑而产生更多的纠纷。最后，基于行政执法和行政管理的需要而应当对客运经营权设定一定期限的推论，并没有展示推理的全貌。究竟源于行政执法与行政管理的何种需要，客运经营权才应当设定一定的期限，人民法院的生效裁判与最高人民法院的裁判要点均避而不谈，大大削弱了行政许可应当具有法定期限这一结论的信服力。

指导案例88号第三项裁判要点关于行政机关作出行政许可行为与终止行政许可行为二者之间合法性的关联关系，体现了行政行为违法性继承的学术观点，即行政机关作出行政许可的行为在先，终止行政许可的行为在后，二者虽然表现为各自独立的行政行为，但是对于当事人的许可权益而言存在先后的继承关系。该案已经生效的人民法院裁判对这两个行政行为的继承性也有论述，即被诉行为是对既有的已经取得合法证照的客运人力三轮车经营者收取有偿使用费，而上述客运人力三轮车经营者的权利是在1996年通过经营权许可取得的，前后两个行政行为之间存在承继和连接关系。简阳市人民政府1996年的经营权许可在程序上存在明显不当，直接导致与其存在前后承继关系的本案被诉行政行为的程序明显不当。人民法院适用指导案例88号确立之行政行为违法性继承裁判规则的前提是，必须对涉案的行政行为是否与其他行政行为之间存在继承关系进行判断。从本案的基本事实以及人民法院生效裁判的裁判理由可以看出，本案中的后行政行为涉及的权利标的是以先行政行为的成立为必要条件的。先行政行为的程序违法必然导致作出后行政行为时对当事人最基本知情权、信赖利益等权益的损害。因此,最高人民法院认可了该案中行政行为违法性继承的存在。但是行政行为违法性继承关系如何认定,是否存在指导案例 88 号之外的认定情形,以及违法性继承的范围有多大,这些问题仅通过最高人民法院发布一例指导性案例是难以解决的。指导案例 88 号确立的行政行为违法性继承裁判规则亟待出台更多具体性的实施细则,以推动裁判规则的司法适用。

3. 裁判规则的评析。在指导案例 88 号确立行政行为违法性继承的裁判规则之前,最高人民法院于 2004 年公布的公报案例“沈某贤等诉北京市规划委员会颁发建设工程规划许可证纠纷案”[1]（以下简称“沈某贤案”）被视为行政行为违法性继承的经典案例。所谓“行政行为违法性继承”的问题,存在于由连续数个行政行为构成的行政过程之中。当行政行为彼此之间相互关联,行政活动的整体过程是由一系列连续多阶段的行政行为构成时,先行行为中存在的违法性瑕疵,是否会影响作为结果的后续行为的合法性,便自然成为需要关注的问题。如果从肯定的角度出发,承认后续行为因此也具有违法性,即后续行为继承了先行行为中的违法性的现象,被称为“违法性的继承”。[2] 行政行为违法性继承在司法实践中的应用清晰地展示了这一理论的深厚内涵。

在上述案件中,就涉案的清洁级动物实验室项目建设被告与第三人之间先后存在四个行政行为,按照时间顺序依次为:(1)北京市规划委员会(被告)核定审定设计方案通知书,确定该案第三人针对该案项目的可行性研究结论;(2)北京市城乡建设委员会下达建设项目施工计划通知书;(3)被告依据建设项目施工计划通知书向第三人就该案项目颁发建设工程规划许可证;(4)北京市环保局核发该案项目的项目环境影响报告表的批复。沈某贤等原告要求撤销被告给第三人颁发的建设工程规划许可证,主要理由为涉案项目在可行性研究阶段未进行环境影响评估,程序违法。[3] 案发时,人民法院生效裁判是根据

[1] 参见《沈希贤等诉北京市规划委员会颁发建设工程规划许可证纠纷案》,载《最高人民法院公报》2004 年第 3 期。

[2] 参见朱芒:《“行政行为违法性继承”的表现及其范围——从个案判决与成文法规范关系角度的探讨》,载《中国法学》2010 年第 3 期。

[3] 此处对主要理由的叙述仅以本章节探讨的行政行为违法性继承问题展开,对于不影响所讨论问题的其他案件信息暂不一一列明,案件详细信息以最高人民法院公布的公报案例记载为准。

《环境保护法》(1989年)第13条关于“环境影响报告书经批准后,计划部门方可批准建设项目设计任务书”的规定,主张被告在审批该项目的建设工程规划许可证时,应当审查第三人是否已取得了环境影响报告书,并以实验室与居民楼之间距离不符合法律规定要求的实际情况认定被告的审批行为事实证据不足,程序违法。尽管人民法院并未明确环境影响报告程序的合法性对于撤销被诉行政行为结果的重要作用,因为我们无法剔除该案实验室项目与居民楼之间距离不符合法律规定的客观现实而对行政行为违法性继承问题进行完全的情景讨论。但是司法实践与行政执法已经认识到了行政行为违法性继承的现实模板:在尚未完成项目环境评价时,计划行政机关就作出批准建设项目设计任务书的行政行为(先行行为),会导致城市规划行政机关作出后续行为——颁发建设工程规划许可证的行政行为因此具有了违法性。

司法实践对行政行为违法性继承的态度并非一贯统一的,在“张某珍、潘某明诉光山县发改委建设项目立项批复案”[1]中,人民法院生效裁判就对行政行为的违法性继承表示了否定意见。2007年11月13日,光山县海营路贯通工程建设协调领导小组举行了海营路贯通工程行政许可听证会,向与会代表发放了海营路贯通工程征求意见表和海营路贯通工程实施方案评议表,与会人员经讨论同意海营路贯通工程按照有关方案开始实施。2007年12月7日,光山县人民政府对光山县建设局《关于海营路贯通与局部改造统筹规划同步建设的请示》作出批复,批复主要内容为:“同意将海营路两侧范围内的房屋(具体范围以控规方案为准)纳入局部改造项目计划,与海营路贯通工程统筹规划、设计,同步建设,相互推进。”原告以未看到被告作出涉案批复和所依据的规范性文件,无法发表自己的意见为由,起诉请求撤销被告作出的批复。一审、二审人民法院的生效裁判主要围绕被诉批复的事实证据与法定程序两方面进行了审理。关于事实方面,根据法律规定,金凯帝公司在申请项目立项批复时应附送项目用地预审意见和环境影响评价文件的审批意见。但在光山县发改委提交的证据中,没有环境影响评价文件的审批意见。因此,光山县发改委作出被诉批复的主要证据不足,违反法定程序。在程序方面,人民法院确认了土地成交确认

[1] 一审:河南省信阳市潢川县人民法院行政判决书,(2014)潢行初字第5号;二审:河南省信阳市中级人民法院行政判决书,(2014)信中法行终字第31号。

书对于被诉批复而言是在先的行政行为之一,但土地确认成交书作出后就具有公定力和确定力。在该确认书被依法撤销前,其仍然具有法律效力。在光山县发改委作出被诉批复这一具体行政行为本身不存在其他违法情形的情况下,即便作为在先具体行政行为的成交确认书存在违法性,也不能以此为由否定在后的被诉批复的合法性。否则,将影响阶段性行政许可行为中各独立具体行政行为的确定力,损害行政相对人和其他利害关系人的信赖利益。由此可见,人民法院并没有否认先后行政性行为的存在,这一点与行政行为违法性继承的学术观点以及“沈某贤案”的生效裁判是一致的。然而,在涉及对行政行为违法性继承的司法审查问题上,“张某珍、潘某明诉光山县发改委建设项目立项批复案”的生效裁判坚持了对先行政行为的独立性,把先行政行为之一的环境影响评价程序作为后行政行为合法性的证据之一。对于另一个先行政行为土地成交确认程序只是进行形式审查,并没有对该行为的合法性作出认定,并且从判决主文部分的表达来看,人民法院否认了先行政行为违法性可以由后行政行为继承进而导致后行政行为违法这一基本的学术主张。

行政行为违法性继承学说裹挟着行政行为公定力、行政诉讼受案范围、行政行为正当程序以及信赖利益保护等诸多行政诉讼基本问题。其中行政行为公定力与信赖利益保护原则是学术界反对行政行为违法性继承学说的主要论据。基于行政行为的公定力与信赖利益保护原则,先行政性行为一经作出就被置于绝对的有效地位,除非经法定程序否定其效力或合法性。否则人民法院在审查后行政行为的合法性时必须尊重先行政行为的独立性,严格恪守行政诉讼“一案一诉”的审判规则将之视为合法有效的行政行为而无权进行实质性审查。最高人民法院发布指导案例 88 号后,有学者主张张某文等人对于涉案行政许可的合法性具有合理信赖,即便人民法院将张某文等人合理信赖与公共利益置于同一个天平上进行比较衡量后向公共利益作出了让步,也应当合理保障张某文等人的信赖利益。[1] 最高人民法院指导案例 88 号的发布,意味着行政行为违法性这一舶来品在我国已经从学术理论走向司法应用的舞台。由于学术研究不够深入,司法审判实践中不同人民法院依据不同的学说主张展现了不尽相

〔1〕 参见宁倩:《论信赖利益保护原则的运用——基于张道文案的分析》,载《法律适用》2020 年第 8 期。

同的司法立场，这揭示了不同法院对法安定性与实质正义价值的不同权重和对于行政行为公定力、先行行为可争讼性等问题的差异性理解，也表明了行政行为违法性继承中国图景的独特性和复杂性。〔1〕实现违法性继承中国本土化与实践化依旧任重而道远，我国应当一改既往对行政行为进行司法审查的静态思维，要从多阶段行政程序的全过程去审视各个行为，并尽快推进行政行为公定力理论从实体性向程序性转型。在做到科学区别先后行为不同实体关系的同时，逐步提升对相对人程序性救济权利的保障程度，以此开辟违法性继承的中国进路。〔2〕

三、行政确认案件裁判规则

（一）工伤与视同工伤的认定

1. 裁判规则的内容。所谓工伤，其核心在于伤害“与工作相关”。〔3〕《工伤保险条例》第 14 条先以伤害与工作之紧密关联为指引，形成类型化列举，后辅以“法律、行政法规规定应当认定为工伤的其他情形”作为兜底，形成“列举 + 兜底”的典型结构。但该兜底条款因缺少能够援引的对象而无法适用。〔4〕通观《工伤保险条例》第 14 条列举的工伤认定情形，“工作时间”“工作场所”“工作原因”是构成工伤认定的三个基本要素，但是《工伤保险条例》并没有对这三个法律概念进行解释或限制，致使司法实践中裁判规则难以统一。指导案例 40 号就是针对工伤认定中的基本概念不清晰，通过解释《工伤保险条例》第 14 条规定中的“工作原因”和“工作场所”概念分别确立了两项关于工伤认定具体性情形的裁判规则。在第三项裁判要点中，指导案例 40 号确立了《工伤保险条例》第 16 条对工伤认定排除情形的例外规则，即职工在从事本职工作中存在过失，不属于《工伤保险条例》第 16 条规定的排除情形，不影响工伤认定。

与工伤认定不同的是，视同工伤本身即意味着职工伤害与工作之间并不存

〔1〕参见成协中：《行政行为违法性继承的中国图景》，载《中国法学》2016 年第 3 期。

〔2〕参见何兵：《行政行为的违法性继承——最高法院“饭垄堆案”判决释评》，载《行政法学研究》2019 年第 2 期。

〔3〕参见谢增毅：《“工作过程”与美国工伤认定——兼评我国工伤认定的不足与完善》，载《环球法律评论》2008 年第 5 期。

〔4〕参见郑晓珊：《工伤认定一般条款的建构路径》，载《法学研究》2019 年第 4 期。

在密切的关联关系。《工伤保险条例》关于视同工伤的认定的规定集中在第15条的肯定列举与第16条的否定排除。视同工伤的法定情形包括职工在抢险救灾等维护国家利益、公共利益活动中受到伤害。从语义解释方法分析,抢险救灾仅仅是维护国家利益、公共利益的活动之一,并非所有因抢险救灾活动而遭受伤害的情形都能被视同工伤,职工活动必须满足维护国家利益、公共利益的目的,才能被视同工伤。据此,《工伤保险条例》第15条的"等"字应作扩大解释,即"等外等",凡是符合维护国家利益、公共利益之目的的职工行为,因该行为遭受的伤害都可以被视同工伤。虽然视同工伤的情形在外在表现上或者内在性质上与职工的工作不一定存在关联性,但是视同工伤的规定有助于弘扬公共利益至上的社会风气,避免职工因维护国家利益、公共利益受伤害时丧失生活保障,这也体现了立法的政策趋向。指导案例94号明确了职工因见义勇为而受伤害也属于应当视同工伤的情形,扩大了《工伤保险条例》第15条规定的情形范围。

2. 裁判规则的适用与评析。通过解读《工伤保险条例》第14条工伤认定的几种主要情形可以发现,相比"工作场所"与"工作时间"两个因素,"工作原因"是工伤认定的核心要素。即便缺失工作场所与工作时间要素,只要职工所受伤害系工作原因所致,就可以据此认定工伤成立。指导案例40号第一项裁判要点将工作原因界定为职工受伤与其从事本职工作之间存在关联关系。与《工伤保险条例》规定的工作与伤害之间的因果关系相比,指导案例40号归纳的关联关系范围更广。从逻辑上看,关联关系包括两类:一类是充分条件关系,也就是工作原因直接导致了伤害,如工作过程中机械设备出现故障将工人的肢体压伤;另一类是必要条件关系,也就是虽然工作本身并不是造成伤害的直接原因,但是如果没有工作则不会出现伤害。虽然孙某兴摔倒并不是由工作原因直接导致的,其中还包括了其个人疏忽大意的过失,但是工作原因无疑是导致其在下楼过程中摔倒的必要因素。也就是说,仅有工作原因不必然导致其受到伤害,但是没有工作原因孙某兴则一定不会受到伤害,这种关系就是必要条件逻辑关系。[1] 指导案例40号通过"没有工作原因就没有伤害发生"的推论逻辑,

---

〔1〕 参见石磊、阎巍:《〈孙立兴诉天津新技术产业园区劳动人事局工伤认定行政纠纷案〉的理解与参照——职工为完成工作任务在转换工作场所的必经区域过失导致自身伤亡应当认定为工伤》,载《人民司法(案例)》2016年第20期。

将"工作原因"的解释扩大至工作与伤害之间的关联关系,为司法实践中适用工作原因要素认定工伤提供了切实可行的裁判规则。

"工作场所"因素是认定工伤的重要参考,一般情况下,发生于工作场所的职工伤害与工作原因有十分密切的关联,可以直接指向伤害的成因。但是在现实生活中,并非所有的职工工作场所都是固定且有明确范围特征的。有的劳动者如投递员、外卖送餐员等并无固定的工作场所,有的劳动者如网约车司机等存在多个且位置、范围不特定的工作场所。而即便如写字楼里正常考勤上班的职工也有可能在工作过程中来往于与本职工作相关或者不相关的场所如食堂、超市等。因此,司法实践中对"工作场所"的理解存在一定的弹性空间。在指导案例 40 号中,原告孙某兴受公司指派去机场接人的过程中意外摔伤,人民法院生效裁判就根据司机这一工作内容涉及往返于多个工作场所的特殊性,认可了该伤害系为完成工作任务的工作原因目的性,因此对"工作场所"作扩大解释。鉴于劳动者在我国相对于企业来讲处于弱势地位,最大限度保障劳动者的合法权益是工伤保险制度的宗旨之一,指导案例 40 号对"工作场所"的解释也凸显了最大限度保障劳动者的立法本意。《工伤保险条例》第 14 条第 1 项规定的"工作场所",是指职工从事职业活动的实际区域,传统上将其分为固定区域、不固定区域和临时区域。固定区域指职工日常工作的区域,主要包括单位所在地以及除单位以外的日常工作区域,如邮递员、快递员所负责的工作区域;不固定区域,是指修理工、新闻工作者等因工作性质特殊所导致的经常变动的不确定的工作场所;临时区域,是指单位或领导指派临时前往的工作场所。[1]

1996 年劳动部颁发的原《企业职工工伤保险试行办法》(2004 年已失效)第 8 条将职工从事抢险、救灾、救人等维护国家、社会和公众利益的活动而遭受伤害或死亡的直接纳入工伤范围。虽然 2003 年国务院制定的《工伤保险条例》只将"在抢险救灾等维护国家利益、公共利益活动中受到伤害的"认定为"视同工伤",没有沿用《企业职工工伤保险试行办法》的规定将救人等见义勇为行为纳入工伤保障范围,但是司法实践中对于职工见义勇为是否构成工伤仍然存在不

〔1〕 参见石磊、阎巍:《〈孙立兴诉天津新技术产业园区劳动人事局工伤认定行政纠纷案〉的理解与参照——职工为完成工作任务在转换工作场所的必经区域过失导致自身伤亡应当认定为工伤》,载《人民司法(案例)》2016 年第 20 期。

同的认识。针对职工因见义勇为乃至抢险救灾等维护国家利益、公共利益的活动遭受伤害是否应当认定为工伤的问题,持反对意见者认为工伤保险制度在于保障职工维护企业利益遭受伤害的正当权益,只有职工因工受伤,才能让企业承担工伤支出的责任,这也是工伤保险制度的合理性所在。但在实践中,职工因见义勇为行为而致伤、死亡的,企业单位往往予以慰问,却不予申请工伤认定,个人申请工伤认定被工伤行政机关不予认定的情形也层出不穷。指导案例94号将见义勇为纳入视同工伤的认定情形,一方面重申了《工伤保险条例》第15条鼓励维护国家利益、公共利益行为的立法本意,另一方面也表明了扩大解释维护国家利益、公共利益情形的倾向。公共利益在我国的法律规范体系中没有明确的概念解释,甚至连最基本的特征性描述都所见无几。但是,这一现状并不影响"公共利益"概念在司法实践中的广泛运用。即便缺乏必要的制度框架予以规范,"公共利益"概念凭借中华民族悠久的大公无私的传统生成了成熟的实践应用模式。日常生活与司法实践中颇为常见的情景是,我们无法清晰描述出"公共利益"概念的内涵与特征,但是当维护或损害公共利益的行为出现时,全民能默契地达成区分认定共识。因此,公共利益概念模式导致见义勇为认定滥觞的顾虑,虽然有一定的合理性,却不足为虑。见义勇为行为通常具备维护国家利益、公共利益的目的,因而指导案例94号将职工因见义勇为行为遭受伤害归为《工伤保险条例》第15条规定的视同工伤情形,与《工伤保险条例》维护国家利益、公共利益的政策倾向相一致,在司法适用中也拥有广泛的社会认同。

根据法律拟制的逻辑,既然《工伤保险条例》第16条并没有对工伤认定与视同工伤的排除条款作区分规定,那么可以作出判断,指导案例40号关于工伤认定排除条款的例外情形规则,同样适用于视同工伤的认定。也就是说,指导案例40号第三项裁判要点确立了职工工作过失不影响工伤认定与视同工伤的认定这一裁判规则。职工工作存在过失不影响工伤认定并不意味着过失因素在工伤责任划分中毫无意义。在"刘某进诉南通市通州区十总镇岸西村村民委员会健康权、身体权纠纷案"[1]中,人民法院生效裁判认为,若能够证明雇员存在"故意或重大过失"情况,比如雇员故意自伤、自残或严重违反安全操作规程

〔1〕 参见江苏省南通市中级人民法院民事判决书,(2018)苏06民终436号。

的，可以相应减轻单位雇主的赔偿责任。出于对劳动者弱势地位的倾斜保护，在举证责任分配上，司法实践中通常采取由用人单位承担职工过错的举证责任，在用人单位无法证明职工存在过错的情况下，推定职工无过错而应由用人单位承担工伤责任。

（二）建设工程消防验收备案结果通知属于行政确认

1. 裁判规则内容。指导案例 59 号确立了建设工程消防验收备案结果通知属于行政诉讼受案范围的裁判规则。从裁判规则内容上讲，本案是关于行政诉讼受案范围的程序性裁判规则。但是，与其他以实际影响为核心判断要素的行政诉讼受案范围裁判规则不同的是，指导案例 59 号是通过将建设工程消防验收备案结果通知认定为行政确认，因行政确认属于具体行政行为而将建设工程消防验收结果备案通知纳入了行政诉讼受案范围。也就是说，其他程序性的行政诉讼受案范围的裁判规则遵循的是"是否对当事人权利义务产生实际影响——是否属于行政诉讼受案范围"的单一判断结构，而指导案例 59 号则创设了"是否属于具体行政行为——属于哪种具体行政行为——是否属于受案范围"的三步推论方法，确定行政诉讼的受案范围。具体来讲，综观最高人民法院发布的其他指导性案例关于行政诉讼受案范围的裁判规则，如指导案例 22 号确立的行政机关内部批复行为和指导案例 69 号指向的程序性行政行为，都是按照该行为对当事人的权利义务产生了实际影响，符合行政诉讼法关于受案范围的兜底规定，故而属于行政诉讼受案范围这样的逻辑结构展开的。但是指导性案例 59 号的裁判要点，并没有提及建设工程消防验收备案结果通知是否会对当事人的权利义务产生实际影响，而是在论述了建设工程消防验收备案结果通知具备行政确认行为的基本特征后，得出了建设工程消防验收备案结果通知属于行政诉讼受案范围。正是基于此，也有学者主张指导性案例不仅确立了建设工程消防验收备案结果通知属于行政诉讼受案范围的裁判规则，更是明确将行政诉讼受案范围扩大至整个行政确认行为。鉴于指导案例 69 号确立的行政诉讼受案范围裁判规则核心在于对行政确认行为概念与性质的实体认定，故将该案归为行政确认类指导性案例，与其他对行政诉讼受案范围的程序性裁判规则相区分。

2. 裁判规则的适用和评析。我国关于建设工程消防验收的法律规定始见于 1999 年《消防法》要求公安机关消防机构对所有建设工程实行消防验收。按照2008年修订后的《消防法》规定，公安机关消防机构对国务院公安部门规定的大型人员密集场所和其他特殊建设工程，实行消防设计审核和消防验收制度，对其他建设工程的消防设计和竣工验收实行备案抽查制度。《消防法》中规定，建设工程消防验收备案结果通知是指公安消防机构在已经备案的竣工验收工程中选择随机抽查结果通知，通知内容包括备案编号、项目名称、单位名称、工程地址、办结时间、验收结果。[1] 经依法抽查合格的，检查机构向社会公布检查结果；检查结果显示不合格的建设工程，按照法律规定应当禁止使用。建设工程消防验收备案结果通知是一个清晰明确的法律概念，其制作过程也有法定的程序要求，因此司法实践中将建设工程消防验收备案结果通知纳入行政诉讼受案范围并不存在实际的障碍。但是学术界，对建设工程消防验收备案结果通知的性质有不同的认识。一种观点认为，正如道路交通事故认定行为一样，建设工程消防验收备案结果通知、环境影响评估报告等行为都体现了极高的技术水准。这类行为是技术鉴定行为，不是具体行政行为，只作为后续行政处理的证据，法院有权不予采信，不会影响当事人的权益；如果允许当事人提起行政诉讼，势必导致行政机关忙于讼累，影响行政效率。[2] 另一种观点认为，建设工程竣工验收备案行为应是建设工程质量验收的关键环节，是对验收结果“实质审查”的过程，并能够影响甚至决定建设工程竣工验收的最终结果，属于建设行政主管部门针对建设工程竣工验收事项所作出的一项具体行政行为，因而该行为具有可诉性。[3] 指导案例59号采用了行政确认行为理论，因此学术界对于指导案例59号确立之建设工程消防验收备案结果通知属于受案范围的质疑，集中指向了行政确认行为的可诉性。

关于行政确认的概念，学术界颇有争议。通说认为，行政确认是指行政主体对行政相对人的法律地位、法律关系和法律事实进行甄别，给予确定、认可、

---

〔1〕 参见《建设工程消防监督管理规定》(2020年已废止)第24条、第25条。

〔2〕 参见朱欢颜：《试论道路交通事故责任认定的不可诉性》，载《交通管理研究》2001年第1期；高万云：《道路交通事故责任认定的不可诉性》，《江苏公安专科学校学报》2001年第5期；罗凤娥：《交通事故责任认定的行政非诉性评析——兼论行政裁决行为的非诉性》，载《现代法学》2002年第3期；等等。

〔3〕 参见孟祥瑞：《建设工程竣工验收备案行为可诉性问题探析》，载《大庆社会科学》2020年第4期。

证明并予以宣告的具体行政行为。[1] 按照该定义，传统的行政确认行为包括公安行政确认（如对当事人道路交通事故责任的认定等）、民政行政确认（如对革命烈士及对结婚、离婚条件的确认等）、劳动行政确认（如对工人、职员伤亡事故原因、责任的确认等）、卫生行政确认（如对食品卫生的确认等）、经济行政确认（如产品质量认证等）、司法行政确认（如公证）等。[2] 新兴的行政确认类型，如信用行政评价、反恐行政行为、网络媒体属性确认等充实了行政确认理论。支持行政确认行为不可诉观点的学者主张，行政确认行为只是对既有法律事实、法律关系等的确认，没有改变当事人权利义务现状，因此对当事人的权利义务不产生实际影响。这种观点虽然看似以行政行为分类的角度将行政确认与典型的高权行政行为如行政处罚、行政许可等相分离，但是在行政诉讼受案范围辨析的结果面向上，仍然没有突破"对当事人权利义务产生实际影响"的行政诉讼受案范围判断标准。随着社会信息透明程度不断加强，人与人之间的联系也比以往任何时期都更加紧密，行政机关与司法机关对"实际影响"的理解也相应逐渐泛化。看似毫不相关的人、物以及信息之间，都存在潜在的影响关系。实际影响"不是必须要求产生行政法上的法律效果，不要求它对公民、法人、其他组织的权利义务产生得失、变更的效果，只要对当事人的权利义务产生实际影响就够了"。[3] 行政确认行为虽然不以改变既有权利义务状态为表现形式，但是行政确认特有的行政特性与公示效果，决定了该行为势必会对当事人产生一定的影响，这也是越来越多的行政确认行为被纳入行政诉讼受案范围的缘由所在。

四、行政征收案件裁判规则

（一）减免防空地下室易地建设费的限制

1. 裁判规则的内容。指导案例 21 号裁判要点确认，建设单位违反《人民防

---

〔1〕 参见姜明安主编：《行政法与行政诉讼法》，北京大学出版社、高等教育出版社 1999 年版，第 197 页。

〔2〕 参见雷丰超：《行政确认行为应纳入行政诉讼范围——对岳阳市 107 国道管理处诉岳阳县公安局案的法律分析》，载《行政法学研究》2004 年第 2 期。

〔3〕 江必新：《中国行政诉讼制度之发展——行政诉讼司法解释解读》，金城出版社 2001 年版，第 110 页。

空法》及有关规定,应当建设防空地下室而不建的,属于不履行法定义务的违法行为。建设单位应当依法缴纳防空地下室易地建设费的,不适用廉租住房和经济适用住房等保障性住房建设项目关于"免收城市基础设施配套费等各种行政事业性收费"的规定。理解该案例确立的人防异地建设费征收裁判规则,必须结合本案的基本案情和《人民防空法》等法律的具体规定。在本案中,呼和浩特市人民防空办公室对秋实房地产开发有限责任公司(以下简称秋实公司)作出《征收防空地下室易地建设费决定书》,决定对秋实公司的"秋实第一城"项目征收防空地下室易地建设费172.46万元。原告秋实公司对于其应建未建5518平方米防空地下室的事实无异议,但是主张涉案项目属于依法应当免收城市基础设施配套费等各种行政事业性收费的项目[1]。根据《人民防空法》第5条和第22条规定,城市新建民用建筑应当按照国家规定修建防空地下室,国家对人民防空设施建设按照有关规定给予优惠。为了加强人防工程建设管理,国家国防动员委员会、国家发展计划委员会、建设部、财政部于2003年联合颁发了《人民防空工程建设管理规定》(以下简称《防空工程规定》),根据该规定第48条第1款规定,按照规定应修建防空地下室的民用建筑,因地质、地形等原因不宜修建的,或者规定应建面积小于民用建筑地面首层建筑面积的,经人民防空主管部门批准,可以不修建,但必须按照应修建防空地下室面积所需造价缴纳易地建设费,由人民防空主管部门统一就近易地修建。该规定被视为部门规章关于《人民防空法》"城市新建民用建筑应当修建人防工程"原则性规定的例外情形,即只有"因地质、地形等原因不宜修建的",或者"规定应建面积小于民用建筑地面首层建筑面积的"两个确实不能修建人防工程的客观原因,才是不建人防工程而缴纳易地建设费的合法理由。[2] 其余应建未建的均为违法建筑,不适用《人民防空法》关于对人防工程按照规定给予优惠的规定。尽管《国务院关于解决城市低收入家庭住房困难的若干意见》(以下简称《住房困难若干意见》)以及原建设部等七部委《经济适用住房管理办法》等文件规定了廉租住房和经济适用住房等保障性住房建设项目免收城市基础设施配套费等各种行政事业

[1] 参见内蒙古自治区呼和浩特市中级人民法院行政判决书,(2010)呼行终字第16号。

[2] 参见石磊、阎巍:《〈内蒙古秋实房地产开发有限责任公司诉呼和浩特市人民防空办公室人防行政征收案〉的理解与参照》,载《人民司法(案例)》2014年第6期。

性收费，但是应建未建人防工程的建筑不在减免范围。指导案例 21 号确立的裁判规则具体来讲，首先将可以不建人防工程而缴纳易地建设费的合法情形固定为“因客观原因确实不宜修建的”两种情形，包括“因地质、地形等原因不宜修建的”和“规定应建面积小于民用建筑地面首层建筑面积的”。在此基础上，其他应建未建人防工程的建筑因其违法性不得适用国家关于减免易地建设费的优惠，只有符合以上两种未建原因的建筑，才能享受减免优惠。

2. 裁判规则的适用与评析。鉴于人防工程关乎战时人民生命财产安全的重大意义，对人防工程建设从严管理已经成为行政管理的共识。《人民防空法》等法律规定与指导案例 21 号并没有对人防工程易地建设费的性质进行定位，因此关于人防易地建设费是否属于行政事业性收费的争议确实存在。但是从指导案例 21 号对人防工程易地建设费征缴与行政事业性收费减免的讨论中，以及中央设立政府性基金和行政事业性收费目录清单[1]明确把人防易地建设费纳入行政事业性收费后，认为人防工程易地建设费属于行政事业性收费已经无可争议。指导案例 21 号发布以后，参照该案例对原告应当适用国家减免易地建设费优惠规定的主张持反对意见的裁判比比皆是。[2] 然而也存在对指导案例 21 号确立的裁判规则的质疑，在“郑州市爱馨阳光城老年公寓与郑州市人民防空办公室行政处罚案”[3]中，人民法院生效裁判就认可了案涉建筑作为民办非企业单位适用《财政部、国家发展改革委关于减免养老和医疗机构行政事业性收费有关问题的通知》、《国务院关于加快发展养老服务业的若干意见》和《国务院关于促进健康服务业发展的若干意见》的规定，享受免于征缴易地建设费的优惠。

《人民防空法》对人民防空设施建设按照有关规定享受优惠进行了概括笼统的规定，并没有明确优惠规定或政策的制定与实施细则。根据立法本意与立

---

〔1〕 载中国政府网，http://www.gov.cn/zhuanti/shoufeiqingdan/shoufeiqd.html，最后访问日期：2021 年 9 月 2 日。

〔2〕 参见洛阳功成教育服务有限公司与洛阳市人民防空办公室、洛阳市人民政府行政管理案，洛阳铁路运输法院（2016）豫 7102 行初 210 号行政判决书；登封市民生医院与登封市人民防空办公室、登封市人民政府人防行政征收案，河南省郑州市中级人民法院（2019）豫 01 行终 348 号行政判决书；迁西济德医院与迁西县人民防空办公室行政决定案，河北省唐山市中级人民法院（2020）冀 02 行终 54 号行政判决书；等等。

〔3〕 参见河南省郑州市金水区人民法院行政判决书，（2016）豫 0105 行初 342 号。

法技术，该条款此处选用“国家”而未将优惠政策的决定主体明确为“法律”或“法律、法规、规章”，可见《人民防空法》给人民防空设施建设优惠条件的决定主体预留了空间。部分地方性法规与地方政府规章为了实施《人民防空法》，对人民防空设施建设的优惠作了明确规定。如《河南省人民防空工程管理办法》第6条规定：“……人防工程建设按照国家有关规定享受优惠政策。”此处的“国家有关规定”就包括法律、法规和规章的规定，当然也包括国务院的政策文件的规定。《河南省人民防空工程管理办法》第15条再次明确了这一法律适用规则，该办法第15条第2款规定：“除前款规定和国家另有规定的减免项目外，任何单位或者个人不得批准减免、缓缴防空地下室易地建设费，不得批准免建、少建、缓建防空地下室或者降低防空地下室防护级别。”该条规定分为两款，第1款与第2款相互独立，不存在互为前提的关系。也就是说，除该条第1款规定的条件与国家另有规定的优惠条件外，其他情形不予人防工程优惠。《住房困难若干意见》和《国务院关于加快棚户区改造工作的意见》是国务院以国家名义发布的规定，普遍适用于全国各地方、各领域，没有适用前提的限制，任何行政机关均应遵守。从法律位阶上讲，国务院制定的文件的效力远远高于规章，相当于行政法规。而国务院各部门发布的文件诸如《财政部关于切实落实相关财政政策积极推进城市和国有工矿棚户区改造工作的通知》是国务院职能部门制定的专门性的文件，在文件所涉专业范围内，具有优先适用的效力，其作用相当于特别法中的部门规章。从法律位阶的角度看，国务院乃至于国务院职能部门的文件与《防空工程规定》相比，位阶并不在其下。也就是说，《防空工程规定》所公布的绝对条款位阶低于优惠条款，从而不对之产生排他性的优先适用效力。[1] 因此，《防空工程规定》对应建人防工程的例外情形的规定，存在违反上位法规定，过度限制城市新建民用建筑建设单位享受国家优惠权利的嫌疑。

（二）支持房屋强制拆除行政赔偿中原告的合理诉求

1. 裁判规则的内容。指导案例91号裁判要点载明，在房屋强制拆除引发的行政赔偿案件中，原告提供了初步证据，但因行政机关的原因导致原告无法对房屋内物品损失举证，行政机关亦因未依法进行财产登记、公证等措施无法

〔1〕 参见陈新民：《搭附禁止原则与特别法适用原则的问题——评内蒙古秋实房地产开发有限责任公司诉呼和浩特市人民防空办公室人防行政征收案》，载《中国政法大学学报》2018年第6期。

对房屋内物品损失举证的，人民法院对原告未超出市场价值的符合生活常理的房屋内物品的赔偿请求，应当予以支持。这是对《行政诉讼法》（2014 年）第 38 条第 2 款[1]行政补偿、行政赔偿案件举证责任倒置举证规则中被告举证规定进行解释的裁判规则。根据《行政诉讼法》（2014 年）第 38 条第 2 款规定，在行政补偿、行政赔偿案件中，原告应当对行政行为造成的损害负举证责任，但是因被告原因致使原告无法举证的除外。这与行政诉讼由被告举证证明被诉行政行为合法性的举证规则传统不同。除此之外，指导案例 91 号对行政诉讼法举证责任倒置规定的延伸在于，当因被告原因致使原、被告双方均没有对损失数额完成举证说服责任时，法院可以支持原告不超出市场价值的符合生活常理的房屋内物品的赔偿请求，即司法实践中通常出现的人民法院在强拆引起的行政赔偿案件中对原告屋内物品损失数额的酌定判断。从指导案例 91 号裁判要点的叙述可以看出，人民法院对原告屋内物品损失合理诉求的支持，是有前提条件的，即在案件类型限制方面，仅限于因房屋强制拆除引发的行政赔偿案件，其他类型的案件不适用该裁判规则；在程序方面，只有在原告对其主张提供了初步证据且因被告原因致使原告无法就具体损失进一步举证的前提下，才能适用该裁判规则；在实体要求方面，要求原告关于屋内物品损失的主张不得超出符合生活常理的屋内物品的市场价值，对于屋内物品之外的其他类型损失，以及原告要求的显然不符合常理的屋内物品损失，都不能以人民法院酌定的方式获得支持。

2. 裁判规则的适用与评析。《行政诉讼法》第 38 条第 2 款一直被视为行政补偿、行政赔偿案件不同于普通行政诉讼特有的举证责任规则，即举证责任倒置。指导案例 91 号围绕该条款规定在举证责任倒置的基础上进行了一定的延伸，即认可了原告关于屋内物品的合理诉讼主张，即便原告仅仅提供了初始证据而没有完整的严格意义上的举证责任。虽然形式上该案还是以原告提供初始证据的方式表现出了原告举证的外观，但是从人民法院生效裁判中可以明显看出举证责任转移的痕迹。在一审判决以原告没有尽到证明义务不支持原告关于屋内物品损失主张之后，二审人民法院则认为，关于被拆房屋内的物品损失问题，应该适用《行政诉讼法》（2014 年）第 38 条第 2 款的规定，因此判断马

---

〔1〕 2017 年修正，本条未改动。

鞍山市花山区人民政府组织拆除上诉人的房屋时,未依法对屋内物品登记保全,未制作物品清单并交上诉人签字确认,致使上诉人无法对物品受损情况举证,故该损失是否存在、具体损失情况等,依法应由马鞍山市花山区人民政府承担举证责任。[1] 司法实践中也存在与此相左的判例,主张即使因被告的原因导致原告无法举证的,损害数额的举证责任仍然由原告承担。如最高人民法院在(2017)最高法行申26号行政裁定书中就明确指出,原告就损失金额承担的举证责任,是法律预先规定的而非由法官酌定的,是固定不变的而非可转移的,是客观的举证责任而非主观的举证责任,是结果意义的举证责任而非行为意义的举证责任,是说服法官相信待证事实已达到高度可能性的责任而非推进诉讼进行的责任。行政诉讼举证责任的分配不同于民事诉讼与刑事诉讼,尤其是我国行政诉讼制度逐步引入了对行政协议、事实行为等非典型具体行政行为的司法审查后,如何理解与运用举证责任分配制度以求最大限度实现公平公正,已经成为行政诉讼中的难题。指导案例91号以2014年《行政诉讼法》第38条第2款为出发点,解释了该条款规定的"因被告原因导致原告无法举证"的具体情形,也创造性地确立了强拆行政赔偿诉讼中客观存在的原、被告双方举证不能情况下的酌定裁量裁判规则。行政协议违约责任赔偿案件在审理中也面临类似的问题。事实证明,随着行政管理方式的多样化发展以及行政诉讼范围逐渐扩大,为了更好地化解行政纠纷,行政诉讼举证规则必将发生新的调整。江必新认为,合理分配举证责任也是抑制滥诉的重要工具。[2] 总体来讲,区分普通具体行政行为的司法审查与行政赔偿案件的审理,建立二分法的行政诉讼举证责任分配制度已经在学术界达成基本共识。[3] 在此基础上,有学者提出应当建立以原告诉讼请求为起点,以主观权利救济与客观法秩序维护为路径,以诉讼类型为分析框架的举证责任分配体系,依据行政诉讼类型分别构建不同的举证责任分配模式。[4] 也有学者从原告主张损失分类的角度考虑,主张将原告主张的财物分为普通财物和特殊财物两大类,前者举证责任倒置,后者原告对特殊

〔1〕 参见安徽省高级人民法院行政判决书,(2015)皖行赔终字第00011号。
〔2〕 参见江必新:《完善行政诉讼制度的若干思考》,载《中国法学》2013年第1期。
〔3〕 参见刘莘:《1993年行政法学综述》,载《行政法学研究》1994年第2期;薛刚凌、王霁霞:《论行政诉讼制度的完善与发展——〈行政诉讼法〉修订之构想》,载《政法论坛》2003年第1期;等等。
〔4〕 参见邓刚宏:《行政诉讼举证责任分配的逻辑及其制度构建》,载《政治与法律》2017年第3期。

财物的损害事实所负担的证据提出责任必须加以证明，举证责任才能发生倒置。[1] 行政诉讼举证责任已经突破了被告举证的一元模式，正在向着以被告举证为主、原告举证为辅、人民法院酌情裁量并重的多元结构模式转变。

五、信息公开案件裁判规则——行政机关充分合理查找、检索的义务

1. 裁判规则的内容。《政府信息公开条例》（2007 年）明确规定行政机关应当按照主动公开或者依申请公开的方式履行政府信息公开义务，对于当事人提出的信息公开申请，行政机关须根据不同的情形在法定期限内作出答复。当事人申请公开的信息依法不属于本行政机关公开或者该政府信息不存在的，应当告知申请人，对能够确定该政府信息的公开机关的，应当告知申请人该行政机关的名称、联系方式。当事人所申请公开的政府信息不存在，是政府信息公开案件中的常见情况。为了防止行政机关以当事人所申请政府信息不存在为由，逃避政府信息公开义务，在司法实践中，对行政机关"政府信息不存在"的答复，往往在行政诉讼被告负举证责任的基础上提出更加严格的要求。指导案例 101 号就是针对行政机关"政府信息不存在"的答复，确立了行政机关应当证明对所申请政府信息进行了充分合理的查找、检索义务之裁判规则。从指导案例 101 号裁判要点的表述可以看出，人民法院对于行政机关作出的政府信息不存在的答复，不仅应当对所申请的政府信息客观不存在这一事实进行举证，还要证明其在作出答复之前已经尽到了充分合理的查找、检索这一程序义务。否则，即便经人民法院审查最终认定原告申请公开的政府信息客观上确实不存在，行政机关也会面临程序违法的败诉风险。

2. 裁判规则的适用与评析。人民法院在适用指导案例 101 号确立的裁判规则时，应当从原、被告举证责任分配与被告的查找、检索义务两方面把握。在举证责任分配上，尽管行政诉讼以被告负有举证责任为一般性原则，但是政府信息公开案件，尤其是依申请公开的案件仍然属于《行政诉讼法》规定的"原告起诉被告不履行法定职责的案件"，原告有义务证明其向被告提出了履职申请，这是行政诉讼法规定的原告初步的举证义务。具体到依申请的政府信息公开

---

〔1〕 参见杨杰：《行政强拆赔偿案件中的原告举证责任分析——基于〈行政诉讼法〉第 38 条第 2 款"举证责任倒置"引发的思考》，载《行政与法》2018 年第 12 期。

案件,原告初步的举证责任还包括提供其所申请公开的政府信息系被告制作或保存的线索等初步证据。考虑到原告在行政诉讼中处于弱势地位,取证难度大,因此指导案例 101 号裁判要点明确指出原告仅负有初步的举证责任。本案一审判决认为原告罗某昌提供的《乌江彭水水电站断航碍航问题调查评估报告》中第 33 页彭水水上交通事故汇总表,只是一个统计表,并不能直接证明海事调查报告等所有事故材料存在以及由被告制作或保存。但是二审人民法院显然认可了该证据作为证明涉案政府信息由被告制作或保存的证明力,降低了对原告初步举证责任的要求。[1] 关于被告需要提供哪些证据材料才能证明其已经尽到合理检索义务,司法实践中存在不同做法:第一种做法,被告没有提交证据材料,只是在庭审中予以说明,法院即认可其已经尽到合理检索义务;第二种做法,被告提供了工作记录、档案部门的查询记录、在内部网络应用平台的检索记录等证据材料,以此证明其尽到合理搜索义务。[2] 政府信息公开纠纷一旦涉及行政机关作出"政府信息不存在"的答复,通常会因该答复彻底阻绝了当事人的信息索取途径,而进入对行政机关答复是否合法以及政府信息是否客观存在的司法审查程序。指导案例 101 号确立的由被告对其政府信息不存在答复承担已尽充分合理查找、检索义务举证责任的裁判规则,虽然在司法实践中得以应用,效果却不尽如人意。一方面,让被告承担"信息不存在"这一否定性事实的证明责任明显违背"肯定者应证明,否定者不应证明"这一证明责任分配的古老法谚;[3] 另一方面,指导案例 101 号在裁判要点中并没有放弃对原告提供初始证据的要求,并将之作为政府信息不存在纠纷司法审查的前置程序,加剧了司法实践中对原告初步举证责任认识不一致的分歧。事实证明,行政机关即便穷尽了所有的查找、检索手段,也无法完全排除政府信息系行政机关制作或保存的可能性。指导案例 101 号所描述之"充分合理的查找、检索义务"并不意味着要求行政机关极尽可能回应当事人的信息公开申请而必须对所申请信息的着落给出明确答案,"充分合理"不仅是对行政机关的要求,也是对行政机关能力的体恤。对于"信息不存在"这一类消极事实,从正面进行实质性判断是存

[1] 参见重庆市第四中级人民法院行政判决书,(2015)渝四中法行终字第 00050 号。

[2] 参见程琥:《新条例实施后政府信息公开行政诉讼若干问题探讨》,载《行政法学研究》2019 年第 4 期。

[3] 参见郑涛:《政府信息不存在诉讼之证明责任分配探析》,载《清华法学》2016 年第 6 期。

在一定难度的。如果我们的思维完全陷入对事实判断的旋涡中而忽视了司法审判的根本目的在于解决纠纷，那么可能造成司法机关对此类案件的审查因过于复杂而无解。[1]

六、行政登记案件裁判规则——姓名登记中“有不违反公序良俗的其他正当理由”的认定

1. 裁判规则的内容。“北某某依”出生于2009年1月25日，其父亲名为吕某峰，母亲名为张某峥。吕某峰、张某峥二人共同决定为女儿取名为“北某某依”。2009年2月，吕某峰前往燕山派出所为女儿申请办理户口登记，被民警告知拟被登记人员的姓氏应当随父姓或者母姓，否则不符合办理出生登记条件。“北某某依”的法定代理人吕某峰认为燕山派出所拒绝以“北某某依”为姓名为其女儿办理户口登记的具体行政行为侵犯其女儿合法权益，于2009年12月17日以被监护人“北某某依”的名义向人民法院提起行政诉讼。[2] 人民法院生效裁判认为姓名中的“姓”与“名”分别承担着“承袭传统”和“主观创造”两种不同的功能，因此，任由公民随意选择或者创设姓氏，不利于公序良俗对姓名权的规制，故而驳回了原告的诉讼请求。该案经最高人民法院2017年11月15日发布为指导案例89号，并在裁判要点中确立了父母选取或创设姓氏应当符合中国传统文化和伦理观念的裁判规则，对法律规定的“有不违反公序良俗的其他正当理由”进行了解释。根据原《民法通则》(2009年)第99条第1款的规定，公民有权决定自己的姓名，此处的姓名当然包括“姓”与“名”。原《婚姻法》(2001年)第22条规定子女可以随父姓也可以随母姓，为公民选取姓氏提供了两项法定选择，但是并没有规定公民选取姓氏的限制情形。为此，全国人大常委会对原《民法通则》第99条和原《婚姻法》第22条的法律适用专门作出解释，明确了公民在父姓与母姓之外选取或创设姓氏的法律适用。全国人大常委会最终确立了公民选取或者创设姓氏的行为准则，即以随父姓或母姓为原则，以不违反公序良俗的情况下在父姓与母姓之外选取其他姓氏为例外。[3] 指导案例89号

---

[1] 参见王嘉贤：《“政府信息不存在”的认定与审查》，载《行政法学研究》2021年第3期。

[2] 参见山东省济南市历下区人民法院行政判决书，(2010)历行初字第4号。

[3] 参见《全国人民代表大会常务委员会关于〈中华人民共和国民法通则〉第99条第1款、〈中华人民共和国婚姻法〉第22条的解释》。

基于法律规定与全国人大常委会对姓氏选取的专门解释，对“有不违反公序良俗的其他正当理由”进行了解释，认定仅凭个人喜好与愿望在父姓与母姓之外选取或者创设其他姓氏的行为，有违公序良俗。

2. 裁判规则的适用与评析。本案是首个因个案引起全国人大常委会作出立法解释的案件，由此可见该案对于我国姓名决定权与公序良俗原则理论以及实践的重大影响，也彰显了我国对公民人格权利的重视。全国人大常委会在立法解释中已经说明是对公民在父姓与母姓之外选取姓氏的行为进行的解释，但是最高人民法院指导性案例的裁判要点却并没有与立法解释保持一致，而是选择了“选取”或者“创设”姓氏的表达。从严格意义上讲，选取与创设姓氏是不同的法律行为，选取姓氏表现为对现有姓氏的选择，而创设姓氏则是在现有姓氏之外创造新的姓氏。从形式上看，立法解释只对在父姓与母姓之外选取姓氏的行为作了限制性要求，没有就公民创设姓氏的问题进行回应。由此可以作两中解读：第一，按照私法领域法无禁止即可为的原则，法律规定与立法解释均没有禁止公民在父姓与母姓之外创设姓氏，据此可以推定公民有该项权利；第二，在公民权利限制方面，民法也应当遵循举轻以明重的立法技术，在父姓与母姓之外选取姓氏的行为尚且因公序良俗原因受限，创设姓氏的行为自然也应受此限制，甚至比选取姓氏的限制程度更加严格。指导案例 89 号在立法解释没有明确规定创设姓氏的情况下仍然把选取姓氏与创设姓氏同时纳入规制范围，也是采用了第二种解读方式。

全国人大常委会的立法解释只解决了司法实践中关于“能不能在父姓与母姓之外选取姓氏”的争议，对于公民在父姓与母姓之外选取或创设姓氏的限制，仍然以“不得违反公序良俗”这样一个不确定的法律概念进行概括约束。对于行政机关与司法机关来说，面对纷繁复杂的姓名权登记业务与纠纷时，必须回到对公序良俗原则的解释原点。姓氏选择、公序良俗与解释法律是一整套不可分割的法律适用要素，尤其是在把握公序良俗对公民姓名决定权限制程度时，极易因某一价值因素的偏正引发对公民合法权利的倾轧。全国人大常委会与最高人民法院显然将维护中华传统文化和伦理观念作为遵循公序良俗的标准之一，这也是原则上公民应当随父姓或者母姓的原因之一。公民姓名同时具有继承家庭传承的伦理价值和便于人口管理的行政价值，事实上将“北某某依”登记为公民姓名在信息技术高度发达的当下社会并不会给人口行政管理带来额外的负担，因此在行政管理技术允许而伦理观念质疑的两难境地下，伦理观念借由公序良俗的法律外衣占据了绝对优势。

在父姓与母姓之外为子女选取姓氏，是否真的有碍公序良俗，在理论界存在不同的声音。胡建淼教授认为，“北某某依”之取名无非是个美好祝愿，还够不上有伤社会风化。[1] 刘练军教授认为，将“北某”作为自己的姓氏，无论如何都不会对公共秩序或社会公德造成某种不利或损害，更不可能严重违反法律伦理学的内在原则。姓名登记机关和法院一致反对“北某”之姓氏，且后者以公序良俗的名义，误会公序良俗可谓深矣。[2] 不可否认的是，更改姓氏在一般情况下确实会有损家族长辈之情感，而受更改姓氏最直接侵害的当属当事人之父母，其次是家族的其他成员。然而，在本案中，要求更改原告姓氏的是原告自身之父母，因此此时原告更改姓氏的行为至多只会间接侵害其家族之其他成员。[3] 在父母主动要求为子女选取父姓与母姓之外的姓氏时，对中华传统文化与伦理观念的影响究竟有多大，该影响是否足以达到成为限制公民姓名自由权这一基本自由的程度，行政执法与司法审判中都不能仅以笼统的公序良俗原则一笔带过，而应运用比例原则充分衡量各种价值后进行判断。当今乃处于瞬息万变之信息时代，与之相对应的，公序良俗中的传统观念与道德伦理的稳定性也在遭受巨大冲击。对公序良俗的解释必须以既有的、稳定的社会传统为依据，最大限度保障法治的统一。

七、行政协议案件裁判规则——行政机关对协议条款所作解释的司法适用

1. 裁判规则的内容。指导案例 76 号裁判要点载明，行政机关在职权范围内对行政协议约定的条款进行的解释，对协议双方具有法律约束力，人民法院经过审查，根据实际情况，可以作为审查行政协议的依据。在本案中，亚鹏房地产公司于 2006 年 2 月 21 日与萍乡市国土局签订了《国有土地使用权出让合同》，合同约定出让宗地的用途为商住综合用地，冷藏车间维持现状，并分别办

---

〔1〕 参见胡建淼：《取名北雁云依的风波——中国首例取名权行政诉讼案》，载微信公众号“法治咖啡屋”，https://mp.weixin.qq.com/s/rMgvM61ruD_9amQPDO7IBQ，最后访问日期：2021 年 11 月 9 日。

〔2〕 参见刘练军：《姓名登记规范研究》，载《法商研究》2017 年第 3 期。

〔3〕 参见陈锦波：《公民姓名权的行政法双重保护》，载《行政法学研究》2020 年第 5 期。

理了土地证地类（用途）为工业和商住综合两个土地使用权证。亚鹏房地产公司认为约定的“冷藏车间维持现状”是维持冷藏库的使用功能，与土地性质无关，要求将其中一证地类由“工业”更正为“商住综合”；但市国土局认为维持现状是指冷藏车间保留工业用地性质出让，且冷藏车间用地也是按照工业用地缴纳的土地出让金，故不同意进行地类变更。双方就“冷藏车间维持现状”的约定产生不同理解，因此形成行政协议纠纷。萍乡市土地收购储备中心就“冷藏车间维持现状”的解释问题曾向萍乡市规划局发函要求其作出解释，萍乡市规划局在《关于要求解释〈关于萍乡市肉类联合加工厂地块规划要求的函〉》中，明确提出涉案地块含冷藏车间在内的用地性质为商住综合用地。人民法院生效裁判认为，萍乡市规划局作为用地规划设计的权威机关，就该问题作出的答复应当被采纳。[1]

指导案例76号在该案生效裁判判决理由的基础上，将裁判要点总结为有权机关对于行政协议条款的解释可以作为裁判的依据。裁判要点并没有限制作出解释的具体行政机关。也就是说任一行政机关，无论其层级如何，只要是在职权范围内对行政协议具体条款作出的解释，都可以经人民法院审查后作为裁判的依据。照此逻辑，指导案例76号裁判要点所指的“行政机关”当然也包括涉诉的行政机关。适用指导案例76号确立的裁判规则要点在于：第一，对行政协议具体条款作出解释的只能是有职权的行政机关，职权性是有权解释的核心要素；第二，行政机关的诉讼地位不影响其依职权作出解释；第三，行政机关作出的解释必须经人民法院审查才能作为审查行政协议的依据；第四，人民法院经审查确认的解释，在司法审判中具有裁判依据的地位。

2. 裁判规则的适用与评析。尽管可以从语义表述的角度对指导案例76号确立的裁判规则进行细化，但是行政机关解释行政协议条款的法律适用规则既没有阐明行政机关所作解释的法律地位与规范依据，也没有交代人民法院审查该解释的具体标准。更为重要的是，最高人民法院指导性案例对于司法审判本身仅具有参照适用的法律效力，却通过指导性案例裁判要点将行政机关的单方解释定位为审判依据，确有越俎代庖之嫌。厘清行政机关解释行政协议条款之性质、地位、功能及适用等基本问题，是正确认识与适用指导案例76号确立的

〔1〕 参见江西省萍乡市中级人民法院行政判决书，(2014)萍行终字第10号。

裁判规则之前提,也是在此基础上进一步优化行政协议条款解释体系的必要步骤。

在民事审判中,行政机关作出的解释与决定具有既定的法律效力,这是基于行政行为的拘束力理论而产生的。即便行政机关作出的解释有时并不表现为正式的行政行为,但是出于对行政机关行政权力的尊重,民事审判中通常对此采取尊重的态度,甚至将行政机关的解释作为裁判的主要说理理由,但是将行政机关作出的解释作为裁判依据的,实为罕见。在同为指导性案例的"海南丰海粮油工业有限公司诉中国人民财产保险股份有限公司海南省分公司海上货物运输保险合同纠纷案"〔1〕中,中国人民银行对案涉保险合同条款的解释权因缺乏职权性被最高人民法院所明确否决,关于对合同条款进行解释的问题,最高人民法院明确指出:"而对于平等主体之间签订的保险合同,依法只有人民法院和仲裁机构才有权作出约束当事人的解释。"由此可见,在行政协议案件中赋予有权机关对行政协议条款作出的解释以法律效力,并非遵循民事审判尊重行政机关既有判断的思路。有学者主张行政机关对行政协议作出解释的行为是行政优益权的表现,如江必新认为行政合同中行政主体的行政性权利包括在行政合同内容不明确或存在分歧的情况下进行解释。〔2〕也有学者从行政协议解释对象具有公共性和行政性的角度分析,认为行政机关对行政协议的解释系行政优益权行为。〔3〕江必新关于行政主体解释行政协议行为属于行政性权利的论断,是置于行政合同双重属性的环境中对行政合同行政性与合同性的对比探讨。换言之,行政机关解释行政行为的行政性是对权利公私属性的分类,而与该行为在行政审判中的地位讨论无关。根据解释对象的行政性与公共性断言行政机关对行政协议条款的解释属于行政优益权行为,则完全忽略了行政机关对非行政性条款同样具有解释职权的情形,且对行政协议条款进行行政性与合同性(或民事性)的完全二分,在现实中往往争议颇多,反而增加了司法审判的负担。即便出于对行政机关解释行政协议条款这一行为偏行政性的朴素认

〔1〕 最高人民法院民事判决书,(2003)民四提字第5号。

〔2〕 参见江必新:《中国行政合同法律制度:体系、内容及其构建》,载《中外法学》2012年第6期。

〔3〕 参见郑红葛、石磊:《〈萍乡市亚鹏房地产开发有限公司诉萍乡市国土资源局不履行行政协议案〉的理解与参照——行政协议履行争议中行政机关合同解释行为的法律效力及司法审查》,载《人民司法(案例)》2018年第23期。

识，将该行为视为行政优益权的行使，也难以解答行政优益权缘何具有审判依据效力的质问。

现有的民事审判尊重行政机关判断权模式与行政优益权学说，均无法与指导案例76号确立的裁判规则中行政机关解释行政协议条款的性质完美契合，这也迫使我们不得不将关注点放到指导案例76号独特的规则逻辑。指导案例76号裁判要点指向的行政机关解释行政协议条款行为性质，与其行政协议司法审查依据的功能定位不可分割。最高人民法院对行政机关解释行政协议条款行为的法律性质避而不谈，而将重点聚焦于解释的审判依据功能，似乎也是为了适应行政协议案件审理的特殊性，在传统行政诉讼模式之外另辟蹊径，秉着解决纠纷的实际需要构建行政协议案件审查依据体系。综观该案裁判理由部分，法院自始至终在强调系争国有土地使用权出让合同的合意性与合同所应尊奉的诚实信用原则，自始至终将该合同界定为双方合意的产物，同时又在裁判要点中将规划局的解释表述为"在职权范围内对行政协议约定条款进行的解释"，并认为该解释对协议双方都具有必须服从的约束力。因此，唯有推论法院将该解释定位为民事合同理论中的强制性规定，才能与上述表达的逻辑一致。〔1〕"强制性规定"主张虽然也面临着缺乏上位法依据的窘况，但是基于指导性案例参照适用的法律效力，赋予指导性案例确认的行政机关解释以强制性规定的地位，符合该解释所具备的强制性规定特性，不失为一种思路。总而言之，不管是普通民事审判中对行政机关判断权的尊重，还是行政优益权行使行为，抑或是新颖的强制性规定行为，行政机关对行政协议条款所作解释均不具备成为司法审查依据的法律效力。这一点从本案审理法院仅把规划局的解释作为裁判理由用以辅助裁判结果的合理性与权威性这一做法，也可知一二。因此，行政机关对行政协议条款在职权范围内所作解释，经人民法院审查，可以作为裁判理由予以适用，而关于其是否具有或者在未来是否存在具有司法审查依据的法律效力的问题，目前仍然有待进一步探讨。

---

〔1〕 参见陈国栋：《行政协议审判依据的审查与适用——76号指导案例评析》，载《华东政法大学学报》2018年第3期。

八、公益诉讼案件裁判规则——认定行政机关是否履行法定职责的标准

1. 裁判规则的内容。最高人民法院在指导案例 137 号裁判要点中，将环境行政公益诉讼中审查行政机关是否履行法定职责的标准具体为：相对人的违法行为是否得到有效制止；行政机关是否充分、及时、有效采取法定监管措施；国家利益或者社会公共利益是否得到有效保护。本案人民法院生效裁判认定剑川县森林公安局在查明违法行为人擅自改变林地的事实后，仅以林业局的名义责令违法行为人限期恢复原状和罚款。该行政处罚决定虽然符合法律规定，但在行政处罚后三年多时间里没有督促违法行为人对破坏的林地恢复原状，也没有代为履行，致使林地环境遭到破坏，且未提供证据证明有相关合法、合理的事由，其行为属于怠于履行法定职责。[1] 指导案例 137 号确立的三项判断行政机关是否履行了法定职责的标准中，违法行为是否得到有效遏制与国家利益或社会公共利益是否受到有效保护均为结果基准，行政机关是否充分、及时、有效采取法定监管措施属于行为基准。虽然裁判要点中没有明确这三项标准在具体适用中应当采取单独适用还是复合适用模式，但是根据司法实践的普遍做法以及敦促行政机关全面履行行政职权的立法本意，可以断定这三个判断标准是互相独立的，即只要满足其中一项就可以据此作出判断。

2. 裁判规则的适用与评析。所谓行为基准，是指将行政机关作为义务的全面履行视为一系列连续性、动态性的生态环境监管行为或措施，行为过程中任何一个环节或阶段出现不作为或拖延情形就构成了“未全面履行作为义务”；而所谓结果基准，是指将行政机关作为义务履行的结果，包括违法行为是否停止、生态环境是否恢复等与环境公共利益相关联的效果作为判断其是否全面履行作为义务的基准。结果基准实际上不关注行政机关作出了多少行为，只关注最终结果是否“全面”实现了环境公共利益。[2] 行为基准与结果基准各自的全程性与实质性特点，决定了司法审查中对于行政机关以及负有环境监管义务的机构履行环境保护职责的严苛要求。事实上，人民法院在适用行为基准判断行政

〔1〕 参见云南省剑川县人民法院行政判决书，(2017)云 2931 行初 1 号。

〔2〕 参见王清军：《环境行政公益诉讼中行政不作为的审查基准》，载《清华法学》2020 年第 2 期。

机关是否履行了法定职责时,会在行为基准全程性要求的基础上对行政机关提出更加严格的要求。如在"吉林和龙林区检察院诉延边朝鲜族自治州林业管理局案"[1]中,即便被告不享有相应法定职权,也因其未及时督促享有法定职权的行政机关向法院申请强制执行,而被认定为怠于履行作为义务。由此可见,司法审查中对行为基准的把握相当严格。指导案例137号确立的行为基准中关于"充分、及时、有效"并列的三项模糊表述,一方面凸显了最高人民法院加强对行政机关全面履行监管职责的导向,另一方面增加了司法审查的严苛程度。对行为基准的审查尚且如此,在只看结果不问原因的结果基准审查中这一倾向则更加明显。为此,有学者主张行政不作为违法的判断标准一般包括三个方面,即行政主体有特定具体的作为义务、行政主体有无履行义务的现实可能和行政主体是否已经作为。[2] 也有学者通过对环境行政公益诉讼中行政机关不作为行为违法判决的实证研究,认为环境资源行政主管机关只要证明其在主观方面不存在不履行或怠于履行其监督管理职责的故意,在客观方面已经合法地穷尽各种行政管理措施,即使受损的环境资源在检察建议规定的时间内仍没有得到全面恢复,环境资源行政主管机关也不应被认定为存在违法不作为。[3]

第三节　行政指导性案例确立的程序性裁判规则

一、听证程序在没收较大数额财物处罚中的运用

1. 裁判规则的内容。在指导案例6号的生效判决文书中,法院认为金堂工商行政管理局在执法过程中认为黄某富等人经营的金堂县图书馆多媒体电子阅览室存在违法行为,故作出处罚决定扣押了其33台电脑主机。[4] 人民法院生效裁判中载明,虽然《行政处罚法》(1996年)第42条明确列举的听证情形中没有"没收财产",但是该条中的"等"系不完全列举,应当包括与明文列举的

---

〔1〕 参见吉林省和龙林区人民法院行政判决书,(2017)吉7502行初字第1号。

〔2〕 参见章志远:《行政法学总论》,北京大学出版社2014年版,第229~236页。

〔3〕 参见刘卫先、张帆:《环境行政公益诉讼中行政主管机关不作为违法及其裁判的实证研究》,载《苏州大学学报(法学版)》2020年第2期。

〔4〕 参见四川省成都市中级人民法院行政判决书,(2006)成行终字第228号。

"责令停产停业、吊销许可证或者执照、较大数额罚款"类似的其他对相对人权益产生较大影响的行政处罚。因此,该案中被告作出的扣押33台电脑主机的处罚决定,对当事人权益影响重大,为了保证相对人的陈述、申辩权,保障行政机关行政处罚的合法性与合理性,应当适用《行政处罚法》(1996年)第42条规定的听证程序。指导案例6号在裁判要点中重申了行政机关作出没收较大数额财产的行政处罚决定应当适用听证程序之裁判规则,将《行政处罚法》规定的听证程序适用范围扩展至没收较大数额财产的行政处罚行为。2004年9月最高人民法院对新疆维吾尔自治区高级人民法院所作的《关于没收财产是否应当进行听证及没收经营药品行为等有关法律问题的答复》对于没收较大数额财产的行政处罚听证程序,给出了明确的意见:"人民法院经审理认定,行政机关作出没收较大数额财产的行政处罚决定前,未告知当事人有权要求举行听证或者未按规定举行听证的,应当根据《行政处罚法》的有关规定,确认该行政处罚决定违反法定程序。"此处所指"应当根据《行政处罚法》的有关规定,确认该行政处罚决定违反法定程序",显然对应《行政处罚法》(1996年)第42条关于听证程序适用情形的概括性规定。最高人民法院再次以指导性案例的形式对没收较大数额财物行政处罚适用听证程序的确认,进一步彰显了其在行政处罚领域广泛适用听证程序的用意。指导案例6号人民法院生效裁判对行政处罚听证程序适用范围的解释路径,也扭转了司法实践中刻板解释《行政处罚法》第42条概括性条款的保守做派。《最高人民法院关于审理行政案件适用法律规范问题的座谈会纪要》对"等"字赋予了不完全列举之含义,进一步表示"其所概括的情形应为与列举事项类似的事项",从而设置了"类似性"标准这一界限。[1]行政处罚中听证程序的适用前提从法律明确列举标准逐渐向类似性标准转变。

2. 裁判规则的适用与评析。对于我国行政法制的发展来说,指导案例6号的贡献有二:一是将"没收较大数额财产"的行政处罚纳入听证的范围;二是间接地明确了正当程序原则对于行政行为的普遍约束力,肯定了一系列判决在这方面的尝试和努力。[2] 在此之前,除了对于法律已经明确的三类行政处罚适用

---

〔1〕 参见石肖雪:《行政处罚听证程序适用范围的发展——以法规范与案例的互动为中心》,载《华东政法大学学报》2013年第6期。

〔2〕 参见杨登峰:《指导案例6号的未竟之业》,载《法治现代化研究》2017年第3期。

听证程序不存在争议外，各地方对于《行政处罚法》（1996 年）第 42 条的理解并不完全一致，而争议的焦点就是如何理解该条款中的“等”字。《江苏省行政处罚听证程序规则（试行）》（2021 年，已废止）与《湖南省行政处罚听证程序规定》都选择了仅将《行政处罚法》（1996 年）第 42 条明确列举的三种行政处罚行为适用听证，[1]是“等内等”的典型代表。随着指导案例 6 号对行政处罚听证规则的阐明，司法实践中听证程序出现了向其他行政处罚行为蔓延适用的趋势。如限制业务范围、暂扣证照、暂停从业资格、降低资质等级等行政处罚决定，考虑到对相对人的权益影响较大，行政机关一般会在作出行政处罚决定之前告知相对人有申请听证的权利，相关的行政法规、地方性法规和部门规章对此也有规定。[2] 2021 年修订的《行政处罚法》关于听证程序的适用规定不同于之前的概括式规定模式，而是选用了明确列举加兜底性规定的方式，扩大了听证程序适用范围。尤其是“其他较重的行政处罚”和“法律、法规、规章规定的其他情形”双重兜底条款设置，一方面重申了行政处罚影响程度的实质性适用标准，另一方面也为法律、法规、规章灵活增设听证程序适用情形预留了空间。

行政听证程序是保障公民、法人和其他组织陈述、申辩权利的重要途径。尤其是对于行政处罚而言，2021 年《行政处罚法》修订顺应广大学者的呼吁赋予了听证报告作为行政处罚决定依据的地位，这意味着行政处罚听证程序将在未来起到督促行政机关依法合理行政的关键作用。行政听证制度是在作出影响行政相对人合法权益的决定前，行政机关告知决定理由和听证权利，行政相对人陈述意见、提供证据，以及行政机关听取意见、接纳证据并作出行政决定，这样一系列步骤所构成的法律制度。[3] 根据《行政处罚法》的规定，听证程序按照组织形式的规范程度分为正式听证与非正式听证，通常情况下听证指的仅

---

[1] 《江苏省行政处罚听证程序规则（试行）》第 2 条第 1 款规定：“本规则适用于本省行政区域内的行政机关和法律、法规授权的具有公共事务管理职能的组织（以下统称行政机关）拟作出的责令停产停业、吊销许可证或者执照、较大数额罚款的行政处罚。”《湖南省行政处罚听证程序规定》第 7 条规定：“行政机关作出下列重大行政处罚决定之前，应当书面告知当事人有要求举行听证的权利：（一）责令停业整顿；（二）吊销许可证或者执照；（三）对公民处罚款在 1000 元以上（含 1000 元），对法人或者其他组织处罚款在 2 万元以上（含 2 万元）。海关、多事国税、国家安全、外汇管理等部门对本部门举行听证的罚款数额另有规定的，从其规定。”

[2] 如《海关行政处罚实施条例》《徐州市建设局行政处罚程序具体规定》《中国保险监督管理委员会行政处罚程序规定》。

[3] 参见石肖雪：《行政听证程序的本质及其构成》，《苏州大学学报（法学版）》2019 年第 2 期。

仅是正式听证，即《行政处罚法》专章规定的听证程序。非正式的听证则包括行政相对人以各种非正式途径向行政处罚决定机关进行的陈述、申辩，在行政处罚法中概括规定为当事人的陈述、申辩权，并没有相应的具体程序规定。行政听证程序源于司法制度中的庭审模式，受制于庭审模式正式性、规范化的组织形式影响，非正式的行政听证程序一直被排除在听证程序的研究范围之外。学术界对于正式听证之外当事人的陈述、申辩权的关注，也往往局限于正当程序原则的内容。众所周知，随着社会大众权利意识的普遍增强以及制度层面对行政执法水平的高质量要求，行政执法方式日益多样化，既有的有限适用范围的行政听证程序，既无法满足当事人充分行使陈述、申辩权的诉求，也难以实现行政执法过程中的有效沟通。因此有学者断言，"司法型"的听证程序设置越来越无法与行政任务的复杂性相匹配。[1] 行政听证程序亟待进行程式化的转变，脱离司法型听证的桎梏，以充分保障行政执法过程中各方意思沟通为落脚点，以扩大行政听证范围为手段，以听证程序体系化、完整性为主线，重构服务于当代行政法发展的行政听证制度。

二、内部批复的可诉性判断

1. 裁判规则的内容。在指导案例 22 号"魏某高、陈某志诉来安县人民政府收回土地使用权批复案"[2] 中，安徽省来安县国土资源局没有按照法定程序作出依法收回原告土地使用权的决定，而是直接依据来安县人民政府作出的《关于同意收回永阳东路与塔山中路部分地块国有土地使用权的批复》，交由来安县土地储备中心实施土地使用权收回工作。关于来安县人民政府的行政批复是否属于行政诉讼受案范围的问题，人民法院生效裁判在判决中首先认可了行政机关内部批复一般不属于行政诉讼受案范围的基本原则，具体到该案，该批复已实际执行并外化为对外发生法律效力的具体行政行为，因此属于行政诉讼受案范围。最高人民法院将该案作为指导性案例予以发布，并在裁判要点中确立了将部分内部行政行为纳入行政诉讼受案范围的裁判规则，即内部行政行为同时满足以下条件的，属于行政诉讼受案范围：第一，行政管理部门直接将该批

〔1〕 参见石肖雪：《作为沟通过程的行政听证》，载《法学家》2018 年第 5 期。
〔2〕 参见滁州市中级人民法院行政裁定书，(2012)皖行终字第 14 号。

复付诸实施;第二,该批复对行政相对人的权利义务产生了实际影响。

2. 裁判规则的适用与评析。指导案例22号确立的内部行政行为可诉的裁判规则,在具体适用中首先面临着对内部行政行为的认定问题。行政有内外之分,此观念起源于何时已经难以考证。然而,在行政法上进一步强化这种观念的外因,可能与我国《行政诉讼法》第13条第3项的规定有关联,业内很少有人会否定这一点。〔1〕内部行政行为通常表现为两大类:一类是工作性质的,如上级对下级机关或者行政首长对其所属的机构工作人员进行的工作上的批准、命令以及指示、批复,还包括行政机关内部的工作计划、安排、制度等;而另一类是人事性质的,如对工作人员的奖惩、调动、工资福利待遇以及任免考核等方面的行政行为。〔2〕通说认为,内部行政行为原则上不属于行政诉讼受案范围,行政诉讼法关于行政机关对行政机关工作人员的奖惩、任免等决定不属于行政诉讼受案范围的规定,也被视为内部行政行为不可诉的法律依据之一。但是,内部行政行为不属于行政诉讼受案范围也有例外,即内部行政行为的外化。指导案例22号正式确立了内部行政行为外化的裁判规则。学术界对于内部行政行为外化的关注也多集中于对外化条件的研究,将外化条件作为内部行政行为外化理论的核心。〔3〕有的学者将内部行政行为外化的条件归纳为"涉权性"、"具体、确定与直接性"和"相对人知悉"三个要素,主张"外部化"的过程是否可以完成,取决于原本意义上的内部行为是否满足以上三个要素。〔4〕也有的学者侧重于内部行政行为与外部行政行为的主要差别,从相对人的角度考量,主张行政机关的内部行为因为没有行政相对人的权利因素,不属于传统行政法调整的范围。但是,在内部行为涉及行政相对人的权利因素时,则产生了效力外部化的现象。〔5〕除此之外,着眼于纷繁复杂的"外部化"实践应用活动而试图为内部行政行为外部化探索出规范的认定路径之努力,也是内部行政行为外部化理

---

〔1〕参见章剑生:《行政机关上下级之间层级监督行为的可诉性——崔永超诉山东省济南市人民政府不履行法定职责案评析》,载《政治与法律》2017年第12期。

〔2〕参见胡美静:《内部行政行为的可诉性分析》,中国政法大学2010年硕士学位论文。

〔3〕参见熊勇先、苗玉霖:《司法视域下内部行政行为的外化条件》,载《法律适用》2021年第8期。

〔4〕参见刘飞、谭达宗:《内部行为的外部化及其判断标准》,载《行政法学研究》2017年第2期。

〔5〕参见章剑生:《现代行政法总论》(第2版),法律出版社2019年版,第137页。

论研究的重点。[1]

扩大行政诉讼受案范围，一直以来都是行政诉讼制度发展的重要目标，也是实现行政诉讼解决行政争议、维护当事人合法权益以及督促行政机关依法行政之立法宗旨之必要途径。因此，指导案例 22 号确立的内部行政行为有条件地纳入行政诉讼受案范围之裁判规则，在制度上突破了内部行政行为不可诉的限制，也平息了长期以来司法实践中存在的争议，具有值得肯定的积极意义。现行的行政诉讼制度是以行政行为为中心展开的，与之相应的学术研究也是围绕行政行为进行的。行政行为的分类涉及哪些行政行为可以被纳入行政诉讼受案范围，这是行政诉讼的第一步。在行政诉讼受案范围的问题上，尽管行政诉讼法经历了从具体行政行为到行政行为的转变，又引入了行政协议纠纷，使行政诉讼受案范围不断扩大。但是行政行为仍然居于行政诉讼受案范围的核心地位，构筑起行政诉讼受案范围的围墙，起到了阻隔大量行政纠纷涌入行政诉讼的关键作用。指导案例 22 号虽然一定意义上将行政诉讼受案范围拓宽至内部行政行为领域，但是最高人民法院在裁判要点中首先认可了行政行为内外划分的正当性，在此基础上明确了内部行政行为不属于行政诉讼受案范围的一般原则，而内部行政行为外化也仅仅是作为一种例外情形被纳入行政诉讼受案范围。

反观指导案例 22 号归纳的内部行政行为外化的两项判断标准，行政管理部门是否直接将该批复付诸实施的认定往往受限于行政机关复杂的内部工作机制而难以作出确切判断。现代国家的基本组织形式是“科层组织”（bureaucracy），其基本特点表现为权力关系明确、等级层次有序的组织结构，通过专业化人员（公务员）和正式的规章制度来落实自上而下的政策指令，以提高决策和执行的效率。[2] 行政机关之间也存在上下级之间的领导与被领导或者监督与被监督的隶属关系。行政机关、行政机关内部已经形成了严格的层级关系与工作机制，这也是内部行政行为运行的土壤。上级行政机关或者本机关行政负责人作出的批示、批复等内部行政行为，基本上都会被付诸实施，而在付诸实施过程

〔1〕 参见李永超：《揭穿内部行政行为之面纱——基于司法实践中“外化”之表达的一种解释框架》，载《行政法学研究》2012 年第 4 期。

〔2〕 参见王学辉：《行政批示的行为法意蕴》，载《行政法学研究》2018 年第 3 期。

中是否存在直接实施的情形也绝非依据实施主体是否重新作出新的行政行为可以简单判断的。是否对行政相对人的权利义务产生了实际影响则又回到了行政诉讼法关于行政诉讼受案范围的概括性规定的原点，实难起到解释法律规定的指导作用。

三、程序性行政行为的可诉性判断

1. 裁判规则的内容。在指导案例 69 号“王某德诉乐山市人力资源和社会保障局工伤认定案”〔1〕中，王某兵因交通事故死亡后，由于王某兵驾驶摩托车倒地翻覆的原因无法查实，四川省峨眉山市公安局交警大队在作出的《道路交通事故证明》中，仅对本次事故的基本事实情况进行了描述，而未划分事故责任。2013 年 4 月 10 日，王某兵所在公司四川嘉宝峨眉山分公司向乐山市人力资源和社会保障局申请工伤认定。乐山市人力资源和社会保障局以道路交通主管部门并未对事故责任进行认定为由，作出《工伤认定时限中止通知书》，并送达王某兵之子王某德。而后王某德向乐山市人力资源和社会保障局申请恢复工伤认定，因乐山市人力资源和社会保障局并未恢复工伤认定程序，王某德向人民法院提起行政诉讼，请求撤销《工伤认定时限中止通知书》。人民法院经审查认为，该中止通知书属于工伤认定程序中的程序性行政行为，如果该行为不涉及终局性问题，对相对人的权利义务没有实质影响的，属于不成熟的行政行为，不具有可诉性。但如果该程序性行政行为具有终局性，对相对人权利义务产生实质影响，并且无法通过提起针对相关的实体性行政行为的诉讼获得救济的，则属于可诉行政行为。最高人民法院将本案作为指导案例 69 号予以发布，在裁判要点中确立了程序性行政行为附条件可诉的裁判规则，即程序性行政行为对当事人的权利义务产生明显的实际影响，且无法通过提起针对相关的实体性行政行为的诉讼获得救济的，可以就该程序性行政行为提起诉讼。

2. 裁判规则的适用与评析。行政行为具有过程性，行政行为的过程性，是指行政行为不是静止的事物，而是一个不断发展的动态过程。它包括两方面的含义：首先，任何一个特定的行政行为都是包含若干发展阶段的动态过程；其次，为履行某项行政管理职权而实施的一系列行政行为，形成一个前后承接的

---

〔1〕 四川省乐山市市中区人民法院行政判决书，(2013)乐中行初字第 36 号。

动态过程。[1] 程序性行政行为,是指在采取某种实质性行政行为之前,履行必要程序的行为。这种行为虽不对行政相对人权利和义务直接作出处理决定,但是它与实体性行政行为存在必然的联系,是实体性行政行为作出前必须履行的工作步骤和方法。[2] 与内部行政行为不同的是,程序性行政行为面向的是行政相对人,通常情况下已经对行政相对人的权利义务产生了一定的实际影响。只是囿于行政机关工作程序的限制,程序性行政行为对行政相对人权利义务的影响在形式上与法律效果上并非最终性的、确定性的。因此,程序性行政行为一般不属于行政诉讼受案范围。正是由于内部行政行为与程序性行政行为分别具备不对当事人权利义务产生实际影响与对当事人权利义务产生影响但并非最终性实际影响的特征,最高人民法院在指导案例 22 号与指导案例 69 号中确立内部行政行为与程序性行政行为附条件可诉的裁判规则时,就分别以是否对当事人权利义务产生实际影响与是否对当事人权利义务产生最终性实际影响两个方面作为判断标准。内部行政行为只有在对当事人权利义务产生实际影响的情况下,才能达到外部化程度,进而归为行政诉讼受案范围。程序性行政行为本身即会对当事人权利义务产生一定的暂时性影响,所以当这种程序性行政行为因后续行政行为没有实质性跟进时,就产生了终局性影响,因而具有可诉性。这也是指导案例 69 号裁判要点中"无法通过提起针对相关的实体性行政行为的诉讼获得救济"之意。

程序性行政行为缘何不属于行政诉讼受案范围,是个备受争议的学术问题,同时也是司法实践中一直未能形成统一标准的难题。美国通过判例法逐步确定了行政成熟性原则,成熟性原则指行政行为必须发展到一定的阶段,即已经达到成熟的程度,才允许进行司法审查。[3] 成熟性原则是为避免行政权与司法权冲突而形成的权力运行原则。根据成熟性原则的内容,当行政行为尚属于不成熟的发展阶段时,司法权不应过早介入以避免对行政权造成干预,影响行政权的正常行使。换言之,只有当行政行为已经成熟,司法介入才不致引起与行政权的冲突。美国的成熟性原则理论在判例中不断产生新的变化并经受了

---

〔1〕 参见朱维究、胡卫列:《行政行为过程性论纲》,载《中国法学》1998 年第 4 期。

〔2〕 参见苏琪越:《程序性行政行为的可诉性要件探讨——基于对最高法院第 69 号指导案例的评析》,载《哈尔滨学院学报》2020 年第 1 期。

〔3〕 参见王名扬:《王名扬全集:美国行政法》,北京大学出版社 2016 年版,第 479 页。

司法实践的挑战。在1967年艾博特案的判决中,最高法院一改以往仅以行政机关是否作出实质性行政决定为成熟性判断标准的做法,引入了对争议问题是否适宜于司法裁判以及推迟法院审查对当事人造成的困难这一因素,进而对行政行为的成熟性进行了审查。这一案件的判决意味着,法院一方面仍然在坚持而并未试图放弃成熟性原则,另一方面却采取了更倾向于为相对人提供权利救济机会的态度,即放宽了"成熟"的标准。[1] 成熟性原则因暗含了行政诉讼中司法权对行政权的适当尊重而被广泛应用于证成行政诉讼制度设计的合理性,行政诉讼受案范围就是受成熟性原则影响最大的内容。需要强调的是,源于美国判例法的成熟性原则并非放之四海皆准的法律原则。完善我国行政诉讼受案范围体系的指导理论,仍应当立足于我国行政诉讼制度的特殊性。在行政诉讼立法宗旨已经从监督行政机关依法行政的权力运行角度向解决行政争议的司法功能角度转移后,行政诉讼应当多关注纠纷产生原因,而少考量行政权力运行规则。一方面,对行政行为全过程的法律监管已经逐渐引起学术界关注。有学者呼吁现代行政法学应当从行政过程论的观点出发,对现实行政过程进行全面、动态的考察,分析其阶段性的法律构造。[2] 加强行政权力运行的全过程、全方位法律监督,已经势在必行。另一方面,在行政行为全面纳入法律规制的前提下,以纠纷产生原因为切入点构建行政诉讼受案范围体系,并不会产生司法权过度干预行政权的隐忧,也有利于及时止损,将行政纠纷解决在源头。因此,指导案例69号虽然放宽了程序性行政行为进入行政诉讼受案范围的渠道,但是扩大行政诉讼受案范围,最大限度解决行政争议的行政诉讼目的之实现,仍然任重而道远,有待各界作出更多努力。

四、高等学校处理决定应当遵循法定程序

1. 裁判规则的内容。指导案例38号裁判要点第三项指出:"高等学校对因违反校规、校纪的受教育者作出影响其基本权利的决定时,应当允许其申辩并在决定作出后及时送达,否则视为违反法定程序。"本案中,田某在电磁学课程

[1] 参见蔡乐渭:《行政诉讼中的成熟性原则研究》,载《西南政法大学学报》2005年第5期。

[2] 参见江利红:《行政过程的阶段性法律构造分析——从行政过程论的视角出发》,载《政治与法律》2013年第1期。

的补考过程中,因随身携带写有电磁学公式的纸条被监考老师发现,监考老师当即停止了田某的考试。北京科技大学据此于 1996 年 3 月 5 日认定田某的行为属作弊行为,并作出退学处理决定。同年 4 月 10 日,被告填发了学籍变动通知,但退学处理决定和变更学籍的通知未直接向田某宣布、送达,也未给田某办理退学手续,田某继续以该校大学生的身份参加正常学习及学校组织的活动。1998 年 6 月,田某所在院系向北京科技大学报送田某所在班级授予学士学位名单时,学校有关部门以田某已按退学处理、不具备北京科技大学学籍为由,拒绝为其颁发毕业证书。本案生效裁判的判决理由认定,退学处理决定涉及原告的受教育权,为充分保障当事人权益,从正当程序原则出发,被告应将此决定向当事人送达、宣布,允许当事人提出申辩意见。[1] 人民法院生效裁判中并没有明确北京科技大学作出退学处理决定未履行送达、听取当事人申辩的行为具体违反了哪一项法律规定,只是从正当性程序原则出发,认定北京科技大学的处理决定违反正当程序。最高人民法院在指导案例 38 号的裁判要点中,将北京科技大学未履行正当程序而作出处理决定的行为,延伸为违反法定程序的行为,并确立了高校作出影响当事人基本权利的决定应当遵循正当程序,否则即构成违反法定程序的裁判规则。

2. 裁判规则的适用与评析。关于正当程序与法定程序的区别与联系,本案并没有涉及。最高人民法院在指导案例 38 号中将原来生效裁判的正当程序引申为法定程序,却并没有对二者的关系作出明确解释,而将高校违反正当程序的行为直接归为违反法定程序的违法情形,难免会造成司法实践对正当程序与法定程序的混淆与误用。尤其是在高等学校、行政管理与司法审查这一复杂的交叉地带,指导案例 38 号的裁判规则显得更加语焉不详,难以具体适用。虽然裁判要点并不必然与具体案例的裁判理由保持完全一致,但是在法律概念的使用以及法律逻辑的推理方面,二者应当尽量减少误差,避免类案难以适用的情况出现。指导案例 38 号将原来生效裁判中影响当事人受教育权的决定推演为影响当事人基本权利的决定,是从具体到一般的法律概念归纳总结。然而将原来生效裁判中的违反正当程序推演为违反法定程序,蕴含了"违反正当程序即违反法定程序"的潜在含义,其合理性值得进一步考究。

---

〔1〕 参见北京市第一中级人民法院行政判决书,(1999)一中行终字第 73 号。

从广义上而言，“正当程序”一词不局限于法定程序，后者仅指通过法律规范确认的行政程序。狭义上的正当程序概念则意图弥补法定程序的局限，在法定程序存在空白或模糊的情形下通过学理或司法对之进行扩充。[1] 在中国的权力结构下，正当程序概念的发展并不意味着法院在行政诉讼中可以自动地适用该原则判决。对于《行政诉讼法》规定的“违反法定程序”这一司法审查标准，主流观点认为，违反法定程序就是违反法律、法规或者规章明文规定的程序，凡是不违背上述制定法明文规定的，就属于行政机关的自由裁量范围，不属于违反法定程序。[2] 而在指导案例 38 号中，最高人民法院将违反正当程序的行为引申为《行政诉讼法》规定的违反法定程序的违法情形，这一做法显示了中国法院在局促空间里维护正义、发展法律的积极姿态和能动立场，也展示了一种超越制定的正当程序原则已经在中国司法实践中晨光初现。[3] 在“于某茹诉北京大学信息公开纠纷案”中，法院在裁判论证中以北京大学违反正当程序原则为由认定“北京大学作出的被诉《撤销决定》违反法定程序”，实际上是将法定程序作为正当程序的下位概念，否则就不可能得出“违反法定程序”的结论。[4] 由此可见，指导案例 38 号对于正当程序与法定程序的“误用”，凸显了最高人民法院的智慧：其一，引入正当程序原则加强对高等学校管理行为的法律规制，利用正当程序原则在高等学校与司法实践中的普遍接受度，从程序管制方面降低高等学校对受教育者基本权利的不当减损。其二，实现了正当程序到法定程序的衔接。虽然行政诉讼法与相关司法解释均没有关于违反正当程序的规定，但是尤其在涉及当事人基本权利的行政管理行为中，正当程序应当得到充分的保障，这是朴素的公平正义观念之直接体现。违反正当程序的行为只有与行政诉讼法中违反法定程序的规定相联结，才能实现其价值，在高等学校管理领域等法律规制相对缺失的地带发挥出正当程序应有的价值。

五、举报人的原告资格认定

1. 裁判规则的内容。在指导案例 77 号“罗某荣诉吉安市物价局物价行政

---

〔1〕 参见伏创宇：《高校行政案件中正当程序适用的困境与基础重述》，载《求索》2020 年第 4 期。

〔2〕 参见何海波：《司法判决中的正当程序原则》，载《法学研究》2009 年第 1 期。

〔3〕 参见何海波：《行政诉讼法》（第 2 版），法律出版社 2016 年版，第 340 页。

〔4〕 参见姚金菊：《法院的智慧：实体的有所不为与程序的有所必为》，载《中国应用法学》2018 年第 4 期。

处理案”[1]中，罗某荣认为吉安电信公司收取其首次办理手机号码卡费的行为违反了《集成电路卡应用和收费管理办法》，因此向吉安市物价局举报，要求吉安市物价局查处该行为。吉安市物价局于2012年7月3日作出的《关于对罗某荣2012年5月28日〈申诉书〉办理情况的答复》，答复内容主要是对该事件的实施调查结果，即根据江西省通信管理局和江西省发展和改革委员会联合下发的《关于江西电信全业务套餐资费优化方案的批复》规定，UIM卡收费上限标准：入网50元/张，补卡、换卡：30元/张。罗某荣不满该答复，认为该答复并没有对其举报的事项作出处理，故而成讼。该案生效裁判判决理由因罗某荣系基于举报事项侵害其自身权益而进行举报，故而认定罗某荣与举报处理行为具有法律上的利害关系，具有行政诉讼原告主体资格。最高人民法院在指导案例77号的裁判要点中肯定了举报人的原告资格，但是仅限于举报人就其自身合法权益受侵害向行政机关进行举报的情形，只有此种情形举报人才与行政机关的举报处理行为具有法律上的利害关系，从而具有原告资格。也就是说，当举报人非基于自身权益受损而仅仅单纯作为与被举报行为无关的第三人向行政机关举报的，此时举报人与行政机关的举报处理行为就不存在利害关系，举报人不服行政机关的举报处理行为而提起行政诉讼的当然不具备原告资格。

2.裁判规则的适用与评析。适用指导案例77号确立的举报人原告资格裁判规则的关键，在于对举报人是否因被举报行为而权益受损的事实判断。因举报人与被举报行为之间具备法律上的利害关系，这种利害关系可以延续到举报人与行政机关的举报处理行为之间。这种裁判思路是在司法实践中随着举报人与举报处理机关之间的行政争议不断增加而形成的宝贵经验，举报人的原告资格问题在个案的发展中也逐渐清晰。在最高人民法院1996年的公报案例“汤某诉当涂县劳动局不履行保护人身权、财产权法定职责案”[2]中，生效裁判的判决理由与指导案例77号的裁判规则如出一辙，即原告汤某认为建材公司违反劳动法律、法规，侵害了自己的合法权益，写信要求查处，是行使公民的正当权利，是人民法院支持汤某原告资格的关键支撑。在“启东市天外天饮用水

[1] 参见江西省吉安市吉州区人民法院行政判决书，(2012)吉行初字第13号。
[2] 参见《最高人民法院公报》1996年第4期。

有限公司诉南通市工商局不履行法定职责案”[1]中,原告所举报的违法行为并未侵害其自身合法权益,原告之所以举报是“为了维护公共利益”,而不是为了保护其自身合法权益,人民法院因此认定其不具有原告资格。至此,举报人的原告资格判断标准在司法实践中已经十分明晰。指导案例 77 号正式确立了以被举报行为是否侵害举报人权益为标准的举报人原告资格裁判规则,但是,其号并没有正面回应举报人与行政机关举报处理行为之间利害关系应当如何判定,而是通过这种利害关系的转介继承,作出了利害关系的认定。当然,学术界也不乏对指导案例 77 号举报人原告资格裁判规则的批判。

在“刘某明与张家港市人民政府行政复议案”[2]中,最高人民法院结合具体案例对主观公权利进行了首次明确的阐述:只有主观公权利,即公法领域权利和利益,受到行政行为影响,存在受到损害的可能性的当事人,才与行政行为具有法律上的利害关系,才形成了行政法上的权利义务关系,才具有原告主体资格(原告适格),才有资格提起行政诉讼。在保护规范理论下,举报权与诉权是两个不同性质的法律权利,不能一概而论。在指导案例 77 号赋予举报人原告资格引发的司法追捧热潮过后,越来越多的学者开始冷静思考这种以最大限度保护当事人合法权益为名宽泛认定原告资格标准的合法性与合理性。随着对主观公权利理论与保护规范理论研究的逐步深入,有学者建议在原告资格的认定上,应当遵循“主观公权利—权益受侵害的可能性—权益保护的必要性”的三层次构造,进而恪守我国个人权利诉讼的基本定位,避免司法权在公法保护义务的判断上形成对立法权的僭越,建构权益受侵害认定的类型化,维护行政诉讼与其他救济机制的必要分工。[3] 这些优秀的学术研究成果不失为弥补司法实践中原告资格认定标准空白与矫正过于紧缩或宽松之认定模式的理论指引。

第四节 行政指导性案例确立裁判规则之反思

案例指导制度实施以来,行政指导性案例确立的一系列裁判规则在指引行

---

〔1〕 参见南通市中级人民法院行政判决书,(2006)通中行终字第 16 号。

〔2〕 参见最高人民法院行政裁定书,(2017)最高法行申 169 号。

〔3〕 参见伏创宇:《行政举报案件中原告资格认定的构造》,载《中国法学》2019 年第 5 期。

政诉讼审判活动、规范行政机关执法行为方面发挥了重要作用。但是,由于成文法传统根深蒂固的影响,案例指导制度的理论研究与实践应用基础都很薄弱,指导性案例确立的裁判规则的规范性与权威性受到诸多质疑。相比民事指导性案例与刑事指导性案例中的裁判规则,行政指导性案例在确立裁判规则的过程中需要进行更多的利益衡量。同样地,行政指导性案例确立的裁判规则在司法审判与行政执法活动中的应用,也因公益与私益、公平与效率等复杂的利益衡量要素而呈现捉襟见肘的窘况。为此,欲实现行政指导性案例对司法实践与行政执法的指导意义,必须通过比较行政指导性案例确立的裁判规则制度蓝图与实践应用的巨大落差,研究行政指导性案例确立的裁判规则与民事、刑事指导性案例确立的裁判规则的明显不同,发现行政指导性案例确立的裁判规则与行政法律体系的重大漏洞,以反思行政指导性案例确立的裁判规则之不足,从而进行制度调整与完善。

一、扩大案例覆盖范围,整合裁判规则的系统性

截至 2021 年 9 月 18 日,最高人民法院共发布了 28 批总计 162 例指导性案例。其中,行政指导性案例共 27 例,包括第 91 号行政机关强拆违法赔偿案件和第 113、114、162 号 3 例知识产权类案件。在数量上,行政指导性案例占所有指导性案例的比例约为 17%,与民事指导性案例和刑事指导性案例相比,行政指导性案例数量明显偏少。更何况,第 113、114、162 号 3 例知识产权类的指导性案例虽然由行政审判庭审理,但是从这 3 例指导性案例的基本事实与裁判要点来看,其所确立的裁判规则涉及商标权的认定、保护等民事法律关系,并不涉及实质性的行政法律关系。

通过全面梳理行政指导性案例确立的裁判规则可以发现,现有的行政指导性案例裁判规则主要集中于行政处罚、行政许可、行政确认的实体性裁判规则与受案范围、原告资格的程序性裁判规则。而有关行政协议、环境行政公益诉讼、政府信息公开案件的裁判规则,相对零散且数量较少。即便是传统的行政处罚、行政许可、行政确认案件的裁判规则,也并没有达到类型案件的全覆盖,难以满足司法实践的需求。以裁判规则“大户”行政处罚类裁判规则为例,涉及行政处罚的指导性案例共计 6 例,分别是指导案例 5、6、60、90、138、139 号。这 6 例指导性案例确立的裁判规则涵盖行政处罚的设定、没收较大数额财产处罚

的听证程序、食品外包装的行政处罚、不礼让行人的行政处罚、废水排放的行政处罚、固体废物行政处罚的法律适用。在行政处罚领域方面,现有的6例指导性案例仅仅关注了食品安全、道路安全和环境保护三个领域的个别方面,主要集中于传统的行政管理行为,新兴的公共卫生治理、个人信息保护、社会应急管理等领域的案件均是空白。在行政处罚程序方面,只有对没收较大数额财产行为适用行政听证程序的裁判规则,缺乏对简易程序、法制审核、减轻或加重处罚等常见的程序问题的裁判规则。而与民事指导性案例和刑事指导性案例相比,行政指导性案例缺乏整体上的体系化设计,即便是在行政处罚、行政许可等具体的行政行为框架下,也没有形成完整而全面的裁判规则体系。

鉴于行政指导性案例裁判规则数量与范围上的不足,加大对行政指导性案例的关注已经势在必行。与此同时,行政指导性案例裁判规则体系化缺失的不足同样也应得到重视。如果一味追求行政指导性案例的数量而置裁判规则体系化构建于不顾,无异于对行政指导性案例现有状况的机械重复,甚至会造成以后的清理负担。因此,增加行政指导性案例的数量,扩大行政指导性案例对行政案件类型与行政法律规范的覆盖范围,与构建行政指导性案例裁判规则的体系化工程,必须是同步进行的。这就要求首先要增加最高人民法院发布指导性案例的总体数量,在此基础上注重提高行政指导性案例的比重。民事案件、行政案件与刑事案件的案件数量以及人民法院审理各类案件的工作难度,决定了司法实践对不同类型指导性案例的需求量。最高人民法院应当以司法实践中对不同类型指导性案例的需求为基础,决定不同类别指导性案例的数量。而指导性案例裁判规则的体系化构建,必须依赖于事先的规划,即在发布行政指导性案例之前,应当制定发布计划,列明需要通过发布指导性案例确立的裁判规则方向,有针对性地遴选符合规划要求的指导性案例。

二、优化案例遴选标准,保障裁判规则的合理性

随着法治建设的不断深入,司法实践中涌现出了大量优质案例。但是,并非所有的优质案例都能成为指导性案例。根据《案例指导工作规定》第2条的规定,只有符合以下条件的案例才能成为指导性案例:(1)社会广泛关注的;(2)法律规定比较原则的;(3)具有典型性的;(4)疑难复杂或者新类型的;(5)其他具有指导作用的案例。紧接着该条款的是关于最高人民法院设立案例

指导工作办公室负责指导性案例的遴选、审查和报审工作的条款。由此可见，《案例指导工作规定》第2条即为指导性案例的遴选标准。指导性案例遴选标准的合理性直接影响其所确立的裁判规则的合理性，因此，对现有遴选标准的考察与总结，是探讨指导性案例确立之裁判规则的合理性所必经的步骤。

就整体而言，首先，《案例指导工作规定》第2条所确立的指导性案例遴选标准，除第4项“疑难复杂或者新类型的”外，其他四项都是聚焦于案例的社会效果而设定的。过度强调案例的社会效果而忽视案例本身所确立之裁判规则的合法性与合理性，往往会消减指导性案例在应用中持久稳定的指导性。一件指导性案例缺失其本身的合法性与合理性内核，一旦因社会的高速发展而丧失了社会影响效果，就会与普通案例无异。其次，指导性案例的遴选标准与具备指导意义的其他类别案件的遴选标准相混淆。在指导性案例之外，我国具备指导性意义的案例还包括公报案例、典型案例等。毫无疑问，案例指导制度确立以来，指导性案例在所有具备指导意义的案例中应当居于最高级别。与之相对应，指导性案例的遴选标准自然也应当区别于其他具备指导性意义的案例遴选标准。但是仅从形式上看，指导性案例的五项遴选标准同样可以适用于公报案例或者典型案例。最后，现有的指导性案例遴选标准在实际操作中具有明显的局限性。“社会广泛关注的”与“具有典型性的”在范围上容易重合，通常情况下社会广泛关注的案件都是比较典型的案件。而“疑难复杂或者新类型的”案件大多是“法律规定比较原则”所致。因此，现有的指导性案例五项遴选标准在内部构成上并不严谨，缺乏一定的逻辑性，这就容易造成各项遴选标准重合或混淆。与刑事案件是否符合“社会广泛关注”等遴选标准的判定相比较，民事指导性案例与行政指导性案例因所涉权利义务关系贴近公众日常生活而鲜有“社会广泛关注”之效果，所以“社会广泛关注”之标准在民事指导性案例与行政指导性案例的遴选中很难认定。以现行遴选标准作为指引，可以遴选出大量符合要求的案例。从这一点来看，现行的遴选标准在“遴选”意义方面的作用也是明显不足的。

通过对指导性案例确立之裁判规则的分析可以发现，在以社会效果为导向的遴选标准指引下，裁判规则普遍呈现强烈的社会价值观宣示意义，而忽略了裁判规则最本质的解释法律特征。因此，对现有指导性案例遴选标准的优化，必须以明确指导性案例解释法律功能为前提，围绕解释法律的客观需求，在法律规定模糊、法律规定相冲突、缺少法律规定等方面优化现有的遴选标准。

三、构建质量评价机制，增强裁判规则的实用性

指导性案例确立的裁判规则质量是评价指导性案例优劣的标尺，主要体现为指导性案例以及指导性案例确立的裁判规则在司法实践中参照适用的价值。裁判规则是指导性案例的核心，裁判规则的质量直接决定了指导性案例是否能够有效适用，也是关系指导性案例制度实施的重要因素。法律并非一成不变的。同样，指导性案例确立的裁判规则也需要随着时间推移而进行调整。建立指导性案例优胜劣汰的质量控制机制是保证指导性案例生命力的必要之举。根据指导性案例统一法律适用的功能定位，可以将评判指导性案例确立的裁判规则质量标准归纳为以下两个方面：指导性案例确立的裁判规则是否与立法宗旨和法律规定相一致；指导性案例确立的裁判规则是否在司法实践中得到有效应用。为了保持指导性案例持续性的高质量状态，在已经明确了指导性案例质量评价标准的前提下，还应建立起指导性案例遴选机制、指导性案例适用评价机制和指导性案例淘汰机制一系列全过程质量控制机制。

现行的指导性案例制度并没有设置指导性案例质量控制机制。虽然最高人民法院在遴选指导性案例的过程中会对指导性案例本身以及裁判要点的质量进行把控，但是在缺乏质量控制机制的情况下，这种质量把控完全依靠指导性案例遴选负责人员的主观裁决，不能保证质量把控行为的规范性。指导性案例确立的裁判规则与立法宗旨和法律规定相一致，并不意味着裁判规则必须要机械重复法律规定。除非基于国家政策影响而对某项法律规定所作的强调性解释，否则对法律规定的保守解释难以达到指导性案例指导司法实践的制度要求。而超出法律的界限，能动性地创设裁判规则甚至设立与法律规定相冲突的裁判规则，必将因合法性不足而导致指导性案例走向被虚置的结局。纵观目前指导性案例所确立的裁判规则，部分是对法律规定的语义解释，如指导案例5号确立的地方性法律不得违反上位法规定设定行政许可的裁判规则；部分是因行政政策导向作用强大而忽视了与法律规定保持统一性的法律裁判规则，如指导案例21号关于防空地下室易地建设费征收适用国家优惠政策免于征缴的裁判规则，偏重对人防工程建设的保护而忽略了《人民防空法》等法律规定的规范意义解读。

《案例指导工作规定》第2条对指导性案例的条件作出了具体的要求，即“（一）社会广泛关注的；（二）法律规定比较原则的；（三）具有典型性的；（四）疑难复杂或者新类型的；（五）其他具有指导作用的案例”。该条款所列的五项要求是目前指导性案例仅有的有章可循的规范依据，但是从内容上看，这五项要求并不涉及指导性案例合法性或实用性的质量评价。从形式上看，除这五项条件之外，也没有与之相应的遴选配套规定来保证指导性案例符合以上五项要求。因此，建议制定指导性案例遴选的工作细则，在已有的五项要求之基础上明确指导性案例遴选的质量标准，如裁判理由、裁判要点不得与现行法律规定不一致；没有明确法律规定而需要指导性案例确立的裁判规则填补法律漏洞的，裁判规则不得与法律原则及政策导向不一致。具体实施方面，可以要求指导性案例报送单位或个人在编写报送指导性案例体例时增加“法律冲突意见”板块，专门审查所报送的指导性案例（尤其是指导性案例确立的裁判规则）的合法性。把住指导性案例遴选的质量关只是控制指导性案例质量的第一步。在指导性案例发布以后，随着法律规定的修改以及行政政策的调整，指导性案例确立的裁判规则极有可能因不符合现行规定被束之高阁，或者在具体适用中因发现其发布时隐藏的适用障碍而难以发挥指导司法实践和行政执法的作用。这就需要构建一套完整而系统的指导性案例实施评价机制，对指导性案例的实施情况进行实时追踪评价。鉴于行政指导性案例同时具备指导司法实践与行政执法双重功能的特殊性，行政指导性案例的实施评价机制宜采取人民法院与行政机关共同参与的双评价主体模式，以求真正实现行政机关与人民法院的良效互动。有评价机制就必须配备淘汰机制。对于经实施评价不合格的指导性案例，应当由最高人民法院及时淘汰，避免干扰法治统一，也能为更多指导性案例的遴选腾出空间。为了配合我国《民法典》实施，最高人民法院展开了对司法解释和指导性案例的清理工作。其中，《最高人民法院关于部分指导性案例不再参照的通知》（法〔2020〕343号）是清理指导性案例的第一个正式文件。[1]民事领域已经打开了指导性案例淘汰机制的大门，向建立规范的指导性案例淘汰机制迈出了第一步。

---

〔1〕 参见孙光宁：《清理指导性案例的失范与规范——基于法〔2020〕343号通知的分析与反思》，载《政治与法律》2021年第6期。

四、明确类案认定标准，提高裁判规则的适用率

类案认定是应用指导性案例的第一步。然而，类案认定的制度构建与司法实践并不尽如人意。指导性案例的遴选标准虽然有待优化，但是现有的遴选标准仍然具有一定的指引作用，使指导性案例的遴选工作有章可循。反观指导性案例的类案认定，在制度性规定方面并没有切实可行的操作指引。最高人民法院于2020年7月21日发布《类案检索意见》以来，以类案检索制度为约束形式，指导性案例类案参照适用的效力得以进一步保障。在类案参照适用指导性案例确立的裁判规则已经成为一项制度性要求的前提下，指导性案例的应用率依然不理想，问题的关键还是类案认定标准缺位致使类案参照适用难以具体落实。

根据最高人民法院规定，指导性案例的体例分为标题、关键词、裁判要点、相关法条、基本案情、裁判结果以及裁判理由七个部分。从《实施细则》第9条规定的"基本案情和法律适用"认定模式到类案检索规定中的"基本事实、争议焦点、法律适用问题等"综合认定模式，不难发现，目前类案认定的标准受限于指导性案例确立的七部分体例划分，聚焦于对各体例或部分体例与待裁判案件是否存在相似性的判断。理论界对类案的认定标准之讨论则超越了案例体例结构的限制，更加关注指导性案例与待裁决案件本质上的相似性。具有代表性的观点包括"法律性质说"，即明确案件事实的法律特性，判断两个案件事实是否具有同样的法律性质〔1〕；"主要问题说"，即梳理案件事实、当事人争议以及需要法院判断的主要问题〔2〕；"争议说"，即要结合关键事实、法律关系、案件的争议点、争议法律问题进行判断〔3〕；还有以判决理由及实质事实为争议主要体现方式为由，主张在争议问题类似的前提下，关键是把握先例的裁判理由与实质事实〔4〕。不同于民事案件与刑事案件以法律关系和犯罪类别为中心的案件审理逻辑，行政案件多以行政行为为中心而展开。因此，在构建行政指导性案

〔1〕 参见张志铭：《中国法院案例指导制度价值功能之认知》，载《学习与探索》2012年第3期。

〔2〕 参见刘作翔、徐景和：《案例指导制度中的案例适用问题》，载《湘潭大学学报（哲学社会科学版）》2008年第2期。

〔3〕 参见王利明：《我国案例指导制度若干问题研究》，载《法学》2012年第1期。

〔4〕 参见张骐：《论类似案件的判断》，载《中外法学》2014年第2期。

例类案认定标准时，不仅应遵循类案认定的一般标准，还要立足于行政案件的特殊性，体现出行政案件对行政行为合法性全面审查的基本原则。以指导性案例体例结构为比较点的类案认定标准显然忽视了案例作为一个法律适用整体结果的本质，人为割裂了裁判规则贯穿于案例的整体性。在实际操作层面，待裁决案件并没有如指导性案例一样完整而规范的体例结构，以不同体例之相似性去判断类案不仅增加了法官对待裁决案件划分体例的额外负担，还极有可能因体例划分不当而造成不可逆转的认定失误。因此，类案标准的比较点应当回归到指导性案例确立的裁判规则本身，通过比对待裁决案件所应用的裁判规则与指导性案例确立之裁判规则在本源上是否具有一致性，动态、灵活把握类案的认定标准。

五、提升实践应用效果，夯实裁判规则的拘束力

指导性案例制度建立以来，其效力问题一直备受争议。截至 2019 年 12 月 31 日，已经发布的 25 例行政指导性案例中，已经被应用到司法审判实践当中的有第 5、6、21、22、26、38、39、40、41、59、60、69、76、77、101 号等 15 例指导性案例，占比只有 60%；未被运用于司法实践的是第 88、89、90、94、113、114、136、137、138、139 号指导性案件，占比约 40%。即便是应用率最高的指导案例 60 号，在 5371 个样本案例中也仅有 614 例案件参照适用，应用率不足 12%，其中还有 552 例是民事案件跨案件类别应用。[1] 由于指导性案例仅具备参照适用的法律效力，而不是司法审判活动的依据，所以我们无从判断指导性案例司法应用率是否尽如人意，对指导性案例的司法应用研究也只能以援引了指导性案例的个案为样本。但是高达 40% 的行政指导性案例从未被司法实践应用，这无论如何都难以使行政指导性案例摆脱效力失灵的嫌疑。

根据《案例指导工作规定》的规定，最高人民法院发布的指导性案例，各级人民法院审判类似案例时应当参照。《实施细则》明确了指导性案例参照适用的具体含义：参照适用的对象是指导性案例的裁判要点；参照适用的方法是将指导性案例作为裁判理由引述，但不作为裁判依据引用。也就是说，指导性案例应用的第一步是对“类案”的判断，而对于已经通过第一步判断程序的类案是

---

〔1〕 该组数据来自本项目组成部分“行政诉讼指导性案例之审判适用分析”。

否必须适用相应指导性案例这一问题，最高人民法院没有给出明确答案。事实上，仅是“类案”的判断问题，已经构成指导性案例应用的重大障碍，因为这不仅要求法官具备指导性案例类案参照适用的自觉性，更是对法官综合运用法律规定、政策规定，在查清案件事实的基础上演绎推理能力的巨大考验。出于依法裁判的司法审判惯性，在缺乏法律依据的情况下参照适用指导性案例作出最终裁决，势必会引起诉讼参与人对裁判结果合法性与权威性的质疑。尤其是指导性案例制度并没有关于类案参照适用的强制性规定，足以令已经攻坚克难作出类案判断的法官在作出终局性裁判时对指导性案例的效力丧失信心。

为了增强指导性案例的应用性，最高人民法院于 2020 年发布了《类案检索意见》，规定人民法院在办理案件过程中对特定类型的案件必须进行类案检索才能作出裁判。其中指导性案例就是首要的类案检索范围。根据该规定，对于应当进行类案检索的案件，承办法官应当在合议庭评议、专业（主审）法官会议讨论及审理报告中对类案检索情况予以说明，或者制作专门的类案检索报告，并随案归档备查。《类案检索意见》的发布，说明最高人民法院已经意识到“同案同判”对于促进法治统一的深远意义。指导性案例居于“同案同判”、类案参考制度的核心，更加应当从制度上加强其参照适用的效力。首先，将类案参照适用的范围扩大至所有案件。这就要求人民法院在审理案件的过程中先行判断该案是否属于指导性案例的类案，以完成指导性案例司法应用的第一步。其次，在判定类案的基础上，人民法院必须适用指导性案例。也就是说，指导性案例的参照适用意味着人民法院仅仅具有类案判断的自主性，而在已经作出类案判定后不再享有权力决定是否选择适用指导性案例。对于存在正当理由而无法适用指导性案例的，人民法院应当在裁判文书主文部分说明理由。最后，对于诉讼参与人已经提出参照适用指导性案例的主张的，人民法院必须对当事人的主张作出回应。拘束力是裁判规则的生命力所在，提升行政指导性案例的实践应用效果，不仅是加强行政指导性案例拘束力的有效手段，也是促进法制统一的坚实基础。

第三章

行政指导性案例司法实践情况分析

我国的案例指导制度自2010年正式确立至今已逾十年之久。2010年最高人民法院、最高人民检察院以及公安部分别发布了关于建立案例指导制度的文件[1],明确了公、检、法机关为指导性案例的发布主体。2011年年底,最高人民法院发布了首批指导性案例,截至2019年年底,最高人民法院发布了24批共139例指导性案例,其中有12批中包含有行政审判方面的指导性案例共25例,约占全部指导性案例的18.0%。对于指导性案例的发布与适用规则,最高人民法院2010年发布的《案例指导工作规定》以及之后印发的《实施细则》作出了概括性的规定。而想要实际了解行政指导性案例在实践当中的发布和应用情况,数据支撑不可或缺。本章将以2019年年底之前发布的行政指导性案例和司法审判实践当中援用行政指导性案例的案件作为数据样本,以多种方式和角度反映行政指导性案例制度在司法实践当中的真实面貌。通过数据分析的方法展现行政指导性案例制度在司法实践当中的发布和援用情况。

第一节　行政指导性案例发布分析

以十年间发布的行政指导性案例的数目、批次、审结和发布的时间、涉及争

[1] 最高人民法院于2010年11月26日发布了《案例指导工作规定》,最高人民检察院于2010年7月30日发布了《关于案例指导工作的规定》(高检法研字〔2010〕3号,2015年予以修订),公安部于2011年9月10日发布了《公安部关于建立案例指导制度有关问题的通知》(公法〔2010〕661号)。

议的行政行为和行政管理领域、裁判要点的类型、关注问题的程序或实体属性、案例的关键词以及最终裁判结果等条件作为要素，可以得出如下分析。

一、行政指导性案例的发布趋势

根据不同行政指导性案例的案例编号、批次以及其发布和审结的时间，绘制出折线图，由图 3－1 可知：

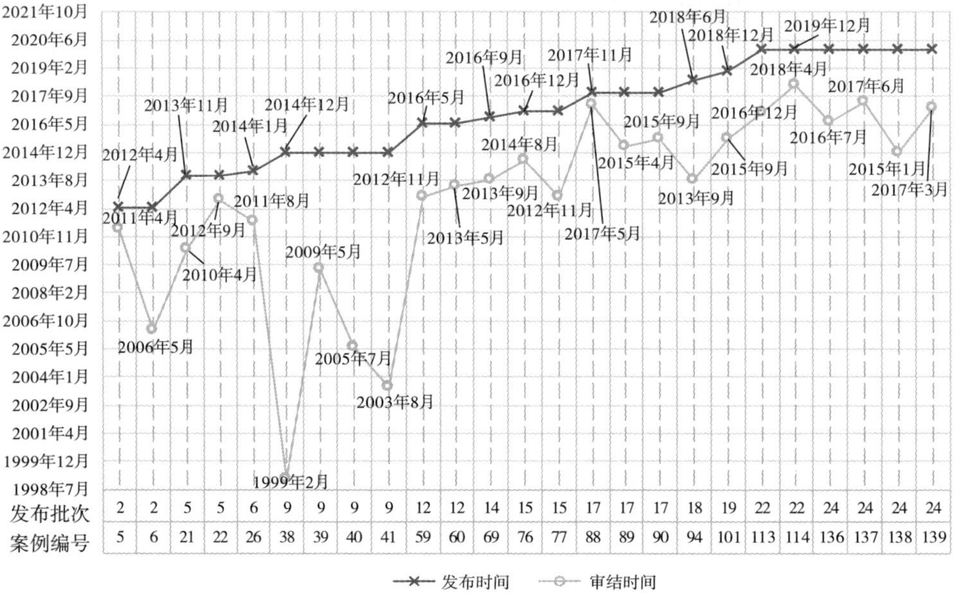

图 3－1　行政指导性案例发布趋势

（一）每年发布的数目不稳定

一般情况下每年会发布 1～2 例行政指导性案例，但是在 2017 年发布了 3 例，2015 年则未发布，而 2014 年内发布了 5 例，2019 年则是分两批共发布了 6 例行政指导性案例。（见图 3－2）

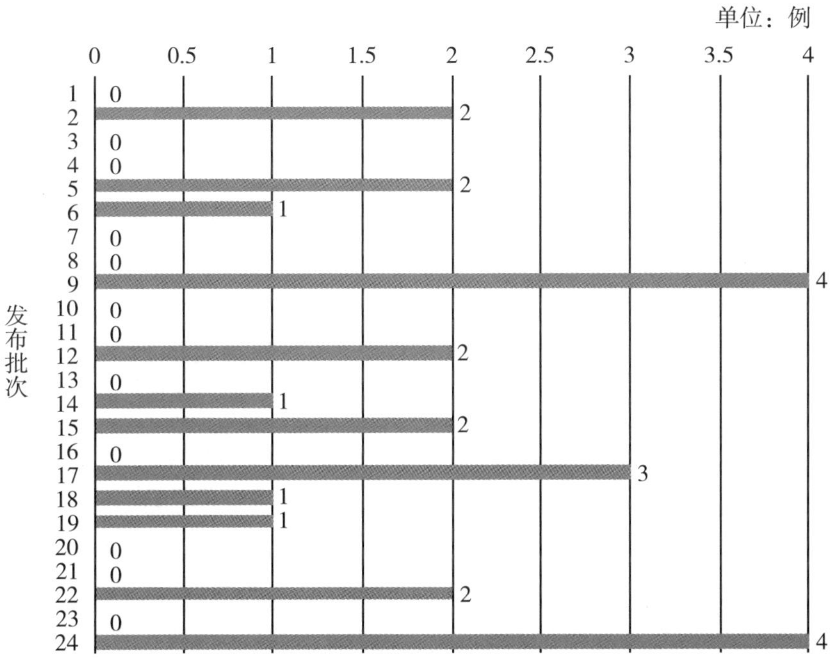

图 3－2　各批次发布行政指导性案件数量

（二）每批发布的数目不尽相同，但似乎正转向有序

关于发布批次与发布行政指导性案例的数量关系可见图 3－2。由图 3－2 可知，从 2011 年最高人民法院发布首批指导性案例开始，截至 2019 年年底共发布 24 批指导性案例，其中有 12 批发布了行政指导性案例。就 2019 年发布第二十二批指导性案例之前来说，每批指导性案例当中发布的行政指导性案例数目虽然都在 4 例以下，但是并没有明显规律。但自 2019 年 12 月最高人民法院一次性发布了第二十二批至第二十四批指导性案例。而这三批指导性案例则带有明显的规律性。其中“第 22 批指导性案例包括 3 件知识产权案例和 1 件国家赔偿案例”，其中包括两例行政指导性案例。“第 23 批指导性案例包括 10 个对执行实践具有重要指导意义的典型案例，具有实体与程序交织、公法与私法融合的共同特点”，“第 24 批共 13 件生态环境保护专题指导性案例，集中展

示人民法院环境资源审判工作成果”，其中包括4例行政指导性案例[1]。由此可见，上述最高人民法院发布的每批指导性案例呈现一定的主题。那么有理由推测之后行政指导性案例的发布可能不会像之前那样同其他指导性案例混合发布，而是会有主题、成批次地发布。

（三）审结时间与发布时间的差距趋于稳定

由图3-1可知，在第十二批指导性案例之前发布的行政指导性案例，其审结时间与发布时间间隔有长有短。间隔最长是指导案例38号，于1999年2月审结，到2014年12月发布，间隔了15年10个月；间隔最短的是指导案例88号，于2017年5月审结，同年11月就被发布为指导性案例，间隔仅半年。总体来说，行政指导性案件审结与发布的时间差距有减小且逐渐稳定的趋势，尤以2016年5月发布的指导案例59号为节点，前后审结时间与发布时间的间隔和稳定性差距明显。可能是出于指导性案例制度建立伊始，指导性案例的推荐和采编主体并未形成稳定有序的遴选和发布工作机制。同时存在有的案件虽已经审结多年但是仍然具备相当的指导意义且有推荐其成为行政指导性案例的呼声，因此存在有2006年、2003年甚至是1999年审结的案件成为行政指导性案例的情况。但随着指导性案例制度的不断成熟完善，且在将一些长久以来有呼声成为行政指导性案例的案件发布为指导性案例之后，行政指导性案例的审结与发布时间差距趋于稳定且都在6年之内。

比较特殊的是指导案例5号“鲁潍（福建）盐业进出口有限公司苏州分公司诉江苏省苏州市盐务管理局盐业行政处罚案”和指导案例88号“张某文、陶某等诉四川省简阳市人民政府侵犯客运人力三轮车经营权案”，这两例行政指导性案例从审结到发布分别只用了一年和半年的时间，属于从审结走向发布速度最快的两例。其中指导案例5号是在第二批指导性案例中发布的，也是最高人民法院发布的第一件行政指导性案例，或许由于当时指导性案例的遴选制度尚未完善，以及发布行政审判方面指导性案例的需求的原因，再加上案件本身符合《案例指导工作规定》的要求，因此快速被遴选为指导性案例并予以发布。而指导案例88号实际属于久有争议的“平反”案件。最高人民法院于2016年提

---

〔1〕 参见《最高法发布第22至24批指导性案例》，载百家号，https://baijiahao.baidu.com/s?id=1655688201391840040&wfr=spider&for=pc，最后访问日期：2020年7月31日。

审 1999 年审结的对 1994 年作出的行政行为有争议的“张某文、陶某等诉四川省简阳市人民政府侵犯客运人力三轮车经营权案”，而这一争议的当事人在 2000 年提出了上诉，并在 2001 年和 2002 年提出了再审申请，只不过最后都被驳回。因此最高人民法院可能在提审的时候就已经有了将其作为指导性案例的打算。

二、已发布的行政指导性案例的特征

（一）已发布的行政指导性案例的案由

根据已经发布的行政指导性案例所涉及的争议行政行为和行政管理领域的情况制作出表 3－1，并由表 3－1 制作出图 3－3 和图 3－4。

表 3－1　行政指导性案例涉及的争议行政行为和行政管理领域

案号	争议行政行为	行政管理种类	案号	争议行政行为	行政管理种类
5	行政处罚	盐业管理	77	行政答复	工商管理
6	行政处罚	工商管理	88	行政许可	工商管理
21	行政征收	人防工程	89	行政登记	民政登记
22	内部行为外化	土地管理	90	行政处罚	交通运输
26	行政公开	政府信息公开	94	行政确认	劳动和社会保障
38	行政许可	学位授予	101	行政公开	政府信息公开
39	行政许可	学位授予	113	行政许可	商标管理
40	行政确认	劳动和社会保障	114	行政许可	商标管理
41	行政许可	土地管理	136	行政不作为	环境污染
59	行政确认	消防管理	137	行政不作为	森林公安
60	行政处罚	工商管理	138	行政处罚	环境污染
69	行政确认	劳动和社会保障	139	行政处罚	环境污染
76	行政协议	土地管理			

根据图 3－3 可知，对于行政指导性案例所涉及的争议行政行为，已发布的 25 例行政指导性案例，共涉及 10 种行政行为。其中关注度最高的是行政处罚行为和行政许可行为，两者分别有 6 例相关的行政指导性案例，各占比 24%；其

次是行政确认行为,有 4 例相关的行政指导性案例,占比为 16%;再次是行政公开行为和行政不作为,各有 2 例,分别占比为 8%;最后是关于行政征收行为、行政协议行为、行政登记行为、行政答复行为和内部行政行为外化的案例,各有 1 例,分别占比 4%。对比裁判文书网上关于按照行政行为进行归类的行政裁判文书数量的分布〔1〕就可以发现,已发布的行政指导性案例的关注点与审判实践中的关注焦点基本一致,对于实践中存在争议较多的行政行为,行政指导性案例也给予了相应的关注。

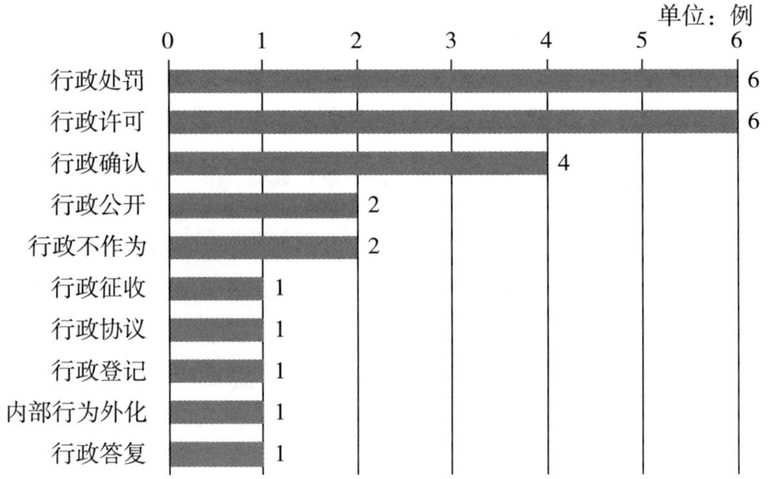

图 3-3 争议行政行为统计

根据图 3-4 可知,在行政指导性案例关注的行政管理领域方面,已发布的 25 例行政指导性案例中,共涉及 13 个行政管理领域。在这些领域当中,最受关注的是工商(市场监督)管理领域产生的行政纠纷,共有 4 例相关的行政指导性案例,占比为 16%;比较受关注的是劳动和社会保障、土地管理和环境污染领域,分别有 3 例相关行政指导性案例,各占比 12%;受到重点关注的是政府信息公开、学位授予和商标管理领域,各有 2 例相关行政指导性案例,分别占比 8%;受到一般关注的是盐业管理、森林公安、人防工程、民政登记、消防管理和交通运输领域,各有 1 例相关行政指导性案例,各占比 4%。对比行政指导性案例涉

〔1〕 载中国裁判文书网,https://wenshu.court.gov.cn,最后访问日期:2021 年 7 月 31 日。

及的争议行政行为，行政指导性案例关注的行政管理领域相对更为广泛。同时在一些领域，如商标、民政登记以及劳动和社会保障领域，还可能涉及对民事纠纷的仲裁，具备民事争议与行政争议交叉的特点。

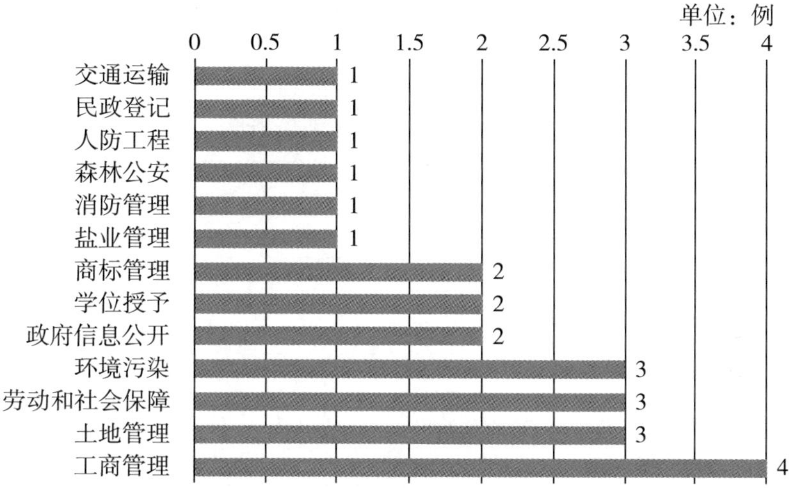

图 3－4　涉及行政管理领域统计

（二）关注问题以实体为主、以程序为辅

在已经发布的 25 例行政指导性案例的裁判要点中，有 5 例涉及争议行政行为的程序问题或案件审理的程序，占总案例数的 20%，其余的 20 例案例则都是在对争议行政行为的实体问题进行说明（见图 3－5）。因此，在目前发布的 25 例行政指导性案件所关注的问题属于实体问题还是程序问题上，呈现以实体问题为主、以程序问题为辅的情况。

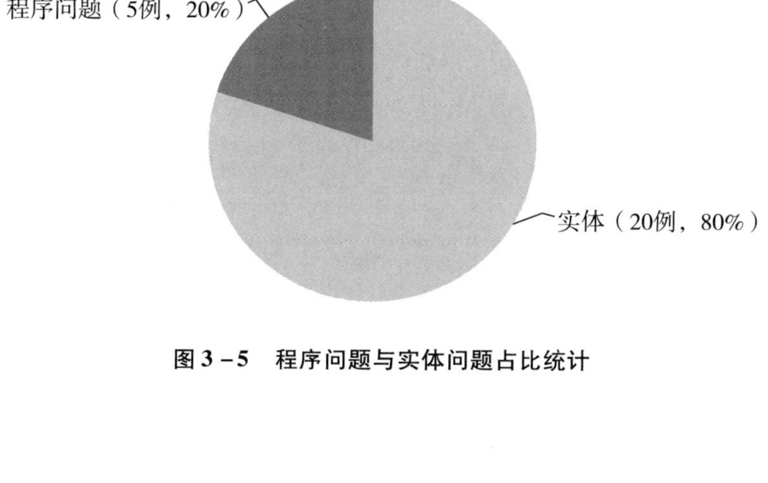

图 3－5　程序问题与实体问题占比统计

（三）关键词频率

关键词是最高人民法院发布的行政指导性案例的重要内容，能够反映行政指导性案例所关注的问题与领域，同时也是司法实践当中进行类案适用的重要检索要素。已经发布的25例行政指导性案例的关键词频率如表3－2所示。

表3－2 关键词出现频率统计

关键词	数目/例	出现次数/次
行政	1	25
行政诉讼	1	8
行政处罚	1	6
受案范围	1	4
高等学校、工伤认定、行政许可、政府信息公开、行政确认、姓名权、环境行政公益诉讼	7	2
规章参照、盐业管理、没收较大数额财产、听证程序、人防、行政征收、防空、地下室、易地建设费、批复、网络、申请、逾期答复、颁发证书、正当程序、学位授予、学术自治、工作原因、工作场所、工作过失、举证责任、未引用具体法律条款、适用法律错误、消防验收、备案结果通知、食品安全标准、食品标签、食品说明书、程序性行政行为、受理、行政协议、合同解释、司法审查、法律效力、期限、告知义务、行政程序、确认违法判决、公安行政登记、姓名权、公序良俗、正当理由、机动车让行、正在通过人行横道、视同工伤、见义勇为、信息不存在、检索义务、商标争议、诚实信用、商标申请驳回、国际注册、领土延伸保护、环境民事公益诉讼、分别立案、一并审理、怠于履行法定职责、审查标准、环境保护、私设暗管、逃避监管	61	1

由表3－2可知，在已发布的行政指导性案例中，关键词“行政”作为每一个行政指导性案例都具备的关键词，出现了25次；其次是“行政诉讼”出现了8次，“行政处罚”出现了6次，“受案范围”出现了4次；最后是“高等学校”“工伤认定”“行政许可”“政府信息公开”“行政确认”“姓名权”“环境行政公益诉讼”这7个词分别出现了2次，“参照规章”等61个关键词出现了1次。由此可知，一般以争议行政行为或者行政管理领域作为关键词时，能够反映一些案例的共性特点，因而出现频率较高；而用于描述案件案情等案件独特性特征的关键词，

一般在行政指导性案例的关键词中不会重复。

（四）行政指导性案例的来源地

虽然行政指导性案例都由最高人民法院发布，但是这些案例的审判法院可能遍布全国各地。以省级行政区为划分标准对已发布的行政指导性案例的来源地的统计见图3－6。[1]

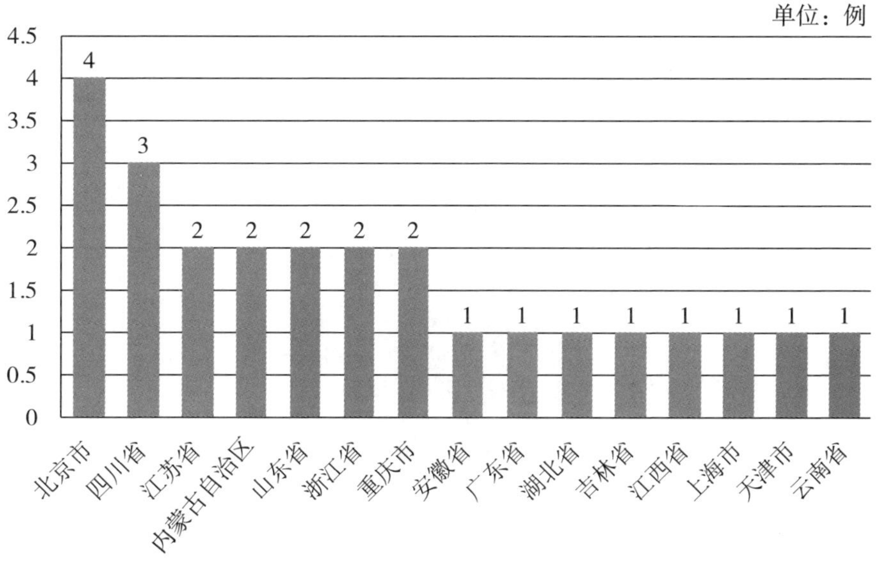

图3－6　指导性案例来源地统计

根据图3－6可知，在我国目前34个省级行政区中，已经产出过行政指导性案例的包括四川省、北京市、江苏省、内蒙古自治区、山东省、浙江省、重庆市、安徽省、广东省、湖北省、吉林省、江西省、上海市、天津市、云南省共15个省级行政区，最高人民法院并未发布来自其他19个省级行政区的行政案件作为行政指导性案例。结合地理要素和地区经济发展情况，可以得出关于行政指导性案例的来源地，首都地区多于其他地区，东部地区多于西部地区，经济发达地区多于经济欠发达地区的结论。

[1] 此处的案例来源地是最终审结该指导性案例的法院所在地并不是争议行政行为发生地。如指导案例88号争议行政行为发生地在四川省，但最高人民法院提审该案后发布，案件来源地则成为位于北京市的最高人民法院。

（五）行政指导性案例的审级和审判程序

已发布的25例行政指导性案例的审级和审序统计[1]如图3－7、图3－8和表3－3所示。由图可知，已经公布的25例行政指导性案例中，由最高人民法院审结的案例占比12%（3例），由高级人民法院审结的案例占比8%（2例），由中级人民法院审结的行政指导性案例占比48%（12例），由基层人民法院审理的行政指导性案例占比32%（8例）。由此可见，中级人民法院和基层人民法院是审结已发布的行政指导性案例的主要贡献主体，而高级人民法院和最高人民法院则一共只贡献了20%（5例）的行政指导性案例。

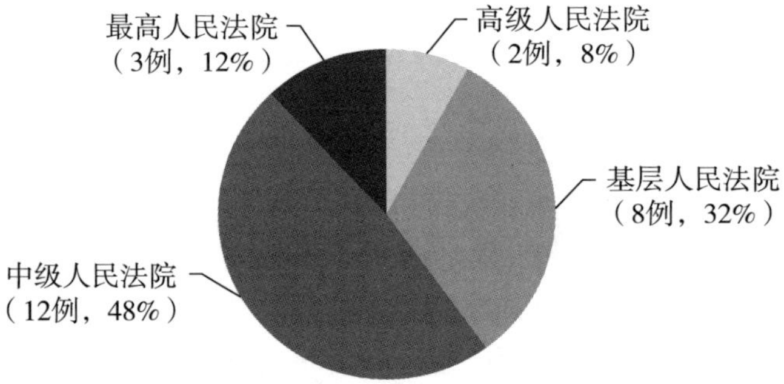

图3－7　行政指导性案件审级统计

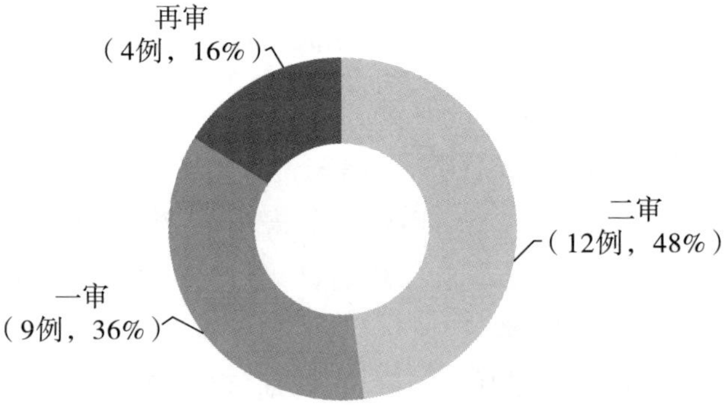

图3－8　行政指导性案例审序统计

---

〔1〕需要说明的是，此处所统计的审判程序选取的是最高人民法院公报上发表的指导性案例当中的审判结果部分当中的最终程序。如指导案例138号，最后程序是中级人民法院驳回再审申请，对该案的审判程序就统计为再审程序。

表 3-3　行政指导性案例审级和审序统计

案号	审级	审序	案号	审级	审序
5	基层人民法院	一审	77	基层人民法院	一审
6	中级人民法院	二审	88	最高人民法院	再审
21	中级人民法院	二审	89	基层人民法院	一审
22	高级人民法院	二审	90	中级人民法院	二审
26	基层人民法院	一审	94	基层人民法院	一审
38	中级人民法院	二审	101	中级人民法院	二审
39	中级人民法院	二审	113	最高人民法院	再审
40	高级人民法院	二审	114	最高人民法院	再审
41	基层人民法院	一审	136	中级人民法院	一审
59	中级人民法院	二审	137	基层人民法院	一审
60	中级人民法院	二审	138	中级人民法院	再审
69	中级人民法院	二审	139	基层人民法院	一审
76	中级人民法院	二审			

同时以审级和审序两种视角分析,25 例已发布的行政指导性案例中包括 9 例(占比为 36%)一审案例,其中 8 例由基层人民法院审理,1 例由高级人民法院审理;12 例(占比为 48%)二审案例,其中 10 例由中级人民法院审理,2 例由高级人民法院审理;4 例(占比为 16%)再审案件,其中 3 例由最高人民法院审理,1 例由中级人民法院审理。由此可见二审终结息诉率最高,也有 4 例案例经历再审程序,一审主要由基层人民法院审理,二审主要由中级人民法院审理,再审主要由高级人民法院审理,高级人民法院审理的两件案例均为二审。

(六)判决书作为主要文书类型

根据最高人民法院发布的 25 例行政指导性案例的裁判结果中最后的文书类型为判决书或裁定书作出统计图 3-9。由图可知,84%(21 例)的文书都是判决书,只有 16%(4 例)是裁定书。

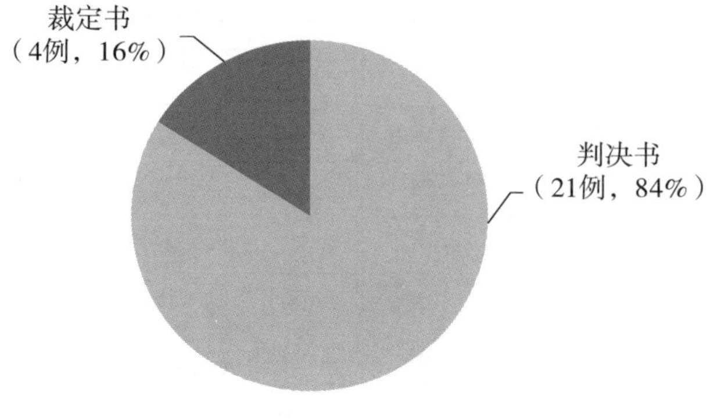

图 3－9　文书类型统计

（七）裁判结果多不利于行政机关

在已发布的 25 例行政指导性案例中，只有 20%（5 例）最终的判决结果以维持行政行为或驳回原告上诉的方式支持争议行政行为合法，最终作出了有利于行政机关的判决。而其余 80%（20 例）则作出了确认行政行为违法、撤销行政行为、发回重审等实质上有利于相对人的判决（见图 3－10）。由此可知，已经发布的行政指导性案例价值取向更加偏向于保障相对人权利。

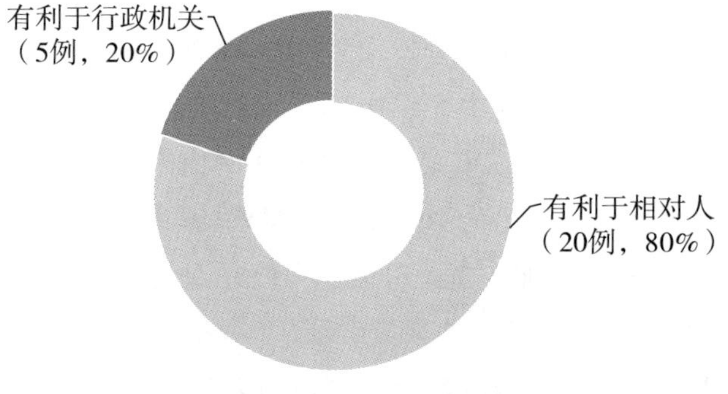

图 3－10　裁判结果统计

三、现有行政指导性案例的类型

关于行政指导性案例的类型，理论界素有讨论，而理论界的分类方法可能局限于理论上的讨论，与实践当中的行政指导性案例并不能一一对应。对于行政指导性案例的类型，应当通过行政指导性案例裁判要点中最高人民法院期望某行政指导性案例所起到的功效来判断。实践当中的行政指导性案例具备一定的规则创制功能，但是这种创制并不超过立法的范畴，而是在进一步细化规则。在一定程度上其功能相当于司法解释，但是相较于司法解释又具备了更多的灵活性和及时性。根据已经发布的 25 例行政指导性案例裁判要点，笔者将其分为四种类型："强调型"、"行为解释型"、"法律解释型"和"行为 + 法律解释型"。

所谓"强调型"，指的是行政指导性案例的案情并不算复杂，在法律援引方面也并没有争议。质言之，即使一般的法官，甚至并不算特别高明的法官，面对这类案例，就算没有该行政指导性案例，也能作出同行政指导性案例的结果一致的判决。这样的案例也就是所谓"撑腰打气型"行政指导性案例〔1〕。

实践当中这一类型的行政指导性案例并不罕见，在已经发布的 25 例行政指导性案例中，指导案例 5、6、26、38、41、101 号就属于此类。在指导案例 5 号中，第一项裁判要点表明法律、行政法规已经对盐业管理设定行政许可的，地方规章不得设定许可。这一裁判要点实质是对《行政许可法》第 15 条的简单文义解释，可以认为是简单重复，没有任何扩大或缩小。〔2〕同样地，该案例第二项裁判要点表明"盐业管理的法律、行政法规对盐业公司之外的其他企业经营盐的批发业务没有设定行政处罚，地方政府规章不能对该行为设定行政处罚"，其实是对《行政处罚法》第 12 条〔3〕的重复。第三项裁判要点规定的对于违反上位法的规章和地方立法，法院在审判当中不予适用，也与前述情况相同。

类似地，指导案例 6 号规定大额处罚应当适用听证程序〔4〕，指导案例 26 号指出政府因正常内部流程而使政府信息回复逾期的应属违法〔5〕，指导案例 38 号指出对于高校颁发学位证行为的可诉性、高校违背法律法规对受教育者作

---

〔1〕 参见王天华：《案例指导制度的行政法意义》，载《清华法学》2016 年第 4 期。

〔2〕 《行政许可法》（2019 年）第 15 条第 1 款规定："本法第十二条所列事项，尚未制定法律、行政法规的，地方性法规可以设定行政许可；尚未制定法律、行政法规和地方性法规的，因行政管理的需要，确需立即实施行政许可的，省、自治区、直辖市人民政府规章可以设定临时性的行政许可。临时性的行政许可实施满一年需要继续实施的，应当提请本级人民代表大会及其常务委员会制定地方性法规。"

〔3〕 《行政处罚法》（2021 年）第 12 条第 1、2 款规定："地方性法规可以设定除限制人身自由、吊销营业执照以外的行政处罚。法律、行政法规对违法行为已经作出行政处罚规定，地方性法规需要作出具体规定的，必须在法律、行政法规规定的给予行政处罚的行为、种类和幅度的范围内规定。"

〔4〕 参见《最高人民法院关于发布第二批指导性案例的通知》。

〔5〕 参见《最高人民法院关于发布第六批指导性案例的通知》（法〔2014〕18 号）。

出退学等处分的应属违法以及“高等学校对因违反校规、校纪的受教育者作出影响其基本权利的决定时，应当允许该受教育者申辩，并在决定作出后及时向其送达，否则视为违反法定程序”[1]，指导案例 41 号指出“行政机关作出具体行政行为时未引用具体法律条款，且在诉讼中不能证明该具体行政行为符合法律的具体规定，应当视为该具体行政行为没有法律依据，适用法律错误”[2]，指导案例 101 号指出“在政府信息公开案件中，被告以政府信息不存在为由答复原告的，人民法院应审查被告是否已经尽到充分合理的查找、检索义务。原告提交了该政府信息系由被告制作或者保存的相关线索等初步证据后，若被告不能提供相反证据，并举证证明已尽到充分合理的查找、检索义务的，人民法院不予支持被告有关政府信息不存在的主张”[3]，这些都属于对于现有法律规定的重申。

其余的行政指导性案例属于“解释型”行政指导性案例，其区别在于“行为解释型”侧重于对于争议的事实和行为的性质的解释，说明该行为或事实属于哪一个法律条款的调整范围，而对于调整该行为或事实的法律条文的含义并没有太多争议。而“法律解释型”的行政指导性案例其事实及当事人的行为并不复杂，其重点在于对该行为涉及的法律概念进行进一步的解释，以实现该法律概念能够调整某类行为或事实的效果。

属于“行为解释型”的行政指导性案例包括第 22、39、40、59、60、69、76、77、88、89、113、114、138、139 号。其中指导案例 22 号的裁判要点认为、内部行为一般来说尚未对相对人的权利义务造成直接影响因而不具有可诉性，“但行政管理部门直接将该批复付诸实施并对行政相对人的权利义务产生了实际影响，行政相对人对该批复不服提起诉讼的，人民法院应当依法受理”[4]。这实际上是将能够实际影响相对人权利义务的内部行政行为解释到《行政诉讼法》第 12 条规定的受案范围之中。

同样地，指导案例 39 号认为“高等学校审查并决定是否授予受教育人学

〔1〕《最高人民法院关于发布第九批指导性案例的通知》(法〔2014〕337 号)。
〔2〕《最高人民法院关于发布第九批指导性案例的通知》。
〔3〕《最高人民法院关于发布第 19 批指导性案例的通知》(法〔2018〕338 号)。
〔4〕《最高人民法院关于发布第五批指导性案例的通知》(法〔2013〕241 号)。

位”的行为具备可诉性[1]；指导案例40号裁判要点将职工在从事本职工作中存在过失，但“不属于《工伤保险条例》第十六条规定的故意犯罪、醉酒或者吸毒、自残或者自杀情形”的行为解释为《工伤保险条例》规定的工伤[2]；指导案例59号将“建设工程消防验收备案结果通知含有消防竣工验收是否合格的评定”解释为一种行政确认，从而属于《行政诉讼法》第12条规定的受案范围[3]；指导案例60号认为“食品经营者在食品标签、食品说明书上特别强调添加、含有一种或多种有价值、有特性的配料、成分，应标示所强调配料、成分的添加量或含量，未标示”的行为是违反《食品安全法》的行为[4]；指导案例69号将对相对人权利义务产生实际影响的过程性行政行为解释为属于《行政诉讼法》第12条规定的受案范围的行为[5]；指导案例76号认为“行政机关在职权范围内对行政协议约定的条款进行的解释，对协议双方具有法律约束力”[6]；指导案例77号把行政机关对于行政行为利害关系人的举报行为仅作出告知性答复而未实际处理的行为，认定为影响了相对人及利害关系人权利义务的行为并赋予了利害相关人原告资格[7]；指导案例88号认为行政许可作出时行政机关未告知期限的，不能认为该许可没有期限，但行政机关之后以期限届满为由终止许可的行为属于程序违法[8]；指导案例89号将“超出传统文化和伦理观念”的姓名登记解释为违反民法中公序良俗原则的行为[9]；指导案例113号认为“违反诚实信用原则，恶意申请注册商标，侵犯他人现有在先权利的‘商标权人’，以该商标的宣传、使用、获奖、被保护等情况形成了‘市场秩序’或者‘商业成功’”的行为仍属违法[10]；指导案例114号认为“商标国际注册申请人完成了《商标国际注册马德里协定》及其议定书规定的申请商标的国际注册程序，申请商标国际注册信息中记载了申请商标指定的商标类型为三维立体商标的，应当视为申请

[1] 参见《最高人民法院关于发布第九批指导性案例的通知》。
[2] 参见《最高人民法院关于发布第九批指导性案例的通知》。
[3] 参见《最高人民法院关于发布第12批指导性案例的通知》(法〔2016〕172号)。
[4] 参见《最高人民法院关于发布第12批指导性案例的通知》。
[5] 参见《最高人民法院关于发布第14批指导性案例的通知》(法〔2016〕311号)。
[6] 《最高人民法院关于发布第15批指导性案例的通知》(法〔2016〕449号)。
[7] 参见《最高人民法院关于发布第15批指导性案例的通知》。
[8] 参见《最高人民法院关于发布第17批指导性案例的通知》(法〔2017〕332号)。
[9] 参见《最高人民法院关于发布第17批指导性案例的通知》。
[10] 《最高人民法院关于发布第22批指导性案例的通知》(法〔2019〕293号)。

人提出了申请商标为三维立体商标的声明”且“在申请商标国际注册信息仅欠缺商标法实施条例规定的部分视图等形式要件的情况下，商标行政机关应当秉承积极履行国际公约义务的精神，给予申请人合理的补正机会”[1]；指导案例138号认为“污染者以其排放的水污染物达标、没有对环境造成损害为由，主张不应受到行政处罚的，人民法院不予支持”[2]固体废物的臭味造成空气污染的，应当适用《环境保护法》和《大气污染防治法》进行处罚[3]。

而属于“法律解释型”行政指导性案例包括指导案例21、39、40、60、90、94、136、137号。如指导案例21号解释了“免收城市基础设施配套费等各种行政事业性收费”的规定与《人民防空法》中建设防空地下室义务的关系。其余案件分别解释了《学位条例暂行实施办法》中的“学术自治范围”；《工伤保险条例》中的“‘因工作原因’，是指职工受伤与其从事本职工作之间存在关联关系”，“‘工作场所’，是指与职工工作职责相关的场所，有多个工作场所的，还包括工作时间内职工来往于多个工作场所之间的合理区域”，“为维护公共利益受到伤害的情形”应当视同工伤；《食品安全法》中“所谓‘强调’，是指通过名称、色差、字体、字号、图形、排列顺序、文字说明、同一内容反复出现或多个内容都指向同一事物等形式进行着重标识。所谓‘有价值、有特性的配料’，是指不同于一般配料的特殊配料，对人体有较高的营养作用，其市场价格、营养成分往往高于其他配料”；《道路交通安全法》中的“机动车避让行人”；《行政诉讼法》中“人民法院在审理人民检察院提起的环境行政公益诉讼案件时，对人民检察院就同一污染环境行为提起的环境民事公益诉讼，可以参照行政诉讼法及其司法解释规定，采取分别立案、一并审理、分别判决的方式处理”；《森林法》及《行政诉讼法》中“环境行政公益诉讼中，人民法院应当以相对人的违法行为是否得到有效制止，行政机关是否充分、及时、有效采取法定监管措施，以及国家利益或者社会公共利益是否得到有效保护，作为审查行政机关是否履行法定职责的标准”[4]。

对行政指导性案例的分类是以最高人民法院发布的行政指导性案例当中的裁判要点来进行判断的。但由于一个行政指导性案例当中可能包含有不只

---

〔1〕《最高人民法院关于发布第22批指导性案例的通知》。

〔2〕《最高人民法院关于发布第24批指导性案例的通知》(法〔2019〕297号)。

〔3〕参见《最高人民法院关于发布第24批指导性案例的通知》。

〔4〕《最高人民法院关于发布第24批指导性案例的通知》。

一项裁判要点，那么就有可能出现一个行政指导性案例兼具不同的类型特征的情形。由于“强调型”行政指导性案例在裁判要点上并没有进行具备创造性的解释，因此，在统计时，只有裁判要点属于单纯“强调型”时，才属于“强调型”行政指导性案例。当行为解释和法律解释同时存在于一个行政指导性案例的裁判要点中时，应属于“行为＋法律解释型”。据此，“行为＋法律解释型”行政指导性案例包括指导案例39、40、60号3例；“法律解释型”包括指导案例21、90、94、136、137号5例；“强调型”行政指导性案例包括指导案例5、6、26、38、41、101号6例；“行为解释型”行政指导性案例包括指导案例22、59、69、76、77、88、89、113、114、138、139号共11例，其统计如图3－11所示。

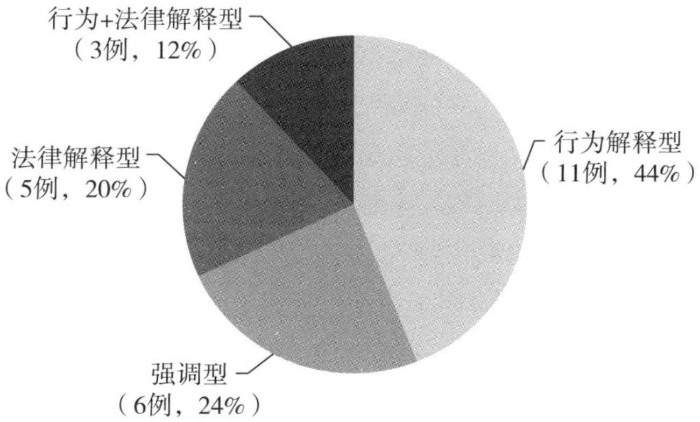

图3－11　指导性案例类型统计

由图3－11可知，在已经发布的行政指导性案例中，以“行为解释型”为主，占比44%；其次是“强调型”，占比为24%；再次是“法律解释型”，占比为20%；最后是“行为＋法律解释型”，占比为12%。结合行政指导性案例的发布趋势分析，25例行政指导性案例中的前10例中有5例是“强调型”行政指导性案例，可以看出，最高人民法院热衷于发布“强调型”行政指导性案例，以实现“加油打气”之目的，同时促进指导性案例在司法实践当中的援用。而在第11～25例行政指导性案例中，主要是对于争议行政行为与法律概念的解释，更能够发挥行政指导性案例制度的真正功效。

第二节 行政指导性案例应用分析

本节关注的是行政指导性案例的应用情况，其调研统计的数据样本均来自北大法宝指导性案例与应用数据库所发布的2019年12月31日之前的5371例案例信息，根据不同的行政指导性案例的应用情况汇总以及在行政审判领域行政指导性案例的应用情况进行统计汇总，笔者作出如下分析。

一、案件应用概况

（一）指导性案件援用率并不悲观

截至2019年12月31日，在发布的25例行政指导性案例中，已经被应用到司法审判实践当中的有指导案例5、6、21、22、26、38、39、40、41、59、60、69、76、77、101号，共15例，占比为60%；未被运用于司法实践的是指导案例88、89、90、94、113、114、136、137、138、139号，占比约为40%。单凭如此数据，可能会让人感受到行政指导性案例被应用于司法实践的比例只是刚刚过半，仍有近半数的行政指导性案例未得到司法实践关注。但实际上，此项数据并不能真实反映司法实践中对于行政指导性案例的关注度。其原因在于行政指导性案例的应用率需要参考发布时间这一因素。

一方面，最后六例，即指导案例113、114、136、137、138、139号是2019年12月26日发布的，与本章中案例统计的截至日期2019年12月31日极为相近，其在短短几天内无法被快速运用到实践当中。如果去除此6例在统计截至日期前几天发布的行政指导性案例，即将指导性案件总数看作19例，那么此时的应用率就变成了约78.9%。另一方面，从发布次序上看，已发布25例行政指导性案例当中的前14例都已经实现实践应用，后11例中的第五例也得到了应用。由此观之，行政指导性案例均具有逐步在实践当中得到应用的趋势。

（二）援引数目分布不均

虽然在行政、刑事、民事、国家赔偿领域总计5371例指导性案例的应用案件中，行政指导性案例应用总数已经达到1112例之多，但是其数目分布并不均匀，其分布情况如图3－12所示。

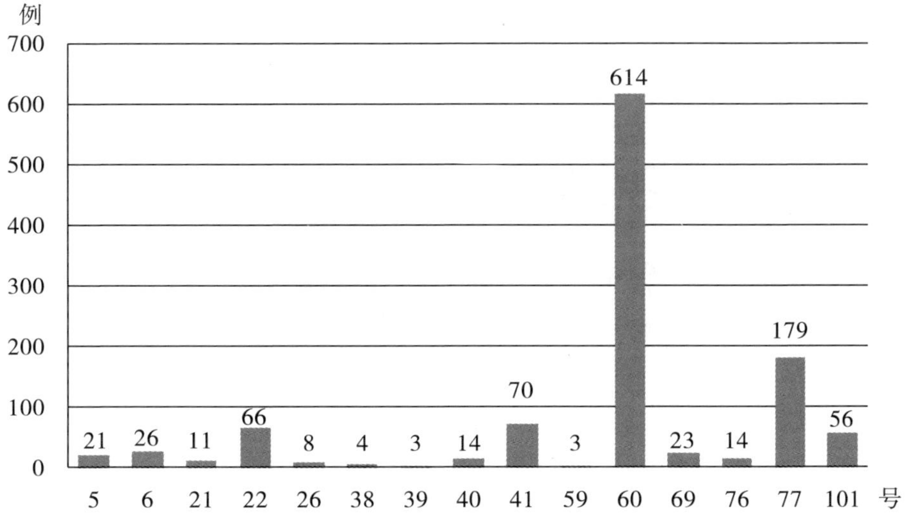

图 3－12　行政指导性案例应用数量统计

首先，即使除去临截止日期发布的最后 6 例行政指导性案例，在作为第 19 个发布的指导案例 101 号之前的 4 例行政指导性案例尚未在司法实践当中得到应用。其次，由图 3－12 可知，在应用到已发布的行政指导性案例的案件当中，指导案例 60 号的应用次数达到 614 次之多，超过了应用总数的一半，远高于其他行政指导性案例的应用数目。包括指导案例 60 号在内，应用数目过百的也仅有指导案例 60、77 号 2 例；应用超过 50 次的也仅有指导案例 22、41、60、77、101 号 5 例；在已经被应用的 15 例行政指导性案例当中，仍有指导案例 26、38、39、59 号的应用次数甚至不超过 10 次。

（三）包含多种案由

在司法实践中援引行政指导性案例的 1112 例案件当中，并非都是行政案由的案件，其案由共涉及行政、民事、刑事、国家赔偿以及知识产权五个方面。其统计结果见图 3－13、图 3－14。由图 3－13 可知，已经发布的行政案件主要被应用于民事案件和行政案件的审理当中，两者的占比总和超过了 98%。其中民事方面运用最多，达到了 559 例，占比约为 50.1%，行政案由的有 538 例，占比约为 48.2%。其余案由则占比甚微，包括 1 例知识产权案件、1 例刑事案件和 17 例国家赔偿案件，总计占比不超过 2%。具体来看，民事案件援用行政指导性案例数目超过行政案件援用行政指导性案例的原因是行政指导案例 60 号在民事领域的应用。

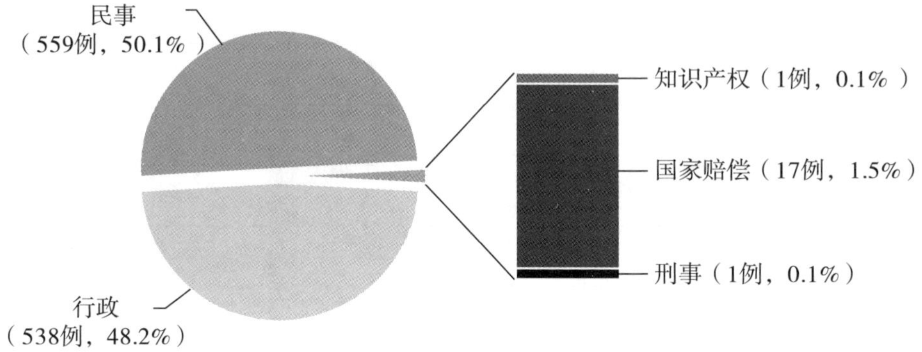

图3－13 案由统计

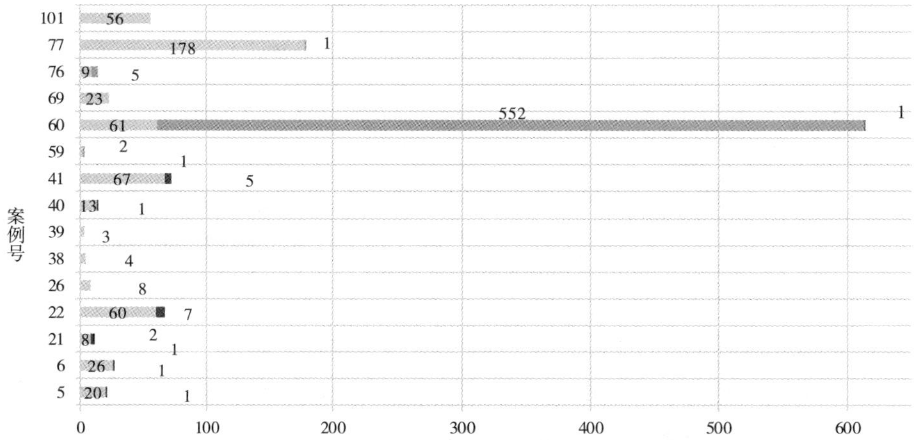

	5	6	21	22	26	38	39	40	41	59	60	69	76	77	101
行政	20	26	8	60	8	4	3	13	67	2	61	23	9	178	56
民事										1	552		5	1	
知识产权											1				
国家赔偿	1	1	2	7				1	5						
刑事			1												

图3－14 行政指导性案例应用案件的领域分布

根据图3－14可知，已经被应用的行政指导性案例中，除指导案例60号外，绝大部分都是应用于行政案件当中的。如果除去指导案例60号的应用情况，其余行政指导性案例应用于行政案件的占比高达约94.6%。而指导案例60号在民事案件当中被援用了552次，约占所有行政指导性案例在民事案件中被引用数量的98.8%。除指导案例60号外,行政指导性案例用于非行政案由的案件也只有指导案例77号被1例民事案件援用,指导案例76号被5例民事案件援用,指导案例60号被1例知识产权案件援用,指导案例59号被1例民事案件援用,和指导案例5号、6号、21号、22号、40号、41号被17例国家赔偿案件援用,这些援用行政指导性案例的案件总体占比甚微。

行政指导性案例应用于非行政司法领域,其原因在于行政指导性案例的裁判要点所欲建立的规则及作出的解释不只限于行政审判方面,还涉及很多行政实体法律以及行政管理领域的法律和规范。而这些对于实体法律的解释和行政管理规则的确立,则又会成为民事、知识产权等领域纠纷解决的依据。典型如指导案例60号的裁判要点对《食品安全法》中的配料说明规则进行了解释,同时成为了食品安全方面的买卖合同、产品责任、产品质量损害侵权等纠纷化解的重要依据;指导案例76号的裁判要点对《反垄断法》中例"市场支配地位"和"搭售"行为进行了解释,成为了解决反垄断案件、民事纠纷的重要依据。也正因如此,以上两例行政指导性案例才会被较多地应用于民事审判领域。据此也可以推测,虽然调查样本中并没有指导案例113、114号有关商标纠纷的行政指导性案例的应用案件,但是在日后的司法实践中,其也极有可能在知识产权纠纷领域被较多地援用。

同时值得注意的是,一方面,存在行政指导性案例应用于非行政审判领域的情况;另一方面,行政司法实践当中援引的指导性案例也并非全都是已发布的行政指导性案例。根据统计,截至2019年12月31日,1112例援引行政指导性案例的案件中,有538例属于行政案件,而在行政领域援引指导性案例的案件数量是546例。也就是说,546例援引指导性案例的行政司法中,有538例援用了行政指导性案例,占比约98.5%;有8例援引了其他类型的指导性案例,占比约为1.5%(见图3-15)。例如,在"成都市市场监督管理局与成都蜀粹坊食品有限公司工商处罚复议纠纷再审案"[1]中,法院主动援引了最高人民法院发布的指导案例47号来说明商品的包装装潢的区别问题,而指导案例47号属于民事指导案例。

〔1〕 参见四川省高级人民法院行政判决书,(2019)川行再9号。

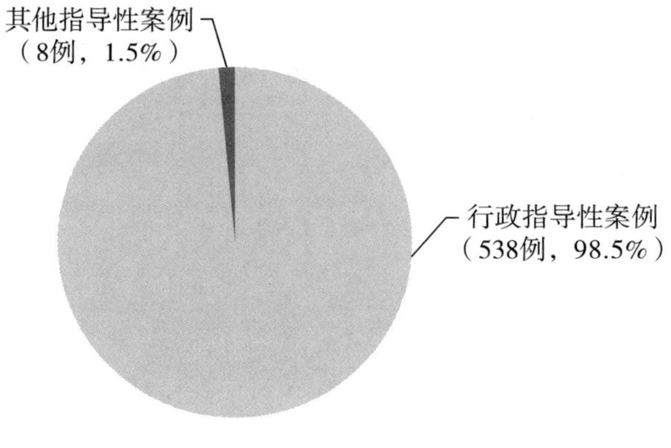

图 3－15　行政领域指导性案例援用统计

二、行政审判领域指导性案例的应用特征

由于一些行政指导性案例包含对于行政管理领域当中所涉及的一般法律法规的解释，而这些解释又会成为民事、知识产权等方面司法纠纷的审判依据。而实际上这样的行政指导性案例的应用并不能反映行政诉讼中指导性案例的应用情况，对解决行政司法纠纷也并无实质的指导意义。因此，本部分将以 546 例在行政诉讼中应用指导性案例的案件作为分析样本〔1〕，以应用案件的时间、地域、审级、案由等为角度，分析指导性案例在行政审判领域的应用特点。

（一）发布与首次应用时间差距逐渐缩短并趋于稳定

根据已经被应用的 15 例行政指导性案例的发布时间、应用时间绘制出折线图 3－16。

---

〔1〕 546 例指导性案例应用包括法院的两个答复。

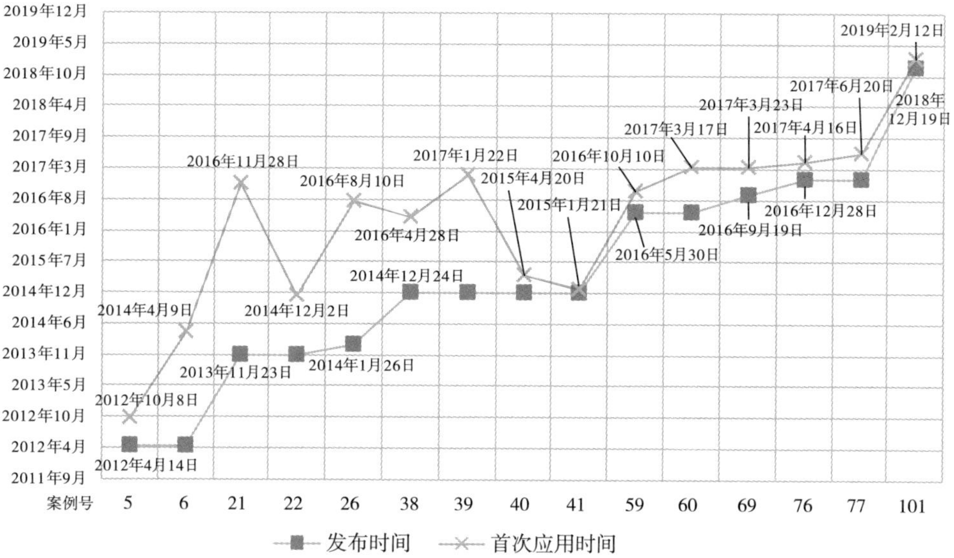

图 3 - 16　指导性案例发布、首次应用时间统计

如图 3 - 16 所示，相较于行政指导性案例审结与发布时间的间隔，行政指导性案例发布与首次被应用之间的时间间隔明显缩短。间隔时间最长的是指导案例 21 号，于 2013 年 11 月 23 日发布，2016 年 11 月 28 日首次被应用，时间相差 3 年零 5 日。间隔时间最短的是指导案例 41 号，于 2014 年 12 月 24 日发布，仅经过不足一个月，就被首次应用于司法实践。总体上看，两者的时间差距也同行政指导性案例审结与发布的情况类似，呈现时间差距逐渐缩小且趋于稳定的特点。且由图 3 - 16 可以明显地看出，在 15 例被应用的行政指导性案例中，前 7 例行政指导性案例的发布与首次应用相差时间较大且波动较大，而后 8 例的时间差距则明显缩小且均不超过 11 个月。原因亦可能是随着指导性案例制度在实践当中的发展，司法系统逐渐接受并适应了指导性案例制度。

（二）不同地域的应用情况

根据行政审判中，援引指导性案例的法院所在省级行政区地域不同可以得出图 3 - 17。

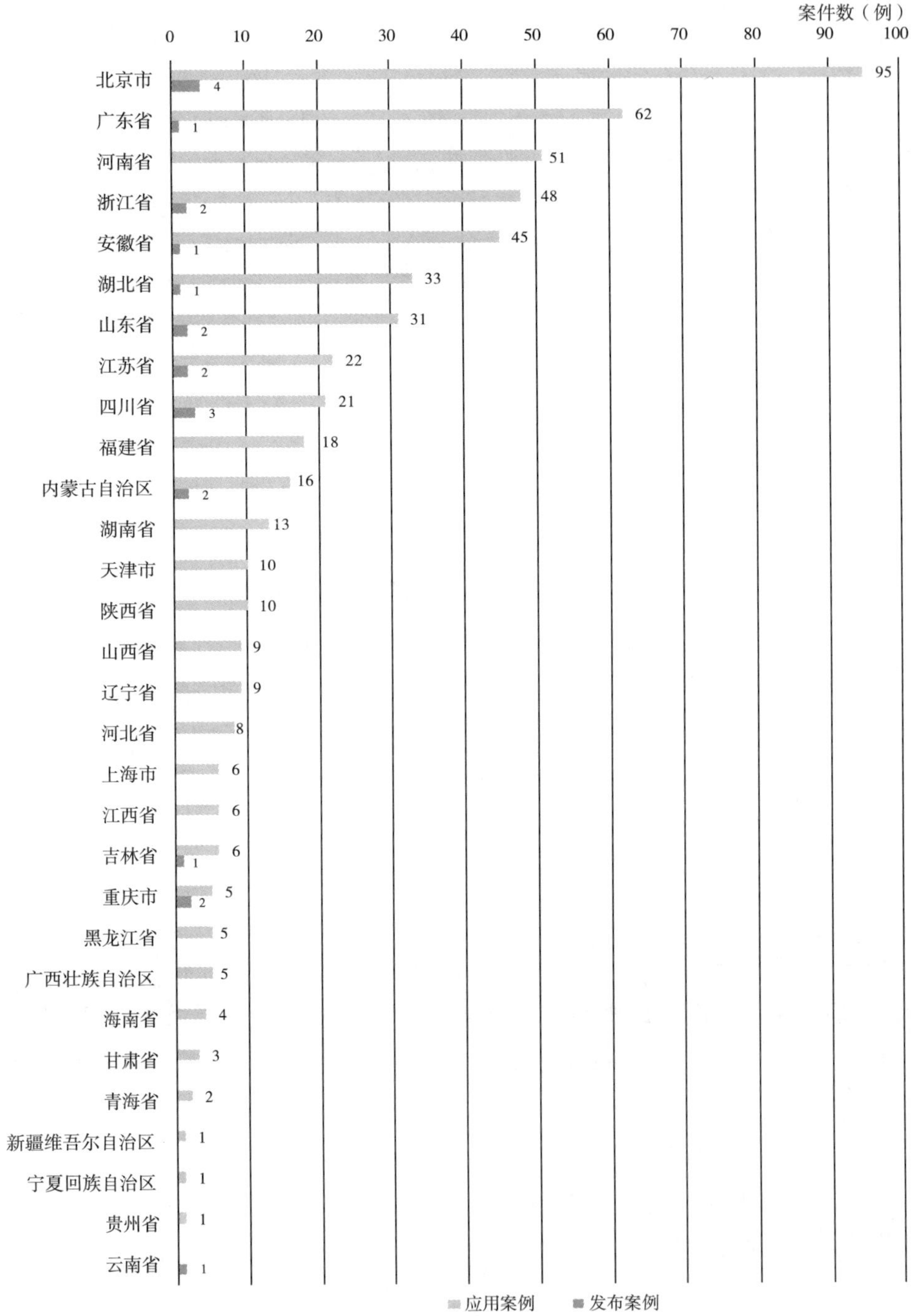

图 3－17　应用案例与发布案例地域分布

由图3－17可知,在我国34个省级行政区当中,已经有北京市等29个省级行政区的法院在行政司法实践中运用了指导性案例。截至2019年年底,指导性案例制度实行已超过九年,除去未被统计的我国的香港特别行政区、澳门特别行政区和台湾地区,其余31个省级行政区当中只有西藏自治区和云南省尚未在行政司法领域应用指导性案例,其中云南省虽未应用但是于统计截至日期前有一例案例(指导案例137号)被最高人民法院公布为行政指导性案例,而西藏自治区则是既未产出行政指导性案例,又没有在行政司法领域应用指导性案例。

在行政审判领域指导性案例应用方面,应用案件最多的地区是北京,达到了95例[1]。新疆维吾尔自治区、宁夏回族自治区和贵州省仅有1例应用案件。若与我国行政区地域位置以及经济发展情况相结合进行分析,可以得出以下结论:

(1)首都地区的应用比例最高。北京地区在行政审判中运用指导性案例的案件为95例(其中包含最高人民法院及其巡回法庭的14例应用案例),占比约17.4%。

(2)东部各省、区应用较多,中部省、区应用情况一般,西部省、区应用较少。[2] 其中东部各省、区应用数量总计310例,占比约为56.8%,其中以北京市、广东省应用较多;中部各省、区总计应用203例,占比约为37.2%;而西部地区总计只有33例,占比约为6.0%,其中西部地区还有西藏自治区、云南省未在行政司法中应用指导性案例。而这一现象的产生原因可能和不同地区经济发达程度及地区行政案件数量有关。

将不同地区行政司法中指导性案例的应用情况同其行政指导性案例的发布情况相比较,可以看出贡献行政指导性案例的地区大多能较多地在行政司法领域应用指导性案例,如北京市发布了4例行政指导性案例,其在行政司法当

〔1〕 由于最高人民法院位于北京市,故该法院包括其巡回法庭在行政审判中援引指导性案例的也被计入北京地区。

〔2〕 百度百科词条“中国行政区划”的划分为:“东部地区:北京、天津、河北、辽宁、上海、江苏、浙江、福建、山东、广东、广西、海南(12个省、区);中部地区:山西、内蒙古、吉林、黑龙江、安徽、江西、河南、湖北、湖南(9个省、区);西部地区:重庆、四川、贵州、云南、西藏、陕西、甘肃、青海、宁夏、新疆(10个省、区)”。

中也应用案例最多，为 95 例，但也存在吉林省、重庆市这样发布行政指导性案例的在应用数目上分别只有 6 例和 5 例的稍显落后情况，以及云南省有发布而未有应用的例外情况。同时，在未贡献行政指导性案例的省、区当中，亦存在如河南省、福建省这样能够较多地在行政司法中运用指导性案例的情况。

（三）应用数量逐年增加并趋于稳定

将行政司法领域运用指导性案例的案件按照审结年份进行统计，可以得出统计图 3－18。总体上看，2012～2018 年，行政司法领域运用指导性案例的不断上升，2018 年为 182 例，到 2019 年数目略下降为 144 例，总体上看趋于稳定。在指导性案例制度建立的前几年，由于发布的行政指导性案例数量有限，可供援引的指导性案件不足，加之制度的允许仍有待探索与完善，因此应用案例较少，2012 年和 2013 年只有 1 例和 2 例。2017 年之后行政司法领域应用指导性案例的案件数量有了明显的增加，2017、2018、2019 年三年应用案件数目分别为 137、182、144 例，每年数量均超过 2012～2016 年五年数目的总和。

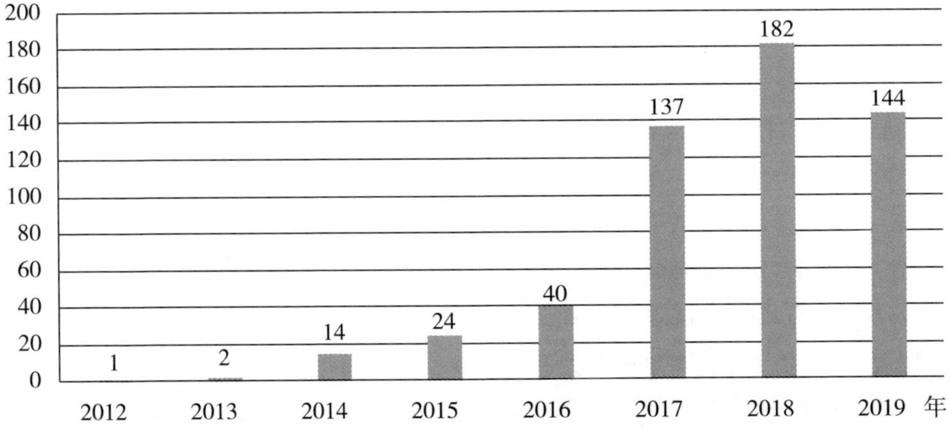

图 3－18　应用案例审结年份分布

（四）中级人民法院是案例应用的“主力军”

根据在行政司法实践中援引指导性案例的法院级别，可以作出图 3－19。据此图可知，应用数量最多的是中级人民法院，达到 302 例，占比约为 52.3%；数量最少的是最高人民法院，为 14 例，占比约为 2.4%。高级人民法院援引案例数量为 64 例，占比约为 11.1%；基层人民法院援引案例数量为 164 例，占比约为 28.4%；专门人民法院援引案例数量为 33 例，占比约为 5.7%。

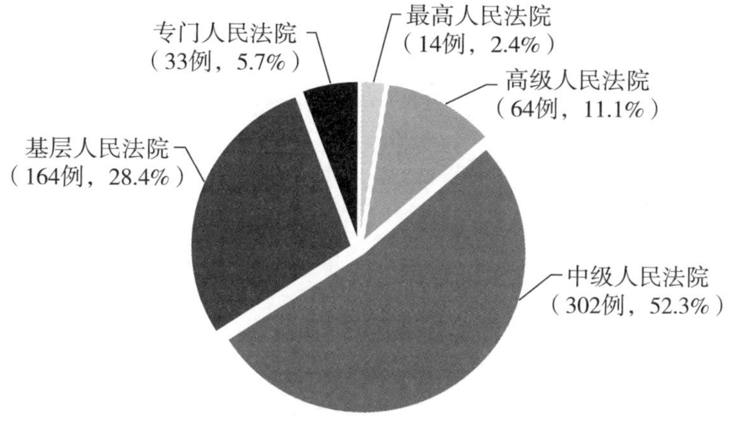

图 3－19　应用案例审结法院级别

最高人民法院占比最低的原因可能是最高人民法院每年审理的行政案件数量有限。虽然基层人民法院每年审理的行政案件数量最多,但是援引数量却不及中级人民法院的援引数量,可见在行政司法实践中,指导性案例的援引和法官的水平和对案例指导制度的接受程度有关。

对比已发布的行政指导性案例的审级(见图 3－7),可以发现:(1)无论是发布案件还是应用案例,中级人民法院都在数量上做出最大贡献,发布量占比为48%,应用量占比约为52%。(2)专门人民法院并未贡献行政指导性案例,但在行政司法审判中有33例应用指导性案例的案件。(3)最高人民法院在行政审判当中应用指导性案例的数量占应用总量的比例约为2.4%,相比其行政指导性案例在总量中的占比12%有所减少。同样的问题,高级人民法院、中级人民法院占比增加,基层人民法院占比减少。

(五)审理程序以二审为主

根据在行政司法领域应用指导性案例的不同审理程序,绘制出图 3－20。据此图可知,在行政司法中运用指导性案例的案件中,占比最多的是二审案件,案件数为312例,占比约为57.1%;其次是一审案件191例,占比约为35.0%;再审案件29例,占比约为5.3%。其他程序还包括建议程序1例,占比约为0.2%;执行案件10例,占比约为1.8%;国家赔偿案件1例,占比约为0.2%。最为特殊的是除了这些审判程序之外,还有两例其他行政文书,即陕西省商洛市中级人民法院的两个答复函。

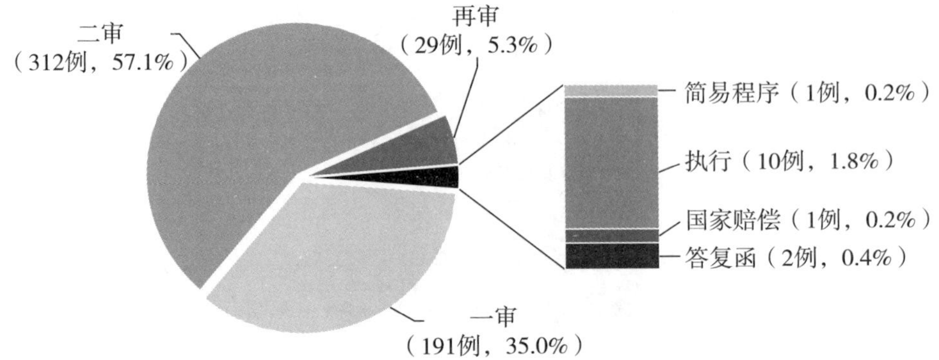

图3－20　应用案例审理程序统计

同已发布的行政指导性案例的最终审理程序对比可知：(1)行政指导性案例均为一审、二审、再审程序，而在行政司法应用领域应用范围则扩展到简易、执行、国家赔偿程序以及作为其他行政文书的法院答复函当中。(2)在应用领域，本就占比最高的二审程序占比从48%进一步增加，达到约57.1%。一审程序占比略有减少从36%减少到约35.0%；再审程序占比明显减少，从16%减少到了约5.3%。

(六)文书类型以判决书居多

根据行政司法实践当中应用指导性案例的文书类型划分制作出统计图3－21。据此图可知，在行政司法实践当中，应用指导性案例的文书绝大多数是判决书和裁定，两者总计占比超过99%，也有5例其他类型的行政司法文书，包括两例答复函和三例一审、二审的其他类型文书，占比约为0.9%。在统计样本中，判决书的数量最多，为321例，占比达到约为58.8%；法院作出裁定书的案件共220例，占比约为40.3%。

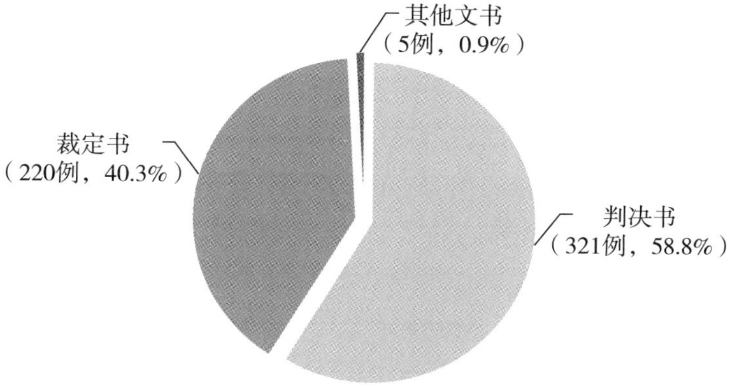

图 3－21　应用案例文书类型统计

对比已发布的行政指导性案例中的文书比例（见图 3－9）发现：（1）行政指导性案例的文书类型只有判决书和裁定书，而在其他行政文书领域也有应用指导性案例的情况。（2）相比应用领域，裁定书作为指导性案例的裁判文书的比例较少，只占 16%，相应的判决书在指导性案例文书中的占比要大于其在行政司法应用中的占比。

三、应用指导性案例案件的案由

（一）涉及的行政管理领域统计

在行政司法领域涉及援引指导性案例的案件当中，有 531 例涉及明确的行政管理领域，这些案件当中，又可以进行行政作为和行政不作为的分类。根据以上两项标准，制作出表 3－4。

表 3－4　行政管理领域统计

行政管理领域	行政作为（例）	行政不作为（例）	总计（例）	占比（%）
食品药品安全	136	16	152	28.6
城乡建设	90	1	91	17.1
资源管理	58	10	68	12.8
劳动和社会保障	37	2	39	7.3
其他行政管理	30	9	39	7.3
质量监督	28	5	33	6.2

续表

行政管理领域	行政作为(例)	行政不作为(例)	总计(例)	占比(%)
工商管理	16	1	17	3.2
公安	14	1	15	2.8
环境保护	11	—	11	2.1
盐业	11	—	11	2.1
乡政府	8	3	11	2.1
农业	4	2	6	1.1
税务	6	—	6	1.1
教育	3	3	6	1.1
商标	5	—	5	0.9
物价	3	1	4	0.8
民政	3	1	4	0.8
金融	2	1	3	0.6
司法行政	3	—	3	0.6
公共卫生	1	—	1	0.2
交通运输	1	—	1	0.2
审计	1	—	1	0.2
烟草专卖	1	—	1	0.2
国有资产	1	—	1	0.2
行政监察	1	—	1	0.2
计划生育	—	1	1	0.2
总计	474	57	531	100.0
占比	89.3%	10.7%	—	—

根据表3－4可知:(1)行政司法领域应用指导性案例的案件涉及26个典型的行政管理领域,对比已公布的行政指导性案例所涉及的13个行政管理领域有明显增加,新涉及的行政管理领域有物价、税务、金融、烟草专卖、司法行政、国有资产、行政监察、乡政府、计划生育等。(2)指导性案例在行政作为争议领域的应用数量大于行政不作为争议,为474例,占比达到约89.3%。(3)应用

案例的行政管辖领域主要集中在食品药品安全(约28.6%)、城乡建设(约17.1%)、资源管理(约12.8%)三个领域,其余领域占比均不超过10%。对比已发布的行政指导性案例,行政管理领域占比最多的工商管理(16%)、土地资源(12%)、劳动与社会保障(12%)、环境污染(12%),重心发生了一定转移。只有资源管理领域,既是发布案例的侧重点,又是应用案件的侧重点。

(二)涉及争议行政行为统计

在涉及争议的行政行为方面,由于在行政司法领域应用指导性案例的案件涉及的行政行为可能不止一种,因此本处将涉及多个争议行政行为的应用案件重复统计,总计统计了592件次(样本为546例)。在计算占比方面,仍以在行政司法领域应用指导性案例的546例案件为分母,因而各项占比之和超过了100%而变成约108.4%(585/546件次)(见表3-5)。

表3-5　争议行政行为统计

争议行政行为	数量(件次)	占比(%)	争议行政行为	数量(件次)	占比(%)
行政复议	168	30.8	行政裁决	6	1.1
其他行政行为	133	24.4	行政命令	5	0.9
行政处罚	61	11.2	行政补偿	5	0.9
政府信息公开	55	10.1	行政征收	5	0.9
行政监督	40	7.3	行政规划	4	0.7
行政确认	38	7.0	行政许可	3	0.5
行政批准	17	3.1	行政协议	2	0.4
行政强制	15	2.7	行政执行	2	0.4
行政撤销	9	1.6	行政奖励	1	0.2
行政受理	8	1.5	行政给付	1	0.2
行政登记	7	1.3			

根据表3-5可知,行政司法领域应用指导性案例的案件中争议行政行为最多的行政复议,数量为168件次,占比约为30.8%。其次是一些非典型其他行政行为(包括行政不作为),总计133件次,占比约为24.4%。典型行政行为中涉及最多的是行政处罚行为和政府信息公开行为,分别为61件次和55件

次，分别占比约为 11.2% 和 10.1%；40 件次行政监督行为案件，占比约为 7.3%；38 件次行政确认行为案件，占比约为 7.0%；17 件次行政批准案件，占比约为 3.1%；15 件次行政强制案件，占比约为 2.7%。其余典型行政件次则均不超过 10 件次。

对比已经发布的行政指导性案例涉及的争议行政行为（见图 3－3），可得出如下结论：（1）应用案例案件涉及的争议行政行为种类明显增多，由发布案例涉及的 10 种典型行为增加到 22 种。（2）在应用领域涉及最多的行政复议行为和其他非典型行政行为在发布案例中均未涉及。除去这两个发布案例中未涉及的行政行为，发布案例中涉及最多的行政处罚行为在应用案件中仍占比较多，而同为发布案例中占比最多的行政许可行为在应用案件当中却只有 3 件次，占比甚微。在公布案例中占比较多的行政确认和行政公开（政府信息公开）在应用案件中占比也比较多。

四、应用案件具体援引情况分析

（一）援用主体

援用主体指的是在行政司法实践当中，提出援用某指导性案例的主张的主体，据此标准进行统计，制作出图 3－22。

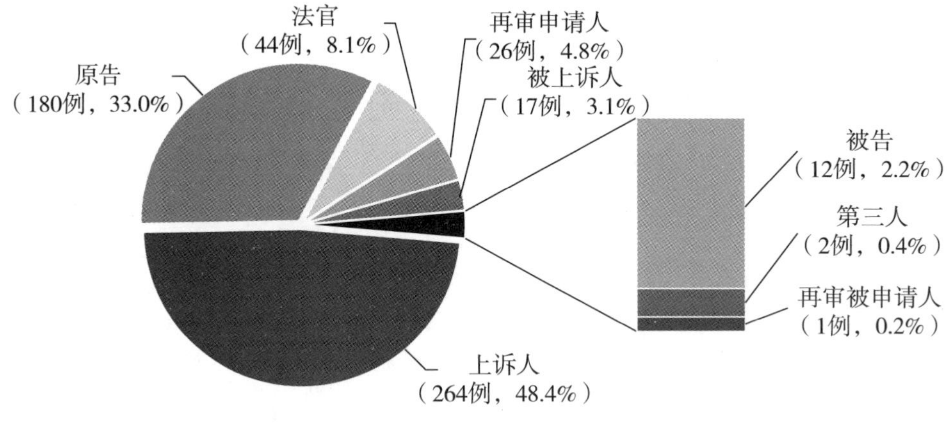

图 3－22　应用案例援用主体统计

根据图3－22可知，在应用案例当中，应用主体最多的是二审上诉人，数量为264例，占比约为48.4%；其次是一审原告，案例数为180例，占比约为33.0%。以上两主体成为行政司法领域应用指导性案例主体的绝大多数，总计占比超过80%。而作为主导行政司法审判的法官主体在行政司法当中援用案件占比并不高，只有44例，占比约为8.1%。其他主体还包括再审申请人援用案件26例，占比约为4.8%；被上诉人援用案件17例，占比约为4.8%；一审被告援用案件12例，占比约为2.2%；第三人援用案件2例，占比约为0.4%；再审被申请人援用案件1例，占比约为0.2%。

据此统计作出如下分析：(1)法官援用指导性案例的主动性不足，在以法官为主导的行政审判模式下，行政司法实践援引指导性案例的案件中法官作为援引指导性案例的主体的比例只有约8.1%。(2)主动寻求权利救济的主体更乐于援引指导性案例。无论是一审原告还是二审上诉人，他们均具备不服行政机关或一审法院的权利义务分配而寻求司法救济的属性。此时，为实现权利的救济，其在收集证据以及准备诉讼理由方面定然会积极准备，而如果能援引指导性案例，可谓是有利无害。因此两者作为援引指导性案例主体的比例之和超过了80%。相比之下，被告以及被上诉人在依法主张权利方面则显得被动，两者比例之和只有约5.3%。(3)单从一审程序分析，作为原告的行政相对人援引指导性案例的积极程度要远高于作为被告的行政机关，其占比分别是约33.0%和约2.2%。

(二)应用方式

指导性案例的应用方式，是指在行政司法实践当中应用指导性案例的主体具体以何种方式应用指导性案例，主要解决的问题是在行政司法实践援引指导性案例的案件当中，法官是主动援引指导性案例还是先由当事人援引，法官再作出回应，抑或当事人一方援引指导性案例希望法官支持其诉求主张，但法官在判决中未予以回应等不同情况的统计分析。具体而言，根据应用方式的不同要素，可以将行政司法当中指导性案例的援引方式分为以下四类：

第一，“明示援引”，是指法官在行政司法实践当中明确援引了指导性案例来进行说理。“明示援引”又可以分为主动援引和被动援引两种，主动援引指的是未经当事人在审理阶段对某指导性案例进行援引，法官在审判当中主动应用指导性案例进行说理；被动援引指的是法官在审判阶段对于当事人援引的指导性案例是否适用进行明确回应的情况。[1]

第二,“隐性援引”,是指在行政司法实践中,当事人在审理阶段援引指导性案例用于支持己方观点,而法官在裁判中虽未对是否援用指导性案例予以明确说明,但实际裁判结果并不违背指导性案例的裁判要点的情况。[2]

第三,“评析性援引”,是指裁判文书的正文当中并未提及指导性案例,但是在该案例正文后所附的专家点评、评析、补评及典型意义等中提到指导性案例的情况。[3]

第四,“非法官援引”,是指在行政司法实践当中,仅当事人一方援用了指导性案例,而法官既没有在裁判当中作出明确回应,其裁判结果也与该指导性案例的裁判要点无关的援引情况。

据此分类方法制作出统计图 3 - 23。据图 3 - 23 可知,行政司法实践应用指导性案例的案件当中,其应用方式最多的“隐性援引”,即在当事人一方援引指导性案例的情况下,法院作出与指导性案例裁判要点相符合的判决,案件数量为 347 例,占比约为 63.6% 。比较特殊的是援引在裁判文书原文之外的“评析性援引”,只有 2 例,占比约为 0.4% 。“明示援引”案件为 118 例,占比约为 21.6% 。

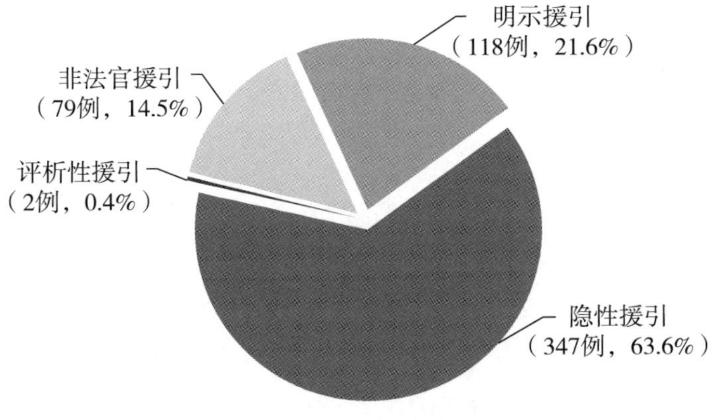

图 3 - 23　应用方式统计

---

〔1〕 参见张骐:《再论类似案件的判断与指导性案例的使用——以当代中国法官对指导性案例的使用经验为契口》,载《法制与社会发展》2015 年第 5 期。

〔2〕 参见郭叶:《最高人民法院指导性案例司法应用研究报告》,北京大学出版社 2018 年版,第 138 页。

〔3〕 参见郭叶:《最高人民法院指导性案例司法应用研究报告》,北京大学出版社 2018 年版,第 138 页。

进一步分析可知，在行政司法实践当中，大多数法官都不会无视指导性案例制度，其或是在裁判文书中直接就援用指导性案例进行说理或作出不予适用的回应，或是虽不予以明确援引，但是在裁判文书当中遵照指导性案例的裁判要点，只有极少数案件的审理法官既没有明确作出回应，作出的裁判也并未遵照或与当事人援用的指导性案件的裁判要点无关，这样的“非法官援引”案件有79例，占比约14.5%。同时，即使指导性案例制度已经在我国培育多年，但法官在裁判文书当中直接明示性运用指导性案例的案件仍然较少，亦没有形成依据指导性案例进行裁判的模式。对于“审判类似案例时应当参照”[1]的规定，大多数法官还是选择“默默遵循”的“参照”方式。

结合发布主体与应用方式两项统计，可以得出如下结论：主动“明示援引”案件数量为42例，在118例“明示援引”案件当中占比约为35.6%；被动“明示援引”案件数量为76例，占比约为64.4%（见图3－24）。也就是说，大部分法官在对指导性案件的明确说明中，回应了当事人提出的援用指导性案例的主张，有小部分是法官主动援用指导性案件。在被动“明示援引”的76例案件中，法官对上诉人和原告的主张作出回应的案件数量分别为29例和39例，占比分别为约38.2%和约51.3%；回应被上诉人、被告人和再审被申请人的分别为2例、2例和4例，占别分别为约2.6%、约2.6%和约5.3%（见图3－25）。

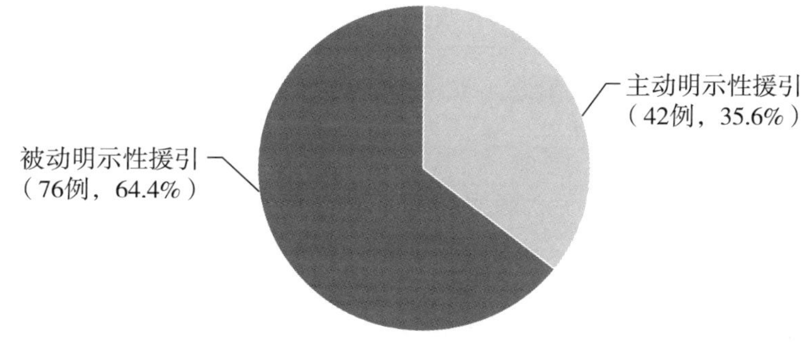

图3－24　明示性援引统计

〔1〕《案例指导工作规定》第7条规定：“最高人民法院发布的指导性案例，各级人民法院审判类似案件时应当参照。”

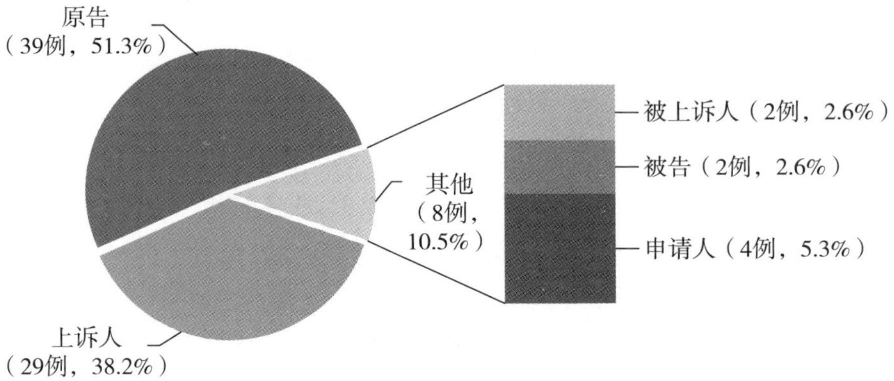

图 3－25　被动明示性援引统计

通过对应用主体和应用方式的分类统计，制作出表 3－6 和表 3－7。

表 3－6　应用主体与应用方式分类统计

单位：例

主体	明示援引	隐性援引	非法官援引	评析性援引	总计
上诉人	29	177	58	—	264
原告	39	121	19	1	180
被上诉人	2	15	—	—	17
被告	2	10	—	—	12
再审申请人	4	20	2	—	26
法官	42	1	—	1	44
第三人	—	2	—	—	2
再审被申请人	—	1	—	—	1
总计	118	347	79	2	546

表 3－7　应用主体与应用方式及占比分类统计

单位：例

主体	明示援引	占比	隐性援引	占比	非法官援引	占比	评析性援引	占比	总计
上诉人	**29**	11.0%	**177**	67.0%	**58**	22.0%	—	—	**264**
	24.6%	—	51.0%	—	73.4%	—	—	—	48.4%

续表

主体	明示援引	占比	隐性援引	占比	非法官援引	占比	评析性援引	占比	总计
原告	**39**	21.7%	**121**	67.2%	**19**	10.6%	**1**	0.6%	**180**
	33.1%	—	34.9%	—	24.1%	—	50.0%	—	33.0%
被上诉人	**2**	11.8%	**15**	88.2%	—	—	—	—	**17**
	1.7%	—	4.3%	—	—	—	—	—	3.1%
被告	**2**	16.7%	**10**	83.3%	—	—	—	—	**12**
	1.7%	—	2.9%	—	—	—	—	—	2.2%
再审申请人	**4**	15.4%	**20**	76.9%	**2**	7.7%	—	—	**26**
	3.4%	—	5.8%	—	2.5%	—	—	—	4.8%
法官	**42**	95.5%	**1**	2.3%	—	—	**1**	2.3%	**44**
	35.6%	—	0.3%	—	—	—	50.0%	—	8.1%
第三人	—	—	**2**	100.0%	—	—	—	—	**2**
	—	—	0.6%	—	—	—	—	—	0.4%
再审被申请人	—	—	**1**	100.0%	—	—	—	—	**1**
	—	—	0.3%	—	—	—	—	—	0.2%
总计	**118**	21.6%	**347**	63.6%	**79**	14.5%	**2**	0.4%	546

注:加粗数据右侧百分比为该数据在横向数据中的占比,其下方百分比为其在纵向数据中的占比。

由表3-6和表3-7可知:

(1)“明示援引”的应用主体只有上诉人、原告、被上诉人、被告、再审申请人和法官五种。其中“明示援引”的应用主体主要是法官,共计42例,其在“明示援引”案件中占比约35.6%,在法官应用当中占比为约95.5%。虽然在案件数量上,上诉人和原告作为应用主体的“明示援引”案件分别有29例和39例,在“明示援引”案件当中占比为约24.6%和约33.1%,但是其在上诉人和原告主体的应用案件总数中占比只有约10.1%和约21.7%,可见这两种应用方式在上诉人和原告作为应用主体的案件中并不是主要的。在数量上最少的是被上诉人应用案件和被告应用案件,数量各为2例,占“明示援引”案件数量比例均为约1.7%,分别占被上诉人应用案件和被告应用案件的约11.8%和约16.7%。在比例上应用最低的则是上诉人主体案件，其占上诉人应用案件的比例约为11.0%。

(2)“隐性援引”的方式是除了法官之外，其他援用主体用的主要方式。也就是说，大多情况下法官对于当事人的援用指导性案例的主张只是在裁判当中不作出违背其援引案例裁判精神的判决，并未对其主张作出明确回应。其中包括上诉人作为应用主体的“隐性援引”案件有177例，约占上诉人应用案件的67.0%，约占“隐性援引”案件的51.0%；原告作为应用主体的“隐性援引”案件有121例，约占原告应用案件的67.2%，约占“隐性援引”案件的34.9%；被上诉人作为应用主体的“隐性援引”案件有15例，约占被上诉人案件的88.2%，约占“隐性援引”案件的4.3%；被告作为应用主体的“隐性援引”案件有10例，约占被告应用案件的83.3%，约占“隐性援引”案件的2.9%；再审申请人作为应用主体的“隐性援引”案件有20例，约占再审申请人案件的76.9%；法官作为应用主体的“隐性援引”案件有1例，约占法官应用案件的2.3%，约占“隐性援引”案件的约0.3%；2例第三人应用主体的案件其应用方式都是“隐性援引”，约占“隐性援引”案件的0.6%。再审被申请人应用的1件案例的应用方式也是“隐性援引”，占“隐性援引”案件的0.3%。

(3)当法官自己作为援用主体时，其在裁判文书中运用指导性案例进行说理的方式自然为“明示援引”。在44例法官作为应用主体的案件中，有42例案件的应用方式为主动“明示援引”(约95.5%)，即法官作为援用主体时，其应用方式并不全都是“明示援引”，这种情况也存在有2例例外(约4.5%)。在法官作为应用主体的案件中，亦存在1例发表在《人民司法》上的“评析性援引”[1]，在此案中法官作为评析主体在法院期刊当中援引了指导性案例对案件进行评析；以及1例法官作为应用主体的“隐性援引”案件[2]。

(4)“非法官援引”的79例案件应用主体只有上诉人、原告和再审申请人三类。其中包括上诉人主体案件58例，约占“非法官援引”案件的73.4%，占上诉人应用案件的22.0%；原告主体案件19例，约占“非法官援引”案件的24.1%，

[1] 曹永锡与江苏省如皋市规划局等房屋登记行政纠纷上诉案，江苏省南通市中级人民法院(2016)苏06行终435号民事裁定书。评析参见张祺炜、顾建兵：《商品房预售合同登记备案的司法审查》，载《人民司法(案例)》2017年第5期。

[2] 上海华优化学品有限公司与上海市酒类专卖管理局要求返还财物上诉案，上海市第三中级人民法院(2015)沪三中行终字第37号行政判决书。

占原告作为应用主体案件的10.6%;再审申请人案件2例,约占"非法官援引"案件的2.5%,约占再审申请人应用案件的7.7%。"非法官援引"案件意味着法官对于司法过程中当事人所提出的关于应用指导性案例的主张是一种"置之不理"的态度,即既没有对此作出明确说明,在审判结果上亦没有遵循。而出现这种情况的应用主体全都是向法院提出主张维护自己权利的主体,在一审程序上全都是作为行政相对人的原告方,在二审程序上这些上诉人也都是一审原告,再审申请人为应用主体的两个"非法官援引"案件其申请人身份也都是一审原告。相反,在被告、被申请人、被上诉人援引指导性案例的案件中则无"非法官援引"的应用方式。

(三)援引内容

根据《案例指导工作规定》的要求以及实践中最高人民法院发布的指导性案例,指导性案例包括案件编号、案件名、发布日期、关键词、裁判要点、相关法条、基本案情、裁判结果、裁判理由、审判人员10个部分的内容。在行政司法实践当中,援引主体并不会一次性将指导性案件的10个部分都作为援引内容,而是选择能够支持自己主张或者裁判结论的一个或者几个部分作为援引内容。因此,对于援引多项内容的情况,笔者分别进行统计,在计算占比时,仍以样本容量546例案件作为分母,通过对统计样本546例行政司法实践中援引指导性案例案件中援用部分的统计,共有551件次的案件被计入统计,据此制作出图3-26和表3-8。

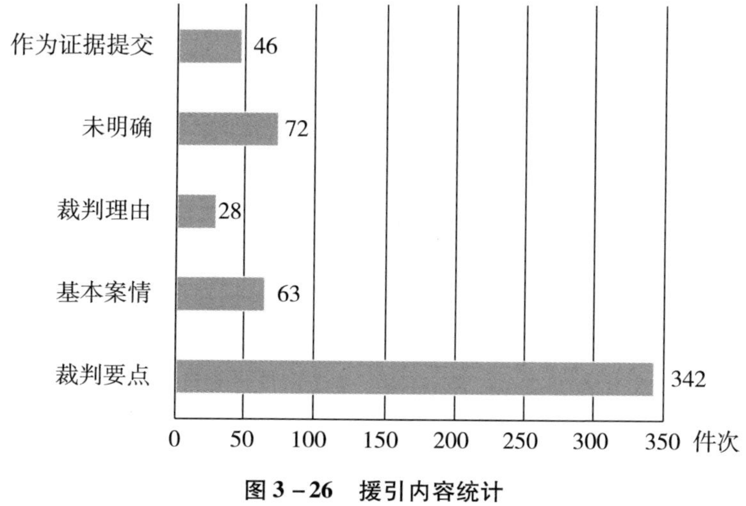

图3-26 援引内容统计

表 3－8　援引内容统计

援引内容	案件数量/例	占比/%
裁判要点	342	62.6
基本案情	63	11.5
裁判理由	28	5.1
未明确	72	13.2
作为证据提交	46	8.4

由图 3－26 和表 3－8 可知，在援引指导性案例的行政案件当中，由于裁判要点最能突出体现指导性案件所要传达的裁判精神和对法律及行为、事实的解释，故援用最多的部分是指导性案例的裁判要点，援用数量为 342 件次，在统计的 546 例案件中占比约为 62.6%。表述基本案情的目的在于说明争议案件所援用案例属于类案，在实践中援用基本案情的案件数目为 63 件次，占比约为 11.5%。援引部分最少的是裁判理由，即指导性案例的说理部分，为 28 件次，占比约为 5.1%。同时，也存在有虽然援引指导性案例但并未明确援引指导性案例哪一部分的内容作为支持自己主张的依据的案件 72 件次，占比约为13.2%；以及直接将指导性案例作为证据使用的案件 46 件次，占比约为 8.4%。

根据援引内容和应用主体进行分类统计，制作出表 3－9 和表 3－10。[1]

表 3－9　应用主体与应用内容分类统计

单位：件次

主体	裁判要点	基本案情	裁判理由	未明确	作为证据提交	总计
上诉人	190	34	10	27	6	267
原告	86	19	10	30	37	182
被上诉人	10	2	1	2	2	17
被告	3	—	3	5	1	12
再审申请人	14	6	2	4	—	26
法官	38	2	1	3	—	44

〔1〕 由于个别应用案件援用的指导性案例不止一个，因此 546 个指导性案例应用案件共统计了 551 件次的应用情况。

续表

主体	裁判要点	基本案情	裁判理由	未明确	作为证据提交	总计
第三人	—	—	1	1	—	2
再审被申请人	1	—	—	—	—	1
总计	342	63	28	72	46	551

表 3－10　应用主体与应用内容及占比分类统计

单位:件次

主体	裁判要点	占比	基本案情	占比	裁判理由	占比	未明确	占比	作为证据提交	占比	总计
上诉人	**190**	71.20%	**34**	12.70%	**10**	3.70%	**27**	10.10%	**6**	2.20%	**267**
	55.60%	—	54.00%	—	35.70%	—	37.50%	—	13.00%	—	48.50%
原告	**86**	47.30%	**19**	10.40%	**10**	5.50%	**30**	16.50%	**37**	20.30%	**182**
	25.10%	—	30.20%	—	35.70%	—	41.70%	—	80.40%	—	33.00%
被上诉人	**10**	58.80%	**2**	11.80%	**1**	5.90%	**2**	11.80%	**2**	11.80%	**17**
	2.90%	—	3.20%	—	3.60%	—	2.80%	—	4.30%	—	3.10%
被告	**3**	25.00%	—	—	**3**	25.00%	**5**	41.70%	**1**	8.30%	**12**
	0.90%	—	—	—	10.70%	—	6.90%	—	2.20%	—	2.20%
再审申请人	**14**	53.80%	**6**	23.10%	**2**	7.70%	**4**	15.40%	—	—	**26**
	4.10%	—	9.50%	—	7.10%	—	5.60%	—	—	—	4.70%
法官	**38**	86.40%	**2**	4.50%	**1**	2.30%	**3**	6.80%	—	—	**44**
	11.10%	—	3.20%	—	3.60%	—	4.20%	—	—	—	8.00%
第三人	—	—	—	—	**1**	50.00%	**1**	50.00%	—	—	**2**
	—	—	—	—	3.60%	—	1.40%	—	—	—	0.40%
再审被申请人	**1**	100.00%	—	—	—	—	—	—	—	—	**1**
	0.30%	—	—	—	—	—	—	—	—	—	0.20%
总计	**342**	62.10%	**63**	11.40%	**28**	5.10%	**72**	13.10%	**46**	8.30%	**551**

注:加粗数据右侧百分比为该数据在横向数据中的占比,其下方百分比为其在纵向数据中的占比。

由表 3－9 和表 3－10 可知:

(1)裁判要点是除了第三人和被告外的其他援用主体最热衷于援引的内

容。其中上诉人应用裁判要点的案件有 190 件次,在上诉人作为应用主体的 267 件次的援用次数当中占比约为 71.2%。原告应用裁判要点的案件为 86 件次,在原告应用案件的援用次数当中占比约为 47.3%。被上诉人援用裁判要点的案件有 10 件次,在被上诉人作为援用主体案件的援引次数中占比约为 58.8%。法官应用裁判要点的案件有 38 件次,约占法官作为应用主体的案件总数的86.4%。再审被申请人只有 1 例应用案件,援用的内容为裁判要点。

作为例外,在第三人作为应用主体的 2 例应用案件中,其中 1 例援引了裁判理由,另一件则没有明确援引的内容。被告人作为主体援引裁判要点的案件为 3 件次,占被告人应用案件的援用次数的 25.0%,约占援引裁判要点案件援用次数的 0.90%。

(2)在援用基本案情方面,应用数量最高的是上诉人主体案件,数量为 34 件次,约占援引基本案情案件援用次数的 54.0%,在上诉人援用次数中占比约为 12.7%。应用占比最高的是再审申请人主体案件,虽然应用数量为 6 件次,只占援引案件次数的 9.5%,但其在再审申请人主体案件次数中占比约为 23.1%,在不同应用主体当中占比最高。而应用数量和应用占比最低的都是法官主体,在数量上为 2 件次,占援用基本案情案件次数的 3.2%,在法官援用案件次数中占比为 4.5%。

(3)在援引裁判理由方面,应用数量最多的是上诉人应用案件和原告应用案件,两者分别为 10 件次,约占援引裁判理由案件次数的 35.7%,其在各自主体的应用案件次数当中分别占比为约 3.7% 和约 5.5%。应用比例最高的是被告应用案件,数量为 3 件次,虽然只占援用裁判理由案件次数的 10.7%,但在被告案件应用案件当中占比为 25%。援引数量最少的有被上诉人应用案件和法官应用案件,分别应用了 1 件次,在援用裁判理由案件次数中占比 3.6%,其在上诉人应用案件次数和法官应用案件次数当中分别占比 5.9% 和 2.3%。同时,法官应用裁判理由案件次数也是各应用主体中占比最低的。

(4)在未明确援引内容的案件方面,数量上应用案件次数最多的是原告应用案件,数量为 30 件次,占未明确援引案件次数的 41.7%,在原告应用案件次数中占比约 16.5%。应用比例最高的是第三人主体案件,数量为 1 件次,约占未明确引用案件次数的 1.4%,占第三人主体案件次数的 50%。同时第三人未明确援引内容的案件次数是各主体当中最少的。未明确引用案件次数占不同引用主体比例最低的为法官主体案件，共 3 件次，约占未明确引用案件的 4.2%，在法官主体案件次数中约占 6.8%。

（5）在作为证据提交的案件方面，只有上诉人、原告、被上诉人和被告四类主体。其中次数最多的是原告应用案件，为 37 件次，约占作为证据提交案件次数的 80.4%，在原告应用案件次数当中占比约为 20.3%，同时其也是应用比例最高的主体。应用数量最少的为被告应用案例，只有 1 件次，占作为证据提交的案件次数的 2.2%，在被告应用次数当中占比约为 8.3%。而在不同主体中比例最低的为上诉人应用案件，共 6 件次，占作为证据提交的案件次数的 13.0%，在上诉人应用案件当中占比为约 2.2%。从司法程序的角度看，大多数作为证据提交的案件集中在一审程序当中，共 38 件次，占比超过 82.0%。

对应用方式与应用内容进行分类统计制作出表 3－11 和表 3－12。

表 3－11　援引方式和援引应用内容分类统计

单位：件次

方式	裁判要点	基本案情	裁判理由	未明确	作为证据提交	总计
明示援引	70	14	3	17	16	120
隐性援引	211	47	24	51	17	350
非法官援引	59	2	1	4	13	79
评析性援引	2	—	—	—	—	2
总计	342	63	28	72	46	551

表 3－12　援引方式和援引应用内容占比分类统计

单位：件次

方式	裁判要点	占比	基本案情	占比	裁判理由	占比	未明确	占比	作为证据提交	占比	总计
明示援引	**70**	58.3%	**14**	11.7%	**3**	2.5%	**17**	14.2%	**16**	13.3%	**120**
	20.5%	—	22.2%	—	10.7%	—	23.6%	—	34.8%	—	21.8%
隐性援引	**211**	60.3%	**47**	13.4%	**24**	6.9%	**51**	14.6%	**17**	4.9%	**350**
	61.7%	—	74.6%	—	85.7%	—	70.8%	—	37.0%	—	63.5%
非法官援引	**59**	74.7%	**2**	2.5%	**1**	1.3%	**4**	5.1%	**13**	16.5%	**79**
	17.3%	—	3.2%	—	3.6%	—	5.6%	—	28.3%	—	14.3%

续表

方式	裁判要点	占比	基本案情	占比	裁判理由	占比	未明确	占比	作为证据提交	占比	总计
评析性援引	**2**	100%	—	—	—	—	—	—	—	—	**2**
	0.6%	—	—	—	—	—	—	—	—	—	0.4%
总计	**342**	62.1%	**63**	11.4%	**28**	5.1%	**72**	13.1%	**46**	8.3%	**551**

注:加粗数据右侧百分比为该数据在横向数据中的占比,其下方百分比为其在纵向数据中的占比。

由表3-11和表3-12可知:

(1)在援引裁判要点的342件次应用中,数量最多的是“隐性援引”案件,为211件次,约占援引裁判要点的案件次数的61.7%,在“隐性援引”案件次数中占比约为60.3%。同时,援引裁判要点的案件是各个应用主体案件次数中占比最多的,在不同主体的应用件次中的占比均超过了一半。其中占比最少的为“明示援引”案件,应用次数为70件次,约占应用裁判要点的案件次数的20.5%,在“明示援引”的案件次中占比约为58.3%。占比最低的是“评析性援引”案件,其有2例案件都援用了裁判要点,在裁判要点案件次数当中占比约为0.6%,同时其也是裁判要点案件当中数量最少的案件。

(2)在援用基本案情的63件次应用中,数量最多的是“隐性援引”案件,为47件次,占援用基本案情案件次数的74.6%,在“隐性援引”案件次数中占比为13.4%,同时其也是援用基本案情案件次数中占比最高的。援用数量最少的是“非法官援引”案件,为2件次,占基本案情案件援引次数的3.2%,在“非法官援引”案件次数中占比约为2.5%,同时其在不同应用主体当中应用次数占比也为最低。同时由于“隐性援引”案件在各应用类型的案件当中占比最多(546例样本当中占了347例,占比约为63.6%),因而其成为不同援引内容当中援引次数最多的案件类型。

(3)在援用裁判理由的28件次应用中,数量最多的是“隐性援引”案件,数量为24件次,约占援用裁判理由的案件次数的85.7%,在“隐性援引”案件次数中占比约为6.9%。同时其也是不同援用主体案件当中占比最高的案件类型。数量和占比最低的是“非法官援引”案件,为1件次,约占援用裁判理由案件次数的3.6%,在“非法官援引”案件次数当中占比约为1.3%。

(4)在援用内容未明确的72件次应用当中,数量最多的是“隐性援引”案件,为51件次,约占援引内容未明确案件次数的70.8%,在“隐性援引”案件中占比约为14.6%,同时其也是不同应用主体当中占比最高的应用类型。数量和占比最低的是“非法官援引”案件,其数量为4件次,约占援用裁判理由案件次数的5.6%,在“非法官援引”案件次数中占比约为5.1%。

(5)在作为证据提交的46件次应用中,数量最多的是“隐性援引”案件,为17件次,约占作为证据提交案件次数的37.0%,在“隐性援引”案件当中占比约为4.9%,同时其也是各应用主体中占比最高的案件类型。占比最少的是“非法官援引”案件,数量为13件次,约占作为证据提交案件次数的28.3%,在“非法官援引”案件次数当中占比约为16.5%。由此可见,作为证据提交的案件不被法官回应的可能性较大。但同时,其也是不同应用主体当中作为证据提交案件次数最少的应用类型。

(四)表述方式

在援用指导性案例的表述方式上,行政司法实践当中亦未完全统一。实践当中援用主体通过引用前述的指导性案例的10个部分对所欲援用的指导性案例进行表述,根据对应用案件中表述方式的统计,制作出图3-27和表3-13。

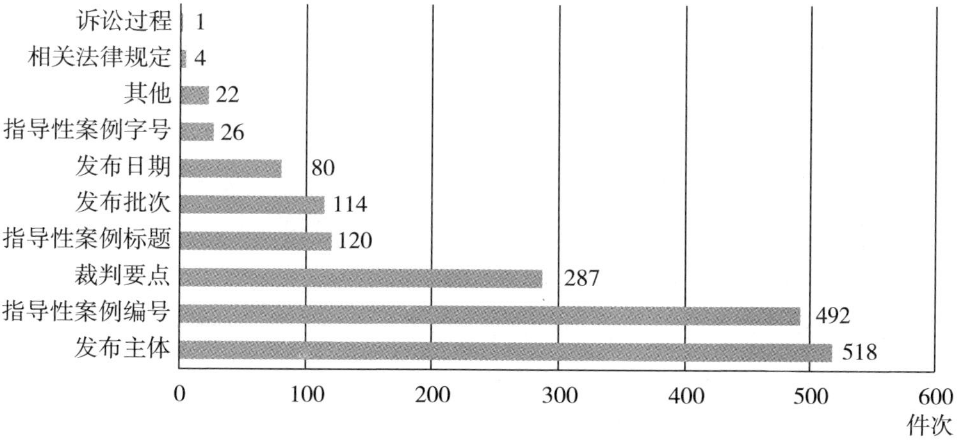

图3-27　表述方式统计

表 3－13　表述方式统计

应用表述	数量(件次)	占比(%)
发布主体	518	94.9
指导性案例编号	492	90.1
裁判要点	287	52.6
指导性案例标题	120	22.0
发布批次	114	20.9
发布日期	80	14.7
指导性案例字号	26	4.8
其他	22	4.0
相关法律规定	4	0.7
诉讼过程	1	0.2

由图 3－27、表 3－13 可知,在统计的 546 例援用指导性案例的案件当中,有 518 例案件在表述指导性案例时提及发布主体即最高人民法院,占比约为 94.9%。同时有 492 例案件提及指导性案例的编号,占比为 90.1%。上述两个要素是援用指导性案例过程当中定位指导性案例的最多选择,两者占比均超过 90%。之后是最能体现指导性案例所欲确立的规则的裁判要点,在表述中提及裁判要点的案例为 287 例,占比约为 52.6%。在表述当中提及指导性案例的发布批次以及指导性案例标题的案件分别为 114 例和 120 例,占比分别为约 20.9%和约 22.0%。而以发布日期、指导性案例字号、相关法律规定、诉讼过程以及其他元素来表示指导性案例的案件占比则均不超过 20%。

(五)案件应用结果

案件应用结果关注的是在应用指导性案例的行政司法实践当中,其案件裁判的最终结果是否遵循了指导性案例的裁判精神。就此标准而言,可以将参照结果区分为以下五种情况。

第一,"参照"。"参照"指的是在应用指导性案例的行政司法实践当中,法官在其判决文书当中明确了该案件同所援用的指导性案例属于类案并在判决中对指导性案例予以参照的情况。例如,在"福建省尤溪县烟草专卖局、陈某举烟草专卖行政管理（烟草专卖）案"的二审行政判决书[1]当中，法院在说理部分进行了"明示援引"，表明"参照最高人民法院指导案例41号的裁判要点，虽然上诉人尤溪烟草局对作出的行政处罚决定所适用的法律依据仅引用相关法律条款的条和项，未引用具体的目，但在行政诉讼中能够证明其行政行为符合法律法规的具体规定，不能视为适用法律错误"，进而表明了其对于指导案例41号的参照适用。

第二，"未参照"。"未参照"是指法官在庭审及判决当中对于当事人提出的将指导性案例作为证据或者法律依据的主张明确表示不予参照的情况。例如，在"杨某亮与阳城县发展和改革局其他行政行为案"的一审行政判决书[2]当中，原告提交的证据或法律依据当中就有一项是指导案例26号——"李某雄诉广东省交通运输厅政府信息公开案"。但是经过质证，法院认为该案例"发布于2014年，早于本案各方争执的是否应当适用的国办公开办函〔2015〕207号文件的发布时间，不应参考适用"，属于"未参照"的情况。

第三，"未说明"。"未说明"指的是在应用指导性案例的行政司法实践当中，法官在裁判文书的说理部分及裁判结果中涉及和当事人或法官援引指导性案例所欲表达的主张相关的判决内容，但是并未明确是否认定其属于指导性案例的类案或者将所援用的指导性案例作为审判的参照或依据。例如，在"张某国与北京市公安局大兴分局案"的二审行政判决书[3]当中，原告张某国以"根据《最高人民法院关于没收财产是否应进行听证及没收经营药品行为等有关法律问题的答复》（[2004]行他字第1号）第一项的规定，参照最高人民法院6号指导案例，并根据《公安机关办理行政案件程序规定》第一百二十三条的规定，大兴公安分局应告知张某国有要求举行听证的权利，但大兴公安分局作出没收张某国其犬的处罚决定时，未告知张某国有要求举行听证的权利，其行为剥夺张某国要求举行听证的权利，即处罚决定的作出违反法定程序"来主张被告大兴公安分局处罚行为的程序违法。法官在判决书当中对程序问题的说理是："大兴公安分局在履行询问调查、告知权利义务等程序的基础上，根据张某国违

---

〔1〕参见福建省永安市中级人民法院行政判决书，(2019)闽04行终25号。

〔2〕参见山西省晋城市高平市人民法院行政裁定书，(2019)晋0581行初33号。

〔3〕参见北京市第二中级人民法院行政裁定书，(2019)京02行终1955号。

法行为的情节，依据《北京市养犬管理规定》第二十六条、第二十九条第（四）项的规定，对张某国作出没收其饲养的德牧犬的行政处罚并无不当”。由此，法官虽然对于被告的行政行为的程序合法性作出了肯定性的判断，但是对于原告提出的最高人民法院指导案例 6 号是否能为本案所参照的裁判依据，法官未置可否，因此其应用结果属于“未说明”。

第四，“未回应”。“未回应”，是指虽然援用主体援引了指导性案例作为支持自己主张的证据或依据，但是从应用结果上来说，法官在裁判当中并没有对有关问题进行回应。相比于“未说明”类型，虽然“未回应”类型对所援用的指导性的问题进行了判断，但对是否应用指导性案例未予以明确。“未回应”型的应用结果则是法官在裁判当中并没有对应用主体援引指导性案例所表达的问题或主张作出回应。例如，在“吴某明、建宁县住房和城乡建设局城乡建设行政管理案”的再审审查与审判监督行政裁定书[1]当中，再审申请人吴某明认为：“《最高人民法院关于发布第 15 批指导性案例的通知》（法〔2016〕449 号）指导案例 76 号，国土资源局不履行行政协议的时间及法院审结该案的时间均在 2015 年 5 月 1 日之前，但该案仍然作为行政诉讼案件受理并审理。原审裁定认定本案不属于行政诉讼的受案范围错误，必然导致其适用的法律错误。”但是法院裁决结果当中并没有对于申请人所主张的受理时间和受理案件的类型划分问题进行回应，因而在应用结果上属于“未回应”。

第五，其他类型。在上述的四种较为常见的应用结果之外，有 1 例案件的应用结果属于上述分类方法之外，即发表在《人民司法（案例）》上的 1 例“评析性援引”案件[2]。由于此案件参照的指导性案例出现于刊物而非裁判文书之中，无须判断法官对于该指导性案例的应用结果，故而属于其他类型。

以此分类方法进行统计，制作出统计图 3－28。由图 3－28 可知，过半的应用案件的最终结果在审判当中都未得到法官的回应，这类案件共计 304 例，占比约为 55.7%；“未说明”的案件共计 124 例，占比约为 22.7%；“未参照”的案件为 67 例，占比约为 12.3%；“参照”案件只有 50 例，占比约为 9.2%；还有 1

〔1〕 参见福建省永安市中级人民法院（2019）闽 04 行申 1 号。

〔2〕 评析案例：曹永锡与江苏省如皋市规划局等房屋登记行政纠纷上诉案，江苏省南通市中级人民法院民事裁定书，（2016）苏 06 行终 435 号。评析参见张祺炜、顾建兵：《商品房预售合同登记备案的司法审查》，载《人民司法（案例）》2017 年第 5 期。

例其他结果案例,占比约为0.2%。

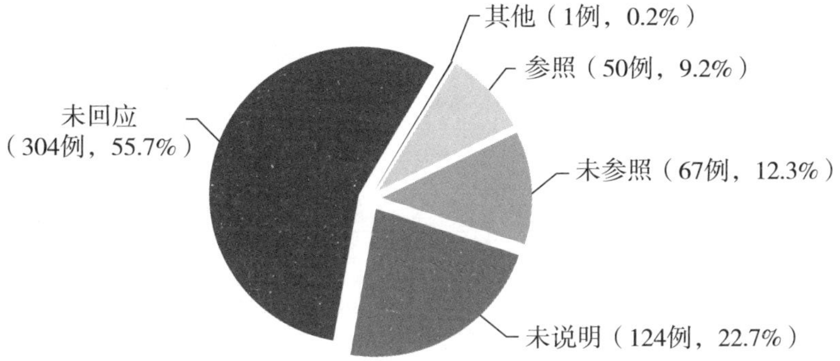

图3－28　案件应用结果统计

根据对不同应用主体和案件应用结果进行的分类统计,制作出表3－14和表3－15。

表3－14　应用结果与应用主体分类统计

单位:例

主体	未回应	未参照	未说明	参照	其他	总计
上诉人	166	27	69	2	—	264
原告	95	32	46	7	—	180
被上诉人	12	1	3	1	—	17
被告	8	2	2	—	—	12
再审申请人	20	4	2	—	—	26
法官	2	1	—	40	1	44
第三人	1	—	1	—	—	2
再审被申请人	—	—	1	—	—	1
总计	304	67	124	50	1	546

表 3 - 15　应用结果与应用主体占比分类统计

单位:例

主体	未回应	占比	未参照	占比	未说明	占比	参照	占比	其他	占比	总计
上诉人	**166**	62.9%	**27**	10.2%	**69**	26.1%	**2**	0.8%	—	—	**264**
	54.6%	—	40.3%	—	55.6%	—	4.0%	—	—	—	48.4%
原告	**95**	52.8%	**32**	17.8%	**46**	25.6%	**7**	3.9%	—	—	**180**
	31.3%	—	47.8%	—	37.1%	—	14.0%	—	—	—	33.0%
被上诉人	**12**	70.6%	**1**	5.9%	**3**	17.6%	**1**	5.9%	—	—	**17**
	3.9%	—	1.5%	—	2.4%	—	2.0%	—	—	—	3.1%
被告	**8**	66.7%	**2**	16.7%	**2**	16.7%	—	—	—	—	**12**
	2.6%	—	3.0%	—	1.6%	—	—	—	—	—	2.2%
再审申请人	**20**	76.9%	**4**	15.4%	**2**	7.7%	—	—	—	—	**26**
	6.6%	—	6.0%	—	1.6%	—	—	—	—	—	4.8%
法官	**2**	4.5%	**1**	2.3%	—	—	**40**	90.9%	**1**	2.3%	**44**
	0.7%	—	1.5%	—	—	—	80.0%	—	100.0%	—	8.1%
第三人	**1**	50.0%	—	—	**1**	50.0%	—	—	—	—	**2**
	0.3%	—	—	—	0.8%	—	—	—	—	—	0.4%
再审被申请人	—	—	—	—	**1**	100.0%	—	—	—	—	**1**
	—	—	—	—	0.8%	—	—	—	—	—	0.2%
总计	**304**	55.7%	**67**	12.3%	**124**	22.7%	**50**	9.2%	**1**	0.2%	**546**

注:加粗数据右侧百分比为该数据在横向数据中的占比,其下方百分比为其在纵向数据中的占比。

根据表 3 - 14 和表 3 - 15 可知:(1)在应用结果为“未回应”的 304 例案件当中,上诉人作为应用主体的案件数量最多,为 166 例,约占应用结果为“未回应”案件的 54.6%,在上诉人应用案件当中占比约为 62.9%。占比最多的为再审申请人应用案件,数量为 20 例,约占应用结果为“未回应”案件的 6.6%,在再审申请人应用案件当中占比约为 76.9%。样本当中再审被申请人主体未应用主体的 2 例案件结果中没有“未回应”的情况。应用数量最少的是第三人应用案件,为 1 例,约占应用结果为“未回应”案件的 0.3%,在第三人应用案件当中占比为 50.0%。

比较特殊的是应用占比最低的法官作为应用主体的结果为“未回应”的案

件,数量为2例,约占应用结果为“未回应”案件的0.7%,在法官应用案件当中占比约为4.5%。一般来说,法官作为指导性案例的应用主体,其应用的结果应当明确,而作为此2例案件之一的“成都市市场监督管理局与成都蜀粹坊食品有限公司工商处罚复议纠纷再审案”的判决文书[1]当中并没有提及指导性案例的相关内容。而实际上,在此案当中作为应用主体的法官并非该再审案的审判法官,而是原先审理该案的二审审判法官,再审法官审判时同样需要对于原审法官援引指导性案例进行说理的观点在本次审判当中是否参照适用进行判断。在该案的二审判决当中,法官在说理部分援引指导性案例的内容为“‘最高人民法院发布的第47号指导性案例意大利费列罗公司诉蒙特莎(张家港)食品有限公司、天津经济技术开发区正元行销有限公司不正当竞争纠纷案’第二点裁判要点认为,反不正当竞争法所保护的有一定影响的商品特有的包装、装潢,是指能够区别商品来源的盛装或者保护商品的容器等包装,以及在商品或者其包装上附加的文字、图案、色彩及其排列组合所构成的装潢”,以及“前述最高人民法院发布的第47号指导性案例第三点裁判要点认为,对他人能够区别商品来源的有一定影响的商品特有的包装、装潢,进行足以引起市场混淆、误认的全面模仿,属于不正当竞争行为”。据此可知,判断是否构成近似、造成混淆的标准,应当是已经使购买者误认为是该有一定影响的商品或者足以造成和他人有一定影响的商品相混淆[2],属于应用结果为参照的“明示援引”案件。而在再审审判文书当中,法官对于二审法官援用指导性案件所欲说明的“认定问题”则未予以回应,属于“未回应”的应用结果。

在另一例案件[3]当中,法官援引指导性案例的内容为“关于本案是否适用最高人民法院在2014年12月25日发布的指导案例41号‘宣某成等诉浙江省衢州市国土资源局收回国有土地使用权案’中‘行政机关作出具体行政行为时未引用具体法律条款,且在诉讼中不能证明该具体行政行为符合法律的具体规定,应当视为该具体行政行为没有法律依据,适用法律错误’的问题”。但是之后则论述了被申请人行为属于复议当中为援引法律而在诉讼过程当中向法院

[1] 参见四川省高级人民法院行政判决书,(2019)川行再9号。

[2] 参见四川省成都市中级人民法院行政判决书,(2017)川01行终569号。

[3] 参见张玉双与牡丹江市西安区人民政府等土地行政批复及复议纠纷再审案,黑龙江省高级人民法院(2018)黑行申77号行政判决书。

提供了法律依据，且适用法律正确，于是驳回了申请人的相关主张，对是否参照指导案例41号则未予回应。

（2）在应用结果为“未参照”的67例案件当中，有上诉人、原告、被上诉人、被告、再审申请人、法官六类应用主体。其中数量最多是原告应用案件，为32例，约占结果为“未参照”案件的47.8%，在原告应用案件当中占比约为17.8%，同时其也是在应用结果为“未参照”的案件中占比最多的应用主体。结果为“未参照”的案件当中数量最少的是被上诉人应用主体和法官应用主体案件，都为1例，均约占结果为“未参照”案件的1.5%，其在各自的应用主体当中占比分别为约5.9%和约2.3%。

总体来看，在援用指导性案例的行政司法实践当中，一审程序中当事人主体援引指导性案例时更容易被法官予以明确地拒绝参照表示。其中原告案件当中有约17.8%的结果为“未参照”，结果为“未参照”的被告应用主体案件虽然只有2例，但约占被告主体案件的16.7%，是各应用主体当中占比最高的两项。

（3）在应用结果为“未说明”的124例案件当中，除法官主体之外，其他主体均有应用案件。其中应用数量最多的是上诉人作为应用主体的案件，为69例，约占应用结果为“未说明”案件的55.6%，在上诉人案件当中占比为26.1%。在不同主体当中占比最高的案件为再审被申请人应用案件，案件数量为1例，约占应用结果为“未说明”案件的0.8%，该主体的应用案件只有这一例且被应用到结果为“未说明”的案件。数量最少的为第三人援引案件和再审被申请人应用案件，均为1例，其中第三人应用案件在该主体当中占比为50.0%。

（4）在应用结果为“参照”的50例案件当中，应用主体只有上诉人、原告、被上诉人和法官四类。其中法官应用主体无论是在应用数量上还是在各自主体的应用占比上都占有绝对优势，而其他主体在行政司法实践当中援引指导性案例获得法官明确“参照”的比例则极低。应用结果为“参照”的法官应用主体应用案件数量为40例，占全部应用结果的80.0%，在法官应用案件当中占比约为90.9%。在已有应用案件当中，数量最少的是被上诉人主体应用案件，为1例，占应用结果为“参照”的案件的2.0%，在被上诉人主体应用案件当中占比约为5.9%。而在各应用主体当中占比较低的是上诉人主体应用案件，数量为2例，占应用结果为“未参照”案件的4.0%，在上诉人主体应用案件当中占比约为

0.8%。除上述之外，还有1例法官作为援引主体的“评析性援引”案件，因其援引方式不影响案件结果而属于其他类型的应用结果。

通过对不同应用方式和不同应用结果的案件进行分类统计制作出表3－16和表3－17。

表3－16　应用方式与应用结果分类统计

单位：例

方式	未回应	未参照	未说明	参照	其他	总计
明示援引	2	67	—	49	—	118
隐性援引	223	—	123	1	—	347
非法官援引	78	—	1	—	—	79
评析性援引	1	—	—	—	1	2
总计	304	67	124	50	1	546

表3－17　应用方式与应用结果及占比分类统计

单位：例

主体	未回应	占比	未参照	占比	未说明	占比	参照	占比	其他	占比	总计
明示援引	**2**	1.7%	**67**	56.8%	—	—	**49**	41.5%	—	—	118
	0.7%	—	100.0%	—	—	—	98.0%	—	—	—	21.6%
隐性援引	**223**	64.3%	—	—	**123**	35.4%	**1**	0.3%	—	—	347
	73.4%	—	—	—	99.2%	—	2.0%	—	—	—	63.6%
非法官援引	**78**	98.7%	—	—	**1**	1.3%	—	—	—	—	79
	25.7%	—	—	—	0.8%	—	—	—	—	—	14.5%
评析性援引	**1**	50.0%	—	—	—	—	—	—	**1**	50.0%	2
	0.3%	—	—	—	—	—	—	—	100.0%	—	0.4%
总计	304	55.7%	67	12.3%	124	22.7%	50	9.2%	1	0.2%	546

注：加粗数据右侧百分比为该数据在横向数据中的占比，其下方百分比为其在纵向数据中的占比。

由表3－6和表3－17可知：

（1）在应用结果为“未回应”的304例案件当中，数量最多的是“隐性援引”案件，共233例，约占结果为“未回应”案件的73.4%，在“隐性援引”案件当中占比约为64.3%。占比最高的为“非法官援引”案件，数量为78例，约占应用结果为“未回应”案件的25.7%,在“非法官援引”案件当中占比约98.7%。应用数量最少的是“评析性援引”案件,数量为1例,约占应用结果为“未回应”案件的0.3%,在“评析性援引”案件当中占比为50.0%。应用比例较低的为“明示援引”案件,数量为2例,占明示性援引案件的0.7%,在“明示援引”案件当中占比约为1.7%。

(2)由于应用结果为“未参照”的案件指的是法官明确表明不认为是类案并在审判当中“参照”的案件,其援引方式只能是“明示援引”,因而67例应用结果为“未参照”的案件的应用方式均为“明示援引”,约占“明示援引”案件的56.8%。但同样是法官明确表示的应用结果为“参照”的案件,其应用方式除了“明示援引”之外还有1例例外。在应用结果为“参照”的50例案件当中,有49例案件的应用方式都是“明示援引”,占应用结果为“参照”的案件的98.0%,在“明示援引”案件当中占比约为41.5%。但剩余1例应用结果为“参照”的案件的应用方式为“隐性援引”,占应用结果为“未参照”案件的2.0%,在“隐性援引”案件当中占比约为0.3%。在该案件当中,法官实际上援引了最高人民法院指导案例6号裁判要点当中关于数额较大的行政处罚程序所强调的规范,但是在说理当中却没有明确说明对指导性案例的参照。[1]

(3)应用结果为“未说明”的案件,包括“隐性援引”和“非法官援引”两种案件类型,其中大多数为“隐性援引”,共123例,占应用结果为“未说明”案件的99.2%,在“隐性援引”案件当中占比约为35.4%。另一例援引结果为“未说明”的案件属于“非法官援引”案件,约占应用结果为“未说明”案件的0.8%,在“非法官援引”案件当中占比约为1.3%。该案为“刘某祥与包头市人力资源和社会保障局、第三人内蒙古骆驼酒业股份有限公司不服非工伤认定纠纷一审案”[2],在该案中,原告刘某祥将最高人民法院指导案例案件材料作为证据提交用以“证明原告受伤的情况应当认定为工伤”。对此,法院的说明肯定了被告的诉讼期限抗辩,就之前双方签订无异议的非工伤认定决定书未予审查,实际对工伤认定问题作出了间接回应,但对于是否参照指导性案例则未作说明。

---

[1] 参见上海华优化学品有限公司与上海市酒类专卖管理局要求返还财物上诉案,上海市第三中级人民法院(2015)沪三中行终字第37号行政判决书。

[2] 参见内蒙古自治区包头市九原区人民法院行政裁定书,(2016)内0207行初2号。

将应用内容和案件应用结果进行分类统计可以得出表 3 – 18 和表 3 – 19。

表 3 – 18 应用内容与案件应用结果分类统计

单位:例

方式	未回应	未参照	未说明	参照	其他	总计
裁判要点	181	29	91	40	1	342
基本案情	46	12	3	2	—	63
裁判理由	14	2	11	1	—	28
未明确	41	12	14	5	—	72
作为证据提交	22	14	8	2	—	46
总计	304	69	127	50	1	551

表 3 – 19 应用内容与案件应用结果分类统计

单位:例

主体	未回应	占比	未参照	占比	未说明	占比	参照	占比	其他	占比	总计
裁判要点	**181**	52.90%	**29**	8.50%	**91**	26.60%	**40**	11.70%	**1**	0.30%	**342**
	59.50%	—	42.00%	—	71.70%	—	80.00%	—	100.00%	—	62.10%
基本案情	**46**	73.00%	**12**	19.00%	**3**	4.80%	**2**	3.20%	—	—	**63**
	15.10%	—	17.40%	—	2.40%	—	4.00%	—	—	—	11.40%
裁判理由	**14**	50.00%	**2**	7.10%	**11**	39.30%	**1**	3.60%	—	—	**28**
	4.60%	—	2.90%	—	8.70%	—	2.00%	—	—	—	5.10%
未明确	**41**	56.90%	**12**	16.70%	**14**	19.40%	**5**	6.90%	—	—	**72**
	13.50%	—	17.40%	—	11.00%	—	10.00%	—	—	—	13.10%
作为证据提交	**22**	47.80%	**14**	30.40%	**8**	17.40%	**2**	4.30%	—	—	**46**
	7.20%	—	20.30%	—	6.30%	—	4.00%	—	—	—	8.30%
总计	**304**	55.20%	**69**	12.50%	**127**	23.00%	**50**	9.10%	**1**	0.20%	**551**

注:加粗数据右侧百分比为该数据在横向数据中的占比,其下方百分比为其在纵向数据中的占比。

根据表 3 – 18 和表 3 – 19 可知:

(1)从整体上看,各种应用结果的案件在援引内容上分布比较均匀,除了应用结果为"其他"的 1 例案件之外,其余各种应用结果的案件对于所统计的援用内容均有援引。在应用结果为"未回应"的案件次数当中,援引最多的应用内容为裁判要点，数量为181例，约占援引结果为“未回应”案件次数的59.5%，在援引裁判要点的应用案件次数当中占比约为52.9%。同时，援用裁判要点的案件作为不同援引应用内容的案件当中数量和占比最多的应用内容，其在不同的应用结果的案件当中数量都是最多的。在应用结果为“未回应”案件的援引应用内容当中，占比最高的是援引基本案情的案件，其数量为46例，约占应用结果为“未回应”案件次数的15.1%，在援用基本案情的案件次数当中占比约为73.0%。由此可见，援用基本案情的案件最难获得审判法官在判决当中的回应。数量最少的是援引裁判理由的案件，为14例，约占应用结果为“未回应”案件次数的4.6%，在援引裁判理由的案件次数当中占比为50.0%。援引比例最低的是作为证据提交的案件，数量为22例，约占应用结果为“未回应”案件次数的7.2%，在作为证据提交的案件次数当中占比约为47.8%。

(2)在应用结果为“未参照”的案件当中，数量最多的是援用裁判要点的案件，共29例，约占应用结果为“未参照”案件次数的42.0%，在援引裁判要点的案件次数当中占比约为8.5%。比例最高的为作为证据提交的案件，数量为14例，约占应用结果为“未参照”案件的20.3%，在作为证据提交的案件次数当中占比约为30.4%。数量最少的是援引裁判理由的案件，数量为2例，占援引结果为“未参照”案件的2.9%，在援引裁判理由的案件当中占比约为7.1%，同时其也是不同援引内容当中比例最低的。

(3)在应用结果为“未说明”的案件当中，数量最多的是援引裁判要点的案件，为91例，约占应用结果为“未说明”的案件次数的71.7%，在援用裁判要点的案件次数当中占比约为26.6%。比例最高的是裁判理由的案件，数量为11例，约占应用结果为“未说明”案件的8.7%，在援引裁判理由的案件次数当中占比约为39.3%。数量上最少的是援用基本案情的案件，为3例，约占援用结果为“未说明”案件次数的2.4%，在援引基本案情的案件次数当中占比约为4.8%，同时其也是不同援引内容比例最低的。

(4)在应用结果为“参照”的案件当中，数量最多的是援引裁判要点的案件，为40例，在援引结果为“参照”案件的案件次数当中占比为80.0%，在援引裁判要点的案件次数当中占比约为11.7%，同时其也是不同援引内容当中比例最高的援引内容。数量最少的为援引裁判理由的案件，为1例，占应用结果为“参照”案件次数的2.0%，在援引裁判理由的案件次数当中占比约为3.6%。

比例最低的是援引基本案情的案件,数量为2例,占应用结果为“未参照”案件次数的4.0%,在援用基本案情的案件次数当中占比约为3.2%。另外,由于属于“评析性援引”而属于其他类型应用结果的1例案件其援用的内容为裁判要点,约占援引裁判要点案件次数的0.3%。

第三节　调研结论

一、实践情况总结

通过分析行政指导性案例的发布情况,可以得出以下结论:(1)在发布批次上有关行政争议的指导性案例具有围绕一定主题发布的趋势。(2)已发布的行政指导性案例在审结时间与发布时间的间隔上具有逐渐缩短且趋于稳定的趋势。(3)在案由方面,行政指导性案例关注最多的争议行政行为主要是行政处罚行为、行政许可行为和行政确认行为,涉及的行政管理领域范围较宽,主要关注的是市场监管、土地管理、劳动和社会保障以及环境保护方面。(4)在案件来源的地域上,总体上呈现首都多于地方、东部地区多于西部地区、发达地区多于欠发达地区的趋势。(5)在审判级别上,中级人民法院和基层人民法院是主要的行政指导性案例审判法院。(6)在审理程序上,以一审案件和二审案件为主,再审案件并不占多数。(7)在案件的类型方面,总体上以“行为解释型”以及“法律解释型”的指导性案例为主,但从发布时间上看,指导性案例制度建立之初发布的行政指导性案例多为“强调型”案件。

在司法实践当中对于指导性案例的应用方面,截至2019年年底,已经发布的25例行政指导案件当中有15例在实践当中得到应用。如果忽略刚好是在统计截止日期的几天之前发布的最后6例没有充足时间应用到实践当中的情况,总体上行政指导性案件应用率较为可观。但从应用数量上看,已经被应用到实践的指导性案例数量分布并不均匀,在1112例行政指导性案例应用案件当中指导案例60号的应用数量达到614例,超过总数一半,其余的已应用案例的应用数量则少得多。从应用领域来看,过半的应用案件都被应用于民事审判当中,这些民事应用案件又以指导案例60号的应用最为集中,行政审判当中的应用占比约为48.2%。已被应用的行政指导性案例具有发布时间与首次应用时间的差距逐渐缩小并趋于稳定的特征。

将调研聚焦在行政审判当中应用指导性案例的546例案件上,这些案件具备如下特征:(1)从应用地域来看,首都应用占比高于地方应用占比,东部地区应用数量多于西部地区数量。从总体上看,行政指导性案例的案件遴选的地区应用状况好于未被遴选指导性案件的地区,但也存在河南省、福建省这样未被遴选行政指导性案件的地区应用数量较多,而云南省作为已经被遴选行政指导性案例的地区尚没有行政指导性案例应用的特例。(2)在应用数量上具有逐年增加且趋于稳定的趋势。(3)中级人民法院是应用指导性案例的"主力军",在审理程序上应用案例以二审为主。(4)应用案例的裁判文书大多是判决书。

就行政司法实践当中应用指导性案例案件的案由来看,其涉及的行政管理领域达到26个,涉及的争议行政行为有22种。行政指导性案例涉及的行政管理种类和争议行政行为都有明显的增加。但行政管理领域主要集中在食品药品安全、城乡建设和资源管理领域,争议行政行为则主要集中于复议行为、行政处罚行为和政府信息公开方面。

行政司法实践当中运用指导性案例的具体方式,具有如下特征:(1)从整体上看,相比数量庞大的行政案件,行政指导性案例的应用并不充分,不仅在应用案例数量上只有为数不多的546例,而且存在已经发布数年的行政指导性案件未被应用于行政司法实践当中的情况。(2)在应用主体上,原告和上诉人是主要应用主体,而法官主动援引行政指导性案例的情况则很少。(3)法官在行政审判当中对于其他主体援用行政指导性案件的回应不足,法官对于是否援用当事人所援用的指导性案件给予明确的回应的案件数量较少,大多数情况下只是在涉及指导性案件的问题上"默默遵循"指导性案例所强调的裁判规则与审判精神,或者是在裁判文书当中对当事人主体应用指导性案例所欲表达的主张不予回应。可见行政司法实践当中,法官对于"应当参照"[1]制度规范的理解还有待进一步明确。(4)在援引内容方面,无论是各个应用主体还是不同的应用类型,指导性案例的裁判要点都是行政司法实践当中援用指导性案例的主要的内容。(5)在对指导性案件的表述方式上,发布主体即最高人民法院成为应用

〔1〕 参见《案例指导工作规定》第7条。

最多的表示要素，同样被用于知名指导性案例的应用较多的要素还有指导性案例的编号以及裁判要点。(6)从应用结果的角度看，法官在裁判文书当中明确表示应用或拒绝将某指导性案例作为审判参照的情况实际上占比很少，最主要的情形还是法官在判决文书当中对指导性案例是否应用未作回应或者虽然回应了应用主体援引指导性案例所欲表达的主张，但对是否认定所援用的指导性案件作为审判的依据仍然不予明确。

二、问题、原因及解决思路

对于行政指导性案例制度存在的问题及原因分析如下：

第一，指导性案例数量及所含裁判要点应用不足。虽然通过多年来行政指导性案例的公布以及其具体制度的探索，行政指导性案例在司法审判实践当中的应用已经具备了一定的规模体系。但是相比于行政审判实践当中林林总总的纠纷类型以及数以万计的案件数量，目前发布的指导性案例所给出裁判要点的数量并不足以支持行政指导性案例制度的运转。截至2019年年底，最高人民法院只发布了25例行政指导性案例，每件案件当中含有2～3个裁判要点。相比域外成熟的判例制度所能提供的丰富判例，现有的行政指导性案例不免会使法官在想进行类案检索匹配时陷入无例可循的困境。而另一种情形是，在行政指导性案例不多的当下，加之行政指导性案例的裁判要点大多并非提供了某种深刻且高明的解决特定问题的方法，而只是对法律的解读、对事实的认定甚至是对法律规范的简单重复，法官或者可以将其中的裁判要点掌握于心，不需检索现有的行政指导性案例就能实现“类案同判”的效果，因而产生“何必再费周章去检索并援引行政指导性案例”的心理。

第二，行政指导性案例的应用缺少可操作的程序规范。相比《行政诉讼法》和《民事诉讼法》对诉讼程序的严密规定，现行规范对行政指导性案例的应用方法只是作出了“审判类似案件时应当参照”这样极为抽象的规定，并没有细致的操作流程规范，致使法官在是否应用行政指导性案例，如何应用行政指导性案例，以及是否回应当事人对于行政指导性案例的援用上都表现出一定的任意性，与指导性案例制度中统一裁量标准的精神相悖。虽有“应当应用”的要求，但却没有诸如在裁判过程当中是否必须回应当事人援用行政指导性案例的主张、是否需要当庭回应、庭审当中如需应用指导性案例应置于哪个环节，以及在裁判文书当中应在哪个位置以何种格式应用指导性案例的相关规范,这一点显然会给行政指导性案例功效的实现带来阻力。

第三,对于指导性案例的应用缺乏约束机制。在规范层面,缺失的除了应用程序之外,还有相关的责任制度。如果认为不按照规定发布指导性案例以及不用或错用指导性案例是一种违规的话,那么就应当有相应的监督和责任承担。正因为法官对不用或者错用行政指导性案例没有“后顾之忧”,实践当中对于行政指导性案例的应用才显得“惨淡”。

基于上述三点问题及原因分析,欲使行政指导性案例真正在审判实践当中发挥功效,首先,需要进一步遴选出更多的行政指导性案例以及其中的裁判要点,使之形成一定规模。同时保障新增指导性案例的质量,使其裁判观点能够解决审判实践当中存在较多且比较复杂的问题。其次,进一步细化法官应用指导性案例的具体程序规范,使行政指导性案例的应用有清晰明确的路径。最后,设计并完善行政指导性案例的约束力实现机制,在指导性案例的遴选数量和质量上,应当有包括自我监督在内的监督机制。在指导性案例的应用方面,对于是否予以回应,是否应当认定为类案,以及最终作出的裁判结果,可以纳入审判监督程序当中,由特定主体进行监督并明确错用指导性案例的责任方式。

第四章

行政指导性案例的遴选标准

在案例指导制度中，指导性案例的遴选标准至关重要。指导性案例的遴选标准，是指判断生效判决是否可以被遴选为指导性案例的准则和依据。[1] 指导性案例的遴选标准设定的科学与否决定了指导性案例质量的好坏，也制约着其“指导”价值的大小。指导性案例有没有适用的空间，能不能实现指导性案例制度设计的初衷，与案例遴选标准密切相关。[2] 换言之，如果最高人民法院在遴选指导性案例时有科学的遴选标准作为指导，遴选出来的指导性案例即能够满足司法实践中的现实需求，从而实现指导性案例制度预期的价值；相反，如果遴选标准不科学，依据遴选标准遴选出来的指导性案例与实践需求不符，指导性案例制度的预期价值就无法实现。因此，为确保我国指导性案例制度能够切实发挥作用，必须建立一套与其预期价值相符的遴选标准。

当前，专门研究或提及指导性案例遴选标准的研究成果为数不少。有学者对目前的指导性案例遴选标准持肯定态度，认为“我国拟定了具体的但同时也有很大弹性的遴选标准，符合判例遴选的基本要求”，并同时指出，“除‘社会广泛关注的’这一反映群众路线的标准之外，其余标准大体注重指导性案例超越个案的判例价值，即对于解释、澄清和发展法律的作用，非常接近美国联邦上诉法院通行的判例遴选标准”[3]。但大多数学者或法官则认为，我国指导性案例

[1] 参见于同志：《案例指导研究：理论与应用》，法律出版社 2018 年版，第 139 页。

[2] 参见谢绍静：《最高人民法院指导性案例制度研究》，武汉大学 2015 年博士学位论文，第 64 页。

[3] 宋晓：《判例生成与中国案例指导制度》，载《法学研究》2011 年第 4 期。

的遴选标准存在界定不清等问题。[1] 从已发布的指导性案例在司法实践中的运用情况来看,指导性案例的实践价值不高应当是指导性案例制度未有效发挥其作用的原因之一,遴选标准科学与否直接关系指导性案例的实践价值,因而即便在未专门进行研究之前,我们似乎也能感觉到当前的指导性案例遴选标准存在一定的问题。因此,指导性案例遴选标准是否需要完善以及如何完善是一项具有理论与实践意义的课题。

根据学界对指导性案例通常的分类方法,指导性案例被分为民事指导性案例、刑事指导性案例与行政指导性案例。当前,学者们多关注指导性案例在整体层面的遴选标准,很少有人关注不同部门法领域的指导性案例是否均适用这些标准,各个部门法领域的指导性案例是否应当根据本部门法的不同情况建构单独的且更为具体的遴选标准。本章结合已发布的26例行政指导性案例(截至2021年7月30日发布的第28批指导性案例)分析当前指导性案例的遴选标准是否与之契合,[2] 最终得出是否应当根据行政司法实践的特殊需求建构行政指导性案例的遴选标准以及建构何种遴选标准。

第一节　现行行政指导性案例遴选标准的解读与反思

最高人民法院2010年发布的《案例指导工作规定》已对指导性案例的遴选标准进行了明确,其第2条规定:"现行指导性案例的遴选标准为:(一)社会广泛关注的;(二)法律规定比较原则的;(三)具有典型性的;(四)疑难复杂或者新类型的;(五)其他具有指导作用的案例。"当前,无论是民事指导性案例、刑事指导性案例还是行政指导性案例,均按照本条规定进行遴选。但从实践适用情况来看,在现行指导性案例遴选标准下遴选出来的行政指导性案例并未发挥其应有的作用,学界对现行指导性案例的遴选标准科学与否评价不一,但绝大多

---

[1] 参见王彬:《指导性案例遴选标准的完善》,载《法律方法》2017年第2辑。

[2] 如何按部门对指导性案例进行划分素有争议,个别案例属于何种类型仍不清晰。本章选取的26例行政指导性案例(截至2021年7月30日发布的第28批指导性案例)是在"北大法宝"进行索引后得出的明确数据。参见北大法宝:https://www.pkulaw.com/case/,最后访问日期:2021年8月3日。

数学者普遍认为该遴选标准存在较大的问题。

设定指导性案例遴选标准的目的在于指导最高人民法院遴选出能够实现案例指导制度和指导性案例预设功能的案例，因而判定现行指导性案例遴选标准是否科学的标准即按照该遴选标准遴选出的指导性案例能否在司法实践中真正发挥其预设功能。根据上文所述，行政指导性案例的功能可以概括为统一法律适用标准、实现"同案同判"、实质性化解行政争议、实现司法公正。其中，统一法律适用标准和实现"同案同判"是行政指导性案例的直接功能，但依据此两项直接功能并无法对指导性案例遴选标准的科学与否作出判断，因为无论最高人民法院发布的指导性案例依据何种标准遴选，只要各级各地人民法院的法官在审理行政案件时参考适用，均能够达到统一法律适用标准和实现"同案同判"的效果。因此，检验行政指导性案例遴选标准科学与否的标准是行政指导性案例的实质功能，即实质性化解行政争议和实现司法公正。申言之，如果依照现行指导性案例遴选标准遴选出的行政指导性案例适用于司法实践中时能够达到实质性化解行政争议和实现司法公正的目的，该遴选标准就是科学的，反之则是不科学或者不完全科学的。

行政指导性案例的遴选标准如何设定才能达到上述效果？依据《案例指导工作规定》第 2 条的规定，笔者认为，行政指导性案例的遴选标准应该是上文所述行政指导性案例所应解决的问题，即成文法和司法解释的弊端以及行政诉讼中的实践问题的集合。现行指导性案例的遴选标准是否与此一致？已发布的行政指导性案例都解决了什么样的问题？现行指导性案例遴选标准是什么？行政指导性案例应该建立什么样的遴选标准？这些均为下文尝试解决的问题。

一、现行指导性案例遴选标准的解读

（一）社会广泛关注的

社会广泛关注的案件，又称"热点案件"。在当代中国的司法实践中，公众对司法判决的关注度日益提升，司法地位的提高使公众对司法判决潜在地影响其生活的感受更加真切，越来越广泛的知识群体获得信息的能力和表达意见的愿望也在增强，媒体特别是互联网的表达也提供了技术上的可能。[1] 最高人民

[1] 参见何海波：《实质法治：寻求行政判决的合法性》（第 2 版），法律出版社 2020 年版，第 381 页。

法院《案例指导工作规定》将热点案件作为遴选标准的第一种类型。以指导案例93号于欢故意伤害案(以下简称于欢案)为典型,最高人民法院遴选了一批热点案件作为指导性案例。[1]

从最高人民法院已经发布的热点性指导案例来看,刑事指导性案例数量最多,行政指导性案例次之,民事指导性案例最少,这种情况正符合社会公众的关注方向。纵观近些年社会讨论热烈且事后仍然印象深刻的案例,大都是刑事案件,从孙志刚案、邱兴华案、许霆案到于欢案、张玉环案、谭明明案,都引起了整个社会的强烈关注。当前,不变的是,社会公众一直以来都对刑事案件更感兴趣;变化的是,公众由以前大多仅关注案例的事实问题,[2]到现在越来越多地关注案件中涉及的法律问题,于欢案即典型代表。于欢案发生于2016年,《南方周末》于2017年3月23日发布《刺死辱母者》一文,在整个社会引起了极大的反响,各种网络平台都充斥着对该案的讨论。[3] 在该案刚被公众得知时,社会公众大都愤怒于讨债者突破道德底线的行为,同时对于欢报以最大限度上的同情。随后不久,大量法律工作者通过各种途径就于欢是否有罪及量刑程度展开了讨论。同时,媒体并未仅关注案件审理的进展及对案件事实的报道,而是通过一定的形式就案件的法律问题向公众进行了传播。例如,闽南网转发了厦门大学两位教授在微博上发表的观点[4],财新网就于欢案的法律问题对赵秉志教授进行了专访[5]。在各种因素的推动下,整个社会发生了由关注于欢案的案件事实向关注该案所涉及的法律问题的转变。

热点案件作为指导性案例,能够发挥其他指导性案例所不能发挥的作用。正如学者所言,把关注度高的案件上升为指导性案例,能够积累热点案件中形成的制度效果,有效对民众开展普法教育,打破司法者的思维定式,以及提升和

---

〔1〕 参见孙光宁:《热点案件遴选为指导性案例的意义及其运作》,载《湖北社会科学》2020年第4期。

〔2〕 参见何海波:《实质法治:寻求行政判决的合法性》(第2版),法律出版社2020年版,第362页。

〔3〕 参见《南方周末刊文:〈刺死辱母者〉》,载 https://news.qq.com/a/20170623/011561.htm,最后访问日期:2020年11月7日。

〔4〕 参见《"辱母杀人案"引关注厦大2名教授微博发声支持于欢》,载 http://www.mnw.cn/xiamen/news/1645855-3.html,最后访问日期:2020年11月7日。

〔5〕 参见《赵秉志:于欢案的三点反思》,载财新网,http://china.caixin.com/2017-06-24/101105165.html,最后访问日期:2020年11月7日。

扩展指导性案例制度自身的影响力等。[1] 还是以于欢案为例，我国《刑法》虽然明文规定了正当防卫不负法律责任，但在具体案件中，如何正确划分正当防卫与防卫过当以及与一般犯罪之间的界限，是一个较为复杂的问题。[2] 将于欢案遴选为指导性案例可以给法院提供更为具体的标准，因此，将热点案件遴选为指导性案例的，该热点案件还应具备其他条件，以符合最高人民法院颁布指导性案例的目的。

（二）法律规定比较原则的

长期以来，受“立法易粗不宜细”的指导思想和立法机关的专业性偏低的影响，我们的法律除了极少数例外，往往都是简约型的，充斥着大量的一般性条款。[3] 这种简约型的法条构造技术，在一定程度上促成了所谓围绕法律的“根茎结构和多维进化”状况。[4] 通常而言，一部法律颁布之后，各类立法主体会随之制定相应的实施办法，或者根据法律的明确授权，就某一项制度作出更为具体的规定。最高人民法院也会针对某些与司法裁判相关的法律或法律规范制定相应的司法解释。在我国，绝大多数领域的法律体系是极为庞大的，比如在应急管理法律领域，不仅有应急管理法典性质的《突发事件应对法》，规范特定类型突发事件的专项应急管理法律，还有数量极为庞大的应急管理行政法规、地方性法规、部门规章、地方政府规章、其他规范性文件等。从原则上讲，当法律规定得过于原则时，法院可以在其他规范或司法解释中寻找判案的依据，但是，当其他下位法或司法解释没有对某一条款作出具体规定时，法院只能依据一般性条款进行裁判，法官的自由裁量权就会因为粗糙的立法而变大。

当法官仅能根据法律的一般性条款进行裁判时，在自由裁量权范围内，案件的结果可能会取决于法官的专业素质、道德观点、个人好恶等种种因素，同样的案件由不同法官进行审理而得出不同的结果的情形也极为常见。通过指导性案例弥补一般性条款在司法适用中的弊端，是规范法官自由裁量权、统一法

〔1〕 参见孙光宁：《热点案件遴选为指导性案例的意义及其运作》，载《湖北社会科学》2020 年第 4 期。

〔2〕 参见陈兴良：《正当防卫如何才能避免沦为僵尸条款——以于欢故意伤害案一审判决为例的刑法教义学分析》，载《法学家》2017 年第 5 期。

〔3〕 参见雷磊：《指导性案例法源地位再反思》，载《中国法学》2015 年第 1 期。

〔4〕 参见季卫东：《法典编纂的试行》，载季卫东：《法治秩序的建构》，中国政法大学出版社 1999 年版，第 163 页。

律适用、促进"同案同判"较为有效的途径。实际上,对一般性条款或基本原则进行解释的案件在当前也占据指导性案例的最大比例。

以指导案例40号"孙某兴诉天津新技术产业园区劳动人事局工伤认定案"为例,孙某兴系中力公司员工,2003年6月10日上午受中力公司负责人指派去北京机场接人。孙某兴从中力公司所在地天津市南开区华苑产业园区国际商业中心(以下简称商业中心)八楼下楼,欲到商业中心院内停放的红旗轿车处去开车,当行至一楼门口台阶处时,孙某兴脚下一滑,从四层台阶处摔倒在地面上,造成四肢不能活动。园区劳动局于2004年3月5日作出(2004)0001号工伤认定决定书,认为根据受伤职工本人的工伤申请和医疗诊断证明书,结合有关调查材料,依据《工伤保险条例》第14条第5项的工伤认定标准,没有证据表明孙某兴的摔伤事故系由工作原因造成,决定不认定孙某兴摔伤事故为工伤事故。孙某兴不服园区劳动局工伤认定决定书,向天津市第一中级人民法院提起行政诉讼。本案的主要争点之一为孙某兴摔伤地点是否属于其"工作场所"的问题。根据《工伤保险条例》第14条的规定,在工作时间和工作场所内,因工作原因受到事故伤害的,应当认定为工伤,但"因工作原因"和"工作场所"两个概念都是典型的不确定法律概念,对这两个概念,法院从"立法本意"出发作出了"延伸性解释",[1]认为汽车停在商业中心一楼的门外,孙某兴要完成开车任务,必须从商业中心八楼下到一楼门外停车处,故从商业中心八楼到停车处是孙某兴来往于两个工作场所之间的合理区域,也应当认定为孙某兴的工作场所。园区劳动局认为孙某兴摔伤地点不属于其工作场所,系将完成工作任务的合理路线排除在工作场所之外,既不符合立法本意,也有悖于生活常识。

不管是在行政活动中,还是在司法实践中,行政机关和法院都有可能因为《工伤保险条例》第14条较为原则性的规定而出现判断错误,最高人民法院将此案遴选为指导性案例,并明确了裁判要点,行政机关和法院均可以依据《工伤保险条例》第14条并参照指导案例40号作出相应的判断。

(三)具有典型性的

"典型性"是一个较为抽象的概念,而指导性案例之所以能够起到指导的作

---

〔1〕 参见王天华:《案例指导制度的行政法意义》,载《清华法学》2016年第4期。

用,也恰是因为此特点所起到的示范性作用。[1] 通常认为,典型性泛指事物的普遍意义、代表意义,指代表性、个性反映共性的程度。有学者认为,就指导性案例而言,它不限于漏洞填补情形下的指导,还包括各种事实认定、法律适用的典型案件的指导。[2] 通过定期公布典型案例,可以增强全民法治意识,使公众从案例中直观领悟法律的原则和精神。[3] 当前,哪些指导性案例能够被单独归入"具有典型性的"指导性案例中尚不太明确,但换个角度而言,似乎所有的指导性案例都能被归为典型性案例。《案例指导工作规定》第 2 条设置的遴选标准的合理性仍有待考究。

(四)疑难复杂或者新类型的

把注意力集中在法实务的法学,其首要任务在于法律解释,但其任务不仅止于此。大家日益承认,无论如何审慎地从事法律,其仍然不能为所有——属于该法律调整范围,并且需要规整的——事件提供答案。换言之,法律必然"有漏洞"。长久以来,大家也承认法院有填补漏洞的权限。因此,提供给法官一些——可以适宜审理,并且他人可以理解的——完成此项任务的方法,也是法学的重要志愿之一。[4]

最高人民法院发布的《案例指导工作规定》第 2 条将"疑难复杂或者新类型的"确定为指导性案例的遴选标准之一。疑难复杂的案件大致包括两种类型:一是法律缺失或歧义;二是事实复杂难以厘清。[5] 法律缺失或歧义即存在法律漏洞,事实复杂难以厘清则仅是针对个案事实认定的简易程度而言。笔者认为,法律缺失或歧义型案件被遴选为指导性案例并确立裁判要旨后,可以有效指导未来与该案件相类似的案件的裁判,但每个案件均有不同的案件事实,将事实复杂难以厘清的案件遴选为指导性案例,恐难发挥指导性案例之应有功效。因此,《案例指导工作规定》所指的疑难复杂案件应仅指法律缺失或歧义的案件。

---

〔1〕 参见王利明:《我国案例指导制度若干问题研究》,载《法学》2012 年第 1 期。
〔2〕 参见王利明:《我国案例指导制度若干问题研究》,载《法学》2012 年第 1 期。
〔3〕 参见孙光宁:《热点案件遴选为指导性案例的意义及其运作》,载《湖北社会科学》2020 年第 4 期。
〔4〕 参见[德]卡尔·拉伦茨:《法学方法论》,陈爱娥译,商务印书馆 2003 年版,第 246 页。
〔5〕 参见徐骏、徐栩:《指导性案例体系的构建路径——以法官激励为中心的分析》,载《金陵法律评论》2012 年第 1 期。

新类型的案件，是指在司法实践中刚刚出现的，法律还未予规范或未予详细规范的案件。新类型案件没有相应法律的规制，实质上也是一种法律的缺失，但此种缺失与上文所述的法律漏洞并不相同。疑难复杂案件之所以存在法律漏洞，是因为现行法律具有"不圆满性"，当法律经过解释仍然不能回答某类型的生活问题时，就被认为存在漏洞或者说是具有"不圆满性"。[1] 这种"不圆满性"可能是两种原因导致的：一种是立法者立法时的疏忽；另一种则是因存在较大的争议或未考虑清楚，而故意没有规定。上文提到的责令限期拆除是行政机关常作出的一种行政行为，但法律规范对其性质规定的冲突显然就存在法律漏洞。而新类型案件是司法实践中新出现的案件，由于法律具有滞后性，新类型案件产生之后的一定时期内法律规范的缺失，是一种法律漏洞，但也是成文法国家不可避免的现象。

疑难复杂或者新类型的案件出现之后，就会出现法律漏洞情形。在存在法律漏洞的情形下，法官应当通过法的续造的方式来寻找大前提，允许法官填补法律漏洞必然需要给予法官较大自由裁量的权力。[2] 与法官需要对法律规定比较原则的案件进行法律解释不同，在审理疑难复杂或者新类型的案件时，法官需要针对法律漏洞进行法的续造。拉伦茨认为，法律解释与法官的法的续造并非本质截然不同之事，毋宁视其为同一思考过程的不同阶段。狭义的解释之界限是可能的字义范围。超越此等界限，而仍在立法者原本的计划、目的范围内之法的续造，性质上乃是漏洞填补（等于法律内法的续造），假使法的续造逾越此等界限，唯仍在整体法秩序的基本原则范围内者，则属于超越法律的法的续造。[3] 值得注意的是，根据拉伦茨的观点，当法律存在漏洞时，法官需要在整体法秩序的基本原则范围内进行法的续造，这是对法官最低限度的要求。

当前，已颁布的指导性案例很多都可以归类为疑难复杂的案件。例如，在指导案例 88 号"张某文、陶某等诉四川省简阳市人民政府侵犯客运人力三轮车经营权案"中，张某文、陶某等与四川省简阳市人民政府就客运人力三轮车经营权的期限问题发生了争议。申请人主张，因简阳市人民政府在 1996 年实施人

---

〔1〕 参见刘治斌：《司法过程中的法律发现及其方法论析》，载《法律科学（西北政法学院学报）》2006 年第 1 期。

〔2〕 参见王利明：《我国案例指导制度若干问题研究》，载《法学》2012 年第 1 期。

〔3〕 参见［德］卡尔·拉伦茨：《法学方法论》，陈爱娥译，商务印书馆 2003 年版，第 246 页。

力客运三轮车经营权许可时未告知许可期限,据此认为经营许可是无期限的。最高人民法院认为,简阳市人民政府实施人力客运三轮车经营权许可,目的在于规范人力客运三轮车经营秩序。人力客运三轮车是涉及公共利益的公共资源的配置方式,对其设定一定的期限是必要的。客观上,四川省交通厅制定的《四川省小型车辆客运管理规定》(川交运〔1994〕359 号)也明确了许可期限。简阳市人民政府没有告知许可期限,存在程序上的瑕疵,但申请人仅以此认为行政许可没有期限限制,最高人民法院不予支持。在本案中,客运人力三轮车经营权的期限问题实质上是行政许可是否具有期限的问题。《行政许可法》(2003 年)第 18 条规定:"设定行政许可,应当规定行政许可的实施机关、条件、程序、期限。"但是,当法律未设定行政许可期限或行政机关未明确告知行政相对人期限时,就容易产生行政争议。因此,最高人民法院将该案遴选为指导性案例并确立了相应裁判要点,即行政许可具有法定期限,行政机关在作出行政许可时,应当明确告知行政许可的期限,行政相对人也有权利知道行政许可的期限;行政相对人仅以行政机关未告知期限为由,主张行政许可没有期限限制的,人民法院不予支持。

从已发布的指导性案例来看,最高人民法院也较为重视对新类型案件的发布,以发挥指导性案例统一法律适用的作用,弥补新类型案件的审理缺乏法律依据的不足。例如,在 2019 年 12 月 26 日发布的指导性案例中,指导案例 136 号"吉林省白山市人民检察院诉白山市江源区卫生和计划生育局、白山市江源区中医院环境公益诉讼案"和指导案例 137 号"云南省剑川县人民检察院诉剑川县森林公安局怠于履行法定职责环境行政公益诉讼案"均为环境行政公益诉讼案件。2017 年修订《行政诉讼法》时正式确立了行政公益诉讼制度,行政公益诉讼受案数量也呈逐步增长趋势。总结试点经验、细化配套制度成为新法修改后行政公益诉讼制度深化的重要任务。[1] 法律具有一定的滞后性,新类型案件的相关法律制度的完善也不可能一蹴而就,此时,指导性案例对法官就能起到较大的指导作用。指导案例 136 号确立的裁判要点"人民法院在审理人民检察院提起的环境行政公益诉讼案件时,对人民检察院就同一污染环境行为提起

〔1〕 参见沈开举、邢昕:《检察机关提起行政公益诉讼诉前程序实证研究》,载《行政法学研究》2017 年第 5 期。

的环境民事公益诉讼,可以参照行政诉讼法及其司法解释规定,采取分别立案、一并审理、分别判决的方式处理”和指导案例 137 号确立的裁判要点“环境行政公益诉讼中,人民法院应当以相对人的违法行为是否得到有效制止,行政机关是否充分、及时、有效采取法定监管措施,以及国家利益或者社会公共利益是否得到有效保护,作为审查行政机关是否履行法定职责的标准”都能够对法官正确审理环境行政公益诉讼案件发挥较大的积极作用。

(五)其他具有指导作用的案例

与《行政诉讼法》第 12 条的受案范围条款相似,最高人民法院发布的《案例指导工作规定》第 2 条先明确列举了四项指导性案例的遴选标准,然后在第 5 项规定“其他具有指导作用的案例”作为兜底条款。也就是说,即便某个案例不属于《案例指导工作规定》第 2 条明确规定的遴选范围,如果最高人民法院认为其在司法实践中具有参考价值,也可以将其遴选为指导性案例。兜底性条款在各类规范性文件中都普遍存在,因而遴选标准兜底性条款的设置符合我国长期以来的立法习惯,但就明确指导性案例的遴选标准而言,该项兜底性条款实则并无任何意义。行政指导性案例遴选标准的设置应遵循明确性原则,即在尽可能作出详细列举的基础上,再在最后设置一项兜底性条款,因而下文对现行指导性案例遴选标准是否科学的考察,也仅基于上述四项明确列举的遴选标准。

二、对已发布行政指导性案例遴选标准的考察

对现行指导性案例遴选标准是否科学进行判断,首先应对已发布的行政指导性案例进行考察。具体而言,在指导性案例的遴选标准并未分领域进行建构前,《案例指导工作规定》第 2 条规定的四项遴选标准是民事、刑事、行政等各领域指导性案例遴选的共同标准。已发布行政指导性案例所解决的问题即对应行政指导性案例的遴选标准,因已发布行政指导性案例均是根据《案例指导工作规定》第 2 条遴选确定的,因而从原则上讲,行政指导性案例所解决的问题应在该条中均有所对应。如果某些行政指导性案例所解决的问题与该条中明确列举的四项遴选标准无法对应,则证明现行指导性案例遴选标准存在一定的问题。

截至 2021 年 7 月 30 日发布的第 28 批指导性案例,最高人民法院已发布行政指导性案例 26 例,根据第三章对此 26 例行政指导性案例确立的裁判规则进

行的分析不难发现,每个行政指导性案例都解决了一个当时司法实践中存在的现实问题。本章的目的不在于对已发布行政指导性案例的裁判规则进行重新阐述,而是要在确立的裁判规则的基础上对其所解决的问题进行抽象化,并和《案例指导工作规定》第 2 条规定的四项遴选标准进行对照,以此明确现行指导性案例遴选标准是否与行政指导性案例实际的遴选标准存在一定的差异。需要说明的是,因指导案例 113 号"迈克尔·杰弗里·乔丹与国家工商行政管理总局商标评审委员会、乔丹体育股份有限公司'乔丹'商标争议行政纠纷案"、指导案例 114 号"克里斯蒂昂迪奥尔香料公司诉国家工商行政管理总局商标评审委员会商标申请驳回复审行政纠纷案"和指导案例 162 号"重庆江小白酒业有限公司诉国家知识产权局、第三人重庆市江津酒厂(集团)有限公司商标权无效宣告行政纠纷案"仅适用了行政诉讼程序,"北大法宝"因此将其归类为行政指导性案例,但三者实为知识产权类案例,因其裁判内容与裁判要点等均与行政实体法无涉,所以下文仅对除三者之外的其他 23 例行政指导性案例进行归类和分析。

(一)法律解释型案例

法律解释,即解释法律规则。由于认识视角的不同,学者们给法律解释所下的定义非常多。不少教科书往往把法律解释简单地定义为"对法律含义的说明",似乎任何主体的任何解释活动都可以被称为"法律解释"。从法律实施效果上看,应当把法律解释定位为有权主体解释法律的行为,毕竟只有这种解释才具有法律上的意义。然而,各种主体都可以对法律进行解释,只是有效力的法律解释必须由有权解释的主体作出。作为司法过程中的法律方法之一,法律解释是法官在法律适用中对法律和事实的意义说明。[1]

根据 1981 年《全国人民代表大会常务委员会关于加强法律解释工作的决议》第 2 条的规定,"凡属于法院审判工作中具体应用法律、法令的问题,由最高人民法院进行解释",因而最高人民法院有权对司法实践适用法律时出现的法律争议进行解释。从已发布的行政指导性案例来看,对法律规则进行解释的案例数量为 11 例,占已发布行政指导性案例的最大比例,具体见表 4－1。

---

〔1〕 参见陈金钊主编:《法律方法论》,北京大学出版社 2013 年版,第 98 页。

表 4-1 法律解释型行政指导性案例

案例编号	案例名称
指导案例 6 号	黄某富、何某琼、何某诉四川省成都市金堂工商行政管理局行政处罚案
指导案例 26 号	李某雄诉广东省交通运输厅政府信息公开案
指导案例 40 号	孙某兴诉天津新技术产业园区劳动人事局工伤认定案
指导案例 41 号	宣某成等诉浙江省衢州市国土资源局收回国有土地使用权案
指导案例 60 号	盐城市奥康食品有限公司东台分公司诉盐城市东台工商行政管理局工商行政处罚案
指导案例 77 号	罗某荣诉吉安市物价局物价行政处理案
指导案例 88 号	张某文、陶某等诉四川省简阳市人民政府侵犯客运人力三轮车经营权案
指导案例 89 号	"北某某依"诉济南市公安局历下区分局燕山派出所公安行政登记案
指导案例 90 号	贝某丰诉海宁市公安局交通警察大队道路交通管理行政处罚案
指导案例 94 号	重庆市涪陵志大物业管理有限公司诉重庆市涪陵区人力资源和社会保障局劳动和社会保障行政确认案
指导案例 138 号	陈某龙诉成都市成华区环境保护局环境行政处罚案

指导案例 6 号涉及的问题是"没收较大价值非法财物"是否应当履行听证程序。根据《行政处罚法》(1996 年)第 42 条第 1 款的规定,行政机关作出责令停产停业、吊销许可证或者执照、较大数额罚款等行政处罚决定之前,应当告知当事人有要求举行听证的权利。不难发现,该条并未将"没收较大价值非法财物"一项明确列入行政处罚听证的范围,行政机关在作出没收较大数额罚款的行政处罚决定前,是否应当"告知当事人有要求举行听证的权利"则需要法官作出判断。在该案的裁判理由部分,法官首先对第 42 条中的"等"字进行了分析,认为其是"等外等",然后认为未被明确列举的行政处罚事项如果要纳入听证范围,必须要和明确列举的几项行政处罚的处罚力度"有足够的类比性",[1]最终认为"没收较大价值非法财物"也应属于行政处罚听证范围。因此,将该案遴选为指导性案例的目的在于明确《行政处罚法》(1996 年)第 42 条中"等"字所包含范围的判断标准,属于对法律规则的解释。值得一提的是,2021 年修订的《行

〔1〕 参见王天华:《案例指导制度的行政法意义》,载《清华法学》2016 年第 4 期。

政处罚法》第 63 条将"没收较大价值非法财物"纳入行政处罚听证范围,可以肯定的是,指导案例 6 号在推动此一制度进步中发挥了重要的作用。

指导案例 26 号涉及的问题是对政府信息公开申请的答复期限的计算。根据《政府信息公开条例》(2007 年)第 24 条第 1、2 款的规定,行政机关收到政府信息公开申请,能够当场答复的,应当当场予以答复。行政机关不能当场答复的,应当自收到申请之日起 15 个工作日内予以答复;如需延长答复期限的,应当经政府信息公开工作机构负责人同意,并告知申请人,延长答复的期限最长不得超过 15 个工作日。可以看出,该条对信息公开答复的期限作出了明确的规定,但未考虑到申请方式不同所带来的答复期限计算的问题。在网络技术不发达、网络使用不普遍的时期,人们申请信息公开大都是采取去行政机关当面申请或通过邮寄的方式申请,申请材料何时到达行政机关有明确的计算规则,基本不会引起争议。但该案正是原告通过政府公众网络系统向被告行政机关申请的信息公开,但因该系统将信息从外网"摆渡"到内网需要一定的时间,导致当事人对从何时开始计算答复期限出现了行政争议。法院作出的"该网络系统未作例外说明,则系统确认申请提交成功的日期应当视为行政机关收到政府信息公开申请之日"显然是对"如何计算答复期限"作出的法律解释。基于立法的抽象性,2019 年修订的《政府信息公开条例》仍未对通过不同的方式申请信息公开的答复期限如何计算作出规定,指导案例 26 号未来仍会在法官审理类似案件时发挥参考作用。

指导案例 40 号涉及的问题是"因工作原因"和"工作场所"的认定。《工伤保险条例》第 14 条规定:"职工有下列情形之一的,应当认定为工伤:(一)在工作时间和工作场所内,因工作原因受到事故伤害的……"指导案例 40 号的裁判要点指出,《工伤保险条例》第 14 条第 1 项规定的"因工作原因",是指职工受伤与其从事本职工作之间存在关联关系。《工伤保险条例》第 14 条第 1 项规定的"工作场所",是指与职工工作职责相关的场所,有多个工作场所的,还包括工作时间内职工来往于多个工作场所之间的合理区域。可以看出,最高人民法院基于本案的案情,对"因工作原因"和"工作场所"的含义作了进一步的细化,显然属于对《工伤保险条例》第 14 条规定作出的解释。

指导案例 41 号涉及的问题是"行政机关作出具体行政行为时未引用具体法律条款"时该行政行为的合法性。依法行政原则是行政法的基本原则,行政机关必须要依法作出行政行为。同样,人民法院审理行政案件是通过审查被诉行政行为,对其是否合法的问题作出判决。[1] 因此,明确的法律依据是行政机关作出的行政行为合法的前提,也是人民法院的主要审查内容。根据《行政诉讼法》(1989 年)第 32 条(2017 年修订为第 34 条)第 1 款的规定,被告对作出的行政行为负有举证责任,应当提供作出该行政行为的证据和所依据的规范性文件。但仅依据规范性文件而未依据更为具体的法律条款而作出的行政行为属于违反法定程序还是适用法律错误在实践中容易引起争议。最高人民法院在本案例的裁判要点中指出,"行政机关作出具体行政行为时未引用具体法律条款,且在诉讼中不能证明该具体行政行为符合法律的具体规定,应当视为该具体行政行为没有法律依据,适用法律错误",从而将其认定为《行政诉讼法》(1989 年)第 54 条第 2 项适用法律、法规错误的范围,"一锤定音"地提示了一个解释基准。[2]

指导案例 60 号涉及的问题是"强调"和"有价值、有特性的配料"的认定。全国食品工业标准化技术委员会发布的《预包装食品标签通则》(GB 7718 - 2004)规定,"如果在食品标签或食品说明书上特别强调添加了某种或数种有价值、有特性的配料,应标示所强调配料的添加量"。"强调"和"有价值、有特性的配料"在司法实践中如何认定容易出现争议。因此,最高人民法院在本案例裁判要点中对二者的含义进行了进一步的细化。与指导案例 40 号对"因工作原因"和"工作场所"的含义作出的细化相似,指导案例 60 号也属于对法律规定作出的进一步的解释。

指导案例 77 号涉及的问题是行政诉讼中举报人原告资格的认定。行政诉讼中举报人的原告资格问题不仅在司法实践中长期存在争议,我国行政法学界长期以来亦对此问题多有讨论。《行政诉讼法》及其司法解释对行政诉讼原告资格制度中"利害关系标准"规定的模糊性无疑会与司法确定性产生矛盾。[3] 在"刘某明诉张家港市人民政府行政复议案"中,[4] 最高人民法院耿宝建法官

---

〔1〕 参见蔡小雪:《行政行为的合法性审查》,中国民主法制出版社 2020 年版,第 132 页。

〔2〕 参见王天华:《案例指导制度的行政法意义》,载《清华法学》2016 年第 4 期。

〔3〕 参见耿宝建:《主观公权利与原告资格——保护规范理论的中国式表述与运用》,载《行政法学研究》2020 年第 2 期。

〔4〕 参见最高人民法院(2017)最高法行申 169 号行政裁定书。

首次将“保护规范理论”引入行政诉讼的裁判文书中，用于对原告资格的界定。但随后，“保护规范理论”是否适宜作为行政诉讼原告资格的认定依据引起行政法学界的极大纷争。最高人民法院在本案的裁判要点中认为，“举报人就其自身合法权益受侵害向行政机关进行举报的，与行政机关的举报处理行为具有法律上的利害关系，具备行政诉讼原告主体资格”，属于对“利害关系标准”的解释和细化，对消除理论和实践中存在的关于行政诉讼原告资格认定标准的争议，对统一法律适用，都起到了积极的作用。

指导案例 88 号涉及的问题是行政许可的期限，以及“行政机关在作出行政许可时没有告知期限，事后以期限届满为由终止行政相对人行政许可权益的”行为的合法性认定。《行政许可法》没有直接规定有效期，而是散落在第 50、70 条。上述两条规定表明，行政许可证的有效期是行政许可的存续期间，超过有效期时，从事相关许可活动没有法律依据，行为违法。[1] 但因为行政许可存在期限未被明确规定，实践中不可避免地会产生争议，本案例裁判要点即先对行政许可存在期限这一问题进行了明确。其后，裁判要点又将“行政机关在作出行政许可时没有告知期限，事后以期限届满为由终止行政相对人行政许可权益的”行为认定为程序违法，属于《行政诉讼法》第 70 条规定的可撤销情形，属于典型的法律解释。

指导案例 89 号涉及的问题是行政登记中行政机关对“姓氏”的审查标准。根据原《民法通则》第 99 条第 1 款和原《婚姻法》第 22 条的规定，公民原则上随父姓或者母姓。例外为《全国人民代表大会常务委员会关于〈中华人民共和国民法通则〉第九十九条第一款、〈中华人民共和国婚姻法〉第二十二条的解释》第 2 款第 3 项规定的“有不违反公序良俗的其他正当理由”。本案审理法院在裁判理由中指出，“通常情况下，在父姓和母姓之外选取姓氏的行为，主要存在于实际抚养关系发生变动、有利于未成年人身心健康、维护个人人格尊严等情形”；最高人民法院在裁判要点中指出，“公民选取或创设姓氏应当符合中华传统文化和伦理观念。仅凭个人喜好和愿望在父姓、母姓之外选取其他姓氏或者创设新的姓氏”，不属于“有不违反公序良俗的其他正当理由”。由此可以看出，指

---

〔1〕 参见刘雪鹂：《行政行为违法性继承的新进展——基于指导案例 88 号的分析》，载《华东政法大学学报》2021 年第 1 期。

导案例89号属于对“有不违反公序良俗的其他正当理由”作出的进一步的解释。

指导案例90号涉及的问题是对“行人正在通过人行横道”行为的认定。根据《道路交通安全法》(2011年)第47条第1款的规定,“机动车行经人行横道时,应当减速行驶;遇行人正在通过人行横道,应当停车让行”。指导案例90号裁判要点认为,“行人正在人行横道通行或者停留”均属于“行人正在通过人行横道”的情况,属于典型的对法律规定进行解释和细化的情况。

指导案例94号涉及的问题是对职工因见义勇为而受伤是否为工伤的认定。根据《工伤保险条例》第15条第1款第2项的规定,职工在抢险救灾等维护国家利益、公共利益活动中受到伤害的,视同工伤。本案审理法院在裁判理由中认为,“公民见义勇为,跟违法犯罪行为作斗争,与抢险救灾一样,同样属于维护社会公共利益的行为”,因而属于该条规定的范围之内。毫无疑问,指导案例94号属于对《工伤保险条例》第15条第1款第2项规定作出的法律解释。

指导案例138号涉及的问题是虽然私设管道但排放的废水符合排放污水的相关标准是否应当处罚的认定。根据《水污染防治法》(2008年)第22条第2款的规定,“禁止私设暗管或者采取其他规避监管的方式排放水污染物”,但该条并未指出“水污染物”的范围,即是否仅指超出“排放污水的相关标准”的“水污染物”。因此,最高人民法院通过本案例进一步明确了该条中“水污染物”的范围,指出“污染者以其排放的水污染物达标、没有对环境造成损害为由,主张不应受到行政处罚的,人民法院不予支持”,显然属于对该条“水污染物”的范围作出的法律解释。

(二)冲突消解型案例

法律规范冲突的消解,是指对适用范围重叠的规范划定其各自的适用空间,借此使保护范围尚不明确的权利得以具体化,其方法为“根据法律位阶进行法律规范的选择适用”和“个案中的利益衡量”。[1] 根据法理通识,“根据法律位阶进行法律规范的选择适用”已形成一套抽象的规则体系,即按照法律规则之间的空间位阶(上位法与下位法)、时间位阶(新法与旧法)、逻辑位阶(一般法与特别法)选择有效的法律规则。[2] 而“个案中的利益衡量”则主要适用于

〔1〕 参见[德]卡尔·拉伦茨:《法学方法论》,陈爱娥译,商务印书馆2003年版,第286页。
〔2〕 参见王彬:《指导性案例遴选标准的完善》,载《法律方法》2017年第2辑。

位阶相同的法律规范，即法官在裁判中对利益进行综合比较并衡量“优劣”后，[1]选择适用其中一个法律规范，以与利益衡量的结果相符合。

指导案例139号“上海鑫晶山建材开发有限公司诉上海市金山区环境保护局环境行政处罚案”即属于冲突消解型案例，也是目前已发布的行政指导性案例中唯一的此类案例。指导案例139号涉及对堆放、处理固体废物产生的臭气浓度超过大气污染物排放标准的生产经营者适用哪部法律进行处罚的问题。堆放、处理固体废物而产生浓度超过大气污染物排放标准的臭气的行为既违反了《固体废物污染环境防治法》，也违反了《大气污染防治法》。根据《固体废物污染环境防治法》（2004年）第68条的规定，环境保护行政主管部门有权对“未采取相应防范措施，造成工业固体废物扬散、流失、渗漏或者造成其他环境污染的”行为作出责令停止违法行为，限期改正，处以1万元以上10万元以下的罚款；而根据《大气污染防治法》（2015年）第18、99条的规定，环境保护主管部门有权对“超过大气污染物排放标准”的行为作出责令改正或者限制生产、停产整治，并处10万元以上100万元以下的罚款。不难发现，两个条款对罚款数额的规定产生了冲突，且两法的位阶相同，需要法官行使自由裁量权择一适用，极易出现“同案不同判”的情况。因此，最高人民法院通过指导案例139号明确了出现类似争议时法院对法律规范的选择，统一了法律适用标准。

（三）法律续造型案例

法律续造和空白填补属于填补法律漏洞的两种形式。在法理上，将法律漏洞分为明显漏洞与隐藏漏洞，即卡尔·拉伦茨所说的“开放的”和“隐藏的”漏洞。就特定类型事件，法律欠缺——依其目的本应包含之——适用规则时，即有“开放的”漏洞存在。[2]隐藏漏洞指因立法者理性能力有限，只考虑到一般情形却没有考虑例外的情形。在这种情况下，需要法官进行“法律体系内的续造”，即根据法律的原则与价值，对法律规则进行变通与扩展，以适应个案正义的要求。[3]填补隐藏漏洞的方法即法律续造，填补明确漏洞的方法即空白填补。

---

〔1〕参见陈金钊主编：《法律方法论》，北京大学出版社2013年版，第98页。

〔2〕参见［德］卡尔·拉伦茨：《法学方法论》，陈爱娥译，商务印书馆2003年版，第254页。

〔3〕参见王彬：《指导性案例遴选标准的完善》，载《法律方法》2017年第2辑。

在已发布的行政指导性案例中，法律续造型案例共 7 例（见表 4－2），其中 5 例都为对某一行为是否属于行政诉讼受案范围的认定。需要说明的是，笔者之所以将涉及行政诉讼受案范围问题的案例划为法律续造型案例，是考虑到我国《行政诉讼法》对行政诉讼受案范围的规定方式。《行政诉讼法》自 1989 年颁布以来，已经过 2014 年、2017 年两次修正，行政诉讼受案范围呈不断扩大之势，但从规定方式上看，受案范围条款一直沿用“肯定性列举＋否定式列举”之立法技术。从 2017 年《行政诉讼法》第 12 条的规定来看，其先对 11 项可诉行为进行了列举，最后又规定了“认为行政机关侵犯其他人身权、财产权等合法权益的”兜底性条款，11 项被明确列举的可诉行为显然均属于“行政机关侵犯人身权、财产权等合法权益”的行为，因此，除《行政诉讼法》及其司法解释明确规定的“否定式列举”外，根据《行政诉讼法》第 12 条的规定，“行政机关侵犯人身权、财产权等合法权益的行为”原则上均属行政诉讼受案范围。但应当注意的是，从《行政诉讼法》第 12 条的规定方式来看，立法机关一直在尝试作“列举”之努力。当前，11 项被明确列举的行政行为属于较为常见的型式化行为，其未被列举但属于“行政机关侵犯人身权、财产权等合法权益”的行为，属于行政诉讼受案范围的例外情形。在司法实践中，法官仅依照兜底性条款的规定实际上很难辨别某一行为是否可诉，行政指导性案例明确特定行政行为的可诉性即在填补《行政诉讼法》或有关实体法对某一类型的行政行为是否可诉未进行规定的漏洞。

表 4－2　法律续造型行政指导性案例

案例编号	案例名称
指导案例 21 号	内蒙古秋实房地产开发有限责任公司诉呼和浩特市人民防空办公室人防行政征收案
指导案例 22 号	魏某高、陈某志诉来安县人民政府收回土地使用权批复案
指导案例 38 号	田某诉北京科技大学拒绝颁发毕业证、学位证案
指导案例 39 号	何某强诉华中科技大学拒绝授予学位案
指导案例 59 号	戴某华诉济南市公安消防支队消防验收纠纷案
指导案例 69 号	王某德诉乐山市人力资源和社会保障局工伤认定案
指导案例 101 号	罗某昌诉重庆市彭水苗族土家族自治县地方海事处政府信息公开案

指导案例21号涉及的问题是经济适用住房相关法律规则的“目的性限缩”。所谓目的性限缩，是指以法律目的为要求缩小法律规则适用的范围，以确保公正的结果。[1] 根据《住房困难若干意见》第五部分第16项和建设部等七部委《经济适用住房管理办法》第8条的规定，经济适用住房建设项目免收城市基础设施配套费等各种行政事业性收费和政府性基金，但本案例裁判要点明确，上述优惠规定不适用于违法建设行为，因而给本规定加上了一个限制条件，弥补了法律规则隐藏的漏洞，使该规定符合实质正义和立法目的，显然属于法律规则的“目的性限缩”。

指导案例22号涉及的问题是“工作关系类内部行政行为”可诉性的认定。[2] 根据《行政诉讼法》(1989年)第12条第3项的规定，“行政机关对行政机关工作人员的奖惩、任免等决定”不属于行政诉讼受案范围之规定，此项被认为是“内部行政行为不可诉”的典型体现。但是，在工作关系类内部行政行为的作出对外部行政相对人产生直接影响时，如果坚持该类行政行为不可诉，不利于保护行政相对人合法权益目的的实现。根据行政法学界的通说，如果工作关系类内部行政行为满足独立要素意义的“外化”、同体外化、“外化”产生法律效果三个条件，[3]其就外化为外部行政行为，具有(外部)意思表示对象，从而属于行政诉讼受案范围。因此，最高人民法院通过指导案例22号对“外化”的工作关系类内部行政行为的可诉性给予了肯定。

指导案例38号、39号涉及的问题均为高校与学生间“人事管理关系类内部行政行为”可诉性的认定。长期以来，法院一般不受理学生和学校之间因拒绝颁发毕业证、学位证等原因而产生的争议，但随着“学生告学校”案件的逐渐增多和以指导案例38号“田某诉北京科技大学拒绝颁发毕业证、学位证案”“刘某

---

[1] 参见黄锴：《“目的性限缩”在行政审判中的适用规则——基于最高人民法院指导案例21号的分析》，载《华东政法大学学报》2014年第6期。

[2] 应松年教授将内部行政行为分为工作关系类内部行政行为和人事管理关系类内部行政行为。前者是工作性质的，如上级机关对下级机关或行政首长对所属机构人员工作上的指示、命令、批准、批复等，以及行政主体的内部工作安排、计划、制度等；后者是人事性质的，指行政主体对工作人员的奖惩、任免、考核、调动、工资、福利待遇等。参见应松年主编：《行政法学与行政诉讼法学》(第2版)，法律出版社2009年版，第116页；姜明安：《行政诉讼法》(第3版)，北京大学出版社2016年版，第167～168页。

[3] 参见李永超：《揭穿内部行政行为之面纱——基于司法实践中“外化”之表达的一种解释框架》，载《行政法学研究》2012年第4期。

文诉北京大学拒绝颁发博士学位证案”等激起浪花的案件的受理,[1]高校与学生间“人事管理关系类内部行政行为”是否应当受理以及如何审理引起较大争议。最高人民法院通过指导案例38号、39号两个案例明确了此类争议的案件受理标准,即高校作出的影响学生基本权利的决定,属于行政诉讼的受案范围。

指导案例39号还涉及一个问题,即对高校学位授予细则及学位授予行为进行合法性审查的标准认定。根据《学位条例》第4条的规定:“高等学校本科毕业生,成绩优良,达到下述学术水平者,授予学士学位:(一)较好地掌握本门学科的基础理论、专门知识和基本技能……”不难发现,该项规定极为抽象,因而《学位条例暂行实施办法》第25条赋予了学位授予单位制定本单位授予学位的工作细则的权限,华中科技大学即是根据此项标准制定了“通过全国大学英语四级统考”的学士学位授予条件。根据《行政诉讼法》的规定,行政诉讼的审查模式为合法性审查,此种审查模式采取“司法尊让”之态度,对行政行为的审查在强度方面具有较大的限制。基于对学术自治的尊重,司法权不宜过度介入学位授予事务,而必须有所不为;但为了防止高校滥用行政权力和学术权力,以致侵害学生之受教育权,法院又必须有所作为。在为与不为之间,指导案例39号确立了学术自治尊让原则。在学术自治尊让原则下,法院审查该类型案件应当分两步走:第一步是主要审查高校行使的学位授予细则制定权是否位于法律、法规授权的学术自治范围之内;第二步则是如果位于学术自治范围内,法院审查的重点则在于学位授予细则设定的条件是否属于学术水平标准。[2] 不难发现,最高人民法院通过指导案例39号确立了合法性审查下的“学术自治尊让原则”,进一步明确了高等学校学位授予类行政纠纷的审查规则,属于对法律规则的续造。

指导案例59号涉及的问题是建设工程消防验收备案结果通知行为可诉性的认定。本案例的裁判要点指出,建设工程消防验收备案结果通知含有消防竣工验收是否合格的评定,具有行政确认的性质,当事人对公安机关消防机构的消防验收备案结果通知行为提起行政诉讼的,人民法院应当依法予以受理。可

---

〔1〕 参见何海波:《司法判决中的正当程序原则》,载《法学研究》2009年第1期。

〔2〕 参见郑磊:《论学术自治尊让原则的具体化——基于最高人民法院指导案例39号之展开》,载《郑州大学学报(哲学社会科学版)》2016年第3期。

以看出，本案例通过明确建设工程消防验收备案结果通知行为的性质，从而明确该行为属于行政诉讼的受案范围。

指导案例 69 号涉及的问题是行政程序中间行为可诉性标准的认定。通常情况下，行政相对人只能针对行政机关作出最终行政处理决定向法院提起行政诉讼。行政程序中间行为的可诉性问题，不仅是理论争议的热点，作为国家最高审判机关的最高人民法院，也一直在关注这个问题，并尝试给出各种回应。在本案例中，最高人民法院明确了行政程序中间行为可诉性的条件，即该行为对相对人权利义务产生明显实际影响，且还需要无法通过提起针对相关的实体性行政行为的诉讼获得救济〔1〕。

（四）空白填补型案例

根据上文所述，空白填补型案例发挥的功能是填补“明显漏洞”，即法律的缺失。当前，我国行政法律体系已逐渐完备，法律缺失情形主要存在于新类型案件中。从已发布的行政指导性案例来看，空白填补型案例共有 3 例，分别是指导案例 76 号“萍乡市亚鹏房地产开发有限公司诉萍乡市国土资源局不履行行政协议案”、指导案例 136 号“吉林省白山市人民检察院诉白山市江源区卫生和计划生育局、白山市江源区中医院环境公益诉讼案”、指导案例 137 号“云南省剑川县人民检察院诉剑川县森林公安局怠于履行法定职责环境行政公益诉讼案”。

指导案例 76 号涉及的问题是“行政协议审判依据的审查与适用”。〔2〕2014 年《行政诉讼法》将行政协议案件纳入行政诉讼的受案范围后，行政协议案件数量逐渐增多。行政协议是行政机关为实现行政管理目标而实施的一种有别于行政行为的手段，具有“行政性”和“协议性”双重属性，因而审理行政协议的规则自然也与行政行为的审理规则有所不同。直至当前，除 2019 年颁布的《最高人民法院关于审理行政协议案件若干问题的规定》对有关行政协议的一些审理规则作出明确规定但存在极大的争议外，行政协议规则大都处于缺失或有争议的状态。本案例即是最高人民法院通过指导性案例的形式对行政协

---

〔1〕 参见刘行：《行政程序中间行为可诉性标准探讨——结合最高法院第 69 号指导案例的分析》，载《行政法学研究》2018 年第 2 期。

〔2〕 参见陈国栋：《行政协议审判依据的审查与适用——76 号指导案例评析》，载《华东政法大学学报》2018 年第 3 期。

议审判依据的审查与适用规则予以明确，填补了此规则的立法空白。

指导案例136号、137号均为行政公益诉讼案件。根据我国《宪法》对各类国家机关的职能分工，检察院履行国家法律监督职能，为防止行政机关实施法律不力（违法行使职权或者不作为）致使国家利益或者社会公共利益受到侵害，国家建立检察行政公益诉讼制度，即立法机关通过公益诉讼条款赋予检察机关向审判机关提起诉讼之权，以督促行政机关履行法律实施第一顺位人之责。[1] 2014年10月召开的中国共产党十八届四中全会通过的《中共中央关于全面推进依法治国若干重大问题的决定》正式提出“探索建立检察机关提起公益诉讼制度”。此后，最高人民检察院在广东等13个省（区、市）就生态环境和资源保护、国有资产保护、国有土地使用权出让、食品药品安全等领域开展提起公益诉讼试点。[2] 但是，行政公益诉讼与传统行政诉讼存在较大差别。[3] 与行政协议案件相同，行政公益诉讼案件特有的裁判规则目前并没有完全确立。在此种情况下，为保证行政公益诉讼案件的正确审理，需要行政指导性案例对相关空白规则进行填补。

指导案例136号涉及的问题是法院在审理环境行政公益诉讼案件时，对就同一污染环境行为提起的环境民事公益诉讼的审理方式，最高人民法院通过裁判要点将审理方式明确为“分别立案、一并审理、分别判决”。指导案例137号涉及的问题是环境行政公益诉讼中法院审查行政机关是否履行法定职责的标准，最高人民法院将标准确定为“相对人的违法行为是否得到有效制止，行政机关是否充分、及时、有效采取法定监管措施，以及国家利益或者社会公共利益是否得到有效保护”。毫无疑问，指导案例136号、137号的发布不仅会统一法院在审理环境行政公益诉讼相关案件时的裁判规则，也会对行政公益诉讼相关立法的完善提供积极的实践经验。

指导案例101号涉及的问题是政府信息公开案件中政府信息不存在的认定标准。根据《政府信息公开条例》（2007年）第36条的规定，“对政府信息公

---

〔1〕 参见郑磊：《土地行政公益诉讼的类型建构及展开》，载《行政法学研究》2020年第6期。

〔2〕 参见胡卫列、田凯：《检察机关提起行政公益诉讼试点情况研究》，载《行政法学研究》2017年第2期。

〔3〕 参见秦前红：《检察机关参与行政公益诉讼理论与实践的若干问题探讨》，载《政治与法律》2016年第11期。

开申请……(四)经检索没有所申请公开信息的,告知申请人该政府信息不存在……”但在《行政诉讼法》及相关司法解释中,并未明确法院在审理相关行政案件时判断“政府信息不存在”的标准。最高人民法院通过本案例填补了该判断标准,认为“若被告不能提供相反证据,并举证证明已尽到充分合理的查找、检索义务的,人民法院不予支持被告有关政府信息不存在的主张”。

(五)规则重申型案例

制定法规定的强调性重申发生于法律规范的语义是明确的,但基层法律适用机关基于这样或那样的考虑,对适用该规范存有疑虑的情况。针对这种情况,最高人民法院作为最高级别的法律适用机关将法律规范予以强调性重申,无疑有着给基层法律适用机关“打气”“撑腰”的政策性意图或效果。[1] 在已发布的行政指导性案例中,指导案例5号“鲁潍(福建)盐业进出口有限公司苏州分公司诉江苏省苏州市盐务管理局盐业行政处罚案”就是一件这样的案例。

指导案例5号涉及的问题是在法律效力位阶下有关行政许可与行政处罚设定权限的规定。本案例的基本案情是《江苏盐业实施办法》在上位行政法规《盐业管理条例》未设定工业盐准运许可和对盐业公司以外的企业经营工业盐的行为进行行政处罚的情况下,而自行设定。但根据《立法法》(2000年)第79条,《行政许可法》(2004年)第15、16条以及《行政处罚法》(2009年)第13条的规定,《江苏盐业实施办法》的规定显然是无效的。本案的案件事实没有争议,裁判规则亦十分清晰,因而在理论上,法官直接根据上述规定均可以正确作出判断,不会出现“同案不同判”的情况,本案例没有发布的必要。但值得注意的是,本案在审理过程中经过了各级法院的“层层请示”,这层层请示背后,恐怕是现行司法体制造成的地方法院、法官对地方政府规章的“敬畏”。在此意义上可以说,指导案例5号虽然只是对制定法规定的重申,却不失为在特定国情下推动法治的有为之举。[2]

三、现行行政指导性案例遴选标准的反思

最高人民法院《案例指导工作规定》第2条规定的指导性案例的遴选标准,

---

[1] 参见王天华:《案例指导制度的行政法意义》,载《清华法学》2016年第4期。

[2] 参见王天华:《案例指导制度的行政法意义》,载《清华法学》2016年第4期。

在一定程度上对指导性案例的遴选发挥了促进作用，但其合理性自该规定颁布以来就一直存在极大的争议。现行行政指导性案例遴选标准的规定是否具有合理性、是否与已发布行政指导性案例实际的遴选标准相符，均关系到行政指导性案例的预设功能能否得到实现，继而关系到是否有必要重新建构行政指导性案例的遴选标准。因此，本部分将首先对现行指导性案例的遴选标准进行考察，其次将现行指导性案例的遴选标准与已发布行政指导性案例实际的遴选标准进行比对，最后根据指导性案例在民事、刑事、行政等不同领域的特殊性，分析建构行政指导性案例单独遴选标准的必要性。

（一）现行指导性案例遴选标准设置不合理

根据最高人民法院《案例指导工作规定》第 2 条的规定，指导性案例目前有社会广泛关注的、法律规定比较原则的、具有典型性的和疑难复杂或者新类型的五个被明确列举的遴选标准。分开来看，依据上述大多数标准遴选的指导性案例都能够对统一法律适用标准发挥一定的作用。但是，如果从整体上进行观察，就会发现现行指导性案例的遴选标准具有较大的不合理性。

首先，五个遴选标准并非泾渭分明，而是存在大量交叉地带。比如，社会广泛关注的案例不仅有可能是法律规定比较原则的案例，也有可能是疑难复杂或者新类型的案例或其他类型的案例。典型的如指导案例 93 号于欢案，此案不仅为当时社会广泛关注的案件，而且在法律适用时，如何定罪量刑也存在较大的争议。因此，于欢案既是社会广泛关注的案件，也是法律规定比较原则的案件。但五个遴选标准又显然不是整体性的规定，如法律规定比较原则的案件只需要法官进行法律解释，而疑难复杂或者新类型的案件则需要法官进行法律漏洞的填补。因此，当前无论从何种角度来观察五个遴选标准，显然都不具有逻辑性。

其次，绝大多数人认为，上述五个遴选标准不是一个整体性的规定，而是各自单独的规定。在此种情况下，社会广泛关注的案件与具有典型性的案件能否作为单独的遴选标准值得考究。社会广泛关注的案件虽然具有社会影响力，但未必具有法治影响力。故不能以一个案例是否具有社会影响力作为遴选标准，而应当根据该案在发展规则方面确定其是否具有指导性的价值。[1] 任何一个

---

〔1〕 参见王彬：《指导性案例遴选标准的完善》，载《法律方法》2017 年第 2 辑。

案件都要经过细致的遴选才能成为指导性案例,这就意味着指导性案例并非普通的典型案件,而是带有一定疑难色彩的案件,只有这样才能满足司法实践的需要。[1]

最后,上述五个指导性案例遴选标准是否已经足够全面也值得考察。指导性案例的功能在于解释法律和发展法律,[2]去除“社会广泛关注的”和“具有典型性的”两个遴选标准外,目前的遴选标准仅剩下“法律规定比较原则的”和“疑难复杂或者新类型的”两个遴选标准。而最高人民法院仅依照这两个标准遴选出来的指导性案例是否能够有效指导实践值得质疑。

(二)现行遴选标准与已发布行政指导性案例不符

从上文对已发布的行政指导性案例的分类来看,行政指导性案例目前主要包括法律解释型案例、冲突消解型案例、法律续造型案例、空白填补型案例和规则重申型案例五类,根据上文对最高人民法院《案例指导工作规定》第2条规定的四项遴选标准的含义与范围的解读,对两者进行对照,法律解释型案例可以归为“法律规定比较原则的”案例,法律续造型案例和空白填补型案例可以归为“疑难复杂或者新类型的”案例(见表4-3)。

表4-3 已发布行政指导性案例的五种类型与现行指导性案例遴选标准的对照

已发布行政指导性案例的类型	现行指导性案例的遴选标准
法律解释型案例	法律规定比较原则的
冲突消解型案例	—
法律续造型案例	疑难复杂或者新类型的
空白填补型案例	疑难复杂或者新类型的
规则重申型案例	—

通过对已发布行政指导性案例的五种类型与现行指导性案例的遴选标准进行对照,不难发现:第一,根据上文对“疑难复杂”范围的解读,法律续造型案例属于“疑难复杂”类案例,空白填补型案例则属于“新类型”案例。就是说,此两类案例在最高人民法院《案例指导工作规定》第2条的涵盖范围之内。第二,

〔1〕 参见孙光宁:《法律解释方法在指导性案例中的运用及其改进》,载《中国法学》2018年第1期。
〔2〕 参见王彬:《指导性案例的效力困境及其解决》,载《河南大学学报(社会科学版)》2017年第4期。

冲突消解型案例和规则重申型案例无法被《案例指导工作规定》第 2 条明确列举的四项遴选标准的任何一类所涵盖。第三，根据上文对“法律规定比较原则的”范围的解读，当法律规定比较原则时，主要便是进行法律解释。但应当注意的是，法律解释型案例中并不仅仅包括“法律规定比较原则的”这一种情况。例如，指导案例 88 号涉及的是行政许可到底存不存在期限的问题，根据上文所述，《行政许可法》对行政许可期限未进行直接规定，但可以从其他规定中直接推出行政许可具有期限，相当于是对期限问题进行了间接规定，为避免法院在审理相关案件时忽略这些间接规定“行政许可具有期限”的条款，最高人民法院有必要发布相关行政指导性案例进行解释，但本案例发布的原因不是“法律规定比较原则”。

以已发布行政指导性案例的类型为基准进行对照后，我们再以现行指导性案例的遴选标准为基准进行对照（见表 4－4）。

表 4－4　现行指导性案例的四项遴选标准与已发布行政指导性案例类型的对照

现行指导性案例的遴选标准	已发布行政指导性案例的类型
社会广泛关注的	—
法律规定比较原则的	法律解释型案例
具有典型性的	—
疑难复杂或者新类型的	法律续造型案例、空白填补型案例

通过对现行指导性案例规定的四项遴选标准与已发布行政指导性案例的类型进行对照，不难发现：第一，“社会广泛关注的”案例在已发布的行政指导性案例中并没有体现。在已发布的行政指导性案例中，存在相对较为出名的案件，如指导案例 38 号“田某诉北京科技大学拒绝颁发毕业证、学位证案”。但是，对该案的关注仅限于我国法学界甚至是行政法学界，远远达不到某些刑事指导性案例如“于某案”这样的社会关注度，达不到“社会广泛关注”的程度。第二，很难认定已发布行政指导性案例中是否存在“具有典型性的”案件。根据上文对“具有典型性的”的解读，这个概念本身便极为模糊，已发布的行政指导性案例经过严格遴选后为数不多脱颖而出的案例，似乎都具有典型性。但是，已发布的行政指导性案例是否具有典型性，还要通过实证研究考察其发布后是否被大量参照，只有在实践中真正能够发挥作用的才具有典型性。

综上,除法律续造型案例、空白填补型案例和一部分法律解释型案例可以被现行指导性案例规定的四项遴选标准涵盖外,冲突消解型案例、规则重申型案例和剩余的法律解释型案例处于现行指导性案例遴选标准的范围之外。同样,现行指导性案例的四项遴选标准也未全在已发布的行政指导性案例中得到体现,行政案件中鲜有被"社会广泛关注的"案件,该标准在行政指导性案例中自然也难以得到体现。行政指导性案例的目的均在于解决立法或实践中存在的特定问题,原则上均"具有典型性",因而"具有典型性的"这一遴选标准更像是对其他遴选标准的概括,而不宜作为单独的遴选标准。

（三）指导性案例遴选标准分领域建构的必要性

针对现行指导性案例遴选标准存在的诸多弊端,众多学者对指导性案例遴选标准的建构进行了研究。有学者对《案例指导工作规定》第2条确定的遴选标准进行了重新整合,如陈兴良教授将指导性案例遴选标准分为影响性案例、细则性案例、典型性案例、疑难性案例和新类型案例。[1] 陈兴良教授的上述分类虽使指导性案例的遴选标准更为清晰,但其并未脱离《案例指导工作规定》第2条的整体框架,上文所述的弊端依然存在。有学者抛开《案例指导工作规定》,认为案例指导作为成文法背景下的法律发展机制,其主要功能在于指导法官裁判疑难案件,故可以进一步根据疑难案件的类型对指导性案例的类型加以确定。[2] 他认为,疑难案件的类型可以大致分为:(1)模糊规则;(2)补强规则;(3)冲突规则;(4)漏洞规则;(5)空白规则;(6)不良规则。因而指导性案例的遴选标准可以确立为:(1)法律解释型案例;(2)效力补强型案例;(3)冲突消解型案例;(4)法律续造型案例;(5)空白填补型案例;(6)恶法矫正型案例。[3] 显然,相较于陈兴良教授的分类,后一分类更具有合理性。

除上述重新建构指导性案例遴选标准的路径外,有学者对《案例指导工作规定》将刑事、民事、行政案件的指导性案例的遴选标准只进行了统一规定提出了质疑。例如,陈明认为,从案例指导制度运作上来看,明显要区分刑事、民事、行政三大领域,因此,在不同领域,案例指导制度的推行面临着不同的挑战。如

---

〔1〕 参见陈兴良:《案例指导制度的规范考察》,载《法学评论》2012年第3期。

〔2〕 参见王彬:《指导性案例遴选标准的完善》,载《法律方法》2017年第2期。

〔3〕 参见王彬:《指导性案例遴选标准的完善》,载《法律方法》2017年第2期。

果仅仅凭借《案例指导工作规定》中遴选标准所规定的五项条件，显然不能够突出各自领域的特点，无法遴选出更具代表性的案件。[1] 也就是说，相较于按照《案例指导工作规定》的模式完善指导性案例的遴选标准，分领域建构指导性案例的遴选标准是一条值得考虑的路径。

是否有必要专门确立刑事、民事、行政等不同领域的指导性案例的不同遴选标准？笔者认为，指导性案例遴选标准的分领域建构极具必要性。正如雷磊教授在2015年进行统计与归类后所言，80%以上的指导性案例（37例）或者说它们的裁判要点都是对相关法条的解释，另有5例指导性案例涉及对相关条文漏洞的填补，2例是对相关法条的直接适用。所有刑事案件都是解释型案件，所有行政案件都是解释型或直接适用型案件，所有的民商事案件都是漏洞填补型案件。[2] 当前，在现有的指导性案例中，行政指导性案例虽然也存在漏洞填补型案件，但不可否认的是，每个领域的指导性案例都应当符合其各自领域的需求，而各个领域所呈现的不同需求也较为明显。例如，李森博士从程序标准和实体标准方面对刑事指导性案例的遴选标准进行了重新建构，其中，他将实体标准归纳为：(1)具有典型争议的刑事案例；(2)裁判要点和裁判理由对法律有所增益；(3)指导性案例的案情清晰明确且有证据可查。[3] 王天华教授则将行政指导性案例分为如下几类：(1)制定法规定的强调性重申；(2)解释立场的明确；(3)解释基准的订立；(4)法律漏洞的填补。[4] 显然，“制定法规定的强调性重申”是《案例指导工作规定》第2条无法囊括的遴选标准。

因此，如果完善后的指导性案例遴选标准继续沿用《案例指导工作规定》第2条对指导性案例遴选标准的规定方式，就会存在如下两个问题：第一，指导性案例遴选标准的规定应采用列举方式，即应规定得尽量明确，在此前提下，所有领域的指导性案例的遴选标准均应在规定中有所体现，但无法避免的是，这些规定中很多具体的遴选标准并不能在所有领域的指导性案例遴选时得到适用。第二，遴选标准在指导指导性案例遴选工作时应具有精准性。如果继续采用统一规定的方式，下级人民法院在上报案例时可能会出现错误，比如某一下级人

---

〔1〕 参见陈明：《我国行政案例指导制度研究》，辽宁大学2017年硕士学位论文。

〔2〕 参见雷磊：《指导性案例法源地位再反思》，载《中国法学》2015年第1期。

〔3〕 参见李森：《刑事案例指导制度研究》，东南大学2016年博士学位论文，第35~38页。

〔4〕 参见王天华：《案例指导制度的行政法意义》，载《清华法学》2016年第4期。

民法院不知某一遴选标准属于刑事指导性案例的特殊遴选标准,但该院认为其审理的行政案件符合这一标准,便有可能将此案件上报,造成司法资源的浪费。此外,遴选人员也有可能出现误判,当依据不适用于行政指导性案例的遴选标准遴选出行政指导性案例后,显然该行政指导性案例无法发挥行政指导性案例应有的作用。

《案例指导工作规定》作为我国案例指导制度的基础性文件,本身主要发挥对我国建立案例指导制度进行宣示以及对案例指导制度推进进行宏观指导的作用,具体制度的建构或依赖于其他规范性文件的发布。笔者认为,指导性案例遴选标准制度的完善可采取以下路径:第一,《案例指导工作规定》第 2 条有关遴选标准的规定应继续保留,但因其具体内容具有较大的不合理性,需要进一步完善,即在调整范围为所有领域的指导性案例的前提下,作出相对较为抽象但能涵盖所有领域指导性案例具体遴选标准的规定。第二,在《案例指导工作规定》第 2 条规定的基础上,分领域进行精细化作业,即根据指导性案例在民事、刑事、行政等不同领域所要发挥的不同功能,对不同领域指导性案例的遴选标准分别进行建构,以此满足实践对指导性案例具体且精确的要求。在此种指导性案例遴选标准的建构路径下,下文将对行政指导性案例的具体遴选标准进行研究。

第二节　行政指导性案例遴选标准的确立

在分领域建构指导性案例遴选标准的前提下,行政指导性案例遴选需要适用何种标准取决于行政指导性案例所应发挥的具体功能,而行政指导性案例应当发挥何种功能则取决于行政司法实践中普遍存在的典型问题。因此,行政指导性案例遴选标准的探寻应依照以下路径:行政司法实践中存在的问题→行政指导性案例的功能→行政指导性案例的遴选标准。也就是说,某一案件能够被遴选为行政指导性案例,是因为该案例的内容涉及行政司法实践中普遍存在的典型问题。此外还应注意的是,案件被遴选为行政指导性案例还要符合一定的形式标准。下文将对这些内容进行具体分析。

一、行政指导性案例遴选标准的建构依据

作为成文法国家,我国法院在审理行政案件时遵循的是三段论式的演绎推理,即从大前提法律和司法解释到小前提案件事实,最后推导出裁判结论。法官沿循着抽象法条具体个案的演绎思维路径,着重审查案件事实能否为法律规则所涵射。裁判者依据抽象、概括的法律规则提供的指引,将案件事实、待决问题与法律规则比照,利用三段论的方式作出司法裁决。[1] 在演绎推理模式下,法官的目光游走于事实与规范之间,当大前提法律规则和小前提案件事实有一项不清晰时,法官都有可能作出错误的裁判,如果这种问题具有普遍性和典型性,就需要通过发布行政指导性案例对事实或规范加以明确。而通过前文对行政案例指导制度理论基础的阐述,我们已经明确,行政指导性案例主要的作用在于弥补成文法与司法解释因抽象性和滞后性等特征而导致的法院在审理行政案件时裁判规则不明确的问题,这是在弥补大前提法律规则的模糊或缺失等问题。同时,行政指导性案例理论上还要发挥认定案件事实的作用,这是在解决小前提案件事实因过于疑难复杂而导致法官难以认定的问题。但值得注意的是,在已发布的行政指导性案例中,并没有涉及案件事实认定的案例,且从行政执法活动和行政司法实践来看,在行政行为的形式化及依法行政原则的约束下,行政机关为履行行政管理职责而采取的行政手段非常有限,且极具模式化,因而行政案件中的案件事实基本都较为清楚;且在举证规则明确的基础上,当事人对案件事实基本都不会产生争议,因而关键还是法律适用问题,这也是行政争议不同于其他类型争议之处。但是,行政案件中当然存在自身独特的问题,基于行政司法实践的特殊性,行政指导性案例还要解决一些司法实践中的其他现实问题。因此,上述两类问题即“法律规则中的问题”和“司法实践中存在的其他现实问题”的具体内容,也即行政案件是否能够被遴选为行政指导性案例的标准,具体如下:

1. 法律规则中的问题

众所周知,成文法存在很多固有的缺陷,因而需要一定的法律方法进行填

---

〔1〕 参见姜远亮:《指导性案例与司法解释的关系定位及互动路径——以刑事审判为视角》,载《法律适用》2019 年第 8 期。

补，但值得注意的是，不同的部门法还有其自身的独特性。在行政法中，因行政涉及的领域众多，不像刑法和民法在我国已经实现法典化，行政法在我国的法典化似乎仍然遥不可及。在此种背景下，行政法以单行法的形式散布于各个领域，且我国各级立法机关和有权的行政机关还制定了数量极其庞大的行政法规、地方性法规、部门规章及地方政府规章。同时，我国行政法律体系建设起步较晚，行政法律体系目前虽已初步形成，但很多领域仍存在立法缺失或极度不完善的情况，法规、规章中存在的乱象则更数之不尽。因此，相较于立法数量有限且现有立法已足够成熟的刑法、民法等部门法，行政法存在更多的问题，因而相较于民事指导性案例与刑事指导性案例，行政指导性案例承担更多解决法律规则中存在的问题的任务。

关于法律的局限性，德国著名法学家阿列克西（Alexy）认为这些局限至少有四个：第一，法律语言的模糊性；第二，规范之间有可能发生冲突；第三，可能存在这样的事实，即有些案件需要法律上的调整，但却没有任何事先有效的规范适合用来调整；第四，在特定案件中，所作出的裁判有可能背离规范的条文原义。[1] 而通过进一步考察我国的行政法律规范及司法解释，笔者认为具有局限性的规则主要有：

（1）模糊规则。模糊规则，是指法律文本表意不明确的规则，主要包括句法有歧义和法律概念含混，在此种规则作为大前提时，不进行法律解释，法官就无法适用法律。[2]

（2）补强规则。补强规则，是指单一的法律渊源作为裁判理由不具有充分的说服性，需要法官整合法律渊源，从而将不同法律渊源进行融贯地表达，产生更强的说服力。在此种情况下，补强规则并不能直接作为裁判依据，必须经过法官的加工形成针对个案的裁判规范才能建立事实与规范之间的对应关系，这需要法官整合各种法律渊源，形成针对个案的裁判规范。[3]

（3）冲突规则。冲突规则，是指两个或多个调整同一事项但规定不一致的规则。在目前我国行政法律体系中存在法律、法规、规章等多个位阶的规范性

---

〔1〕 参见［德］罗伯特·阿列克西：《法律论证理论——作为法律证立理论的理性论辩理论》，舒国滢译，中国法制出版社2002年版，第2页。

〔2〕 参见陈坤：《法律解释与法律续造的区分标准》，载《法学研究》2021年第4期。

〔3〕 参见王彬：《指导性案例遴选标准的完善》，载《法律方法》2017年第2辑。

文件的情况下,规则之间出现冲突的情形并不鲜见。

(4)漏洞规则。如上文所述,漏洞规则,是指因立法者理解能力有限,只考虑到一般情形却没有考虑例外情形的规则。漏洞规则在领域众多的行政法中更非鲜见,主要基于立法目的与价值,通过“目的性扩张”与“目的性限缩”等方法进行填补。

(5)空白规则。空白规则是法律应当规定但尚未进行规定的规则,主要表现为立法机关尚未针对行政机关作出的新类型的行政管理活动进行立法,但也存在立法者理解能力有限而在立法时未考虑到、未考虑清楚或由于争议较大便没有对特定事项进行规定的情况。

(6)不良规则。不良规则即“恶法”,是指违背法律价值或者人们正义观念的法律规则。根据《行政诉讼法》的规定,法院在审理行政案件时依据法律、法规,参照规章。但有些法规和规章由级别较低的立法机关和行政机关制定。同时,有些机关在立法时基于对地方的保护、对行政机关的保护等种种原因,很有可能制定出违反公平正义原则的法律规则。

(7)裁量规则。裁量规则,是指规定明确的构成要件和 N 种法效果,由行政机关在个案中选择一种最为妥当的法效果的规则。[1] 基于立法的抽象性,在行政法中,存在众多赋予行政机关自由裁量权的规则。控制行政裁量是一个世界性的难题。当前,我国行政机关内部主要采取制定行政基准的方式控制行政裁量权。随着法律体系的完善、立法技术的提高和裁量基准的建立,自由裁量的生存空间会越来越小,但目前行政机关拥有较大的自由裁量权仍是我国行政执法中的现实情况。建立行政案例指导制度的目的在于实现“实质性化解行政争议”之功能,但如果立法赋予行政机关较大行政裁量权,很有可能出现行政机关作出的行政决定形式合法但实质不合法的情况。当前,法院对行政行为的合法性审查主要停留在形式合法层面,但极易导致行政相对人对判决不服、行政争议无法得到实质化解的情况。因而需要通过发布行政指导性案例进一步缩小裁量规则的裁量空间,确保形式合法但实质不合法的行政行为不被法院判决所支持。

---

〔1〕 参见章剑生:《现代行政法总论》(第 2 版),法律出版社 2019 年版,第 101 页。

2. 司法实践中存在的其他现实问题

当行政争议的案件事实清楚、法律规则明确时,按照演绎推理的步骤,大、小前提均已具备,理论上就能得出相应的结论。不可否认,大部分行政案件在法律规则明确的前提下,均能作出与法律规则相符合的判决;但在极个别方面,即便案件事实清楚、法律规则明确,由于某些特殊的原因,法院还是无法作出与法律规则相符的判决,当这种现象在特定方面较为普遍的存在于下级法院时,最高人民法院需要通过发布相关行政指导性案例的形式为下级法院"撑腰打气"。

法院在审理行政案件时出现上述现象,多是由于法院相对于行政机关的弱势地位,行政机关的强势使法院不敢作出正确的判决。经笔者总结,较为典型的"不敢判"的现象大致包括两类:第一,法院"不敢"否认地方立法机关或行政机关制定的地方性法规或地方政府规章中的法律规则的效力。典型案例即为指导案例 5 号"鲁潍(福建)盐业进出口有限公司苏州分公司诉江苏省苏州市盐务管理局盐业行政处罚案",该案中江苏省政府制定的《江苏盐业实施办法》中的相关规定显然是无效的,但却经历了从基层人民法院到最高人民法院的层层上报,可见地方人民法院对否认地方政府所制定文件效力的谨慎程度。第二,法院"不敢违背"地方政府制定的违法政策。此种情况目前多出现于违法建筑的整治中。根据《行政强制法》《土地管理法》等法律法规的规定,行政机关拆除违法建筑应当履行相关法定程序,如果严格依法整治违法建筑,会耗费一定的时间。有些地方政府为尽快拆除违法建筑,在明知违法的情况下,制定政策命令相关行政部门限期几日内拆除,相关行政部门明知拆除即违法,但因不敢违反上级行政机关的命令即按照政策拆除。行政相对人将该明显违法的行为起诉至法院时,很多法院却以"被诉房屋拆除行为系违建别墅专项清理整治行动中采取的措施,不属于法律争议"等为由,认定不属于行政诉讼的受理范围,[1]法院如此裁定的原因显然耐人寻味。在此种状况下,最高人民法院可以通过发布行政指导性案例,明确此类案件的审理规则,地方法院则可以依据该行政指导性案例顺利作出合理的判决。

---

〔1〕 参见洛阳市承大房地产有限公司诉孟津县人民政府确认拆除行为违法案,河南省高级人民法院(2020)豫行终 1547 号行政裁定书。

根据“行政司法实践中存在的问题→行政指导性案例的功能→行政指导性案例的遴选标准”此一行政指导性案例内容遴选标准的建构思路，行政案件中目前存在的法律规则适用问题和其他现实问题即构成行政指导性案例内容遴选标准的建构依据。但法院是法律适用机关，虽然无法直接对立法机关制定的不良规则加以否定，但可以通过法律解释、漏洞填补、冲突认定等方式消除不良规则所带来的不利影响，因而最高人民法院也无法对不良规则类行政指导性案例进行遴选。因此，根据目前行政案件中存在的上述问题，并参照《案例指导工作规定》第2条的规定，笔者将行政指导性案例的内容遴选标准总结为：(1)法律规定比较模糊的；(2)法律规定需要补强的；(3)法律规定存在冲突的；(4)法律规定存在漏洞的；(5)法律尚未规定的；(6)法律规定需要裁量的；(7)法律规定需要重申的。下文对此七项行政指导性案例内容遴选标准进行具体阐述(见表4-5)。

表4-5　行政指导性案例遴选标准的建构依据

行政案件审理过程中遇到的问题	行政指导性案例的遴选标准
模糊规则	法律规定比较模糊的
补强规则	法律规定需要补强的
冲突规则	法律规定存在冲突的
漏洞规则	法律规定存在漏洞的
空白规则	法律尚未规定的
不良规则	—
裁量规则	法律规定需要裁量的
其他现实问题	法律规定需要重申的

二、行政指导性案例的遴选标准

根据当前行政司法实践中存在的问题，我们已经明确了七项行政指导性案例的遴选类型，纵观《案例指导工作规定》第2条对指导性案例遴选标准的规定和学界对指导性案例遴选标准的研究，大都止步于此。但应当注意的是，行政指导性案例的遴选不仅涉及遴选何种类型的行政指导性案例的问题，在遴选过程中，为确保根据案例所生成的裁判要点的合理性，还应保证符合上述遴选类型的案例判决结果的合理性。例如,如果一个案例因对某项法律规则进行了法律解释,其便符合行政指导性案例遴选标准中“法律规定比较模糊的”要求,但其能否最终被遴选为行政指导性案例,还要看其所作之法律解释是否符合合理性的要求。只有内容具有合理性的行政指导性案例,才能推动行政诉讼实现实质性化解行政争议的目的,才有被遴选之必要。因此,下文将对七项行政指导性案例的遴选标准中更为具体的标准进行阐述。

(一)法律规定比较模糊的

法律语言不能达到像符号语言那样的精确度,它总是需要解释。[1] 法律解释需要借助法律解释方法。在德国,萨维尼(Friedrich Carl von Savign)在总结罗马法及中世纪意大利法中的法律方法时提出了法律解释四个“基本要素”,即语法要素、逻辑要素、历史要素及体系要素。[2] 卡尔·拉伦茨则将法律解释方法作了更为具体化的阐述,其将法律解释的标准分为四类,分别是:字义;法律的意义脉络;历史上的立法者之规定意向、目标及规范想法;客观的目的论的标准。[3] 这也是我国法学界当前处于通说的法律解释标准,按照我国的通用叫法,分别为文义解释、体系解释、历史解释和客观目的解释。其中,从解释要素上看,无论是文义解释还是体系解释,实质都是为了解决文本含义,因此文义解释方法及体系解释方法组成了我们通常意义上所讲的形式性解释方法,形式性解释方法所涵盖的解释规则就是语言学解释规则。历史解释及客观目的解释方法所需遵守的规则多是考察目的性要素,属实质性解释方法。[4]

当法官在审理行政案件时遇到“法律规定比较模糊的”情形时,可以利用上述法律解释方法对模糊的法律规定进行解释,但还应注意的是,上述方法并非可由解释者任意选择,而是具有一定的法律解释规则。根据卡尔·拉伦茨对“各种解释标准之间的关系”之论述,他认为应依照字义→法律的意义脉络→历史上的立法者之规定意向、目标及规范想法→客观的目的论的标准此一顺序进行解释。[5] 我国有学者则在此基础上提出更具逻辑性与合理性的法律规则,即

---

〔1〕 参见[德]卡尔·拉伦茨:《法学方法论》,陈爱娥译,商务印书馆2003年版,第201页。

〔2〕 参见[德]魏德士:《法理学》,丁晓春、吴越译,法律出版社2005年版,第304页。

〔3〕 参见[德]卡尔·拉伦茨:《法学方法论》,陈爱娥译,商务印书馆2003年版,第200~216页。

〔4〕 参见杨铜铜:《论法律解释规则》,载《法律科学(西北政法大学学报)》2019年第3期。

〔5〕 参见[德]卡尔·拉伦茨:《法学方法论》,陈爱娥译,商务印书馆2003年版,第219~220页。

“语言学解释规则是优先适用的解释规则”,“实质性解释规则作为语言学解释规则的有益补充”[1]。实质性解释规则有其特定的适用场域,即法律规范通过文义或体系解释后仍然存在荒谬解释结果,或在法律存在漏洞需要进行法律续造,或者需要对不确定法律概念、概括性条款进行价值补充时才采用实质性解释规则。[2]

综观我国已发布的法律解释型行政指导性案例,多数是直接通过语言学解释规则进行解释后就可以得出合理的裁判结果,如指导案例 40 号“孙某兴诉天津新技术产业园区劳动人事局工伤认定案”,法院对“因工作原因”和“工作场所”的认定。但也有案件必须得通过“实质性解释规则”才能得出具有合理性的结果,如指导案例 89 号“‘北某某依’诉济南市公安局历下区分局燕山派出所公安行政登记案”,不使用父母一方的姓氏是否被允许还要通过“应当符合中华传统文化和伦理观念”进行解释。

在当前的司法实践中,法院在很多行政案件的判决里会对规定得较为模糊的法律制度进行解释,如《最高人民法院公报》2013 年第 10 期的“苏州鼎盛食品公司不服苏州市工商局商标侵权行政处罚案”。2009 年 9 月,苏州市工商局接到东华公司举报称鼎盛食品公司生产销售的“乐活 LOHAS”等月饼有商标侵权嫌疑。经过调查,苏州市工商局认定鼎盛食品公司的行为属于《商标法》规定的侵犯注册商标专用权的行为,对鼎盛食品公司作出了责令停止侵权行为并罚款 50 万元的行政处罚决定。最高人民法院在公报中认为,《行政处罚法》(2009 年)第 4 条第 2 款规定:“设定和实施行政处罚必须以事实为依据,与违法行为的事实、性质、情节以及危害程度相当。”因此,行政主体在实施行政处罚时,应当遵循该条规定的过罚相当原则。工商行政机关依法对行政相对人的商标侵权行为实施行政处罚时,应当遵循过罚相当原则行使自由裁量权。也就是说,在保证行政管理目标实现的同时,兼顾保护行政相对人的合法权益,行政处罚以达到行政执法目的和目标为限,并尽可能使相对人的权益遭受最小的损害。工商行政机关如果未考虑应当考虑的因素,违背过罚相当原则,导致行政处罚结果显失公正的,人民法院有权依法变更判决。就本案而言,被上诉人苏州市

[1] 杨铜铜:《论法律解释规则》,载《法律科学(西北政法大学学报)》2019 年第 3 期。
[2] 参见杨铜铜:《论法律解释规则》,载《法律科学(西北政法大学学报)》2019 年第 3 期。

工商局在对上诉人鼎盛食品公司进行行政处罚时，责令其停止侵权行为即足以达到保护注册商标专用权以及保障消费者和相关公众利益的行政执法目的，但苏州市工商局未考虑鼎盛食品公司上述主观上无过错，侵权性质、行为和情节显著轻微，尚未造成实际危害后果等因素，同时对鼎盛食品公司并处50万元罚款，使行政处罚的结果与违法行为的社会危害程度之间明显不适当，其行政处罚缺乏妥当性和必要性，应当认定为显失公正的行政处罚。在本判例中，最高人民法院首次阐释了过罚相当原则的适用要件，为各级人民法院在司法实务中具体适用《行政处罚法》(2009 年)第 4 条第 2 款(2021 年修订后为第 5 条第 2 款)规定的过罚相当原则提供了较为规范的裁判思路，[1] 属于典型的法律解释型案例。

根据上述法律解释规则，法院在遴选"法律规定比较模糊的"行政指导性案例时，首先要依据语言学解释规则对案件进行审查，符合法律规则文义解释和体系解释标准的，理论上即能得出合理的判决结果。但是，因行政机关作出的行政行为既有可能依据法律，也有可能依据法规、规章，因而法律规则的质量难以保证，法官根据文义解释和体系解释标准进行解释后有得出荒谬解释结果的可能，因此，为保证案例被遴选为行政指导性案例后能够发挥促进实质性化解行政争议之作用，还必须要对在进行文义解释和体系解释下的案例是否具有实质合理性进行审查。

(二)法律规定需要补强的

当法律规则作为裁判理由不具有充分的说服性时，需要法官整合法律渊源，从而将不同法律渊源进行融贯地表达，产生更强的说服力。在行政法中，法律渊源存在多种形式，在行政司法实践中，较为常见的是用行政法基本原则和司法政策补强法律规则。一般而言，法律原则和法律规则的关系体现为：(1)在原则与规则一致情形下，原则作为规则的基础和指引；(2)在规则缺位的情形下，适用原则以漏洞补充；(3)在原则与规则相冲突的情形下，适用原则创制规则的例外；(4)原则之间相互冲突下的特别复杂的适用。[2] 法律原则补强法律

---

〔1〕 参见章剑生、胡敏洁、查云飞主编：《行政法判例百选》，法律出版社 2020 年版，第 57～61 页。

〔2〕 参见林来梵、张卓明：《论法律原则的司法适用——从规范性方法论角度的一个分析》，载《中国法学》2006 年第 2 期。

规则显然属于第(1)种情形。在行政判决中,法官通过比例原则、信赖利益保护原则等行政法基本原则强化说理论证的情况极为多见,但应当注意的是,各个基本原则在个案适用时并不是非此即彼的关系,而是存在同时适用的情况。例如,当法官以公共利益保护补强某一法律规则时,还要考虑此时是否违背了信赖利益保护原则。因此,在遴选行政指导性案例时,如果遇到原则补强规则的情况,需要对案例的实质合理性进行全方面考察。同样,实践中也存在很多司法政策补强法律规则的情况,在遴选此类案例时,要注意司法政策特别是地方法院制定的政策本身的合法性与合理性。

在"黑龙江汇丰实业发展有限公司诉黑龙江省哈尔滨市规划局行政处罚纠纷案"中,汇丰实业发展有限公司(以下简称汇丰公司)所建的9层商服楼经原有两栋楼房改建而成。其中,院内一栋楼房原为地下1层、地上2层,该栋楼房的扩建虽然经过建设用地规划许可批准,但实际扩建面积超出许可标准2388平方米;临中央大街一栋楼房原为地下1层、地上3层,汇丰公司在提出增建申请但没有得到答复的情况下组织施工,拆除原有建筑物予以重建,违法建筑面积6164平方米。1996年8月12日,哈尔滨市规划局对汇丰公司作出行政处罚,针对两栋违法改建楼房,作出"部分拆除、部分罚款"的处罚决定。汇丰公司对此不服,提起诉讼。最高人民法院认为,哈尔滨市规划局提出汇丰公司的建筑物遮挡中央大街保护建筑新华书店顶部,影响了中央大街的整体景观,故国务院批准的"哈尔滨市总体规划"中关于中央大街规划的原则规定和中央大街建筑风貌的实际情况,本案可以是否遮挡新华书店顶部为影响中央大街景观的参照标准。规划局所作的处罚决定应针对影响的程度,责令汇丰公司采取相应的改正措施,既要保证行政管理目标的实现,又要兼顾保护相对人的权益,应以达到行政执法的目的和目标为限,尽可能使行政相对人的权益遭受最小的损害。而哈尔滨市规划局所作的行政处罚决定中,拆除的面积明显大于遮挡的面积,不必要地增加了汇丰公司的损失,给其造成了过度的不利影响,原审判决认定该处罚决定显失公正是正确的。[1] 在本案中,当法院审查行政处罚决定的合法性时,不仅依据行政处罚的相关法律规定,还采取"最小损害原则"作为司法审查的标准,在确认相对人的违法行为性质和行政裁量空间的前提下,最小损

〔1〕 最高人民法院行政判决书,(1999)行终字第20号。

害原则的适用就存在可能，在此情况下，法律规则的适用需要“最小损害原则”进行补强，从而使行政判决真正具有合理性。[1]

（三）法律规定存在冲突的

在遴选法律冲突型行政指导性案例时，首先要明确法律冲突判定之构成要素，构成要素不清晰，容易出现“假冲突”情形。根据学界通说，法律冲突的构成要素包括以下四项：（1）字面表述差异；（2）调整同一对象；（3）相冲突的法律规范属同一部门或同类型的法律；（4）法律后果不同。[2] 而根据上文所述，法律规定存在冲突的情况又可以分为两类：一是不同位阶法律规则间的冲突；二是同一位阶法律规则间的冲突。

解决不同位阶法律规则间的冲突的案件原则上没有被遴选为行政指导性案例的必要，原因在于，《立法法》等法律已经明确规定了不同位阶法律规定间冲突的法律适用标准，法院可以根据上述标准判断行政机关作出行政行为所依据的法律规定是否具有有效性。但在行政法领域，容易出现法官并不注重“调整同一对象”之因素，因而解决不同位阶法律规定间的冲突的案件仍有被遴选为行政指导性案例的必要性与可能性。例如，根据《土地管理法》《行政强制法》等相关法律的规定，行政机关在作出强制拆除违法建筑决定前，应当先行作出责令限期拆除决定，即责令行政相对人在一定期限内自行拆除违法建筑。目前强制拆除行为在性质上属于行政强制执行行为已毫无争议，但在当前，《土地管理法》《住房城乡建设行政复议办法》等法律规范却对强制拆除前的责令限期拆除行为的性质作出了不同的规定。其中，《土地管理法》第 83 条将责令限期拆除行为定性为行政处罚，《环境行政处罚办法》第 12 条则将其定性为行政命令。《土地管理法》是由全国人大常委会制定的法律，而《环境行政处罚办法》则是原环境保护部制定的规章，因而法院在裁判案件时很容易根据位阶关系选择适用位阶更高的《土地管理法》，即将责令限期拆除行为认定为行政处罚。但应当注意的是，《环境行政处罚办法》第 1 条规定，“根据《中华人民共和国行政处罚法》及有关法律、法规，制定本办法”，且其制定主要是“为规范环境行政处罚的实施，监督和保障环境保护主管部门依法行使职权”，与《土地管理法》的调

〔1〕 参见章剑生、胡敏洁、查云飞主编：《行政法判例百选》，法律出版社 2020 年版，第 20～24 页。
〔2〕 参见董皞：《判定法律冲突之问题研究》，载《法律科学（西北政法大学学报）》2014 年第 1 期。

整对象并不相同,因而《土地管理法》并不是《环境行政处罚办法》的效力依据,两者之间亦不存在上位法与下位法的关系。此时,二者的规定虽然存在冲突,但从法解释学层面来看,正确的适用规则是“环境行政”仍应适用《环境行政处罚办法》的规定,“土地行政”则应适用《土地管理法》的规定。为避免实践中的混乱,最高人民法院可以以发布指导性案例的形式明确两个冲突规定的适用规则。当然,从理论层面而言,“责令限期拆除行为”无论在何种行政领域,行为性质是相同的,最根本的解决方式还是统一定性,但这显然是立法层面的事项。

法律冲突类指导性案例主要是解决同一位阶间法律规则出现的冲突问题。对于在空间、时间、逻辑上处于同一位阶的法律规则发生冲突的情况,需要法官考察法律规则背后的法律价值,根据个案情形,选择价值优先性的条件,从而创设新的裁判规范。〔1〕 应当注意的是,法官对相冲突的法律规则进行价值衡量本身具有较大的主观性,价值衡量本身也具有较大的模糊性与不确定性,因而在遴选此类行政指导性案例时应极为谨慎。

(四)法律规定存在漏洞的

按照形式法治的信条,法律的运作分为法律制定和法律适用两个环节。立法机关制定和修改法律,努力完备法律体系并使之与时俱进;司法机关的任务则是正确适用法律,在法条之外追求个案的实质公正,促进法律制度的发展不是它的任务。〔2〕 但在我国目前的行政法律制度状况下,法律规定存在漏洞的情况并不少见,司法机关为确保实质性化解行政争议目的的实现,通过确立裁判规则对法律漏洞进行司法层面的弥补具有必要性。实际上,长期以来,法院在司法实践中也并没有严格遵循形式法治的基本信条和制度安排,而是通过个案的尝试,法官在有限的空间内努力维持司法的实质正义;通过个案的积累,法院增强了司法的权威,并使某些领域内的法律变革。〔3〕

为实现行政法领域的实质法治和公平正义,法院长期以来通过司法解释等形式在受案范围等众多方面对法律规则中存在的漏洞进行了有效填补,大多数做法也受到了学界和公众的欢迎。当前,法院当然有权以发布行政指导性案例

〔1〕 参见王彬:《指导性案例遴选标准的完善》,载《法律方法》2017 年第 2 辑。

〔2〕 参见何海波:《实质法治:寻求行政判决的合法性》(第 2 版),法律出版社 2020 年版,第 68 页。

〔3〕 参见何海波:《实质法治:寻求行政判决的合法性》(第 2 版),法律出版社 2020 年版,第 68 ~69 页。

的形式对行政法律制度中存在的漏洞进行填补，但在遴选漏洞填补型行政指导性案例时应当注意以下事项：首先，当法律规则本身存在争议时，因法院是法律适用机关，漏洞填补不宜作为法院的首选，而是应通过法律解释等方法看是否能够得到具有合理性的裁判结果。也就是说，当其他方法能够替代漏洞填补方法解决问题时，就不应遴选通过漏洞填补作出裁判的案件作为行政指导性案例。其次，漏洞填补存在类推、目的性扩张、目的性限缩等多种方式，但无论是使用哪种方式，其相互间密切的联系都具有共同的指向：将法律并未明确规定的多种考量因素纳入补充法律漏洞的过程之中，而法律原则（大致相当于立法意旨或者所谓一般化法律理由）在其中扮演着十分重要的角色。[1] 换言之，即便法律存在漏洞，法官也不是可以无限制的对漏洞进行填补，填补后的裁判规则不仅要符合立法意旨，也不能违背行政法的基本原则。另外，法官在个案中对法律规则漏洞的填补过程，其实也是一种价值衡量过程，最高人民法院对漏洞填补型行政指导性案例的遴选，也应持谨慎的态度。

综观目前已经发布的漏洞填补型行政指导性案例，大多数案例均为对行政诉讼受案范围的扩张，显然与“解决行政争议”等行政诉讼的立法目的相符。同时，这些行政指导性案例涉及的过程性行政行为的可诉性、内部行政行为的可诉性等问题是行政法领域当时急需解决与明确的问题，裁判结果与裁判要点也大都得到了行政法学界的好评与欢迎。

（五）法律尚未规定的

与“法律规定存在漏洞”属于隐藏漏洞不同，“法律尚未规定”属于法律的明显漏洞。明显漏洞主要包括以下两种情况：一是消极型漏洞，即因立法者在立法时对如何制定该规则未想清楚或争议在当时仍较大而未进行规定的漏洞；二是预想外型明显漏洞，即立法者的立法能力有限，未想到对某项规则进行规定，或该规则针对新类型案件，立法尚未来得及进行规定。

上述明显漏洞在行政法领域均不鲜见。消极型漏洞目前较为典型的是国有土地使用权出让合同是否为行政协议的问题。2014 年《行政诉讼法》将行政协议案件纳入行政诉讼受案范围之前，因国有土地使用权出让合同产生的争议

---

〔1〕 参见孙光宁：《漏洞补充的实践运作及其限度——以指导性案例 20 号为分析对象》，载《社会科学》2017 年第 1 期。

一直由法院民事审判庭按照民事合同争议进行审理。2014 年《行政诉讼法》修订时将行政协议案件纳入行政诉讼受案范围,并明确了政府特许经营协议、土地房屋征收补偿协议的行政协议性质,但并未对国有土地使用权出让合同进行明确列举,此后,法院民事审判庭和行政审判庭都对国有土地使用权出让合同进行审理。2019 年,《行政协议司法解释》明确列举了五项行政协议类型,但因国有土地使用权出让合同的性质在理论和实践中仍争议较大,因而回避了该争议,未对国有土地使用权出让合同的行政协议性质作出明确规定,显然属于消极型漏洞。预想外型明显漏洞实际上多为新类型案件,如《行政协议司法解释》颁布之前,并不存在明确的行政协议裁判规则。行政协议兼具“行政性”与“协议性”双重属性,审理规则自然与传统高权行政行为的审理规则有所不同。但在司法实践中,很多法官仍根据行政行为的合法性审查逻辑对行政协议进行审查,有法官则完全按照民事合同审判规则进行审查,因而在此一时期,行政协议审判状况异常混乱。

在法律规则缺失的情况下,除依赖最高人民法院发布相关司法解释外,通过发布行政指导性案例的形式确立裁判规则或许是更好的形式。原因在于,消极型漏洞往往仅针对一个具体的法律规则,不宜发布司法解释,通过具有个案特征的行政指导性案例的形式便可以有效确立裁判规则。而新类型案件往往具有较大的不明确性,可以通过行政指导性案例的形式逐步对每一个具体规则进行明确,而当司法实践经验积累到一定程度时,便可以开展相关立法或制定司法解释的工作。例如,在当前的行政协议司法实践中,因行政协议诉讼制度仍不完善,所以在很多案件中,法官不得不以行政法的基本原则来补强处于不完善状态的法律规则。如在“彭某博诉平顶山市城乡一体化示范区管理委员会履行征收补偿行政承诺纠纷案”中,法院经审理后认为,被告作为土地征收的实施主体,其实施征收并向被征收人作出补偿安置系行使国家行政权力,其目的是改善居民生活条件、实现社会公共利益。如果承诺内容严重突破安置补偿政策、过高于其房屋市场价值,那么履行承诺势必将增加政府的征收及城区改造过程中的公共支出,侵犯整个片区的补偿安置秩序,损害社会公共利益。因此,应综合彭某博等人在建设房屋时已取得合法建房手续,其对此享有合理信赖利益、房屋市场价值、安置补偿政策、出具承诺书的信访背景等因素,与承诺金额相比较,除过高部分外,对彭某博等人的承诺应予履行,从而维护诚信政府的形象,保障行政相对人的合法利益。[1] 在本案中,被告与原告签订的行政协议的内容已对社会公共利益造成了损害,行政协议有可能会被法院直接判处无效。但本案审理法院充分考虑到公平公正、诚实守信、信赖保护等行政法原则,并秉持尽量保证行政协议有效性的基本理念,仅判处高于房屋市场价值的金额无效,且判处被告补偿原告在房屋市场价值内未补偿的金额。相较于直接判处无效,此判决更具有合理性。

在遴选空白填补型行政指导性案例时,案例所涉及的规则大多具有争议或者不确定性,因而需要注意以下事项:首先,当案件涉及消极型漏洞填补时,应确定确立的裁判规则已考虑成熟,裁判说理部分和裁判要点中应尽量给出确立此裁判规则的充分理由,以对争议给予有效的回应。其次,确立新类型案件的裁判规则应正确把握新类型案件的特征。如在确定行政协议案件审理规则时,应把握双重属性下的行政协议同行政行为和民事合同的本质区别,明确行政协议的本质特征,并在此基础上确立与行政协议特征相符的裁判规则。同时,新类型案件裁判规则的确立也要加强说理性。最后,通过发布行政指导性案例填补新类型案件的裁判规则不应操之过急,而应在实践中进行充分的探索,考察在该规则下争议是否能够得到实质解决,同时也应参考学界的主流观点,以尽量确保确立的裁判规则的合理性。

(六)法律规定需要裁量的

在成文法体制下,行政机关理论上可以在查清案件事实后根据法律规定直接作出相应的行政决定。但基于成文法的抽象性,立法虽然可以提高规范行政的密度,却无法穷尽行政裁量的空间。[2] 这就导致在很多情况下,即便法律作出了相应的规定,行政机关仍有较大的裁量余地。在法院仅对行政行为的合法性进行形式审查的背景下,行政机关内部实际上在通过多种机制尽量保证行政机关依据行政裁量权作出的行政行为具有合理性。例如,行政机关制定的裁量基准是行政机关对法规范的细化,目的便在于缩小行政机关在个案处理中的裁量空间。又如,与行政诉讼不同,行政复议作为行政机关设立的争议解决机制,不仅可以审查行政行为的合法性,还可以对行政行为的合理性进行审查。当

[1] 参见河南省漯河市中级人民法院行政判决书,(2020)豫11行初12号。
[2] 参见章剑生:《现代行政法总论》(第2版),法律出版社2019年版,第102页。

前,“实质性化解行政争议”作为各种行政争议解决机制的主要目的,而行政诉讼作为实质解决行政争议的“最后一道防线”,必须要进一步突破对行政行为的合法性进行形式审查之固有模式,当行政机关作出的行政行为合法但明显不合理时,也要对行政行为的合法性加以否认。

根据《行政诉讼法》第 70 条的规定,“明显不当的”行政行为属于行政诉讼中可撤销的范围,但“明显不当”的标准在司法实践中却十分模糊,法院在何种情况下认定特定行政行为不合理,需要有一个更为明确的标准。值得注意的是,判断行政机关作出的行政行为是否合理,需要结合个案中的具体情况,但因每个案件的具体情况均有所不同,制定抽象的“明显不当”标准似乎并不具有可行性。而最高人民法院可以以发布行政指导性案例的形式对某种形式的行政行为或特定类型案件的裁量限度及合理与否的标准进行细化。

行政裁量类行政指导性案例的遴选要求应当是案件具有普遍意义,如此类案件在司法实践中常见多发,或者该案的发布可以对某一类型的行政行为提供合理性判断标准。例如,2021 年引起公众广泛讨论的“香樟树案”,李某多年前买了一棵香樟树栽种在自家花园里,后因香樟树遮挡屋内采光而移至院外。又经过数年,繁茂生长的香樟树再次挡住了李某院内花草的阳光,李某遂请人来修剪。但此修剪行为却被小区居民举报,城管部门经调查后认定李某行为属于砍伐,并对其作出金额高达 14.42 万元的罚款处罚。城管执法部门对李某予以处罚的直接依据是《上海市绿化条例》,根据该条例第 43 条第 2 款规定:“违反本条例第二十九条第一款规定,擅自砍伐树木的,由市或区、县绿化管理部门处绿化补偿标准五至十倍的罚款。”根据规定,城管执法部门作出的处罚决定是合法的,但行政处罚要与违法行为的事实、性质、情节以及社会危害程度相当,行政机关在作出处罚时要考虑当事人的主观意图和主观过错。在本案中,即使李某擅自修剪已移入公共绿地的树木的行为并不符合《上海市绿化条例》规定,但鉴于此树的确是由李某私人购入,而且过度修剪并未造成树木彻底死亡的后果,对其处以如此高额的处罚就是不符合其性质情节和社会危害性。[1] 如果该

---

〔1〕 参见赵宏:《法治的细节｜修剪自买的香樟树被高额处罚合法吗?》,载澎湃新闻,https://www.thepaper.cn/newsDetail_forward_14117850,最后访问日期:2021 年 8 月 22 日。

案件起诉到法院且裁判生效后，就符合行政裁量类行政指导性案例的遴选要求，原因在于，该案可以明确行政机关作出行政处罚要考虑的诸多因素，对法院未来审理行政处罚案件以及行政机关作出行政处罚决定具有普遍的指导意义。

（七）法律规定需要重申的

规则重申类行政指导性案例主要解决的是行政诉讼中存在的现实问题。根据上文所述，法律规定需要重申的情况大致有两种：一是法院"不敢"否认地方立法机关或行政机关制定的地方性法规或地方政府规章中的法律规则的效力；二是法院"不敢违背"地方政府制定的违法政策。规则重申类行政指导性案例的遴选并没有理论层面的遴选要求，但此类案例的遴选需要注意以下几点：第一，要考察此类情况是否具有广泛性，如果只是个例或某个地区出现的情况，可以通过其他有效手段加以解决。第二，案件的选择也要注重遴选后适用的普遍性。如指导案例 5 号"鲁潍（福建）盐业进出口有限公司苏州分公司诉江苏省苏州市盐务管理局盐业行政处罚案"的发布，直接对行政许可和行政处罚的设定限制进行了再明确。由于行政许可和行政处罚是当前行政机关的主要行政活动方式，故实践中与指导案例 5 号类似的情况并不鲜见，因而该案例的发布具有较大的现实意义，也能够在未来发挥较大的参考作用。第三，此类案例的发布要谨慎。随着法治国家、法治政府建设的逐步推进，地方的立法能力、地方政府的法治意识均在逐步提升，行政诉讼司法实践中目前存在的诸多现实问题自然也会逐步得到解决，当地方法院遇到上述问题不再需要上级法院的"撑腰""打气"时，"法律规定需要重申的"这一遴选标准也就没有了存在的必要性。

最后需要说明的是，除行政指导性案例的内容遴选标准外，行政指导性案例的遴选还需要符合一定的形式标准。根据《案例指导工作规定》及《实施细则》的规定，指导性案例应当是裁判已经发生法律效力，认定事实清楚，适用法律正确，裁判说理充分，法律效果和社会效果良好，对审理类似案件具有普遍指导意义的案例；案例指导工作办公室对于被推荐的案例，应当及时提出审查意见。符合《案例指导工作规定》第 2 条规定的，应当报请院长或主管副院长提交最高人民法院审判委员会讨论决定。笔者认为，在行政司法实践中，受法律规则的缺失等诸多因素影响，疑难案件类型、数量众多，案件裁判的正确与否容易在理论界及实务界产生较大的争议,甚至长时间内无法形成较为统一的观点。因此,为确保被遴选的行政指导性案例“适用法律正确,裁判说理充分”,还应加入专家论证等遴选机制,裁判理由或结果因争议较大而不能形成较为统一的观点的行政案件暂时不应被遴选为行政指导性案例。

第五章

行政指导性案例的质量控制机制

第一节　行政指导性案例质量控制机制概述

我国设立指导性案例制度的意义是用质量更上乘的案例指导全国司法机关处理同类案件，有时也是对现实争议的回应。最高人民法院在选定某指导案例时，同时也是对该案例的认可。目前的行政指导性案例大多数都具备合法性和合理性，且发挥了诸如明确法律规定、解决法律冲突、填补法律漏洞和填充法律空白等功能。通过与行政指导性案例发布之前的同类案件相比较，已发布的一些行政指导性案例，比如指导案例 22 号使司法规则更具普适性、指导案例 41 号对司法审查标准的把握更佳、指导案例 88 号合理扩展了理论的适用范围以及指导案例 94 号有效整合了立法、行政与司法资源。可见，我国行政指导性案例的质量在整体上是有所提升的。这表明我国目前的行政指导性案例质量控制机制发挥了较好的作用，因此笔者认为有必要深入研究行政指导性案例质量控制机制的内容。故本章将首先对行政指导性案例质量控制机制的核心概念进行界定，然后从整体上介绍现有行政指导性案例质量控制机制的内容，以期能让读者全面了解该机制的内容。

一、核心概念界定

（一）质量控制

质量原本是一个物理概念，是量度平动物体惯性大小的物理量，但现在质量一般是指所有事物都具备的属性，主要体现为事物、产品或者工作的优劣程度，其包括两个方面：一是“质”，即事物的根本特性，是决定事物好坏优劣的根本；二是“量”，即事物的多少，是决定事物好坏的次要标准，质量常被用来表示对于事物好坏程度的评价。而质量控制产生于产品生产领域，是指为了达到一定的质量要求，而对事物质量的形成过程进行的一系列监视行为，以消除质量环上所有阶段引起不合格或不满意效果的因素。今天质量控制概念被广泛应用于其他领域，主要是为了实现对于事物事前、事中和事后质量的全过程控制，从而保障事物、产品或者服务达到某种质量要求。

我国行政指导性案例的质量还存在较大的问题，与社会期待还存在一定的差距，其问题是多方面的，一方面是“质”的问题，主要体现在指导案例 5 号存在的过度限缩法律适用范围、指导案例 21 号存在的法律冲突解决规则应用不到位、指导案例 90 号存在的法律解释超过法条文义范围、指导案例 60 号存在的裁判标准模糊与回避争议、指导案例 6 号存在的对原判内容处理不当、指导案例 136 号存在的说理不足以及指导案例 76 号存在的缺乏一定依据等问题；另一方面是“量”的问题，自实施行政指导性案例制度以来，只有 27 个行政指导性案例，与全国行政诉讼案件的数量相比简直是杯水车薪，根本无法满足现实行政司法需求。因此必须采取相关的管理措施或者技术措施，保证在我国行政指导性案例制度下产生的指导性案例能达到预想的质量要求。一般而言，对行政指导性案例进行质量控制需要做好以下五个步骤：(1)确定控制对象及类型；(2)确定相应的质量标准和流程；(3)进行监督检查并做好记录；(4)分析现实与标准之间存在差异的原因；(5)采取相应的完善、改正措施。

(二)机制

“机制”一词最早源于希腊文，本指机器的构造与运作原理，后泛指社会或自然现象的内在组织和运行的变化规律。机制的本义可以引申至不同领域，从而产生不同的机制，比如生物学和医学通过类比借用此词，指生物机体结构组成部分的相互关系，以及其间发生的各种变化过程的物理、化学性质和相互关系。我们可以从三个方面来理解机制的概念：第一，事物各个部分的存在是机制存在的前提，因为事物有各个部分的存在，才有了如何协调各个部分之间的关系问题；第二，需要一种具体的运行方式来协调各个部分间的关系；第三，这种运行方式可以把组成事物的各个部分联系起来，从而使它们协调运作、发挥应有的作用。这三个方面是层层递进的关系，缺一不可，其中最重要的是选择合适的运行方式来协调各个部分，使机制更好发挥作用。完善的机制有助于国家或者企业提高管理国家或者公司的效率，提高其采取管理措施的适用性和针对性，从而实现降低管理成本和减少随意性的目标，逐渐从"人治"走向"法治"，实现国家治理或者企业管理能力和水平的大提升。

那么机制靠什么来实现呢？答案是一靠体制，二靠制度。体制是较为宏观的概念，主要是指适用于具有层级关系的国家机关、企事业单位之间的一种有关组织形式的制度，比如政治体制、经济体制，在计划经济体制下我国的经济运行机制与在市场经济体制下的经济运行机制是完全不同的；而制度包括国家和地方的法律、法规以及任何组织内部的规章制度，比如国家的监督制度和审计制度为监督机制的良好运行奠定了基础。总之，现行体制是确保机制推进的宏观背景，而制度对于机制的推进作用是更为直接的，行政指导性案例质量控制机制就需要依靠相关制度来形成较为有效的运行方式，从而确保在此机制下产生的案例质量更好。故本部分将重点放在制度上，主要研究行政指导性案例质量控制机制所依赖的各种制度。

（三）行政指导性案例质量控制机制

借鉴上述对于质量控制和机制的定义，我们可以对行政指导性案例质量控制进行引申，即为了充分发挥行政指导性案例的指导作用，实现"同案同判"、法制统一的目标，需要采取一系列标准和手段，以消除案例产生及运用过程中一切可能导致其质量不合格或令人不满意的因素。行政指导性案例是由案例生成、案例监督、案例评价、案例废止、激励制度、确立相关标准和相关配套措施等组成的较为系统化的活动，因此，想要提高行政指导性案例的质量，必须制定较为全面的控制标准和质量要求，构建一套质量控制机制，对于行政指导性案例的全部构成要素进行全过程控制，以使相互联系和作用的各要素之间协调发展。

行政指导性案例质量控制机制具有系统性、变革性和矛盾性等独有的特点：（1）系统性。行政指导性案例质量控制机制包含了多方面的内容，并贯穿于行政指导性案例运用活动的全过程，这些内容是一个有机的系统，我们必须掌握其系统性，制定较为全面的质量控制机制。（2）变革性。行政指导性案例质量控制机制的建立，需要依靠相关的制度。目前我国涉及行政指导性案例的制度内容较少，且有些内容规定不具体，比如遴选制度、废止制度等都需要进行变革，以建立更好、更全面的制度，从而实现行政指导性案例质量控制的目标。(3)矛盾性。一方面行政指导性案例质量控制机制促使案例的质量更高，对于实现司法公正、法制统一，维护法律的公平正义具有重要的价值；另一方面要建立较为全面的制度必然要耗费更多的人力、物力资源，增加行政指导性案例运行的成本。这就产生了矛盾。

质量是行政指导性案例能否有效发挥指导作用的关键所在，也是行政指导性案例制度长久发展的根本保障。司法工作具有严谨性、科学性，这也决定了必须要对行政指导性案例的运作过程进行质量控制，并将质量控制作为一项常态化工作。行政指导性案例质量控制机制可分为案例生成机制、案例监督机制和案例废止机制三大部分，笔者为了全面研究案例评估制度，将其分成两个阶段，包括案例公布前的评估和案例公布后的评估，由于案例公布前的评估制度主要是辅助案例生成机制，而案例公布后的评估制度主要是辅助案例废止、修正机制，故以此为基础进行以下分类：案例生成机制是对行政指导性案例制度中有关产生指导性案例的一切法律要素及各部分之间运行情况的研究，主要包括：(1)案例遴选制度；(2)案例公布前的评估制度；(3)法院审级制度。案例监督机制是对行政指导性案例制度中有关监督指导性案例生成和适用过程中的一切法律要素及各部分之间运行情况的研究，主要包括：(1)案例监督制度；(2)人员激励制度。案例废止、修正机制是对行政指导性案例制度中有关废止、修正指导性案例中的一切法律要素及各部分之间运行情况的研究，主要包括：(1)案例废止、修正制度；(2)案例公布后的评估制度。

二、行政指导性案例质量控制机制的内容

虽然我国现行行政指导性案例的质量整体上有所提升，但是从实践中的研究和案例运用情况来看，行政指导性案例的质量仍然存在一些问题，诸如裁判标准模糊、遗漏核心点、对原判内容处理不当等问题。故要想从根本上找到问题的解决办法，我们需要从我国现存的指导性案例质量控制机制的内容出发，只有这样才能找到症结所在，从而对症下药，才能药到病除。我国自实行指导性案例制度以来，最高人民法院制定了《案例指导工作规定》和《实施细则》，较为详细地规定了指导性案例质量控制机制的内容，下文将进行分类总结和

探讨。

（一）案例生成机制

案例生成机制是行政指导性案例质量控制机制的重要组成部分，其在源头上决定着行政指导性案例质量的好坏，故对案例生成过程中的各个部分进行研究实有必要。由于机制主要依靠制度来实现，制度可以更为直接地推动案例生成机制发展，故本部分主要讨论案例生成机制所包含的案例遴选制度、案例评估制度以及法院审级制度，这三项制度对于案例生成机制来说十分重要。

1. 案例遴选制度

从《案例指导工作规定》和《实施细则》这两个文件来看，我们可以将案例遴选制度分为四个部分，即案例的推荐程序、案例的审查程序、案例的决定程序以及案例的公布程序，下文将逐一详细展开每项程序的内容。

（1）案例的推荐程序

根据两个文件的规定，案例的推荐分为内部推荐模式和社会推荐模式。第一，内部推荐模式，《案例指导工作规定》对推荐程序的规定较为笼统，而后《实施细则》对其作出了较为详细的规定，主要包括最高人民法院各审判业务单位认为本院以及地方各级法院已经发生法律效力的裁判符合指导性案例条件的，可以向最高人民法院案例指导工作办公室推荐；各高级人民法院、解放军军事法院认为本院以及本辖区内人民法院已经发生法律效力的裁判符合指导性案例条件的，经过一定的审查程序可以向最高人民法院案例指导工作办公室推荐；中级人民法院、基层人民法院等法院认为本院已经发生法律效力的裁判符合指导性案例条件的，经过一定的审查程序可层报至高级人民法院，建议向最高人民法院案例指导工作办公室推荐。第二，社会推荐模式，是指人大代表、政协委员、专家学者、律师，以及其他关心人民法院审判、执行工作的社会各界人士认为人民法院已经发生法律效力的裁判符合指导性案例条件的，可以向作出生效裁判的原审人民法院推荐，也可直接向案例指导办公室进行推荐。此外由最高人民法院专门设立的案例指导工作专家委员会认为某案件符合指导性案例条件的，也可以向案例指导工作办公室提出推荐建议。可见，我国规定了较为完善的推荐主体和推荐程序，并积极借助社会力量共同挖掘符合要求的指导性案例，其规定具有一定的可操作性和可取之处。

(2)案例的审查程序

通过整理《案例指导工作规定》和《实施细则》的相关规定,对如何审查案例的程序进行总结如下:

第一,内部推荐模式。最高人民法院案例指导工作办公室享有最高和最终的审查权,其有权审查其他各个主体推荐上来的案件;最高人民法院各审判业务单位推荐的案件由案例指导工作办公室进行审查;各高级人民法院、解放军军事法院推荐的案件,首先要经本院审判委员会讨论决定通过之后才能继续向上推荐,鉴于现实中高级人民法院审判委员会工作任务较重,故《实施细则》特别增设一条审查路径,即各高级人民法院在推荐案件时,经审判委员会过半数委员审核同意之后也可继续向上推荐,而首次审查之后推荐至案例指导工作办公室时,还要经案例指导工作办公室进行二次审查;根据《实施细则》的规定,中级人民法院和基层人民法院推荐的案件,是否要在推荐之前先经本院审判委员会讨论决定则由法院根据实际情况进行灵活安排,但不论是基层人民法院还是中级人民法院都要将其推荐的案件上报至高级人民法院,由高级人民法院的审判委员会讨论通过或者经审判委员会过半数委员审核同意之后,再上报至案例指导工作办公室进行最后的审查。可见,指导性案例的审查程序基本上是以法院等级越低,审查次数越多为原则的,此种审查程序也是符合我国国情的,一般而言法院级别较低,审理案件的质量也较低,故只有规定较为严格的案件审查程序并经过层层把关,才能保证我国指导性案例的质量,真正遴选出经得起时间考验的指导性案例。

第二,社会推荐模式。最高人民法院对于社会推荐模式寄予厚望,“今后,我们要把征求专家学者和有关方面的意见,作为指导性案例发布前的一道程序,将指导性案例作为充分反映社情民意,及时回应社会各界关切期待的常规工作机制”[1]。尤其在当前指导性案例数量不足以应对现实需求的情形下,社会推荐模式更是十分必要。具体程序是当社会推荐主体向作出生效裁判的原审人民法院推荐时,此时要根据原审法院的级别,依次分别适用内部推荐模式中各级法院对应的审查程序进行审查;当社会推荐主体直接向案例指导工作办

[1] 张先明:《用好用活指导性案例努力实现司法公正——最高人民法院研究室负责人就案例指导制度答记者问》,载《人民法院报》2011年12月21日,第3版。

公室进行推荐时,此时由案例指导工作办公室进行最终的审查。

(3)案例的决定程序

在推荐的案例审查结束之后,各负责审查的单位都要作出最后的决定,来决定推荐的案例的去留问题。但是需要注意的是,除最高人民法院审判委员会作出的决定外,其他单位作出的审查通过决定都不是最终决定。故笔者认为案例推荐中的决定程序有狭义和广义之分。狭义的决定程序,是指由最高人民法院审判委员会通过一定的议事规则,就案例指导工作办公室审查通过的指导性备选案例进行表决,并最终决定该推荐案例是否符合指导性案例标准,以及是否能最终成为指导性案例的程序。广义的决定程序不仅包括狭义的决定程序,还包括案例推荐的审查结束后最终作出的决定,即决定推荐的该案件是否满足指导性案例标准,以及是否可以进入下一个阶段审查的程序。

(4)案例的公布程序

根据《案例指导工作规定》规定,仅最高人民法院享有指导性案例的公布权,这就意味着其他法院,比如各高级人民法院、各中级人民法院等无权公布自认为符合标准的指导性案例。同时根据《实施细则》第 8 条的规定,经过了最高人民法院审判委员会讨论通过的指导性案例,应当印发给各高级人民法院,还应当在《最高人民法院公报》、《人民法院报》以及最高人民法院网站上进行公布。可见,我国公布指导性案例采取线上和线下相结合的方式,较好兼顾了方便学者研究和公众及时知晓两方面的内容。

而关于指导性案例的公布时间,《实施细则》则没有作出硬性规定,且从以往指导性案例的公布时间来看也没有任何规律可循。比如 2012 年 2 月最高人民法院公布了第一批指导性案例,并于 2012 年 4 月公布了第二批指导性案例,其间相隔 3 个月,而 2013 年 9 月公布的第十四批指导性案例与 2014 年 8 月公布的指导性案例之间则相隔地 11 个月。这表明我国指导性案例基本上是采取不定期公布方式,在时间操作上并无意形成规律性的公布期限,而是主要根据指导性案例的推荐、工作的进展来决定自身公布时间。

2. 案例评估制度

评估机制在我国并不陌生,我国在 21 世纪初就逐步形成了立法后评估机制,现在已经建立了一套较为科学的立法后评估机制,这为建立指导性案例评估机制积累了经验。而且最高人民法院在 2008 年 1 月发布《最高人民法院关于开展案件质量评估工作的指导意见(试行)》(法发〔2008〕6 号),该文件主要通过审判公正、审判效率、审判效果三个评估指标对全国各级人民法院案件质量进行整体评判与分析。实践证明,案件质量评估体系已经成为全国法院强化审判管理的重要"指挥棒"和评价案件审判和执行公正、效率、效果的"体检表",对全国法院审判工作产生了十分明显的激励、引导和监督管理效应,为提高全国法院案件审判执行质量,服务经济社会科学发展,发挥了十分重要的作用。[1] 可见,我国法院已经有对案例质量评估的现实基础和积极探索,但是现实情况却是:虽然《人民法院第四个五年改革纲要(2014—2018)》和《最高人民法院关于深化人民法院司法体制综合配套改革的意见——人民法院第五个五年改革纲要(2019—2023)》都先后提出要完善、健全指导性案例的评估机制,但是第四个五年改革已经成为过去,我国当下仍暂无规范性文件专门规定指导性案例的评估机制。

3. 法院的审级制度

我国虽然幅员辽阔,但是在法院审级上采用的是两审终审制,即一个案件经过两级法院审判之后就宣告终结并发生法律效力,当事人对于第二审人民法院作出的终审判决、裁定,不能再提出上诉的制度。目前我国行政诉讼案件基本上都是在基层人民法院就审结了,虽然行政指导性案例最终是由最高人民法院指导案例工作办公室来决定指导性案例的诞生,但我国行政指导性案例的备选案例主要还是基层人民法院审结的案件。也正是由于实行两审终审制度,导致绝大多数案例都并非最高人民法院亲自审理而后作出的生效判决,而只是以行政的方式掌握了决定权,对下级各人民法院已经生效的判决进行整理、编纂之后,并进行理论升华而得到的新的裁判文书,其本质只是加工改造。

就目前已经发布的行政指导性案例来看,大多数是由基层人民法院和中级人民法院审理生效的,只有极少数是由最高人民法院审理生效的。这体现了在我国法院两审终审制的前提下,指导性案例制度形成了自下而上的生成模式。有学者认为这种模式是好的,因为我国的指导性案例制度的本质是要建立以基

〔1〕 参见宗边:《加强案件审判管理 完善案件质量评估:最高法院发布案件质量评估工作指导意见》,载《人民法院报》2011 年 3 月 11 日,第 1 版。

层经验为基础的集中决断模式,这种模式改变了以往最高司法机关就“问题”而想“对策”的方式,代之以基层司法机关就“问题”而想“对策”并报最高司法机关确认。〔1〕 当然也有学者认为这种模式是不好的,因为这会导致在“一级科层多元举荐”的机制下,协调区域司法实际也将成为一个难题,法律冲突与矛盾的增加将造成制度运行成本的加大。〔2〕 可见,在实行指导性案例制度之后,目前的两审终审制度是否会对指导性案例的生成造成负面影响以及是否需要进行改革,学界存在争议。

(二)案例监督机制

监督的本质是对权力的制约,以防止国家公权力的乱用、滥用,从而维护社会稳定、法律秩序的稳定以及我国司法的健康持续发展。〔3〕 无论是根据权力制衡论还是根据人民主权论等理论,指导性案例制度作为国家权力机关运行的一项制度,都应当受到监督,以保证制度整体上良性发展。而且由于法官个人行为的结果会直接影响到行政指导性案例质量的好坏,所以监督机制的内容必然包括对人员的激励制度,以保证法官的行为后果是制度所期望的。本部分将从案例监督制度和人员激励制度两个方面来讨论案例监督机制。

1. 案例监督制度

综观现有规定,我们看到对于指导性案例生成过程的监督,主要体现在享有审查权的主体对推荐的备选指导性案例进行严格审查的过程中,这在源头上确保了行政指导性案例的质量。《实施细则》和《案例指导工作规定》并未规定对指导性案例适用和落实过程的监督制度,虽然《实施细则》第 4 条第 3 款前半部分规定了各高级人民法院负责辖区内指导性案例的监督工作,但是并未规定详细程序,可见,其本质仍然是在规定审查权。概言之,我国案例监督机制的规定并不完善,缺失了指导性案例适用过程的监督程序,这无疑会削弱我国指导性案例的参照效力,这不得不引起我们的重视,积极探讨适合我国国情的监督机制。

---

〔1〕 参见李亚凝:《以基层经验为基础的集中决断模式——论我国指导性案例制度的本土化趋向》,载《中国刑事法杂志》2012 年第 6 期。

〔2〕 参见赵志、陈琨:《内外兼修:刑事指导性案例生成机制——以现有的 9 个刑事指导性案例为分析样本》,载《环球市场信息导报》2015 年第 49 期。

〔3〕 参见王利明:《我国案例指导制度若干问题研究》,载《法学》2012 年第 1 期。

天津市高级人民法院在积极探讨案件监督机制上形成了规范性制度，即《天津市高级人民法院重点案件监督管理办法（试行）》（津高法〔2019〕209号），该规定通过由初步审查、日常监督、报告进展、异议处理、全程留痕、进行通报和提供技术保障等组成的监督管理方式，对重点案件进行监督管理，并指出可能与上级人民法院公布的指导性案例相冲突的案件属于重点需要监督的案件，这同时也是在监督指导性案例的运行情况。天津市高级人民法院还通过《法官审判权力和责任清单（试行）》和《审判监督管理权力和责任清单（试行）》明确监督管理责任主体，让监督工作落实到人。该法院的一系列做法在一定程度上为我们展现了案件监督机制的一种运行模式，这也为指导性案例的监督机制带来一定启示，我国应加快脚步建设指导性案例的监督机制。同样的，指导性案例的监督机制也应从多方面出发，比如从确定监督内容和程序、明确监督责任主体、提供技术支持等方面建立操作可行的监督制度。

2. 人员激励制度

我国在最早的《法官法》（1995 年）中就明确规定，法官总结审判实践经验成果突出，对审判工作有指导作用的，应当给予奖励。最新版本的《法官法》（2019 年）仍然延续该规定。指导性案例作为具有典型意义并对全国法院都具备指导作用的案件，当然属于“总结审判实践经验成果突出”的情况。虽然《案例指导工作规定》并未对案例激励机制作出规定，但是后来出台的《实施细则》第 14 条明确规定：“各级人民法院对于案例指导工作中做出突出贡献的单位和个人，应当依照《中华人民共和国法官法》等规定给予奖励。”最高人民法院还制定了《指导案例入选证书颁发办法》，通过向推荐案例并成功入选为指导性案例的法官颁发荣誉证书的形式，以期能大大提高各级人民法院和法官推荐指导性案例的积极性。这标志着案例激励制度正式确立，并不断完善。

地方司法文件在激励机制上也进行了详细和多样化的规定。《陕西省高级人民法院关于加强指导性案例、参阅案例应用及报送工作的通知》（陕高法〔2013〕153 号）不仅对下级法院下发了每季度报送案例的数量指标，还明确指出会对案例工作成绩突出的单位和个人予以表彰奖励。辽宁省高级人民法院于 2013 年 5 月 17 日发布的《辽宁省高级人民法院关于加强参考性案例工作的意见（试行）》第 17 条规定：“对全年案例工作先进单位和个人进行表彰，对入选为指导性案例和参考性案例的作者予以奖励。”《江苏省高级人民法院关于加强案例指导工作的实施意见》(苏高法审委〔2012〕15号)建立了全方位、多层次的激励机制,鼓励设立案例专项基金,并以质量为导向,对报送的案例入选指导性案例发布或者被《最高人民法院公报》《人民法院案例选》等期刊采用的,按照相关考核规定加分,该加分项目不设上限。还有的地方法院积极开展案例报送活动,并设置现金奖励,还设立了记功制度。总之,我国地方法院及时对指导性案例激励机制进行了细化,形成了包括物质奖励、精神奖励和纳入绩效考核等多种形式的激励措施,该机制正在以强大的推力激发法官推荐案例的积极性。

(三)案例废止、修正机制

案例的废止、修正机制对于保证整个指导性案例质量控制机制运行的完整性来说是十分重要的,其可以及时更新行政指导性案例机制运行下所产生的案例,使指导性案例质量控制机制有自身的改正制度,实现自我淘汰与升级。在社会和伦理道德不断发展的大背景下,一定会出现某些指导性案例因跟不上时代而要被淘汰,这时案例废止、修正机制就要发挥其独到的作用。但凡事都具有两面性,对于案例废止、修正机制来说也不例外,若该机制运用得当,就可以及时纠正错误,保证指导性案例制度整体上的完善性;而若该机制运用不当,就会影响到指导性案例的稳定性和安定性,毕竟指导性案例也具有"准法源"的特性,要保持一定的稳定性才可以。故对于案例废止、修正机制进行深入探讨是十分必要的,下文将围绕案例废止、修正制度和案例公布后的评估制度两个方面来研究。

1. 案例废止、修正制度

为了保障我国法制统一,我国指导性案例应当像法律一样,通过专门的程序废止某个指导性案例。最高人民法院在《实施细则》中明确规定了,当指导性案例出现以下两种情况时指导性案例自行废止,不再具备指导作用:(1)与新的法律、行政法规或者司法解释相冲突的;(2)为新的指导性案例所取代的。可见我国最高人民法院并未对指导性案例的废止机制作出详细规定,只是说明了当出现以上两种情况之后,指导性案例客观上不再发挥指导作用〔1〕。这在某种

〔1〕 参见郭锋、吴光侠、李兵:《〈《关于案例指导工作的规定》实施细则〉的理解与适用》,载《人民司法》2015年第17期。

程度上是仿照法律的废止方式之一，即当新的法律文件代替相同内容的旧的法律文件，旧的法律文件自然失效。

在最新的司法实践中，最高人民法院发布的《最高人民法院关于部分指导性案例不再参照的通知》（法〔2020〕343 号）通过简单说明依据，即根据《民法典》等有关法律规定和审判实际需要，并经过一定的决定程序，即最高人民法院审判委员会讨论决定，宣布了指导案例 9 号和 20 号不再参照。从这个文件中我们注意到，最高人民法院废止指导性案例的程序较为简单，一方面，在内容上较为笼统，并未详细解释说明指导案例 9 号和指导案例 20 号具体与哪个法条冲突而被废止；另一方面，在程序上不完善，经过最高人民法院审判委员会讨论决定并发布通知即完成了废止，后续并没有在最高人民法院官网上撤销该案或者标注废止的特别说明。总之，无论是从司法文件的规定，还是从司法实践来看，我国最高人民法院对于指导性案例的废止仍然是持简单处理的态度，并未形成较为严密的废止机制，我国指导性案例的废止、修正制度有待完善。

2. 案例公布后的评估制度

虽然学界都较为赞同行政指导性案例实施之后对其适用结果进行评估，以评估后的结果来对案例进行适当的修正甚至废止，但是目前尚未出台具体的指导性案例评估制度。案例公布后的评估制度对于指导性案例废止、修正机制来说是极其必要的。首先，《案例指导工作规定》和《实施细则》都明确规定了各级人民法院在审理类似案件时，应当参照指导性案例，这说明指导性案例虽然不具备法的效力，但其作为法律解释的另一种形式，在最高人民法院那里所扮演的角色与司法解释大致无二，[1] 因此其具备“准法源”的效力，故对指导性案例运行应当同法律运行一样进行科学的评估。况且我国法院已经有案件质量评估的实践，这也从一定程度上反映了建立指导性案例评估机制的必要性。其次，随着指导性案例的数量越来越多，其影响越来越大，将来必然会出现需要修正或者废止的指导性案例，此时就需要引入案例公布后的评估制度，运用科学可行的操作程序评估某个指导性案例是否需要修正或者废止，从而启动修正或废止程序。同时，唯有健全的评估制度才能保证指导性案例制度的体系化发

---

〔1〕 参见雷磊：《指导性案例法源地位再反思》，载《中国法学》2015 年第 1 期。

展，不断改正案例运行中的问题，并及时总结优秀的工作经验为下一批次的指导性案例提供理论指导。因此，无论是从法院改革的现实需要考虑，还是从指导性案例制度运行的本身需要考虑，都必须尽快建立指导性案例公布后的评估制度。

第二节 行政指导性案例质量控制机制存在的问题

本章第一节从案例生成机制、案例监督机制和案例废止机制三个方面介绍了我国指导性案例质量控制机制较为全面的运行机制。但最高人民法院于2011年12月到2021年7月15日，共发布指导性案例28批，共计162例，其中行政指导性案例27例，占比约为16.7%。〔1〕截至2019年12月31日，除行政指导案例88号、90号、94号、113号、114号和136～139号未被应用过之外，其他的案例都被应用过，其中指导案例60号应用次数达百次以上。〔2〕而且从行政指导性案例的质量来看，也存在诸如过度限缩法律适用范围、法律冲突解决规则应用不到位、法律解释超过法条文义范围、裁判标准模糊、遗漏核心点等问题。故无论是从实践运用情况还是从案例本身质量来看，有些行政指导性案例的质量还有待提升，但是我们应该从更深层次去探讨行政指导性案例质量存在问题的根源。笔者认为问题的根源在于我国现行行政指导性案例质量控制机制存在问题，机制并未发挥好应有的作用，从而导致该机制运行下的行政指导性案例的质量无法承担起指导全国法院的重任。

一、行政指导性案例生成机制存在的问题

案例生成机制在很大程度上影响着行政指导性案例最终能否发挥好的作用，只有依托实现其功能的案例遴选制度、案例公布前的评估制度和法院审级制度是完备的，才能确保案例生成机制在较好的运行方式下协调好各个部分的

〔1〕参见北大法宝网，http://www.pkulaw.cn/Case/，最后访问日期：2021年8月4日。
〔2〕参见郭叶、孙妹：《最高人民法院指导性案例2019年度司法应用报告》，载《中国应用法学》2020年第3期。

关系，从而实现其功能。但是上述三项制度都存在或多或少的问题：(1)案例遴选制度“行政”色彩浓厚，不仅体现在审查程序上，还体现在决定程序上，这些都在一定程度上影响了案例的生成质量；(2)缺乏案例公布前的评估制度，目前学者对于案例实施后进行评估较为认同，但却忽略了案例公布前进行评估的必要性，导致缺乏事前评估从而生成了一些质量存在瑕疵的案例；(3)法院二审终审制无法较好满足当前行政指导性案例工作的需要，在我国二审终审制的司法体制下，最高人民法院自身审理的案件不仅仅在数量上无法满足指导性案例甄选的基数要求，而且在案件的典型性上往往也不占有任何优势，这就必然造成指导性案例“自下而上”的形成模式。[1] 下文将详细阐述这些问题。

（一）案例遴选制度不完善

1. 审查程序缺少原审法官参与

虽然关于推荐程序的规定较为完善，但是在审查程序中仍存在问题，其中较为明显的问题是审查程序中原审法院的参与性不足。为什么要强调原审法官的参与性呢？主要基于以下两点考虑：

第一，无论是原审法院的审判委员会对案件的初步审查，还是高级人民法院或者案例指导工作办公室的审查，都忽视了原审法官的主体性地位。指导性案例推荐的审查程序，不同于日常遇到疑难案件时的处理程序，即由法院的审判委员会按照议事规则进行表决处理，指导性案例是用于指导全国法院审判活动的，在司法去行政化和法官独立审判的大背景下，指导性案例的审查过程应当充分体现民主性和独立审判的精神。原审法官作为案例的裁判者，应当具备更多的话语权和参与表决权，无论在哪一级的审查程序中，其都应当有一席之地，能够发表自己的意见和见解。

第二，鉴于司法的亲历性，即只有审理过该案件的法院才更清楚案件的来龙去脉和争议焦点，对案件有更深刻的理解，对案件的规则确立有更全面的把握。法官的工作量大，需要处理的案件多，司法的时效性要求法官在限定时间内作出裁判，这导致法官们有时无法对每个案件进行深入思考，再加上案件的复杂和思维的迟延，法官对于某些案件的理解可能会随着时间和思考的推

---

〔1〕 参见赵志、陈琨：《内外兼修：刑事指导性案例生成机制——以现有的 9 个刑事指导性案例为分析样本》，载《环球市场信息导报》2015 年第 49 期。

移而不断深化。故在审查程序中要重视原审法官的参与性，原审法官通过亲历性办案和深度思考，一定会提出更好的改进意见同时又忠于原判内容，这样就可以减少诸如对原判内容处理不当的问题，从而保证行政指导性案例的质量。

2. 社会推荐流于形式

《案例指导工作规定》对于社会推荐模式的规定较为抽象。对于内部推荐模式，最高人民法院研究室专门出台了《最高人民法院关于编写报送指导性案例体例的意见》，对法院推荐案例时的体例进行了统一要求。而不同于内部推荐模式，最高人民法院并未就社会推荐模式明确规定以什么样的文件形式向原审法院推荐，况且由于没有正向激励制度去激励社会推荐模式中的推荐主体积极参与案例推荐，让他们在本职工作之外再费力推荐案件则是难上加难，这些问题可能会导致该模式形同虚设，发挥不了应有的作用。再加上行政指导性案例在司法实践中并未形成较强的参照效力，以及就所发布的行政指导性案例较少的数量来看，这些无疑都会在一定程度上削弱社会群体推荐行政指导性案例的热情，因为当事人可能认为自己推荐的案件只有极小的可能性当选，从而放弃推荐。

3. 初步审查程序不一

指导性案例推荐的审查程序整体上是较为严格且符合我国国情的，但是在审查程序的设置上还是存在问题，即案例初步审查程序不一致。首先，就法院内部推荐模式来说，最高人民法院各审判业务单位推荐案例时，不用经过初步审查就可直接推荐至案例指导工作办公室；各高级人民法院和解放军军事法院推荐案例时，必须要在推荐之前经过初步审查才能进入下一个阶段；而级别较低的各中级人民法院和基层人民法院则可以自行决定是否进行初步审查，这意味着其可以不经过初步审查就可以将案例推荐至高级人民法院。但是若级别高的法院都履行了初步审查程序，那么级别低的法院就更应该严格履行初步审查程序，从而保证法院系统内部运行的一致性。其次，就社会推荐模式来说，《案例指导工作规定》和《实施细则》并未规定社会推荐主体在推荐给作出生效裁判的原审法院之前要经过初步审查，而是直接将其纳入内部推荐模式的审查程序之中，形式上的无要求也可能导致推荐的案件质量参差不齐。再加上没有规定任何反馈程序，可能会引发社会推荐主体的不满。

这种程序上的不一致无疑会对行政指导性案例的质量造成影响。一方面，案例推荐审查程序的原则是法院级别越低，审查越严格，而案例初步审查程序的不一致不仅违背了法院关于案例推荐审查程序的原则，还破坏了法院的严明等级秩序。就中级人民法院和基层人民法院缺失初步审查程序来说，虽然《实施细则》是基于缩短审核期限的考虑，但是不应以牺牲案例推荐的审查程序原则为代价，可以参照各高级人民法院初步审查的程序，对于中级人民法院和基层人民法院也增设较为方便快捷的初步审查路径，这样不仅可以保证案例质量，而且还能缩短审查期限，可谓一举两得。另一方面，社会推荐模式下，公众由于参与过程较少，程序规定不规范等问题，而觉得自己并未被完全纳入指导性案例的推荐工作中，可能导致其参与推荐指导性案例的积极性降低，导致我国指导性案例的备选数量得不到质的提升，从而选不出质量上乘的指导性案例。

4. 审查权分布不均

虽然现有文件整体上规定了较为明确的审查主体和审查程序，并且按照从低级别向高级别推荐指导性案例审查次数逐步增多的原则进行审查，但是还存在审查权分布不均的问题，主要体现在最高人民法院审判业务单位的审查权未得到充分发挥。根据《实施细则》第 4 条第 2 款规定，最高人民法院各审判业务单位负责指导性案例的审查工作。但在上文分析的案例推荐的审查程序中，并未涉及最高人民法院审判业务单位的审查权，相反处处都体现了案例指导工作办公室的审查权。鉴于我国幅员辽阔，案件繁多，将所有推荐上来的指导性备选案例都交由案例指导工作办公室进行审查无疑将加重其工作任务，可能导致因某段时间内工作任务集中，无法细致审查从而出现瑕疵案例。故笔者认为《实施细则》第 4 条第 2 款关于最高人民法院各审判业务单位审查工作的规定并非多余，而是希望全国的指导性备选案件在向上推荐时，按照审判业务性质的不同，分门别类地由最高人民法院各审判业务庭进行审查，从而分担案例指导工作办公室的工作任务。遗憾的是，在现有的规定中最高人民法院审判业务单位的审查权并未发挥有效作用。

5. 决定程序忽视司法亲历性

最高人民法院审判委员会在决定过程中或多或少会对推荐的备选指导性案例进行修改，这是决定程序的应有之义，本无可厚非。但是其整个决定过程完全由内部人员参与，并按照内部议事规则形成决议，而作为亲自审理推荐备选指导性案例的法官并无权参与该过程，这在一定程度上割裂了原审法官与案件的关系，破坏了司法的亲历性，因为最高人民法院审判委员会并没有亲自审理参与其决定的案例，但是却可以对原审判决加以修改，这也难免会影响到指导性案例的质量，出现了对原判内容处理不当的问题。以指导案例 60 号和 5 号为例进行详细说明：

第一，在指导案例 60 号中，最高人民法院将原裁判基于社会常识认定"有价值、有特性"的论证〔1〕删去了，而原判中法官的这一思路对于指导其他法官在审理类似案件具有重要作用。社会经验推理过程，如一些日常生活、生理、物理现象的推理，属于法官推理过程的一个方面，〔2〕其是法官推理的思维逻辑方式的展示。指导性案例制度旨在发挥以案释法的作用，案例中法官进行法律推理的思维过程被删掉，无疑使该案的参照价值受到损害。

第二，在指导案例 5 号中，最高人民法院超越案件事实提炼裁判要点。指导性案例不同于法律、法规、司法解释等，其应当忠于案件事实，不能脱离具体案情，添加超越案件事实的规则。在案件审理过程中，都未就地方性法规是否可以设定行政许可产生任何争议，都是围绕地方政府规章是否能设定行政许可而展开的，但最高人民法院裁判要点却包含了地方性法规。这就相当于对当事人没有争议的事实进行了裁判，这显然违背法院"不告不理"的审判原则，导致法院在个案中丧失了裁判的基础与依据。在该案例中，最高人民法院应当以原判事实为基础，去掉裁判要点中未提及的地方性法规。

以上两个案件都是由于决定程序中缺乏司法亲历性，导致最高人民法院在原判内容上取舍不当，拉低了指导性案例的质量水平，限制了其应有的指导作用。

6. 公布程序随意且存在滞后性

指导性案例的公布主体明确，但是在公布程序上存在随意性、滞后性等问题，这在一定程度上也会影响到指导性案例的质量，因为指导性案例的作用主要在于指导法官对当下的案件进行裁判。试想一个过时的、滞后的案例

---

〔1〕 参见江苏省东台市人民法院行政判决书，(2012)东行初字第 0068 号。

〔2〕 参见王淑俐、王继余：《法官认知中的利益衡量与法律适用》，载《中国应用法学》2018 年第 5 期。

能在多大程度上发挥指导作用？首先需要了解该问题的具体表现，才能“对症下药”。

第一，公布时间随意，破坏司法权威。2011～2021 年，最高人民法院都是采取不定期发布指导性案例的方式，在指导性案例发布初期该行为有一定的合理性，因为其需要时间来逐步规范和完善发布程序，但是经过了 10 年时间，我国指导性案例的发布程序仍然不成体系，这在一定程度上会破坏司法的权威性。最高人民法院作为唯一有权发布指导性案例的主体，应当十分注重司法权威的维护。但是在实践中，最高人民法院发布指导性案例的时间过于随意，比如第一节所说的相隔 3 个月和相隔 11 个月的情况，这两者之间差距较大，致使人们无法预测发布的大概时间。既然指导性案例要发挥指导司法的作用，其应当致力于保证公布程序的规范性运作，但鉴于目前指导性案例发展还不完善，至少应该形成较为规律的发布时间，以满足人们的预期期望，不宜太过随意。

第二，具有滞后性，无法满足实践需求。由于我国在制定指导性案例标准时并没有案件审结时间的限制，导致最高人民法院公布的有些指导性案例年代久远，比如指导案例 38 号，是审结日期最早的案例，审结日期为 1999 年 4 月，公布日期为 2014 年 12 月，审结日期与公布日期间隔 15 年之久。[1] 这在一定程度上有利于裁判思路的总结和继承，但由于公布的某些指导性案例审结时间过于久远，无法满足当下的司法实践需求。一方面，从行政指导性案例的司法应用件数和次数来看，行政指导性案例的司法应用情况不容乐观，甚至有些行政指导性案例近乎处于无人问津的尴尬境地。[2] 另一方面，行政诉讼中存在大量案例找不到合适的指导性案例的情况，比如行政公益诉讼中的履行法定职责标准不明确等问题。这表明最高人民法院在选择公布案例时不应与案例审结时间相隔太远，要在相当比例上反映当下的司法实践现状，满足司法实践需求。唯有如此，最高人民法院公布的指导性案例才能发挥应有的指导作用，而不是被束之高阁。

---

〔1〕 参见郭叶、孙妹：《最高人民法院指导性案例司法应用情况 2017 年度报告》，载《中国应用法学》2018 年第 3 期。

〔2〕 参见郭叶、孙妹：《指导性案例应用大数据分析——最高人民法院指导性案例司法应用年度报告（2016）》，载《中国应用法学》2017 年第 4 期。

（二）缺乏公布前的案例评估制度

案例公布前及时对案例进行评估，可以预防案例出现明显的法律质量问题。目前人们对于指导性案例公布前的评估制度认识不到位，也没有专门的评估制度。正是由于缺乏案例公布前的评估制度，导致我国个别行政指导性案例出现了法律冲突解决规则应用不到位和法律解释超过法条文义等法律问题，而不能及时被发现。

第一，法律冲突解决规则应用不到位。在指导案例 21 号中，法院在《防空工程规定》第 48 条第 1 款〔1〕的规定与《住房困难若干意见》第 16 条〔2〕的规定出现冲突时，违背了上位法优于下位法的法律冲突解决规则，决定适用下位法并得出只有违法行为不适用“免收城市基础设施配套费等各种行政事业性收费”的结论。笔者认为，经过案例公布前的评估，可以作出较为正确的判决：首先，明确案中相关法律的效力位阶，《人民防空法》属于法律，《住房困难若干意见》是国务院制定的行政法规，《防空工程规定》是人民防空办公室制定的部门规章。其次，根据冲突解决规则，对法律进行选择适用。《人民防空法》第 5 条第 1 款规定：“国家对人民防空设施建设按照有关规定给予优惠。”可见，其与《住房困难若干意见》第 16 条并不冲突。此时，《住房困难若干意见》与作为落实《人民防空法》的《防空工程规定》有冲突，根据上位法优于下位法的处理规则中的行政法规优于部门规章，法院应当适用《住房困难若干意见》的规定。如此处理，既不会对《防空工程规定》第 48 条造成冲击，即防止其他单位以自己修建行为合法为由，不缴纳防空地下室易地建设费，也能很好贯彻我国对于低收入家庭在住房条件上的特殊照顾政策。

第二，法律解释超过法条文义范围。按照《最高人民法院关于审理行政案件适用法律规范问题的座谈会纪要》规定，语义不清楚或者有歧义的，可以根据上下文和立法宗旨、目的与原则等确定其含义。可知，当法律条文存在疑义或

---

〔1〕《人民防空工程建设管理规定》第 48 条第 1 款规定：“按照规定应修建防空地下室的民用建筑，因地质、地形等原因不宜修建的，或者规定应建面积小于民用建筑地面首层建筑面积的，经人民防空主管部门批准，可以不修建，但必须按照应修建防空地下室面积所需造价缴纳易地建设费，由人民防空主管部门统一就近易地修建。”

〔2〕《国务院关于解决城市低收入家庭住房困难的若干意见》第 16 条规定：“……廉租住房和经济适用住房建设、棚户区改造、旧住宅区整治一律免收城市基础设施配套费等各种行政事业性收费和政府性基金……”

者漏洞时,法院有权对法律作出解释,但绝对不可超出法律文本含义进行解释。但在指导案例90号中,法官选择适用《道路交通安全法》第47条[1]第1款的规定,即认定机动车遇行人正在通过人行横道,应当停车让行。并对法律条文中的"正在通过"的含义进行思考和辨别,认为其含义为在特定时间段内行人一系列连续行为为标准,而不能以某个时间点行人的某个特定动作为标准。法官以此含义为前提,将"停留"认定为"正在通过人行横道",整体判决说理清晰且体现了保障行人权益的精神。但必须强调的一点是,字义可能的范围即划定了法律解释活动的界限。[2] 停留,是指暂时留在某处,不继续前进。"正在通过",是指在进行通行或通行的状态在持续中。法官将"停留"的含义解释为"正在通过",显然超过了其字面意义,法官这是在创制法律。但在我国,法官只有发现法律的权力并无创制法律的权力。笔者认为通过评估,可以从目的解释的角度作出判决,根据《道路交通安全法》第1条确定的立法精神,我们可以看到其不仅有保护人身安全的目的,也有提高交通效率等目的。从目的解释出发,该法第47条第1款和第2款分别适用于有交通信号灯和无交通信号灯的人行横道,体现了两者立法目的的些微差别。行人在有交通信号灯的人行横道通过时,机动车应当停车礼让,因为这时虽有交通信号灯等维护交通,但还有其他方向过来的车,为了保障行人安全,机动车必须在行人通行时停车让行。行人在无交通信号灯的人行横道上通过时,机动车应当避让,即躲避、让开。可见在前种情形中,机动车拥有更大的容忍义务。而避让要结合行人的状态,达到合理避让即可。本案中行人已经停在机动车前,机动车此时合理的避让措施就是停车,等待行人通过,只有行人示意让机动车先过时,机动车才能通过。

鉴于行政指导性案例存在的上述法律问题,如果在公布前对其进行充分全面的评估,就不会出现此类质量问题,完全可以从源头上把控该类质量问题。

(三)法院二审终审制不合时宜

我国司法实行的是两级审理制,一般的行政案件判决可能到中级人民法院就已经生效,如果当事人未上诉甚至可能在基层人民法院就生效了。而我国行

---

[1] 《道路交通安全法》第47条规定:"机动车行经人行横道时,应当减速行驶;遇行人正在通过人行横道,应当停车让行。机动车行经没有交通信号的道路时,遇行人横过道路,应当避让。"

[2] [德]卡尔·拉伦茨:《法学方法论》,陈爱娥译,商务印书馆2003年版,第202~203页。

政指导性案例制度旨在生成案例以供全国法院参照，这必然要求最高人民法院审理的高质量、典型性的案例有一定的基数才可，因此目前的二审终审制是不合时宜的，应当进行改革。因其不合时宜所产生的问题如下：

第一，行政指导性案例质量难以保障且权威性不足。由于二审终审制致使最高人民法院遴选的部分案件必定有基层人民法院或者中级人民法院审结的案子，不仅指导案例质量得不到有效保障，而且由于其权威性不足，可能导致各级人民法院援引率低，致使行政指导性案例功能无法实现。尽管《实施细则》第4条规定由最高人民法院案例指导工作办公室负责指导性案例的征集、遴选、审查、发布、研究和编纂工作，是符合我国国情的，可以解决判决案件的法院级别低的问题并把控案例质量，但是案件的质量取决于原判质量。

第二，削弱了司法的亲历性。司法的亲历性是指法官身到与心到的统一、法官亲历与人证亲自到庭的统一、审案与判案统一以及亲历过程与亲历结果的统一。[1] 目前我国最高人民法院并没有审理全部的行政指导性案件，却可以对原裁判文书进行取舍和编撰，这确实违背了司法的亲历性，无法亲身感受案件争议，难免会遗漏争议点，从而影响行政指导性案例的质量与作用的发挥。就目前已经发布的27件行政指导性案例来看，其中只有4件是由最高人民法院终审，9件由基层人民法院审理生效，11件由中级人民法院审理生效，3件由高级人民法院审理生效，这表明最高人民法院并没有亲历其他的23件行政案件的审理，那么其享有对于原判的编撰权边界在哪里？由于缺少司法的亲历性，在指导案例5号和指导案例60号中出现最高人民法院对于原判裁判文书的内容取舍不当问题；在指导案例60号和指导案例94号中出现发布的案例存在裁判标准模糊、遗漏裁判点等问题。

二、行政指导性案例监督机制存在的问题

目前我国并无一套完整的行政指导性案例监督机制，对于案例适用情况的监督主要是基于上下级人民法院之间的监督与被监督的关系，但在行政指导性案例制度出台之后，这种自我监督、不成体系的监督方式就显得力不从心了，完全无法承担起监督行政指导性案例运用的重任。因此，我们有必要探讨研究专

〔1〕 参见朱孝清：《司法的亲历性》，载《中外法学》2015年第4期。

门化、体系化的案例监督机制，一方面要形成案例监督制度，以制度保障行政指导性案例的适用；另一方面也要完善人员激励制度，制定相应的奖惩措施来保障行政指导性案例落实到位。

（一）监督制度不独立、规定少

案例监督制度对于实现行政指导性案例“同案同判”，满足人们的司法公正要求来说是非常必要的。这是由于对于普通人而言，多数时候他们很难发现案件是否满足依法裁判，但他们却可以很容易地发现自己的案件同相类似的其他案件是否获得了相同的判决结果。[1] 无论是行政指导性案例制度还是民心所向，其落脚点都在追求“同案同判”，实现司法正义。因此，完善的案例监督制度就是要在行政指导性案例适用过程中进行监督，其中很重要的一个环节就是监督法官们对于类案是否援引了该行政指导性案例。但是在现有的规范性文件中却并没有详细规定案例监督制度，只是象征性地提出了这一制度，并没有对监督工作进行制度化的规定。监督制度作为行政指导性案例监督机制中的重要一环，理应受到重视，但是在现有规定中却被忽视了，具体体现在以下四个方面：

1. 监督程序与审查程序相重合

在现有规定中，“监督”两字只在《实施细则》第 4 条中出现过一次，由于并未详细规定监督程序，故其规定的监督并非专门的监督机制，而是审查机制的一个组成部分，无法体现其独立的价值。或者该规定意在将监督寄希望于法院上下级之间的监督制度，故没有额外进行详细规定。但不论出于何种原因，监督程序与审查程序相重合是无法有效发挥案例监督制度的功能的。而且在指导性案例推荐过程中，由于存在相关的激励制度，推荐指导性案例与绩效、升职和加薪等利益挂钩，如果缺乏相应的监督，难免会导致权钱交易、以权谋私的情形。比如，可以在审查中故意否决其他人推荐的案件以保证某个人推荐的案例得以上报，这将导致忽视质量的功利性的推荐方式，会在源头上破坏推荐的指导性案例的质量。同时，缺乏有效监督，也会导致推荐的指导性案例可能以领导的偏好为中心，成为领导意志的传达器，无法做到阳光透明、以民为本。

2. 对指导性案例的适用缺乏监督

虽然现有规定赋予了指导性案例参照适用的约束力，但综观我国指导性案

---

〔1〕 参见张超：《论“同案同判”的证立及限度》，载《法律科学（西北政法大学学报）》2015 年第 1 期。

例的应用情况，可以看到在已有的27例行政指导性案例中，指导案例第136～139号由于刚发布，故未被应用属于情理之中，但是指导案例89号、90号、94号、113号和114号距离发布已有几年时间却仍未被应用过[1]，这不禁让人质疑行政指导性案例的质量和相关监督工作的情况。《案例指导工作规定》第7条明确规定："最高人民法院发布的指导性案例，各级人民法院审判类似案例时应当参照。"但是鉴于我国一直以来都是以成文法来判案，这种深入骨髓的习惯，不可能因最高人民法院的一句话或一个文件就能改变，必须要制定一系列的监督制度来规范法官参照、适用行政指导性案例的行为。反观建立指导性案例制度的初衷，即规范法律适用，促进实现司法实践中的"同案同判"，而由于缺乏相应的监督机制，这一初衷并未得到较好落实。行政指导性案例在现实中的困境，需要通过加强监督各级人民法院落实学习、运用行政指导性案例，不断增强法官的认同感，才能不断发展。

3. 缺乏有效的外部监督

外部监督主要是指监督主体与监督对象之间，不具有直接行政隶属关系。具体体现为法院在落实行政指导性案例制度时，要自觉接受人大的监督、检察机关的监督以及社会各界的监督。外部监督是内部监督的重要补充，同时与内部监督相比其也更具客观性和强制性，可以有效弥补内部监督的不足。但指导性案例施行至今也并未专门规定相关的外部监督模式，这种忽视不仅会导致指导性案例制度的参照率低下，同时也会导致社会群众因没有合法的渠道来监督法院是否适当援引行政指导性案例，从而无法保障自身的合法权益。或许我们可以借鉴法国的做法，在法国，当事人可以以上诉程序来监督法院援引先例的情况，从而捍卫自己的权利。

4. 缺乏对监督范围的界定

从案例指导制度设计初衷来看，案例指导制度旨在以新型、疑难案件为抓手，推动指导性案例审判，实现法律的统一适用。[2] 而且从我国行政诉讼案件的整体情况来看，法院审理的大多数案件都是简单的常规案件，这些案件占用

---

[1] 参见郭叶、孙妹：《最高人民法院指导性案例2019年度司法应用报告》，载《中国应用法学》2020年第3期。

[2] 参见邱祥：《论类案的相似性判断标准——以最高人民检察院探索建立类案监督机制为背景》，载《西安石油大学学报（社会科学版）》2021年第4期。

了法院审判资源的绝大部分，如果不区分监督的范围，对所有的案件都进行类案认定，从而对法官进行细致入微的监督，那么将极大地浪费司法资源，并且这种做法对于实现人们追求的司法公正而言无太大意义。这主要是由于，人们对于简单案件并无适用法律条文的困惑，法官在审理时也不会产生争议，因此我们有必要将案例监督的范围界定为新型、疑难案件，从这些案件出发监督法官是否在同行政指导性案例类似的案件中合理、适当地引用该案例。

（二）激励制度实效性差

我国指导性案例制度发展历程较短，各级法官的接受度和积极性并不是一些简单的激励措施就能立即提升的。一方面，我国案例激励制度存在一些问题，最高人民法院设立的激励措施较为笼统，且没有相关的提升法官编写案例能力的程序，难以与地方法院的制度形成系统的衔接，单单靠一句话很难真正调动法官的积极性；另一方面，地方规定虽然丰富多样，但仍然存在指导性案例来源的渠道不通畅，推荐案例数量较少，案例筛选标准不好把握，案例推荐和编选水平有待提高，编选程序不够规范等问题。[1] 主要是由于地方规定的物质奖励或精神奖励等都是表面上的东西，比如物质奖励的数额较少，甚至有些法院由于没有相关的基金而导致物质奖励发放不出来。如何从内部提升法官的法律素养和职业敏感度，并让其于繁重的司法工作中有研究、推荐指导性案例的动力？这才是设立案例激励机制的终极目标，从我国目前的情形来看，仍需继续努力探寻适合我国国情的激励机制。

1. 奖励方式单一化

目前法院中比较常见的奖励方式是物质奖励，比如发放奖金或者购物卡等；或是精神奖励，比如颁发荣誉证书等；再或是绩效奖励，比如提高薪资或者提升职位等。当然奖励方式不止这几种，还有榜样激励，即可以以团体中对行政指导性案例运用较好的法官为榜样，让其宣讲自身的成功心得，通过这种潜移默化的方式激励其他法官；沟通激励，即上下级之间通过有效的沟通帮助法官解决疑难问题，调动其积极性；目标激励，即了解法官自身的职业目标和未来发展方向，并结合其自身情况为其设定合理的任务目标，从而激励其努力实现

---

〔1〕 参见最高人民法院司法改革领导小组办公室编写：《〈最高人民法院关于全面深化人民法院改革的意见〉读本》，人民法院出版社 2015 年版，第 129 页。

职业目标。法院一般都是只运用某一种方式，其实法院可以将这些奖励方式进行糅合，采取多元化的奖励方式。

2. 缺乏惩罚规定

惩罚制度是激励制度的应有之义，有奖就有惩，只有体系化的制度规定才能更全面地促进行政指导性案例的运用。对于现实中出现的多个行政指导性案例未被援引的情况，如上文提到的指导案例 89 号、90 号、94 号、113 号和 114 号在发布之后未被应用过，而且多数行政指导性案例的援引数量也不足百次，笔者认为除了监督制度规定不到位、法官自身的问题之外，更重要的是，缺乏对法官援引不力的惩罚规定。我们应当尊重法官作为一个理性人所作出的选择，但是我们可以从惩罚制度方面入手，促使其更好地与当事人上诉制度等监督制度相衔接，提高行政指导性案例的适用率。

三、行政指导性案例废止机制存在的问题

（一）案例废止、修正制度不清晰

案例废止、修正制度并非意味着否定我国行政指导性案例制度，而是要赋予该制度更强的生命力。试想哪些案例能永不过时，必然会有一些案例随着时代的变迁和法律的更新而废止或者进行修正。从我国当下的行政指导性案例来看，我国最高人民法院已经废止了指导案例 9 号和指导案例 20 号，随着社会不断向前发展和行政指导性案例的不断增多，未来一定会出现需要废止的案例，而由于最高人民法院并未详细规定废止制度和程序，这可能会导致今后废止案例时出现一些问题。

1. 引发冲突，升级矛盾

制度可以规定一套客观公正的程序，避免在双方出现分歧时无法妥善解决争议。案例废止、修正制度的初衷也是如此，也是为了当某个案件满足废止条件后，妥善解决因案例被废止而产生的争议。但目前并无完善的废止、修正制度，当已发布的指导性案例与新的法律、行政法规或者司法解释相冲突时，如果未经过废止程序明确宣布废止的，由于当事人并非专业的法律工作者，一般对法律动态关注较少，而且法律规定是贯穿于指导性案例之中的，当事人选用案件时可能会只注重案情而忽视了法律依据，这会导致当事人继续选用有利于自己的指导性案例而罔顾法律的最新规定，这无疑会加大法官的工作量。比如，

法官需要向当事人解释为何不能援引该指导性案例，如果处理不当还会影响法官与当事人的和谐关系，致使矛盾升级。

2. 自然失效制度不合理

根据《实施细则》第12条的规定，指导性案例有下列情形之一的，不再具有指导作用：(1)与新的法律、行政法规或者司法解释相冲突的；(2)为新的指导性案例所取代的，可见其适用的是自然失效制度。但当已发布的指导性案例被新的指导性案例取代时，此时并不能完全参照法律的自然失效制度，毕竟指导性案例不同于法律，行政指导性案例主要发挥类案指导作用，而且其具备指导效力的部分不仅包括裁判要点、裁判理由，还包括具体案情。一方面，如同"世界上没有完全相同的两片树叶"一样，世界上也没有完全相同的两个案件，新案件无法完全取代旧案件；另一方面，如何判断新的指导性案例在何种情况下可以完全取代已发布的指导性案例，以及谁有权作出此判断等疑问的存在，都将导致这条规定的适用效果大打折扣。而且由于法官的理解不同，可能认为旧的案件更具备适用性，因此如果没有明确的废止机制，可能会导致法官继续适用旧的指导性案例。

3. 影响司法透明性

司法公开性，即司法机关的活动应当向社会公开，不仅应通知当事人和其他诉讼参与人到场或到庭，而且允许公民旁听，允许新闻媒体采访和报道。司法公开既是司法公正的重要标志，又是司法公正的重要保障。指导性案例是否公开废止直接关系到司法的透明性，故司法公开性也是废止、修正行政指导性案例的应有之义，无论何时都应当确保司法的公开性、透明性，保障公众的知情权。虽然我国司法实践中出现了废止指导性案例的公开通知，但是其并未落实到制度层面上，而且废止程序过于简单，既无说理又无相应的案例去除措施，这将会降低司法的公信力，降低人们对于司法权威的信赖，从而对该案例为何被废止和废止了为何没被去除等问题充满疑惑。

(二)缺乏案例公布后的评估制度

案例公布后的评估制度是案例废止、修正机制发挥作用的重要制度支撑，因为案例经公布实施之后，可以从其实际作用中发现其存在的各种问题，从而予以修正或者废止。而目前由于缺乏案例公布后的评估制度，导致我国行政指导性案例存在以下明显问题而无法得到有效修正或者及时废止：

1. 以指导案例 60 号为例进行说明

行政指导性案例搁置争议而产生了新争议，浪费司法资源。在指导案例 60 号中，《全国粮油标准化技术委员会油料及油脂分技术委员会〈关于“食用植物调和油标签标示问题咨询函”〉的回复》[1]称橄榄油是普通的食用植物油，但该案并未回应该批复。这就造成司法实践中双方当事人分别以指导案例 60 号与该批复作为相反证据来对抗的情形，比如“尹某林诉成都市龙泉驿区市场和质量监督管理局质量监督检验检疫行政管理案”[2]、“李某来与永州步步高商业连锁有限责任公司产品销售者责任纠纷上诉案”[3]、“肖某锋与河南大张实业有限公司纱厂店合同纠纷上诉案”[4]和“刘某平与东莞市食品药品监督管理局等行政复议纠纷案”[5]等案件中的当事人双方分别以指导案例 60 号与该批复作为自己的证据，在列举的第一个案件中，行政机关以该批复为依据，法院并未认同，法院的做法同指导案例一致；但在列举的第二个案件中，法院对于指导案例 60 号没有认可，认同该批复的内容即类似产品中的玉米油、橄榄油都不属于“有价值、有特性”的配料；在第三、第四个案件中，法院并未明确对争议表态。可见，由于指导案例 60 号裁判说理并未对与自己冲突的批复进行回应，而是搁置矛盾设立新的规则，导致其就 GB 7718－2004《预包装食品标签通则》抽象的规定进行明确，解决司法实践中的争议的目的没有实现，反而授人以柄，增添新的争议，这严重影响了指导案例的质量。

指导案例 60 号是案例公布之后产生不好适用情况的典型。目前由于缺少案例公布后的评估机制，尽管有些学者或者法官发现了该案例存在这种问题，却无法进行干预，因为法院甚至是行政指导性案例的原审法院也无法对其进行评估更无权宣布废止或修正某个案例，所以只能暂时任由其在司法实践中不断

---

[1] 2016 年 9 月 25 日，全国粮油标准化技术委员会油料及油脂分技术委员会在对恒大粮油集团有限公司的回复函中指明：“《食品安全国家标准预包装食品标签通则》（GB 7718－2011）和《食品安全国家标准预包装食品营养标签通则》（GB 28050－2011）中规定了‘特别强调添加了有价值、有特性的配料或成分应标示其添加量或在成品中的含量’，在这个产品中，双低菜籽油（芥花籽油）、橄榄油作为普通的食用植物油都不属于 GB 7718 所述的‘有价值、有特性’的配料，因此不标识菜籽油或橄榄油在产品中的含量及成分，是符合行业实际情况的。”

[2] 参见成都市新都区人民法院行政判决书，（2017）川 0114 行初 19 号。

[3] 参见湖南省永州市中级人民法院民事判决书，（2016）湘 11 民终 2300 号。

[4] 参见河南省洛阳市中级人民法院民事判决书，（2017）豫 03 民终 5542 号。

[5] 参见广东省东莞市第一人民法院行政判决书，（2017）粤 1971 行初 308 号。

被援引,不断浪费着司法资源。

2. 以指导案例 76 号为例进行说明

行政指导性案例缺乏一定的依据可能造成司法混乱。法院对于行政行为进行事实审查和法律审查,即审查行政行为是否证据充分、是否合法、是否违反法定程序等。根据《行政诉讼法》第 63 条规定,人民法院审理行政案件,以法律和行政法规、地方性法规为依据,可以参照规章。可见法院在对行政机关具体行政行为进行司法审查时,其审查依据不是随意的。但指导案例 76 号中的行政协议也是行政行为的一种,其裁判要点中的"依职权作出的行政协议解释可以作为审查行政协议的依据",显然是缺乏法律依据的。如前所述,法院审查行政行为只能以法律、法规、规章为依据。况且规划局作出的解释只是法律的表现形式,其解释依据的法律规定才是本质的,即规划局的解释对市国土局关于土地使用性质的判断产生约束力的基础是法律,而不是其本身具有法律效力。而且行政机关对行政协议的解释也必须依据法律规定,不能随意解释。故笔者认为相关行政机关在职权范围内作出的行政协议解释不能成为审查行政协议的依据,而是如果该解释是有权作出的,那么其就成为行政协议的一部分,同行政协议一起接受法院的司法审查。

但是从最高人民法院发布的崔某某诉徐州市丰县人民政府招商引资案[1]来看,法院虽肯定了行政机关在变更行政协议中具有优益权,但由于《关于对〈关于印发丰县招商引资优惠政策的通知〉部分条款的解释》违背诚实信用原则,故认定该协议解释无效,不能成为原协议的一部分,故还按照《关于印发丰县招商引资优惠政策的通知》的约定执行,被告应当按照合同履行义务;以及赵某香与山东省济南市历城区人民政府房屋拆迁安置补偿协议纠纷案[2],法院认为该解释限缩了原告权利,为保护弱势原告作出有利于原告的解释,故责令被告继续履行拆迁安置补偿协议,可以看到最高人民法院的思路发生了变化,认为应当依据法律法规对行政协议及其解释全面审查,当行政协议解释不合法时认定其无效,不能成为行政协议的部分,反之则可以成为行政协议的一部分。

---

〔1〕 载中国法院网,https://www.chinacourt.org/article/detail/2019/12/id/4719297.shtml,最后访问日期:2021 年 7 月 31 日。

〔2〕 参见最高人民法院主办:《人民司法·案例》2021 年第 8 期。

如果有案例后的评估机制，最高人民法院就可以启动该程序，从而启动废止、修正程序，进行及时地修正。

第三节　比较法视野下的域外案例质量控制经验及借鉴

我国是成文法国家，一直以来都是依据成文法办案，只有在法律规定模糊或出现漏洞时，才会借助司法解释、批复等形式解决个案法律适用问题。但是由于我国行政事务繁多，而行政法规又繁多、抽象，为了实现“同案同判”、法制统一、保护相对人权益、促进公平正义的目标，对于司法有了更高要求，而现有制度并不能满足此要求，故出台了行政指导性案例制度。通过上述讨论，了解到我国行政指导性案例质量存在不足，质量控制机制也存在一些问题，对于如何改进案例质量以及质量控制机制，我们需要借鉴域外经验，以期实现我国行政指导性案例质量的提升。

一、法国案例质量控制经验

跟我国一样，法国也是成文法国家，法官严格遵循三段论判案。但是与我国不同的是，判例是法国重要的法律渊源，法院实际上在遵循先例。法国行政法和行政诉讼法的重要原则主要源于行政法院的判例，并成为行政法的主要渊源，判例是支撑法国行政法和行政诉讼法的基础。[1] 可见，法国行政判例制度发展较为成熟，有值得我们借鉴的经验。下文将介绍法国行政判例制度在质量控制方面的优势。

（一）完善的形成机制

法国行政判例的形成有其特殊的历史背景。法国本身是一个成文法国家，在其民法和刑法领域中，判例并未发挥如此之大的作用。1789 年法国大革命后，普通法院的管辖权依然掌握在封建势力手中，常通过普通法院阻止资产阶级先进法令的政策的实施。资产阶级为了摆脱封建势力的束缚，依三权分立理论提出成立国家参事院（法国最高行政法院的雏形）专门审理行政事务，同时禁

〔1〕 参见王名扬：《法国行政法》，中国政法大学出版社 1979 年版，第 21 页。

止普通法院创制一般规则，这样就为法国的行政判例奠定了历史基础。法国行政法院就是在积极承担历史责任和限制专制的过程中，不断取得法国社会大众对于其本身及其行政判例的信任和认可，并在自身不断有序发展中，得到人们的进一步认可。法国行政判例已经发展了两个世纪，为促进法国行政法发展发挥了重要作用，有其自身独特的行政判例形成机制。

第一，法国行政法院的设置。法国行政法院在设置上由地方行政法庭、上诉行政法庭和最高行政法院组成。其中地方行政法院具有审判职能、咨询职能和行政职能；上诉行政法院职责就是审理上诉行政案件；最高行政法院既可为政府提供咨询，也可审理行政案件，享有初审管辖权、上诉管辖权和复核管辖权。而且法国实行的是三审终审制，这样最高行政法院既可能直接审理一审案件，也可能审理上诉案件。最高行政法院公布的判例级别较高，法国行政判例都是由最高行政法院定期公布的。最高行政法院作为法国最具权威的行政法院，其组成人员都是法律知识渊博且能力强的高材生，审判程序也比普通法院要严格，尤其是在判决重要案件时，案子经过报告员、报告员小组、政府专员十分认真地审查之后，最高行政法院才会作出判决。故下级法院一般基于最高行政法院的权威和判决的高质量，更愿意自觉遵循其行政判例。这种法院设置会增加最高行政法院亲自审理案件的数量，保障了行政判例的质量，也更容易让下级法院信服。

第二，最高行政法院的判例编写水平高。这与法国行政立法的不完善有很大关系，行政判例承担了归纳行政原则、解释法律、确立行政普遍适用规则的工作，发挥着发展行政法理论的作用。最高行政法院发布的判例不只是为个案提供裁判标准，还要对于想呈现的普适规则进行展示。最高行政法院编写判例有所侧重，为下级法院完整地展示了裁判处理思路，并通过评析让下级法院了解判例背后的理论，也为学者提供了研究资料。

（二）监督机制：当事人上诉机制

法国行政判例是指法院的判决会形成先例，法国最高行政法院和普通法院在办理相类似案件时，要遵循先例判决。并且法国也有较为完善的监督机制来监督先例的适用，其中以当事人上诉机制为代表。

法国行政判例是法国法律渊源之一，即表示行政机关作出行政行为必须遵循行政判例确立的原则、规则，故当下级法院未适用行政判例的原则或规则时，当事人可以提起上诉。上诉法院或最高行政法院在审理该类上诉案件时,可能推翻此判决,这就致使行政判例在适用过程中会受到下级法院的严格遵守,从而实现行政判例的延续。再加上法国行政判例受法院内部体系影响颇深,法国行政法院体系较为独立,下级行政法官的仕途与上级法院息息相关,当下级法院违背最高行政法院的判例,并不能说明合理理由时,常常会因为当事人的上诉而导致所判案件被撤销,导致最高行政法院对其有负面评价,不遵循最高行政法院判例的风险较大,故下级法院都会较为严格地遵守最高行政法院的判例。当然,最高行政法院认为在适当的情况下(如认为先例已过时),可以推翻先例,通过判例确立起新的行政法原则和规则。[1] 这样既确保了行政判例的质量,又增强了其与时俱进性,还在一定程度上保障了当事人的合法权益,可谓一举多得。

二、德国案例质量控制经验

同我国一样,德国也是成文法国家,但德国也有判例存在。根据《德国宪法法院法》第 31 条规定,联邦宪法法院的判决对于联邦所有宪法机关、州以及所有法院和机构有效。从而在德国唯一被法律赋予效力的就是联邦宪法法院的判例了,其他法院的判例在法律层面并无强制适用效力。但是在德国,其他法院的判例可以超越法律却不能违背法律。[2] 德国的行政判例质量控制得较好,原因主要在于德国行政判例抓住以下三种方式发展自身。

(一)形成机制:依托法理形成判例

行政法的一般原则所依赖的学理基础是德国行政法的法律渊源之一,可见发展行政法一般原则不仅需要行政判例的司法适用,同时还需要法理支撑。德国的法学学者,尤其是大学教授,往往具有很高的社会地位。随着行政法规不断增多,要想在现有行政法律中提炼行政法的一般原则,需要经过详细系统的分析、论证和研究,这就离不开法官和学者的共同努力。一方面,法院从案件中发现并提炼行政法的一般原则或者规则,并通过行政判例予以确认;另一方面,

---

〔1〕 参见杨成:《法国行政判例制度及其借鉴》,载《行政与法》2007 年第 6 期。

〔2〕 Vgl. BVerfGE 88,145,166f.;BVerfGE 82,6,12 – 13;Sachs in Sachs(ed.),Grundgesetz Kommenter, 2nd ed.,Munich,1999,Art. 20 Annot. 120.

高校会将各级法院发布的判例作为教学资料，通过学习加深对判例所体现理论的研究，还能提升学生的法理水平，而且高校教授也会对行政判例所确立的一般原则或规则进行学术研究，通过深厚的法理知识进一步发展行政法的一般原则。如此法理与判例形成相辅相成的关系：一方面法理最主要的载体是判例，并借判例发挥其实质上的法源作用；另一方面学说又从判例中汲取营养，以调整完善自身。[1] 就是在这种相互促进中，德国行政法领域有了依法行政、比例原则和信赖保护原则等重要的现代行政法原则，并被誉为欧洲行政法的灵感和源泉。

（二）监督机制：背离报告制度

德国行政法院实行三审制，依次是初等行政法院、高等行政法院和联邦最高法院。当事人不服初等行政法院的判决，可以一直上诉到联邦最高行政法院。德国行政法院虽不像法官行政法院那么独立，但也设立专门行政法庭来审理行政案件。德国法院一般都会遵循行政判例，但联邦宪法法院认为判决既无法律约束力又无强制力的先例除外，这表明法院也有权推翻某些行政判例（仅联邦宪法法院有权推翻自身的判例），德国法院可能会在判决中明确表示推翻某个行政判例。

但是推翻先例要受到监督，一般来说德国法院在背离自己或者上级法院的判决时都会引用判例，并且指明判例中具有实质错误的判决理由以及为什么自己的判决更好。[2] 如果法院在背离某判决时没有履行说明义务，那么该判决会受到法律职业共同体的批评，尤其是法学专家的批评。而且宪法法院或者最高法院想要背离彼此的判决时，要履行提交的义务，如五个联邦最高行政法院想要背离另一个最高法院的判例，则需要将分歧提交最高法院联合大审判庭[3]。高级行政法院如果想要背离最高法院的判决，要向最高法院上诉。实践中的说明义务和高级别法院之间互相偏离时的提交义务，在行政判例没有强制约束力的情况下，一定程度上保障了司法的统一性，也使其更具稳定性。同时行政判

---

〔1〕 参见张治宇：《行政判决·行政判例·行政判例法——一种比较的视角》，载《行政法学研究》2005年第4期。

〔2〕 参见［德］罗伯特·阿列克西、拉尔夫·德莱尔：《德国法中的判例》，高尚译，载《中国应用法学》2018年第2期。

〔3〕 参见《德国基本法》第100条第3款第2句。

例在“柔性”拘束力下，在司法中不断被适用从而使没被推翻的行政判例拥有了强劲的生命力和影响力，经受住了现实的考验，反过来增强了行政判例的“刚性”拘束力，以此保障行政判例的发展。

（三）独特的汇编机制

在德国，判例汇编分为两种：一种是最高法院的官方汇编；另一种是民间的《新法学周刊》，通常由引导词、法条、关键词、案件信息、案件事实、裁判理由以及案件评论七个部分组成，其独特的汇编结构在于：

第一，以核心法律问题为标题。不同于我国以“当事人诉某机关”为标题，德国在设定题目时首要考虑的是题目要能够提示本案中具有先例意义的部分，而并不一定反映该案的案由以及案件当事人的诉请。[1] 一方面这种不用当事人姓名，直接以核心法律问题为标题的结构保护了当事人的隐私；另一方面也可快速定位该案的核心法律问题，方便当事人检索案例。

第二，运用类型化的引导语。《新法学周刊》将引导语分为规范型引导语、技术型引导语和提示型引导语，其中规范型引导语和技术型引导语类似于我国指导性案例中的裁判要点，包含该案例的抽象规则，因此法院可直接援引该规范性规则。较为特别且使用最多的是提示型引导语，即指该引导语并未包含抽象规则，此类引导语不会给出一个封闭性的结论，而是引导读者关注该案件的法律争议和法律意义。[2] 提示型引导语更能发挥案例的指导作用，当事人和法院不再将眼光局限于引导语，而是深入关注案件的具体案情和裁判理由。

第三，注重保留原判理由。《新法学周刊》在汇编时除对个别案例稍稍修改裁判理由之外，都会秉持保留判决理由原貌的原则，最大限度地尊重原判判决理由，以期能为读者呈现一个较为完整和真实的案例原貌。

三、英国案例质量控制经验

英国作为判例法国家，其判例在法律中的地位极高。从 19 世纪中期判例制度形成至今，英国行政判例依然发挥着重大作用，其中肯定有值得我们学习的经验。下文将介绍英国行政判例制度在质量控制方面的优势。

---

〔1〕 参见高尚：《德国判例结构特征对中国指导性案例的启示》，载《社会科学研究》2015 年第 5 期。

〔2〕 参见高尚：《德国判例结构特征对中国指导性案例的启示》，载《社会科学研究》2015 年第 5 期。

（一）形成机制：等级严明的法院体系

英国中央法院分为最高法院、枢密院司法委员会和上议院，地方法院则包括治安法院和郡法院，其中最高法院由高等法院和上诉法院组成。根据英国法律规定，高等法院王座分院、上诉法院民事庭和上议院有权受理行政案件，可见地方郡法院并无受理行政案件的权限。高等法院中的王座法院受理第一审行政案件，当事人如果对判决不服，可以向上诉法院民事庭提起上诉，当事人如果对上诉法院民事庭的判决仍不服，还可以上诉于上议院，可见英国实行的是三审制。英国等级森严的法院体系，一方面由于实行三审制，一些疑难案件更容易上诉至上级法院，加上上级法院组成人员专业素质更高，可以形成质量较高且更具说服力的判决；另一方面可以确保等级越高的法院作出的判例越有说服力，同时拘束力越强，下级法院都必须也愿意遵循。高等法院的行政判决不仅对本级法院有拘束力，还对下级法院有拘束力，其中上议院作出的判决最具拘束力，高等法院的王座法院与上诉法院要遵守，但高等法院作出的行政判决对上议院并无拘束力，可能具有说服力。总体来看，法院严明的等级与行政案件三审制，不仅保障了行政判例的质量，同时也促使行政判例得到较好地遵循和发展。

（二）判例规避机制发达

在英国虽然遵循先例原则作为历史的产物，被法官们接受并遵守，但是先例如同成文法一样，都会随着时代的变迁而滞后，此时仍严格遵循先例将导致个案不正义，故为了在遵循先例与实现个案正义之间找到平衡点，英国发展了判例规避技术〔1〕。这种判例规避技术主要是由区别技术和推翻技术构成的，体现为如下内容：

1. 区别技术。它是英国法院发展行政判例的重要技术手段。区别就意味着法官需要找出判例与所判案件的事实问题和法律问题的不同与相似之处，显然每个案件都不会完全相同，同样关键事实与非关键事实也不是那么容易区别，这都考验着法官的理论功底和办案能力，英国法官往往会在判决理由中对于如何区别本案进行详细论证，如此才能具备说服力，得到同业的尊重。当然，

---

〔1〕 判例规避技术并非英国判例法中的专有名词，是我国学者为了更好地研究英国判例制度所使用的表述。较早使用判例规避表述的文章是《英国判例法与判例规避》。

后案法官在作出判决时，只能将先例中的判决理由作为自己为手头案件寻找所应适用之规则的资料来源，而不是任何先验的、必须恪守且不能质疑的“圣谕”。[1] 在以下几种情形中，法官通过区别技术规避先例：(1)区别案件差别，找出目前案件与先例在事实上的差异，哪怕只是细微的差异也可能达到规避判例的目的。(2)指出先例的模糊或不明之处，从而规避该先例，或者进行解释，发展该先例的新的法律规则。(3)宣布先例确立的规则过于“宽泛”，或将该先例作为“附带说明”，从而规避该先例的适用。(4)根据后法优于先法的原则，在同级法院的判例出现冲突时，选择适用后面的先例，从而规避在先的判例。由此可以看出，由于英国遵循先例有良好的历史传统，其法官在运用区别技术时，往往能够充分发挥自己的主观能动性，同时因为有较强的理论功底，法官还可通过区别技术在原有裁判基础上发展出新的法律规则，实现行政判例的更新。法官不断通过区别技术发现法律的适用范围，从而可能不断厘清某个规则的适用界限，或者拓宽某个法律规则的适用范围。

2. 推翻技术。推翻即是指正在审理某案件的法院，认为其他法院作出的判例违背某项基本原则，或者已经无法适应时代发展的要求，从而推翻该判例。法院一般会通过明示的方式推翻判例。由于“推翻”是对过去先例的根本性否定[2]，对判例法制度影响较大，所以要严格遵守以下规则：(1)下级法院一般情况下无权推翻上级法院作出的判例；(2)法院本身一般情况下也不可轻易推翻本院先前所作出的判例；(3)对于通过改变先前判例规则或废弃先前先例所作出的判例，不能溯及既往，即不能再重新运用改变前或被废弃的先例。这种做法既保障了先例的稳定性，使其不能被轻易推翻，同时又兼顾了司法正义。

（三）判例汇编技术发达

由于判例是英国法律的重要组成部分，为促使人们了解判例确立的规则，判例报告制度在英国早期就受到重视。从年鉴时期的纸质版到今天的电子法律数据库，判例报告的内容越来越全面，包括判例的事实认定、证据、争辩过程以及法院的裁判理由和附随意见，判例的发布也越来越快，准确性也越来越高。判例不同于法典，其是每个案件的介绍和解读，体系庞大。为了方便判例管理，

---

〔1〕 参见陈兴良主编：《中国案例指导制度研究》，北京大学出版社 2014 年版，第 668 页。

〔2〕 参见孙海波：《普通法系法官背离先例的经验及其启示》，载《法商研究》2020 年第 5 期。

法律职业共同体一般要引用判例报告中的案件以防止判例数量不受控制地溢出。这种内容翔实的判例报告，一方面有助于公众了解判例及其法律知识，对于自己的案件能形成预判；另一方面也有助于法律职业共同体进行快速查询。司法实践中的不断运用，进一步巩固了行政判例的地位。

四、美国案例质量控制经验

美国同英国一样属于普通法法系，同样坚持遵循先例的原则，但是美国遵循先例的程度并不及英国。美国国会于 1946 年制定《联邦行政程序法》，以及其他一些行政领域法规，此后美国行政成文法编纂越来越多，这不仅有受成文法系影响的因素，更多还是代表着对于行政判例确立的规则的吸收和认同。可见美国的行政判例发挥着重要作用，那么美国在行政案例的质量控制方面又有哪些优势呢？

（一）较为完善的决定机制

美国法院在审理案件的过程中，通过公职律师或者法官助理等对案件权重进行衡量，也就是确定案件的难易程度以及是否具备先例价值，并将案件划分为简单案件和常规案件，[1] 从而制定初步分类清单交由法官来决定是否公布，因此美国法院的案例公布决定机制较为完善。

一是决定主体多元。法官会在审理案件的过程中作出判决，并通过召开法官会议或者研讨会等形式来作出是否公布该案件的决定。在上诉案件中，一般由合议庭决定是否公布案件，比如包括第三巡回法院在内的一些巡回法院要求由两名以上的法官作出同意公布的决定才可以公布该裁判文书。[2] 有些巡回法庭还直接赋予主审法官决定是否公布案例的权力，但是其权力受到合议庭的限制，即当合议庭的所有法官都认为不应当公布时，该案例不得公布。

二是决定时间较早。在美国，如果决定公布某个案例，该案例将作为先例而出版，因此法官在经过法定程序决定公布某案例时，就负有更加详细地论述、撰写该判决书的义务，这无疑会增加法官的工作量。因此美国法院都是在审理

〔1〕 参见张雪宁：《案例指导制度形成机制的问题研究——以美国司法判例形成为参考》，华东政法大学 2020 年硕士学位论文。

〔2〕 See Judith A. McKenna, Laural Hooper et al., *Fed. Judical Crt.*, Case Management Procedures In The Federal Courts of Appeals, 2000, at 92.

某案件的过程中一并审查决定是否公布某案例,若决定不公布某案例,那么法官的工作量会大大减少。这跟我国指导案例的公布程序有很大区别,我国通常会选择公布判决之后 2 ~ 3 年的案件,这不仅不利于在源头上保证案例判决的质量,而且在后期审查和编撰过程中也极其浪费人力,因此我国可借鉴美国的做法,前置决定程序。

(二)较为完善的司法审查标准

美国行政判例对于如何确立司法审查程度有较多研究,是司法审查的先驱国家,目前有关司法审查的标准较为规范。

1. 对事实问题的审查标准。实质证据审查标准,即法院要对行政机关依据行政法规作出的事实进行合理性判断,行政机关要提供大量的事实基础来证明自己作出的事实具有合理性,法院也要全面审查证据之间的联系。后经过行政判例不断发展又形成"恣意和反复无常"标准,法院需要判断以下内容:"第一,行政机关制定的行政法规是否超出了国会确定的范围;第二,行政机关完全忽略了问题的重要方面;第三,行政机关作出了与获得的证据背道而驰的决定;第四,行政机关的决定难以置信,而且不能用专业知识来解释。"[1]法院在审查行政机关对于行政法规的解释是否具有合理性时,采用从严审查标准,法院要审查行政机关是否滥用授权权限,同时也要审查行政机关是否有正当的目的和事实证据,如行政记录、当时的经济社会状况等。总之,法院对于事实问题的审查力度是较小的,因为法官并不具备专业的行政知识,一般只要行政机关能够证明自己有合理性,法院就要尊重行政机关的决定。

2. 对法律问题的审查标准。通过"两阶段审查"法来界定法院解释法律的边界。第一阶段审查国会立法是否明确。如果国会对某行政法规进行了明确的规定,行政机关和司法机关都必须遵守国会的立法,此时法院审查的关键在于厘清立法机关的意图,但是对行政机关的政策没有审查空间。[2] 第二阶段审

〔1〕 See Keith G. Bauerle, The Ninth Circuit's "Clarifications" in Lands Council v. McNair: Much Ado About Nothing?, Golden Gate U. envtl. l. J. p. 203, (2009). 转引自杨蕾:《美国行政法规的司法审查研究》,山东大学 2015 年博士学位论文,第 103 页。

〔2〕 See Gary S. Lawson, Commentary, Reconceptualizing Chevron and Discretion: A Comment on Levin and Rubin, 72 Chi. – Kent L. Rev. 1377, p. 1378 – 79 (1997). 转引自杨蕾:《美国行政法规的司法审查研究》,山东大学 2015 年博士学位论文,第 117 页。

查行政机关制定的规范性文件是否合理。基于行政机关的专业性，如果国会对某行政立法规定模糊，行政机关就享有了对法律进行解释的主动权和更多的自由裁量权，此时法院主要审查该解释的合理性，在满足合理性的前提下，法院要尊重行政机关的解释。后经过行政判例的不断发展，美国又提出了“零阶段审查”标准来弥补审查的漏洞，根据行政机关制定的规范性文件的差别，法院要先确定行政机关是否有国会的授权，以及是否依据国会规定的制定程序来制定行政法规，从而加大了对行政机关的审查力度。

上述司法审查标准都是从行政判例中发展出来的，如奥夫顿公园案〔1〕、谢弗林诉自然资源保护委员会案〔2〕提出了“两步法”等，可以看出美国一直在通过行政判例探索司法审查的程度，同时完善的司法审查标准也保证了行政判例的质量，实现了尊重行政权与司法能动性之间的平衡。

（三）良好的技术支撑

美国受英国影响对区别技术运用娴熟，而且受本国法律现实主义的影响，法院不会固守某个判例确立的规则，更加注重现实中的法律问题，所以相较英国来说，美国区别适用技术应用得更好、范围更广，比如区别判例是否有错误或者是否适用情境改变等因素导致某个判例不能再适用。这在一定程度上促使美国法官审理案件时更加与时俱进，即在选择适用行政判例时能动性更大。美国法律检索技术也较为发达。由于法律信息的收集、分类、索引、注释、编纂和数据化等出版程序是一个非常专业化和知识密集型的产业，美国政府虽然建立了免费法律查询网站，但其内容不够全面而且不够专业，反而是私人创办的盈利检索网站，比如由律商联讯集团创办的 LexisNexis 和由西方法律出版公司创办的万律（Westlaw）〔3〕等法律检索网站，以不同数据库的形式提供计算机全面检索服务，极大方便了律师、法官等检索案件。

（四）完善的案例推翻机制

美国是联邦制国家，反映在法院系统上就是联邦和州之间不同的法院系统，这也导致了美国不能像英国那样严格贯彻“遵循先例原则”，但这并不意味

〔1〕 See Citizens to Preserve Overton Park v. Volpe, 401 U. S. 402 (1971).

〔2〕 See Chevron v. Natural Resources Defense Council, 467 U. S. 837 (1984).

〔3〕 其特色在于整合了现有的判例，并可以自动通知读者相关案例的变化；可以提供某个案件全部审理阶段的情况，包括本案重要的以及延续发展的相关历史。

着美国推翻原先案例是随意的,相反其推翻机制也是有严格要求的。根据美国的司法判例制度,只有作出行政判例的法院及其上级法院有权推翻行政案例,而下级法院并不具备推翻上级法院作出的判例的权利,作为基层法院的初审法院通常只能根据遵循先例原则遵循上级法院作出的判例[1]。通常具备推翻权的法院在发现案例满足以下三种情况之一时,会在正在审理的案件或者上诉审的案件中推翻旧的案例,并在新的判决书中明确指出推翻的理由:

1. 社会情形发生变化,原有案例过时。卡多佐(Benjamin Nathan Cardozo)法官曾说过:"案件所应当遵循的处理原则发生了实质性的变化,那就正如为了顺应人们对生活的需求而对社会文化生活进行发展是一样的。"[2]比如,技术进步导致的社会规则的变化,就像在"麦克佛森诉别克汽车案"中,将产品制造商对直接购买者承担产品责任的规则,改为产品制造商需要对真正消费者承担产品责任,这种规则的改变是由于社会技术进步引起了社会关系的变化,为了促进社会的公平正义,法院必须作出修改。

2. 与提升的社会道德水平相适应。法律是最低限度的道德,当一个社会的道德水平提升了,具备法律功能的先例也应当及时作出调整,以与当前的社会道德水平相适应。

3. 当法庭确信先例判决结果及规则是人为创造的,并且是错误的,妨碍司法的公正,那么法官就有责任拒绝适用并推翻它。[3] 这种情况下该先例显然违背了司法公正,但是此种情况需要法官拿出有力证据。

第四节　行政指导性案例质量控制机制的完善

通过上文对我国现行行政指导性案例质量控制机制进行全面的分析,发现我国行政指导性案例质量控制机制确实存在许多不足,并且由于我国一直都是以成文法作为审判案件的主要依据,所以我国在建设行政指导性案例制度时必

---

[1] See Meisel Tire Co. v. Ralph, 1 N. Y. S. 2d 143(1937).

[2] See MacPherson v. Buick Motor Co., 217 N. Y. 382(1916).

[3] See People v. Nixon, 248 N. Y. 182(1928).

然会因缺乏实践经验而存在各种问题。随着我国学者对于行政指导性案例制度的研究不断加深,以及对于外国行政案例质量控制经验的借鉴,我国会在行政指导性案例的质量控制方面取得进步,并发展出符合中国国情的行政指导性案例制度。在下文,笔者将根据现行行政指导性案例质量控制机制所存在的上述问题,以及结合国外案例质量控制的经验,分别就案例生成机制、案例监督机制以及案例废止、修正机制等三个方面提出具体的完善建议。

一、完善案例生成机制

要想提高我国行政指导性案例的质量,首先必须具有完备的案例生成机制,如此才能遴选出真正质量高的案例。根据上文提出的案例生成机制方面的问题,结合国外有益经验和国内研究成果,笔者就案例生成机制所包含的案例遴选制度、案例评估制度和法院审级制度等三个方面提出以下完善建议,期望能形成较为良好的运行方式,从而协调好案例生成机制中各部分的关系,并使机制发挥良好的作用。

(一)完善案例遴选制度

1.提升案例推荐方式民主性

根据《案例指导工作规定》的规定,推荐主体包括各级人民法院、社会各界人士和案例指导工作专家委员会委员。可见,最高人民法院对指导案例的来源持开放包容的态度,想要最大限度地发挥公众的作用,但是从现实公布的指导案例中我们可以看到无一件是由公众推荐而选出来的。公众参与的缺失,一方面导致行政指导性案例的数量极少,根本满足不了司法实践的要求;另一方面导致行政指导性案例的质量存在或多或少的问题,与公众的需求脱节,破坏了司法权威。而且推荐过程行政化极强,各级人民法院的法官以及公众推荐的行政指导性案例必须经过审判委员会讨论,并且呈现层层上报模式,最终统一汇总至最高人民法院案例指导工作办公室。这种行政化的推荐流程不仅耗费时间,而且也大大降低了法官和公众推荐的热情。因此,应该改善现有的推荐模式。

(1)建立网络推荐平台

我国关于司法案例的网站有很多,比如最高人民法院官网、北大法宝、中国司法案例网等,但目前这些网站的功能更多体现在方便查询方面,却忽略了将公众力量引入现有的网络资源中。因此我们可以以最高人民法院官网为依托建立备选案件库,积极鼓励律师、法学教育者和公众参与案件的备选。首先,我们要加大宣传,让公众了解网站的功能,同时也要加大宣传行政指导性案例的遴选标准,这是大众广泛参与推荐的前提;其次,在该网站中建立备选案件库,经过实名认证的公众可以在备选案件库中选出自己认为具备遴选条件的案件,并写下推荐的理由;最后,最高人民法院每季度初公布被评选上的备选案件的清单,并注明理由,并且对于公众认为应当评选却未评选的案件,要作出回应和说明,这样才不会打击公众参与备选案件的积极性。但需要注意的是,鉴于我国人口众多,我们必须设置一些限制条件,比如参与公众必须是已满 18 周岁的中国公民,还有每人每月评选的案件数量有限,如果参与的公众滥用该项权利则禁止其一年内再参与等。

(2)创建去行政化的内部推荐流程

《案例指导工作规定》规定各级人民法院的法官推荐的行政指导性案例要经过审判委员会讨论,其本意在于保证推荐的指导性案例的质量,但是却忽视了一个问题,即只有推荐该案的法官才最具司法亲历性,最了解案件的争议。故笔者认为经过审判委员会讨论虽然必不可少,但可以增强其讨论的学术性而非行政性,让作为推荐案件的法官参与讨论,并以多种方式展示该案件能成为指导性案例的理由和价值,之后各参会成员可以对该法官进行发问,增强双方之间的学术交流,最终形成令多数人信服的结论,决定该案是否具备推荐的价值。这种去行政化的内部推荐流程可以最大限度地激发法官推荐案件的热情,增加其专业自豪感和学术自信心。

2. 完善案例审查程序

(1)设立严格的审查标准,将不合格的行政指导性案例尽早排除在外。除了审查推荐的案件是否满足遴选的标准外,还要进行严格的实质性审查,包括:第一,经案例指导工作办公室审查,发现法律解释违背法律的,或者没有法律依据且没有法理依据的,不得作为行政指导性案例;第二,经案例指导工作办公室审查,案件中存在的争议可能导致司法审查混乱的,不得作为行政指导性案例;第三,未经充分说明理由,对于调研出的某些司法实践中形成的合理判决思路和学说进行推翻的,不得作为行政指导性案例,但改进思路、发展学说的案例除外。实质审查工作的开展需要案例指导工作办公室履行更多的工作职责。首先，为了从根源上保证行政指导性案例的质量，最高人民法院一定要对案例进行全面审查，先对法律问题进行审查，对于法律解释超过文义的，由于会导致违背法律的后果，此时必须将该案排除；再对事实进行审查，发现存在争议且可能导致司法审查混乱的，比如指导案例60号的裁判要点回避了与有关批复的争议，导致现实中司法审查的混乱，此时这类案件也必须被排除或进行修正。其次，由于我国案件众多，最高人民法院进行调研发现各地法官对于某些案件，基于司法公正的精神以及朴素的法律价值观，所形成的裁判思路并无较大差异且具备合理性的，此时为了充分发挥指导案例的价值，指导案例不应偏离司法实践中的统一标准，但是可以对于裁判规则进行升华，使其最具普适性。

(2)完善和统一初步审查程序。无论是最高人民法院各审判业务单位还是各中级人民法院和基层人民法院都要履行初步审查程序，尤其是可以为各中级人民法院和基层人民法院进行初步审查设置灵活方便的程序。唯有如此才能保证审查程序的连贯性和案件的质量。

(3)充分发挥最高人民法院审判业务单位的审查权。对《实施细则》进行补充规定，增设关于最高人民法院审判业务单位审查权的内容，切实保证来自全国各地的指导性备选案件在向上推荐时，可以根据审判业务性质的不同，分门别类地由最高人民法院各审判业务庭进行审查，从而提高审查效率、分担案例指导工作办公室的工作，这也是实行网络推荐制度后备选案例增多要采取的必要举措。

3. 提升案例决定的亲历性和民主性

无论是法院内部推选的指导性案例还是备选的案件，最终决定它们是否能成为行政指导性案例的程序都必须具备民主性。一方面，在审判委员会的讨论中，要充分尊重和听取推荐案件法官的理由陈述，并引入相关的专家组共同进行讨论，对最终结果要采取少数服从多数原则进行表决，同时要告知法官其推荐的案件最终未能入选的理由，使其真心信服；另一方面，对于评选的备选案件是否成为指导性案例的决定，要形成书面理由，并将该书面理由在网上公示，让参与的公众得到及时反馈。

4. 形成定期化案例发布流程

当下由于案例发布周期毫无规律可言，不仅在一定程度上损害了指导性案例制度的权威性，尤其是在指导性案例制度刚刚起步的阶段，其权威性尤为重要,还使指导性案例的发布程序受到学界的广泛批评。笔者认为这与行政指导性案例制度确立时间短、制度建设不健全有关。在建立备选案件库之后,由于备选案件库每季度公布一次评选结果,可以促使案例公布更具规律性,以季度为单位对备选案件中成为指导性案例的,在每季度末由最高人民法院在其官网定期公布。对于法院内部推荐的案件,则按时间先后与评选的案件进行合并,最后由最高人民法院每季度一同在官网公布。这样不仅可以减轻最高人民法院的工作强度,同时也能增强指导性案例发布的规律性、权威性,如此我国行政指导性案例制度才能实现更为规范、良性地发展。

(二)建立案例公布前的评估制度

从第一章的分析我们得知行政指导性案例的质量存在问题,比如裁判要点模糊、遗漏核心点、说理不足等问题,这些都会从根本上影响行政指导性案例作用的发挥。鉴于此,有必要建立案例评估机制,对行政指导性案例进行全面检视,从而更好把控指导性案例的质量。最高人民法院也早在《人民法院第四个五年改革纲要(2014—2018)》中提出要改革和完善指导性案例的评估机制,并在最新的《最高人民法院关于深化人民法院司法体制综合配套改革的意见——人民法院第五个五年改革纲要(2019—2023)》中再次强调要完善指导性案例制度,健全案例评估机制。虽然最高人民法院对于建立案例评估机制已有规划,但对于如何建立案例评估机制缺乏经验,目前指导性案例的评估机制还未具体建立。本部分就指导性案例评估制度进行初步研究,以期能提供一些理论指引。

指导性案例评估机制,是指在指导性案例公布并实施一定时间之后,结合其具体实施情况,对特定的指导性案例的裁判质量、运行效果和产生的社会影响等方面进行综合评估,为指导性案例的发展积累有益经验。对于指导性案例发布实施一段时间之后进行评估,大家都认为是必要的。笔者认为评估机制可以分为两个阶段,即案例公布前的评估和案例公布后的评估。为什么强调案例公布前的评估呢?其主要原因在于,指导性案例评估机制是行政指导性案例质量控制机制的一部分,在案例公布前就开启评估程序将有效减少整个机制运行的成本。比如,对于某个案件评估结果为违法等存在较大质量问题的,那么可以直接在案例公布之前就“刷掉”该案例,就可以节省其后学习、监督和废止该案例的时间、人力和物力等成本。基于这个两阶段分类法,下文将从指导性案例评估机制的主体、内容和评估程序等三个方面展开论述。

1. 评估主体

评估主体主要是确定谁来评估指导性案例的问题，评估主体在一定程度上会影响甚至决定案例的质量，故对于评估主体的选择必须慎重。指导性案例评估主体是组织、实施、参与评估活动的组织、团体或个人，一般有内部评估主体和外部评估主体之分。[1]

(1)内部评估主体。最高人民法院是案例指导制度的制定者和主要实施者，由其负责案例评估工作最具正当性。一方面由于最高人民法院统筹整个指导性案例质量控制工作，由其负责评估工作能更好地协调各个控制机制之间的关系；另一方面最高人民法院本身具备权威性，其组成人员素质高、知识水平高、专业水准高，由其负责评估工作可使评估结论更具说服力和可信力。但是也应当兼顾最高人民法院的工作强度，如果所有事情都由最高人民法院亲力亲为，既不现实也不科学。这就要求我们必须探讨外部评估主体，来减少最高人民法院的工作内容。

(2)外部评估主体。顾名思义就是由最高人民法院之外的评估主体来负责案例评估工作。设立外部评估主体，一方面是为了提高评估的质量，另一方面是为了减轻最高人民法院的工作强度，故在设立外部评估主体时要坚持最高人民法院对于评估工作的统筹性和引领性。最高人民法院可以将该项工作委托给第三方评估机构，比如学术团体、社会专门研究机构、学者、专家等组织和个人。具体的操作模式：第一，最高人民法院将某个阶段的评估工作作为短期课题项目，在最高人民法院提供必要辅助的前提下，由高校教师开展具体的评估工作；第二，由最高人民法院组织成立由高校教师、专家和机关工作人员等共同组成的评估组，在最高人民法院设立专门的办公机构，定期对某些案例进行评估并提出建议；第三，最高人民法院也可将该项评估工作委托给社会营利机构，但其工作要受到最高人民法院的监督。需要强调的一点是，虽然具体评估工作是由外部评估主体进行的，但由于最高人民法院居于统筹、指导地位，故最高人民法院享有评估结论的最终解释权和发布权。

---

〔1〕 参见汪全胜：《论立法后评估主体的建构》，载《政法论坛》2010 年第 5 期。

2. 评估内容

案例公布前的评估主要遵循预防为主的原则,同时也是为了节约制度运行成本。主要评估内容:(1)案例的必要性评估,即评估该行政指导性案例可以解决哪些问题,以及解决了这些问题之后会对社会、司法秩序产生什么影响。并要判断该种影响是消极影响还是积极影响,要对案例公布之后所能收到的效益与运行该案例的成本进行对比,只有在收益大于成本时,该案例才有存在的必要性。以指导案例94号来说,其存在的必要性就是解决实践中存在的见义勇为能否认定为工伤的问题,从而促进社会公平正义,但是也应当评估该指导案例确立的标准对立法、司法和行政会造成的影响。由于案例公布之前对社会、司法的影响还没有产生实质的、可以量化的数据,故此时的必要性评估只是初步评估。(2)案例的合法性和合理性评估,即评估该案例的内容是否合法、合理。要从多个维度进行评估,不只是评估该案例是否违反法律、司法解释,还要对整个案例的案情和裁判进行剖析,分析具体案件中法律冲突解释规则是否运用到位,法律解释方法是否合理,以及案件裁判是否明显违背司法实践中同类案件的裁判思路等内容,从而综合评估指导性案例的合法性和合理性。(3)案例的可操作性评估,即评估指导性案例确立的规则是否明确,是否存在其他因素会导致案例的操作不受控制。有的指导案例确立的裁判规则存在模糊性,往往会增加法院适用该案例的成本,比如指导案例139号;有的指导案例确立的规则存在争议,往往导致该案在司法实践中操作起来不受控制,争议持续不断,比如指导案例60号。评估主体可以运用情景代入法,设想该案运行起来会存在哪些操作层面的问题,从而更好地作出评估。

3. 评估程序

由最高人民法院定期开启指导性案例评估程序,外部评估机构在其指导下,运用走访、研讨会、问卷调查、实地考察、定性和定量分析等方式,结合评估内容,对具体指导性案例打分,并撰写案例评估报告,对具体评估打分情况进行论证说明。对于评估分数低的,经过最高人民法院案例指导工作办公室讨论,最终决定其是否入选成为指导性案例。对于案例公布前的评估结论,若是法院推荐的案例,则要送达至该法院;若是评选出来的案例,则要在最高人民法院官网的评选板块进行公布,告知该案例评估情况。最重要的一点是,评估工作完成之后要开展经验总结会,对每一轮评估的可供借鉴的案例,要总结具体哪些方面可以被各级法院借鉴，并撰写经验分享报告，抄送至各个法院进行学习。

（三）改革法院审级制度

为解决由于审理法院级别低导致的权威性不足和案件质量问题与司法亲历性不足之间的矛盾，我们可以借鉴西方国家的做法，比如法国、德国与英国行政法院都实行的是三审制，各级法院发布自己亲自审理的指导案例，当然级别较低的法院要发布其审理的案例必须满足严格的要求。采用三审终审制，同时需要配套以下措施：

第一，设置严格程序，尽量尊重原判。由于作出生效判决的案件的法院级别会越来越高，有利于筛选出真正有疑难、有争议的案件，同时最高人民法院审理的行政案件的数量肯定会有所增加，最高人民法院就可以名正言顺地将满足指导案例要求的行政案件予以公布，既保证了案件的质量又不违背司法的亲历性。但最高人民法院审理的案件毕竟是少数，从目前我国已发布的27件行政指导性案例的情况来看，中级人民法院和基层人民法院由于更接近群众，更容易产生大量的具有指导意义的案例。但考虑到我国并无遵循先例的传统，各级人民法院司法工作人员素质不一，案件裁判质量参差不齐，基层人民法院、中级人民法院和高级人民法院都享有指导案例的公布权，显然是不切实际的。故要设置严格的程序，限制最高人民法院和高级人民法院对于原判的修改。高级人民法院对中级人民法院、基层人民法院推荐的指导案件提出关于减少原判内容或者增减裁判要点的审查意见时，不应直接修改，应该与中级人民法院、基层人民法院直接审理的法官进行座谈，因为他们作为案件的审理者，对于案件的争议点和细节更加了解，最终在原审法官认为可行并经高级人民法院审判委员会委员过半数同意后，方可作出对于原判进行修改的审查建议。同样最高人民法院的编撰权也要受到严格限制，对下级人民法院审理的案件，也要遵循类似程序才能对原判内容作出修改。只有设置此种严格的程序才能保障原判不会遗漏裁判要点，也会避免对原判决内容取舍不当的问题。

第二，规范典型案例，纳入监督范围。虽然目前法律仅规定指导案例有参照效力，但指导性案例强调较高拘束力或许是基于法政策的考虑，即其拘束力由外部权威赋予，[1]其本身案件的质量并不一定比某些典型案例高。故在指导

---

[1] 参见刘克毅：《论指导性案例的效力及其体系化》，载《法治现代化研究》2017年第5期。

案例质量、数量还得不到保障时,借鉴典型案例在司法实践中应用的经验,对于提升行政指导性案例来说是必不可少的。但目前我国典型案例的发展存在不规范现象:其一,典型案例发布主体不规范,笔者在北大法宝查询典型案例时,发现中级人民法院、专门法院、高级人民法院和最高人民法院都可发布典型案例,甚至某些行业协会和国务院部门等也可发布典型案例;其二,典型案例引用级别和方式不明确,我国并无法律对典型案例引用作出规定,司法实践中典型案例的数量极多,如果不进行规范则会影响指导案例的质量。在实行三审制的前提下,我国法院就能更好地监督下级人民法院引用典型案例与指导案例的情况,对于同指导案例相矛盾的典型案例不予适用;可以借鉴德国做法,对于相较指导案例更佳的典型案例,法院在向合议庭说明理由并在裁判中作出详细论证后,适用典型案例。

二、健全案例监督机制

目前最高人民法院对于指导性案例的司法应用情况已有研究并形成了报告,但对于具体如何监督指导案例的适用,最高人民法院并未出台相关规定。仅了解司法适用现状是无法解决问题的,应当有明确的程序来监督指导案例的适用。一方面,只有监督行政指导性案例的具体适用情况,最高人民法院才能及时掌握哪些案例的质量存在问题,更好地把控指导案例的质量,视情况予以废止或者修正,从而维护法制统一;另一方面,只有监督才能让指导案例真正"活起来",从而在我国逐渐形成适用案例的习惯,加强法官熟练运用案例的技能,提升法官的专业素质,从而实现案例的良性运转,这将从根本上改善我国行政指导性案例的质量,使其在未来能越来越高。总之,只有健全监督机制使案例真正用起来,我国才能像西方国家那样,不断从案例中发现新的规则,使指导案例顺应新的社会情形,促使指导案例形成一个螺旋式上升模式,从根本上提升我国指导案例的质量。

(一)完善案例监督制度

1.法院内部监督

虽然目前我国有些法院已经通过互联网技术,实现对于下级人民法院庭审的远程联网,可以对下级人民法院进行监督,但是能否运用互联网技术监督法院引用指导案例的情况就复杂得多了,因为引用指导性案例关系到法官的法律思维和工作习惯,还涉及区别技术的运用,此过程含有法官的自由心证,无法用一个量化的标准去强制法院引用指导案例。因此只能从抽查和监督法院学习过程出发去监督各级人民法院。首先,建议最高人民法院案例指导工作办公室通过不定期的抽查、调研等方式,对各级人民法院的案例指导工作适用情况进行监督,对发现的问题要及时通报,责成其按照相应制度进行处理。[1] 各高级人民法院对辖区范围内的下级人民法院的判决书定期抽查,并对发现的问题及时通报和整改。其次,最高人民法院要监督下级人民法院学习指导案例的过程,对于新发布的指导案例,各级人民法院要组织学习会进行集中深入的学习,并对如何识别、运用该指导案例进行专门指导。可以将此项学习纳入法院工作内容,使其成为考核法院"一把手"的指标以及考核法官职业素质的指标。基层人民法院、中级人民法院将学习情况层层上报至高级人民法院,由高级人民法院进行考核,高级人民法院将学习情况上报至最高人民法院,由最高人民法院对高级人民法院进行考核。最后,各级人民法院要定期组织会议,对引用行政指导性案例的心得体会,对发现的行政指导性案例不足之处,以及对区别案例时遇到的疑难问题进行交流学习,并定期整理问题层层上报至高级人民法院,高级人民法院要给予指导,同样高级人民法院也要向最高人民法院汇报最新适用情况,由最高人民法院作出解决方案,比如通过批复等方式答复。

2. 外部社会监督

有效的监督既要防止案例指导的滥用现象发生,又要防止案例指导流于形式而得不到有效的贯彻落实,保证案例指导制度在审判工作中发挥其应有的价值和作用,[2] 这就离不开社会力量的监督。根据《宪法》规定,全国人大及其常委会和地方人大及其常委会产生司法机关,司法机关要向他们负责,故全国人大有权监督最高人民法院指导案例的生成和适用情况,地方人大及其常委会有权监督各级人民法院指导案例的适用情况,并对其工作提出意见和建议。同时,比如律师、法官及法学学者等法律职业共同体可以利用自己的专业知识和学术理论,通过发表文章和向原审法院提出书面意见等方式,对行政指导性案例的适用情况进行监督,同时法律职业共同体应当有法律敏感度,善于对行政

[1] 参见李秀霞:《三权分离:完善司法权运行机制的途径》,载《法学》2014 年第 4 期。

[2] 参见胡云腾、于同志:《案例指导制度若干重大疑难争议问题研究》,载《法学研究》2008 年第 6 期。

指导性案例呈现的理论和知识进行总结和发扬。社会群众及新闻媒体等也可以监督行政指导性案例的适用情况,防止出现严重不公现象。

3. 引入上诉机制

上述的监督都未涉及与案件利害关系最大的当事人,故为了保障当事人的权益,当事人不服主审法官引用指导案例时的观点,或者当事人及其代理人在案件中援用指导案例时,主审法官未援用该指导案例的,当事人都可以上诉。同样地,为了防止当事人滥用诉权,也应当严格限制可以上诉的情形。第一,主审法官偏离连续一致的指导性案例而没有提供充分理由,[1]且严重影响当事人权益的;第二,当事人及其代理人对于援用某指导案例有充分论证和理由的,法院不引用该指导案例而且也未对该情形进行充分论证和说明,且严重影响当事人权益的。这两种情况都属于法官严重不规范引用行政指导性案例的情况,极可能影响当事人的权益,故当满足这两个条件之一时,应当赋予当事人上诉权。审理上诉案件的法院经过审理,依据具体情况作出维持、发回重申、改判、撤销或变更的裁判。

4. 明确监督范围

正如上文所论述的,对于一些简单案件或者当事人无争议的案件,其实并无将其纳入案例监督范围的必要。因此我们明确案例监督的范围是一些新型、疑难、当事人有争议的案件,在监督工作中重点监督法官在审理这些案件时是否合理适当地援引公布的行政指导性案例即可。

(二)健全人员激励制度

人才是第一资源,对于提升行政指导性案例质量来说更是如此,因为高质量的备选案件都出自法官之手,指导性案例质量好不好关键得看法官判的好不好。其实案例指导制度的建立在一定程度上也能促进法官主动性的发挥,当法官所判决的案件被选为指导性案例,从而成为各级人民法院必须援引的案例时,这对于法官来说是一种极大的认可,法官的职业荣誉感将会得到极大的满足。但必须意识到,目前能入选指导性案例的毕竟是少数,再加上法官事务繁忙,案例指导制度的推动、激励作用并不凸显,因此我们要着手建立激励机制,让法官的能动性与案例指导制度形成良性互动。

---

[1] 参见张骐:《论指导性案例的"指导性"》,载《法制与社会发展》2007年第6期。

1. 完善裁判文书说理的激励制度

《人民法院第四个五年改革纲要(2014—2018)》提出要完善裁判文书说理的刚性约束机制和激励机制。裁判文书说理水平的提高将从根本上提升我国裁判文书的质量,从而从整体上提高我国行政指导性案例的质量。但是从已发布的行政指导性案例情况来看,法官的裁判文书说理水平还有待提升。对此,一方面,可以增大文书说理的考核分值,目前法院在考核法官时,普遍关注的是发回重申率、上诉率、审限内结案率[1]、审结案件数量和调解案件数量等考核指标,不太注重裁判文书说理的考核比重。但仔细观察便知,裁判文书说理的程度与上诉率、发回重申率息息相关,因为法官只有认真研究了案件才能形成较有说服力的判决书,才能对案件事实和争议有更深的理解,从而作出更合理的裁判,降低当事人上诉率和上级法院发回重审率。而且只关注结案和判案的数量并不符合司法工作的规律,对于简单案件固然可以以此为考核点,但对于复杂疑难案件而言,一味追求办案快和多会造成错案,这时加大裁判文书说理的考核比重才是正确的选择。这就要求法院建立动态考核机制,根据案件难易程度对考核指标所占分值进行重组,从而得出较为合理的考核结果。另一方面,开展优秀文书评选活动,设置合理的评选标准,比如说理充分、法学理论水准高等标准,并对作出优秀文书的法官,给予奖励、发放荣誉证书。但是要注意优秀文书的评选要吸收公众参与。

2. 奖励方式多元化

法官作为一种职业,相对于普通公务员而言,法官职位的专业水准要求更高,在法官事务本就繁重的基础上增加新的义务,这确实会导致法官们对于指导性案例的推荐、运用缺乏动力。基于多劳多得的劳动价值论,法院应当设置激励机制,对积极推荐质量好的备选案例,或者积极在同类案件中援引指导性案例并加以详细说理的,要给予相应的奖励。法院也可以将这部分工作内容纳入考核,这部分工作做得好自然考核的整体分数就高,如当法官推荐的案例被最高人民法院采纳时,法院可通过颁发荣誉证书或在全院发表扬公告等形式鼓励法官积极对待指导性案例。同时这种精神激励也可体现在平常工作中,如平

---

[1] 参见李拥军、周芳芳:《我国判决说理激励机制适用问题之探讨》,载《法制与社会发展》2018 年第 3 期。

日院长、庭长在听工作汇报时，对于积极运用指导性案例的法官进行当众表扬等。增加精神激励有助于形成良好的司法工作文化，增强法官的职业使命感和成就感，最后在法院内部形成运用指导性案例的习惯。还可以采用目标激励、沟通激励和榜样激励等方式。

3. 设置相应惩罚措施

奖励和惩罚都属于激励机制的行为刺激方式，虽然惩罚所产生的激励效果不如奖励显著，有时候还有可能降低工作人员的积极性，但是事关行政指导性案例强制约束力必须设置相应的惩罚措施，宣示严重违规的必然结果。虽然法律明确指导性案例具有参照效力，但鉴于目前行政指导性案例正在推进阶段，而且我国关于同类案件的区别技术还有待改进，所以不宜对所有在同类案件中没有援引指导性案例的法官进行惩罚。但至少在以下两种情况下，应当对在同类案件中没有援引指导性案例的法官进行惩罚：第一，诉讼当事人及其诉讼代理人提交的类案检索报告，以指导性案例作为诉辩理由的，法官没有在裁判文书说理中回应是否参照并说明理由的；第二，法官在同类案件中严重偏离相关的指导性案例，并且经当事人提示后仍然不援引相关的指导性案例，也不提供充分的理由说明，严重影响当事人权益的。惩戒的方法很多，包括停职降薪、开除解雇、调换岗位、降职或永不晋升以及各种形式的批评，如口头或书面上的批评、警告、记过等。[1] 其中我们可以借鉴的是，对于犯 3 次以下过错者进行口头或书面批评；对于犯 3 次以上 10 次以下过错者，予以警告并在全院进行通报；对于犯 10 次以上过错者予以记过处罚。当然这些处罚要与绩效考核挂钩，类似错误犯的越多相应的绩效考核分数就越低，甚至会影响其职位升迁。

三、建立案例废止、修正机制

（一）建立案例废止、修正制度

在我国，不管是中央法规还是地方法规等，都会在某些法条不适应现实需要时，进行适当的修改乃至废止，那么行政指导性案例为了保障其质量也应该及时修改或废止。就像同样是成文法国家的法国和德国，他们的行政判例是可以被推翻的，行政判例在不断推翻中得到长远发展。同样指导案例的完善也是

〔1〕 参见车文博主编：《心理咨询大百科全书》，浙江科学技术出版社 2001 年版，第 505 页。

一个渐进的过程,对于不触及破坏法律统一性的案例,可以进行修正。虽然最高人民法院发布的《实施细则》第12条规定,当指导性案例与新的法律、行政法规或者司法解释相冲突的和为新的指导性案例所取代的,不再具有指导作用,但并未规定详细废止或修正程序,也未有效应对现实中出现的其他应废止的情形。我国实行行政指导性案例制度的时间不长,其在案件的质量控制方面存在许多问题。比如,裁判要点不符合法律规定,法律解释超过文字含义范围等问题,这些问题都涉及行政指导性案例本身的合法性和合理性,如果不进行修正则会使指导案例发挥错误的指导功能,无法实现法制统一的目标。而且有些行政指导性案例中的裁判要点已经被新的法律或司法解释所吸收,如《最高人民法院关于审理工伤保险行政案件若干问题的规定》第4条就完全吸纳了指导案例40号裁判要点,2021年修订的《行政处罚法》第63条就完全吸纳了指导案例6号裁判要点等,由于行政判例在我国并不具备正式法源地位,法院在审判时会直接适用法律或司法解释等,不会再参照指导案例,此时指导案例名存实亡,那么此时需要废止这些案例吗?为了更好控制指导案例的质量问题,当出现这些问题时,我们不能放任行政指导性案例自生自灭,应该及时引入废止或修正机制。主要从以下几个方面来构建废止或修正制度:

1. 明确主体

如同法律一样,行政指导性案例的废止或修正也需要严格限定主体。对于废止主体我国法律并未作出详细规定,可以借鉴德国的有关经验。在德国仅联邦宪法法院发布的判例有法律赋予的适用效力,下级法院都要严格遵守,仅联邦宪法法院有权推翻自身的判例。我国行政指导性案例就如同联邦宪法法院发布的判例一样,法律赋予其约束力,故我国也可以像德国那样,明确仅发布案例的主体有权废止指导案例,即“谁发布谁废止”。在我国,最高人民法院案例指导工作办公室负责指导性案例的征集、遴选、审查、发布、研究和编撰等工作,故也应当由案例指导工作办公室负责案例废止或者修正工作。

2. 确定适用范围

目前关于指导案例废止的情形,仅《实施细则》列出了两种情形,即指导性案例与新的法律、行政法规或者司法解释相冲突的和为新的指导性案例所取代的。这显然无法满足司法实践的需求。《最高人民检察院关于案例指导工作的规定》第19条还额外规定了两种情形,即案例援引的法律或者司法解释废止以及其他应当宣告失效的情形。

第一,确定废止的范围。虽然该规定只能适用于刑事指导案例制度,但是行政指导性案例制度也可以借鉴。按照体系解释,该规定中“应当宣告失效的”案件应当与规定的其他具体情形具备相当性,即继续适用该案例会影响法制统一,造成法律混乱,就应当宣告无效。那么前面分析行政指导性案例时,指导案例 90 号和 21 号法院超出法律文本含义解释法律等问题,已经触及适用法律的统一性了,继续适用该案例会导致法律适用出现混乱,故当行政指导性案例关键论证部分或裁判要点存在与法律冲突的内容时,该案例应当废止。但出现法律或者司法解释吸收了行政指导性案例裁判要点的情形时(如指导案例 40 号和 6 号),两者并无法律冲突,虽然可能会出现指导性案例被搁置的现象,但不能否认正是这些案例实现了指导性案例与法律之间的良性互动,所以此时不应废止这类案例。总之,废止的范围包括五种情形,即《实施细则》中的两种情形,再加上《最高人民检察院关于案例指导工作的规定》中额外规定的两种情形,最后加上“行政指导性案例关键论证部分或裁判要点存在与现行法律冲突的”情形。当然我们也可借鉴美国推翻机制中的社会情形变更、社会道德水平提升和显失司法公正等情形来废止某个过时案例。

第二,确定修正的范围。当案例在法律问题上存在缺陷,但不足以破坏法制统一时,并且该案例有存在的现实必要性时,最高人民法院可以对该案例进行修正。比如,指导案例 76 号作出的裁判要点没有法律依据,不属于适用法律错误,而且我国目前关于解决行政协议争议的法律规定较少,该指导案例有存在的现实需要,故可以由最高人民法院进行修正,保证指导案例的质量。需要注意的一点是,修正之后的案例何时发生效力,就像法律一般只对变更以后的法律事项产生约束力一样,所变更之判例原则上对其之前的案件并不具有约束力,如果新案例的适用更有助于保护争讼当事人利益的,也可以有限地承认变更之案例的溯及力。[1]

3. 确立程序

关于指导案例的废止或修正程序,最高人民法院并未作出详细规定,如果任由满足废止条件的行政指导性案例自然失效,显然是不符合我国国情的。我

---

〔1〕 参见孙海波:《指导性案例退出机制初探》,载《中国法律评论》2019 年第 4 期。

国并无遵循先例的传统,且法官也不具备较高的区别技术,都是按照成文法进行演绎推理,由于行政指导性案例有法律赋予的约束力,一般而言法院在解决类似案件时,会将该指导案例当作成文法适用,从而导致应当废止的案例在现实中源源不断地被适用,进一步破坏了法律的统一性。因此必须对于废止案例作出详细的程序规定,明确该指导案例已经废止不得再适用。废止程序可以参考指导案例的遴选程序,即当各高级人民法院认为某案例应废止时,向最高人民法院上报该指导性案例,在最高人民法院经审判委员会讨论决定或经审判委员会过半数委员审核同意后可废止;中级人民法院、基层人民法院认为某案例应废止的,应当向高级人民法院上报该指导性案例,并指定专人对接此工作。律师、法学院教授等法律职业共同体经详细论证,认为某行政指导性案例存在可以废止或修正的情形的,可以向作出指导案例的原审人民法院提出废止或修正意见。最终由最高人民法院在其官网上发布废止通知,并将该指导案例从其官网上删除。如此可以让每个行政指导性案例接受法律职业共同体的监督,倒逼行政指导性案例的质量提升。

(二)建立案例公布后的评估制度

案例公布后的评估制度在评估主体方面与案例公布前的评估制度相同,在此不再赘述,仅就不同方面进行探讨。

1. 评估内容

案例公布后的评估主要是对案例运行效果和对社会的影响进行评估。其主要内容包括:(1)案例运行中存在的问题。主要对行政指导性案例应用情况进行量化分析,在数量方面,对于援引数量极少的案例要着重分析产生此问题的原因,最终决定是否保留该案例。在运行效果方面,通过分析各级人民法院对行政指导性案例的参照情况、裁判接受度等情况,从这些具体的数据中,研究我国现行的行政指导性案例是否促进了个案正义,被当事人接受;是否得到各级人民法院和社会公众的认同;是否实现了“同案同判”,促进了司法公正。(2)案例运行对社会的影响。一个质量高的指导性案例对社会的影响是积极的,比如指导案例 137 号以司法力量助力环境发展,促使行政机关认真履行职责,同司法机关一起保护生态环境。但一个质量低的指导性案例对社会的影响是消极的,比如指导案例 60 号回避与相关批复的争议,导致非但不能解决司法实践中的争议,反而增添了新的争议,加大了司法成本,影响了行政指导性案例的权威。总之,行政类指导性案例应用产生的社会影响表现为促进法治政府建设、减少行政违法行为、维护公民合法权益等方面。[1]

2. 评估程序

对于评估分数低的,经过最高人民法院案例指导工作办公室讨论,最终决定由最高人民法院定期开启指导性案例评估程序,外部评估机构在其指导下,运用走访、研讨会、问卷调查、实地考察、定性和定量分析等方式,结合评估内容,对具体指导性案例进行打分,并撰写案例评估报告,对具体评估打分情况进行论证说明。最终根据评分结果,由最高人民法院案例指导工作办公室决定对评分低的指导性案例是予以修改还是废止。而对于案例公布后的评估结论,要在最高人民法院宣布要废止或者修正某个案件时,作为评估结论附在废止或修正公告的后面,让公众明确知道废止或修正某个案例的理由。最后也要召开经验总结会,对每一轮评估的可供借鉴的案例,要总结具体哪些方面可以被各级人民法院借鉴,并撰写经验分享报告,抄送至各个法院进行学习。

四、总结

自2012年行政指导性案例开始公布至今,虽然在某些案例中存在受国家政策影响、法律冲突解决规则应用不到位、法律解释超过法条文义范围、裁判标准模糊、对原判内容处理不当、说理不足以及缺乏法律依据等质量问题,影响着行政指导性案例作用的发挥,但是事物的发展过程本身就是前进性与曲折性的统一。目前我国已经注意到行政指导性案例存在的质量问题,无论是国家层面还是学术层面都在积极探索较为完善的指导性案例质量控制机制。同时由于行政法规的抽象性与法律解释的主观性,当下法院在具体裁判案件时,不可避免地会出现“同案不同判”的现象,所以为了实现司法实践中的“同案同判”和维护我国的法制统一,建立法治政府,尽快探索出符合我国国情的行政指导性质量控制机制已是形势所需。

行政指导性案例的质量不仅关乎法制统一,更关乎我们每个人的利益,所以在研究建设行政指导性案例机制时,需要充分研究我国时下行政指导性案例的质量提升因素,充分借鉴国外行政判例有益经验,并结合我国现有制度建立

---

〔1〕 参见江国华、张莺:《指导性案例评估机制》,载《甘肃政法大学学报》2020年第6期。

一套完善的质量控制机制。首先,需要完善案例遴选机制,主要包括完善案例遴选制度、建立案件公布前的评估制度和改革法院审级制度,先要按照案例的推荐、审查、决定和公布程序遴选质量好的案例,并对公布前的案例进行评估,从而在源头上确保行政指导性案例的质量,同时实现三审制,从而增加最高人民法院审理案件的数量,提升各级法官司法审查的效果,为我国行政指导性案例的发展提供更多优质的备选案例。其次,需要建立监督机制。一是要完善案例监督制度的内部监督、外部监督、当事人上诉程序和监督范围等内容,不断监督行政指导性案例在运用中所出现的问题;二是要健全人员激励制度,积极展开激励活动,充分发挥法官的能动性,不断变革和改善法学教学、裁判文书模式和案例编撰技术,并不断加强法官对区别技术的学习与运用能力。最后,建立、健全案例废止、修正机制,主要包括建立案例废止、修正制度和建立案例公布后的评估制度,由最高人民法院对符合条件的案例经过仔细评估之后予以废止或修正,从而确保行政指导性案例的质量在动态中保持较高水准。总之,只有对于行政指导性案例的全部构成要素进行全过程的控制,建立较为系统的质量控制机制,才能真正解决现存的问题。

虽然目前学界对于指导性案例制度的研究颇多,但是专门就作为指导性案例一部分的行政指导性案例的质量控制机制的研究成果并不多,再加上笔者学术水平和写作水平有待提高,所提的完善建议可能不够成熟,但笔者相信,对完善行政指导性案例质量控制机制所提的建议,能够为提升我国行政指导性案例的质量提供一些理论借鉴和实践指引。

第六章

行政指导性案例的类案认定规则

关于指导性案例制度的价值目标，2010 年最高人民法院发布的《案例指导工作规定》明确表述为“总结审判经验，统一法律适用，提高审判质量，维护司法公正”。类似案件应当作出类似处理，是形式正义原则在司法领域的基本要求，它既回应了社会公众对司法裁判的期待，也为法官参照适用提供了强大的制度支撑。[1] 然而，与如此重要且迫切的司法制度建设目标不相匹配的是，目前我国行政法领域缺乏一套系统、可操作的行政指导性案例类案认定规则，当迈出作为第一步的“类似案例”[2]之判断时，司法审判人员和律师等法律实务工作者常常陷入认知困境，无从检索，所谓的“应当参照”更是无从谈起。因此，要使这一价值目标从法律的应然状态走向实然状态，不仅需要构建一套高效行政类案认定规则，还应经过多方探索和不断试错。其实，从现有的规定来看，已发布的各类法律性文件对上述问题并非避而不谈，而是倾向于通过相对抽象且简约的法律表达为不同领域中指导性案例的类案认定提供一套高度普适性的认定标准。例如，《实施细则》第 9 条规定：“各级人民法院正在审理的案件，在基本案情和法律适用方面，与最高人民法院发布的指导性案例相类似的，应当参照相关指导性案例的裁判要点作出裁判。”该规定相较于《案例指导工作规定》第 7 条中的“类似案例”有所细化，在比较点的确定上具体到了基本案情和法律适

〔1〕 参见孙海波：《类案检索在何种意义上有助于同案同判？》，载《清华法学》2021 年第 1 期。

〔2〕 《案例指导工作规定》第 7 条中使用了“类似案例”的概念。2010 年发布的《最高人民检察院关于案例指导工作的规定》中的表述为“同类案件、同类问题”，2019 年最高人民检察院第十三届检察委员会第十六次会议修订时修改为“类似案件”。

用两方面,但其除了提供大方向上的指引和参考外,实际上仍然不具备可操作性的规定或提示。再如,最高人民法院于 2020 年 7 月 21 日《类案检索意见》,该意见被认为是最高人民法院深化司法责任制综合配套改革和推进统一法律适用的重要举措。根据《类案检索意见》的规定,类案是与待决案件在基本事实、争议焦点、法律适用问题等方面具有相似性,且已经人民法院裁判生效的案件。这一规定内容看似归纳全面,不易出错,但其规定的比较点的要素和维度过于宽泛,"等"字的表述无限扩大了待决案件与先前判例相似性比对的范围,不仅无形中加大了司法检索的成本,更加使得司法实务人员在进行类案判断时难以下手,无所适从。

从体例上看,一个行政指导性案例通常包括七个关键部分:标题、关键词、裁判要点、相关法条、基本案情、裁判结果以及裁判理由。行政指导性案例的类案认定一般认为应当从已发布的行政指导性案例出发,结合合理的检索方式并通过选取合适的类案判定比较点与待决案件的相应部分进行比较,最终得出相似性与否的结论。根据现有法律规定,具备与某一行政指导性案例中裁判要点和基本案情的相似性,一般可以认为属于行政类案的范畴。但如何进行有效检索、相似性的比较点,该种相似性需要达到何种程度,如何在类案基础上实现类判以及怎样实现差异化判决(类案偏离)与类案类判之间的平衡等仍是摆在理论和实务界面前的现实难题。因此,在司法责任制改革的大背景下,在澄清行政指导性案例与民事、刑事指导性案例区别的基础上,确定行政案件类案判断的比较点并建构一套合理的行政指导性类案认定规则,对提升当前司法实务中的类案检索质量以及为司法裁判提供规范化的技术指导来说都是相当紧迫且必要的。

第一节 行政案例指导制度类案认定的现状与反思

一、"类案类判"的制度价值定位

公平与正义是人类几千年文明发展进程中永恒的话题。作为 20 世纪 70 年代新自然法学派的典型代表,约翰 · 罗尔斯(John Bordly Rawls)曾在《正义论》一书中指出:“正义是社会制度的首要价值,就如同真理是思想体系的首要价值一样。”[1]在现代社会,司法是法律实施的核心部分,公正作为司法裁判的根本要求,更是维护社会公平正义的最后一道防线。努力让人民群众在每一个司法案件中感受到公平正义是司法追求的永恒目标。长久以来,学界的许多学者针对社会中存在的一些所谓“同判不同判”现象提出批判并探索出了多种途径试图解决这一法律顽疾,以达到规范自由裁量权和统一法律适用标准的最终目的,“同案同判”词条的高曝光率也使这一表述在法律实务界和理论界都十分盛行。但与此同时,对这一表述的质疑和反对声音也从未停止。近些年来,学界许多学者在批判“同案同判”这一表述弊端的基础上,提出了许多如“类案类判”“类案同判”等形式相似但内涵不同的理论概念。这实质上体现了现有关于指导性案例的价值定位和思维方式、适用方法等尚难以适应我国实务案例指导制度的快速发展现状等问题。在“类案类判”与“同案同判”抑或其他相关概念间作出相应的司法价值抉择,对行政指导性案例法律适用效果的发挥具有几个方面的作用:第一,澄清理念障碍,明确中国特色行政指导性案例制度的价值定位和运行机制;第二,确定参照适用范围,为实务中行政诉讼纠纷的处理提供具体参照;第三,为作出偏离行政指导性案例的差异化判决提供理论论证,保障行政指导性案例制度的灵活适用。

首先,根据《案例指导工作规定》,行政指导性案例的参照适用范围为“类似案例”,即类似案件或相似案件。2017年《最高人民法院司法责任制实施意见》则明确规定了案件承办法官在审理过程中,均应依托相关平台对待审类案和相关联案件进行全面检索并制作相应的检索报告。这里实质上采用的也是类案的概念。而2017年《最高人民法院关于加快建设智慧法院的意见》则明确使用了“类案同判”的概念。官方法律文件的表述尚存在前后不统一的疏忽之处,理论中对其应然内涵和其他相类似概念的探讨更是五花八门,观点各异。多年来,学界围绕指导性案例制度的价值目标和制度内涵到底在于“同案同判”还是“类案类判”抑或“类案同判”等展开了热烈讨论。在相关问题的研究上,学者们对行政指导性案例的参照适用究竟是“法律义务”还是“道德要求”抑或“差

---

[1] [美]约翰·罗尔斯:《正义论》,何怀宏、何包钢、廖申白译,中国社会科学出版社2001年版,第1页。

异化判决的合理性”等问题莫衷一是。在价值目标上，笔者归纳现有研究成果，主要包括以下观点：

主张“类案类判”的观点认为，“同案同判”这一概念的涵摄范围过于狭窄和空泛，不具备现实应用的可行性。有学者指出，无论从何种角度对“同案同判”的正当性进行论证，其背后都不可避免地存在一个前提性预设：同案是实务中普遍存在的现象，即同判不仅是合理，而且是可行的。[1] 但正如世界上不会有两片完全相同的树叶，“绝对意义上的相同案件并不存在，任何两个案件在被比较时都存在着相似性和差异性，只是程度有所不同”[2]。另言之，类案才是司法实务的常态情形。“相似案件”与“相同案件”虽只有一字之差，但在客观语义上二者存在明显的差异。社会关系的复杂性决定了司法案件的多要素特征，无论是当事人身份、时间、地点、数额，还是其他如动机、情节等外部因素，任何一个法律要素的介入都可能使案件性质发生根本转变。从这一意义层面上看，同案是不存在的，同判自然也是难以摸索和实现的。还有学者通过对同案内涵的实质分析得出结论：不存在法律意义或诉讼意义上的同案，司法实务中各自因素交织以及程序上的困难也使得“同案同判”的命题从根本上难以成立。[3]

反对“类案类判”表述的同时主张“同案同判”的典型观点是，同案的实质不仅指事实上的相同性，还包括法律关系相同或相类似的案件。从英文表达上看，“同案同判”的英文翻译为“Similar cases be decided similarly”或“Treating like case alike”，在宽泛意义的意指范围上，“同案同判”实际上已然包含了“类似案件类似处理”的情形，“同案”一词的确切含义就包括“同类案件”。有学者继而提出，“同案同判”的真实含义实为“同类案件”，应当作类似审判，因此，“同案同判”作为一个命题并不丧失存在的法律意义。[4] 换言之，“同案同判”概念的涵摄范围不限缩于“同案”，因为实践中并不存在所谓严格意义上的“同

---

〔1〕 参见周少华：《同案同判：一个虚构的法治神话》，载《法学》2015 年第 11 期。

〔2〕 孙光宁：《区别技术在参照指导性案例之司法实践中的应用及其改进——以指导性案例第 24 号为分析对象》，载《法学家》2019 年第 4 期。事实上，即使是主张同案同判说法的学者也普遍同意“实践中并不存在两个事实绝对相同的案件”的说法。参见张志铭：《中国法院案例指导制度价值功能之认知》，载《学习与探索》2012 年第 3 期。

〔3〕 参见范明志：《消解成文法中法律统一适用之痛》，载《人民法院报》2010 年 4 月 16 日，第 5 版。

〔4〕 参见孙海波：《“同案同判”：并非虚构的法治神话》，载《法学家》2019 年第 5 期。

案”;但同时,从一般性的学理概念或抽象表达的立场上看,不应仅从语义学的角度严格解释其内涵并放弃这一作为司法憧憬和理想而存在的概念。这实际上在“同案”的范围包括相同案件和相似案件这一层面上与赞成“类案类判”的学者观点是一致的。还有学者从定性和定量的角度分析,主张“同样”或“相同”似乎既有性质上的肯定,也有数量上的肯定;而“同类”或“类似”则属于性质上的肯定,是量化分析上的否定。[1] 综上所述,肯定“同案同判”表达的学者普遍认为,“同案同判”的表达内涵更加丰富,具备因果关系上的分明性,也符合对司法实质公正的一般期待和要求。

综观前述观点,无论是“同案同判”还是“类案类判”抑或 2017 年《最高人民法院关于加快建设智慧法院的意见》中提出的“类案同判”,学界和实务界都承认以下两个前提性事实:第一,司法实务中并不存在两个绝对相同的案件;第二,“同案同判”实质上包含“类似案件”的法律表达。让我们回归问题本身的逻辑,在探讨行政指导性案例的制度目标究竟为何时,将实质正义原则与司法的现实处境相结合,找寻法律意义上的最佳命题。孙海波教授在批驳对“同案同判”持怀疑论的观点时指出,怀疑论的观点从语义学和程序性难题等角度否认“同案同判”命题的做法是难以站住脚的,这种从技术或方法的角度在概念的外围和边缘进行攻击所造成的伤害并不具有致命性。[2] 但是,作为一门逻辑严密的人文社会学科,法律语言表达方式的精确性和严谨性的确不容忽视。依照肯定“同案同判”命题的学者的观点,“同案同判”包含“类似案件”的实质内涵,那么又缘何一定要使用这一颇具理想化和空泛化的命题呢?既然法律意义上的“同案”并不存在,根据“同案同判”的逻辑,不仅“同案”无法成立,“同判”更加无从谈起。但由于“同案同判”在语义上容易给人以“同案”的遐想,以它为基本概念展开学术论证会导致词不达意、诱发误会,难以进行有效的学术沟通。[3] 我们应当对一项高效可行的法律制度在现实世界得到良好遵循和适用抱以合理的期待。“类案类判”这一命题重点考察的是案件之间的相似部分并且承认差异化的客观存在,这既符合司法实务的现实处境,又能为实践中合理

---

〔1〕 参见张志铭:《中国法院案例指导制度价值功能之认知》,载《学习与探索》2012 年第 3 期。

〔2〕 参见孙海波:《“同案同判”:并非虚构的法治神话》,载《法学家》2019 年第 5 期。

〔3〕 参见周少华:《同案同判:一个虚构的法治神话》,载《法学》2015 年第 11 期。

差异化判决的出现以及实质正义的实现提供生长土壤，既能有效规范司法的自由裁量权，又能在作出合理判决的基础上保证个案正义的实现，因而从政指导性案例的参照适用逻辑上看是规范和合理的。本章也主要围绕这一基本命题展开对与“类案”相关问题的探索和研究。

二、行政指导性案例在类案检索中的实践应用

纵观人类文明发展史，从农业革命时代到工业革命时代再到如今的信息革命时代，信息技术迅猛发展如潮水般涌入当代生活的方方面面。在司法领域，随着大数据技术和人工智能、云平台等技术不断发展和迭代更新，“智慧司法”“智慧法院”等概念得到越来越广泛地运用。2016 年 7 月，中共中央办公厅、国务院办公厅印发了《国家信息化发展战略纲要》，首次将建设“智慧法院”列入国家信息化发展战略。该纲要同时指出，以信息化驱动现代化，建设网络强国，是落实“四个全面”战略布局的重要举措，更是实现“两个一百年”奋斗目标和中华民族伟大复兴中国梦的必然选择。[1] 现代智能检索技术这一“星星之火”在行政指导性案例的运用上已呈燎原之势，具有高度的国家战略性意义。根据《类案检索意见》的规定，法官对多种类型的案件都具有类案检索并制作检索报告的义务，该意见同时就检索范围、检索报告制作、法律分歧的解决等作出具体规定。这一意见一出台就引发了理论和实务界热议。2021 年，最高人民法院公布了《〈最高人民法院统一法律适用工作实施办法〉理解与适用》，宣布《最高人民法院统一法律适用工作实施办法》（以下简称《实施办法》），2021 年 12 月 1 日正式施行。一系列规范性文件和政策的出台，体现了国家制度层面对完善类案检索制度、推动统一法律适用的高度重视。事实上，早在 2018 年 1 月 5 日，最高人民法院就推出了类案智能推送系统，据介绍，类案智能推送系统主要通过构建包括案情事实、争议焦点、法律适用等要素的语义画像，辅助用户快速从海量历史案件中发现相似案例，从而为法官、律师、社会公众等提供专业、智能、友好的类案精准推荐服务。[2] 但截至目前，该系统尚未覆盖到全国各级人民法

---

〔1〕 参见中共中央办公厅、国务院办公厅印发《国家信息化发展战略纲要》，载中央人民政府网，http://www.gov.cn/zhengce/content_5095336.htm，最后访问日期：2021 年 7 月 31 日。

〔2〕 参见《最高法智慧法院导航系统和类案智能推送系统今天上线》，载央广网，http://china.cnr.cn/gdgg/t20180106_524089319.shtml，最后访问日期：2021 年 7 月 31 日。

院，总体适用效果欠佳。从司法层面上看，近年来成为热议话题的类案检索制度既是我国司法责任制改革的一项重大创新举措，也具有推动统一法律适用和提升司法公信力的法律效果。在规范法官自由裁量权的道路上，我们能够看到最高人民法院通过推动大数据技术与司法裁判工作的深度融合，探索并实现"类案类判"这一制度目标的决心和行动。

行政指导性案例作为最高人民法院发布的具有"次法源"地位的裁判先例，遴选和发布都遵循着严格的法律程序，发布内容兼顾了社会热点和法律疑难问题。有学者指出，在最高人民法院垄断了行政指导性案例的发布权的前提下，行政指导性案例的生成逻辑在形式上体现为一种组织化的逻辑，在实质上体现为一种行政化的逻辑。[1] 根据最高人民法院 2018 年发布的《最高人民法院关于加强和规范裁判文书释法说理的指导意见》规定，除依据法律法规、司法解释的规定外，法官可以作为论证裁判理由的首要论据为最高人民法院发布的指导性案例；在 2020 年《类案检索意见》对类案检索范围的规定中，最高人民法院发布的指导性案例同样位列首条，有着最优先被检索的地位。这意味着，最高人民法院发布的行政指导性案例相较于其他如公报案例、典型案例、区域内上级法院发布的指导案例等具有更为正式的法律效力，权威性也更高。案件承办法官发现其审理的待决案件与最高人民法院发布的行政指导性案例相类似的，应当参照适用相关指导性案例的裁判规则。行政指导性案例制度和类案检索制度都关注司法领域的先前判例，在规范司法自由裁量权、统一法律适用和提升司法公信力等方面有着殊途同归的价值目标。可以说，"指导性案例在类案检索中具有明显的优先地位，这种地位同时决定了作为类案检索结果的指导性案例具有排他效力"[2]。与此同时，如果说行政指导性案例在类案检索制度中的运用体现了对司法正义和法治的崇高追求，那么，类案检索制度理想的制度目标与司法裁判人员过重的检索负担之间的矛盾也许能使我们冷静下来审视目前类案检索制度下的行政类案认定现状。

笔者于 2021 年 7 月 21 日在北大法宝网以"行政案件"为关键词检索，结果

---

〔1〕 参见郑智航：《中国指导性案例生成的行政化逻辑——以最高人民法院发布的指导性案例为分析对象》，载《当代法学》2015 年第 4 期。

〔2〕 孙光宁：《指导性案例在类案检索机制中的地位及其运作》，载《法律适用》2020 年第 12 期。

显示,2018～2021 年公开的各级人民法院已审结案件共 1,600,188 例。继续以“指导性案例”为关键词进行案例检索,结果显示裁判文书共 775 篇。其中 2018 年有 147 篇,2019 年有 182 篇,2020 年有 171 篇,2021 年有 48 篇。经过进一步筛查,在剔除援引最高人民法院发布的典型案例或公报案例、区域内上级人民法院发布的指导性案例以及提及“指导性案例”但并未规范引用具体案例号等情形的情况下,共检索到有效案例 114 例。通过对这 114 例案例进行综合考察和分析,笔者归纳出我国行政指导性案例在类案的检索和适用中具有以下特点。

(一)引用频率低且存在回避适用现象

首先,从检索结果来看,在 2018～2021 年各级法院审结的 1,600,188 例案件中,有效引用指导性案例的仅 114 例,占比约为 0.007%。从年份上看,这 114 例案例的具体构成为:2018 年 33 例、2019 年 45 例、2020 年 25 例以及 2021 年 8 例。这说明,我国司法实务中行政指导性案例的适用比例极低,且随着年份增加使用数量也未呈现明显增长趋势,行政指导性案例在类案检索和适用中总体效果不甚乐观。其次,司法实务中还存在大量法官对行政指导性案例进行选择性适用或回避适用等现象。体现在案件中,就是法官援引积极性不高或对当事人、代理人引述指导性案例作为控(诉)辩理由等不予回应、未进行释明的情况。例如,在“刘某明、徐某良农村房屋买卖合同纠纷案”[1]中,对于一审期间原告代理人引述的指导案例 72 号作为诉辩理由,一审法官在审判过程中根本未提及该指导性案例,在原审原告提出上诉后,二审法院仍未对这一上诉请求作出回应,而是直接依据相关法律规定作出裁定。事实上,根据《实施细则》的规定,公诉机关、案件当事人及其辩护人、诉讼代理人引述指导性案例作为控(诉)辩理由的,案件承办人员负有在裁判理由中回应是否参照了该指导性案例并说明理由的义务。究其原因,一方面与我国已发布的行政指导性案例数量偏少、适用范围受限有关,另一方面也说明了类案检索和适用在我国行政案例指导领域未得到充分体现。结合笔者的实际调研结果来看,审判人员表示,许多已发布的“强调型”甚至“解释型”行政指导性案例的裁判规则已为实践所接受,审判时往往不会刻意检索或援引,因为即使没有该指导性案例,也能作出同该指导

[1] 参见河北省保定市中级人民法院行政裁定书,(2019)冀 06 民终 707 号。

性案例结果相一致的判决。更有学者指出，类案推送仅具有形式上的“参照”意义，实践中法官受利益因素影响，对相似案件择机选取，以实现利益最大化的现象也现实存在着。[1]

（二）部分行政指导性案例存在“空置化”问题

从114例案件引用的指导性案例来看，司法实务中各指导性案例的援引和适用频次存在较大差异，有些指导性案例近四年来甚至未被明确提及，频次上呈现多级分化的现象。其中，援引频次排名前五的指导性案例分别为指导案例77号（53次）、69号（18次）、41号（14次）、22号（12次）、101号（11次），主要涉及行政诉讼受案范围、原告资格的确定、举证责任、工伤认定以及信息公开等行政领域常见且存在较大争议的纠纷。与此同时，行政指导案例5号、26号、43号、88号、90号、94号、113号、114号、116号等尚不在114例案件的引用范围之列。也就是说，实践中仍存在大量的行政指导性案例被束之高阁的现象。实践中除了存在部分指导性案例发布时间久远、政策性意图不明显、与新颁布的法律或者司法解释冲突等现象[2]外，还存在指导性案例不够典型化以及裁判要点缺乏扩展性[3]等问题。例如，指导案例21号裁判要点实质包含了“不应从违法行为中获利”的原理，体现了公共利益优先的行政法原则，但该原则在裁判要点中并未得到明确强调。[4] 如果在裁判要点中增加这一原则性表述，不仅能提升该指导性案例的内涵和层次，也将直接对后案法官的类案审理提供更加规范和明确的指导和示范。再如，指导案例40号是关于行政工伤认定的裁判规则，其裁判要点第三项是对“职工在本职工作中存在过失，不属于故意犯罪、醉酒或者吸毒、自残或者自杀等情形，不影响工伤认定”规则的明确，内涵包括了

---

〔1〕参见李世宇：《司法大数据在类案裁判中的应用探索》，载《郑州大学学报（哲学社会科学版）》2018年第1期。

〔2〕根据2020年12月29日《最高人民法院关于部分指导性案例不再参照的通知》（法〔2020〕343号）的规定，指导案例9号和20号自2021年1月1日起不再参照。

〔3〕孙光宁教授指出，目前我国指导性案例裁判要旨概括方式的缺陷之一就是简单重复现有法律规定。例如，2012年4月9日最高人民法院发布的指导案例5号的裁判要点明确，针对没收较大数额财产的行政处罚，行政机关也应当告知听证权利，否则应视为程序违法。这几乎是对最高人民法院2004年9月4日《关于没收财产是否应当进行听证及没收经营药品行为等有关法律问题的答复》的原文重复。参见孙光宁：《指导性案例裁判要旨概括方式之反思》，载《法商研究》2016年第4期。

〔4〕参见孙光宁：《指导性案例裁判要旨概括方式之反思》，载《法商研究》2016年第4期。

工伤保险领域中"无过失补偿"这一特有的法律原则。该原则体现了我国劳动法对劳工关系中相对处于弱势一方的劳动者的倾斜保护，这既是出于慰问伤亡、维持社会关系稳定等的实际需要，更是保护弱者、坚持实质正义理念的集中体现。但是，这一具有重要指导和适用意义的法律原则仅在指导案例40号的裁判理由部分有着重点论述，在裁判要点部分却未涉及，实为该指导案例裁判要点归纳之缺憾。

总体来说，在最高人民法院迄今为止发布的27例行政指导性案例中，2018～2021年发布的指导性案例未被明确援引或适用的占比高达50%，这折射出制度背后的实务群体对相关行政指导性案例关注度不高以及适用积极性不高等现实问题。

（三）类案认定规则供给不足导致适用出现偏差

笔者通过对114例案件的裁判文书进行分析发现，行政指导性案例在实务中应用的另一个突出性问题是类案认定规则供给不足导致适用结果出现偏差。在114例案例中，法院主动援引或对当事人作为控（诉）辩理由的引述加以回应的仅有23例，占比约为20%。正如学者指出的，"事实相同的案件在不同法院甚至同一个法院的不同法官中可能出现大相径庭的判决"[1]。不同法院对行政指导性案例的理解不同，在缺乏统一规范的类案认定规则的前提下，各级人民法院对行政指导性案例的实践应用差异明显。例如，在明确了以行政指导性案例为参照样本的前提下，如何参照指导性案例进行甄别和适用？参照什么？是参照裁判要点、裁判理由还是参照整个案例？[2]有学者针对现有常用的大数据检索系统进行数据模型分析和问卷调查后发现，在所有属于"有用性"的子准则中，人们对于"精确度"的关注往往要比对于"完整性"的关注度更高。申言之，对于用户来说，准确地找到有用信息比提供信息的数量更重要。[3] 但与此同时，参照和认定规则的缺位导致行政指导性案例援引"工具化"的局面，也成

---

[1] 四川省高级人民法院、四川大学联合课题组：《中国特色案例指导制度的发展与完善》，载《中国法学》2013年第3期。

[2] 参见田源、张民全：《指导性案例的参照方法——以行政类指导性案例为例》，载《法律方法》2018年第2期。

[3] 参见刘雯静：《类案智能推送系统改进建议——基于法官用户体验及类案检索系统的比对研究》，载马鞍山市中级人民法院网，http://maszy.chinacourt.gov.cn/article/detail/2019/12/id/4739358.shtml，最后访问日期：2021年7月23日。

为行政指导性案例在司法类案检索和认定中的一大痛点所在。结合第五章统计结果，实践中援引主体不会一次性将全部部分都作为援引内容，而是选择能够支持自己观点的相应部分加以引用。其中，被援引最多的部分就是裁判要点，在546例案件中占比约为62.6%。胡云腾大法官认为，如果一个指导性案例中有若干个指导要点，但裁判要点中只归纳了一个，就说明最高人民法院只认可这一个裁判要点的普遍指导意义。因此，指导性案例的指导意义仅以裁判要点的归纳为限。[1]《实施细则》也就指导性案例的参照形式问题作了一些明确规定，这些规定是各级人民法院在援引和适用行政指导性案例时的根本规范和实践准则。但事实是，实践中参照适用行政指导性案例的形式往往五花八门，不尽统一。归纳来看，大致存在两个方面的问题：法官在行政指导性案例的参照适用上具有相当程度的随意性以及实际中援引和参照形式多样化特征明显。

自行政指导性案例制度在我国建立以来，学界对其讨论方兴未艾。学者们围绕指导性案例认定规则的建构、相似点的判断、参照方法的适用等方面产出十分丰富的理论研究成果。但囿于法律规定的模糊和抽象性，现有种种理论都难以发挥权威性的实质作用。下文将结合现有理论观点，尝试确定行政指导性案例中的类案判断比较点，以期理顺司法实务中类案检索和认定等系列流程，为我国行政指导性案例适用实践提供有益探索。

三、类案判定比较点的理论争议

确定待决案件与行政指导性案例构成相似，是实现“类案类判”的重要一环。待决案件能否涵摄和适用于既有法律规则和判断，属于创造性的法律解释过程，而行政指导性案例为这一创造性法律解释的实现提供具体参照。其中，比较点的确定就是行政类案认定的核心，也成为连接和沟通行政指导性案例与待决案件的桥梁和纽带。在确定类案比较点的过程中，类比的法律推理方法发挥至关重要的作用。一般来说，大陆法系的法律适用方法是演绎三段论推理，判例制度下的英美法系习惯于适用类比推理。前者的关键是规范对事实的涵

---

〔1〕 参见胡云腾：《一个大法官与案例的38年情缘》，载民主与法制网，http://www.mzyfz.com/index.php/cms/item-view-id-1273993.shtml，最后访问日期：2021年7月23日。

摄，后者的关键则是类比连接点的发现。[1] 随着两大法系逐渐融合，类比推理在我国实务审判尤其是最高人民法院指导性案例制度出台后类案判定中的地位不断显现。当下，我国学者和司法实务人员在有关类似案件类似审判的探讨中已经达成了一定的共识，即应当从具体的比较点切入以完成对类似案件的认定工作。但在比较点的确定上，理论界和实务界仍存在较大的分歧。归纳现有认识，主要存在以下观点：

首先，现有法律文件中关于比较点的规定大多具有一定的模糊且抽象性特征。例如，2011 年发布的《最高人民法院关于编写报送指导性案例体例的意见》，在对裁判要点的体例进行规定时提到："裁判要点应简要归纳和提炼指导性案例体现的具有指导意义的重要裁判规则、理念或方法，应当……对类似案件的裁判具有指导、启示意义。"根据这一规定，指导性案例的裁判要点是类案判定的重点比较要素。《实施细则》明确规定判断正在审理的案件与最高人民法院发布的指导性案例相类似的要点在于基本案情和法律适用方面。又如，根据《类案检索意见》的规定，类案是指与待决案件在基本事实、争议焦点、法律适用问题等方面具有相似性，且已经人民法院裁判生效的案件。由此可以看出，现有规定主要从指导性案例的内在体例出发，对司法审判中的类案判断提供一些一般性的参照要素，并未关照民事、刑事、行政各领域的个性化特征。在类案与关联案件检索机制下，法官对多种案件都负有强制性检索义务，上述规定并不能为司法裁判提供详细的指导和具体操作步骤，如果要对指导性案例的七大体例内容进行一一甄别和比较，无疑进一步加重了法官的工作负担，既不理想，也不现实。因此，类案判断比较点的确定还有赖于进一步的学理总结和经验分析，在现有规定基础上尽可能地予以限缩和细化。

关于类似案件判断中比较点的确定，理论界有丰富的研究成果。根据胡云腾大法官的观点，裁判要点是对于指导案例的概要表述，是人民法院在具体案件审理过程中，通过法律解释和适用，对法律适用规则、裁判方法、司法理念等问题作出的创新性判断及解决方案。[2] 这实际与最高人民法院官方意见一致。

---

〔1〕 参见解亘：《论学者在案例指导制度中的作用》，载《南京大学学报（哲学 · 人文科学 · 社会科学版）》2012 年第 4 期。

〔2〕 参见胡云腾、吴光侠：《指导性案例的体例与编写》，载《人民法院报》2012 年 4 月 11 日，第 8 版。

然而，有学者对这种在先例中抽象出规范语句或通过摘选指导性案例中的论述性语言为待决案件适用演绎推理寻找大前提的做法表示反对。最高人民法院审判员冯文生指出，这种做法可能招致断章取义式的论据搜集，先例式参照的重点在于先例与待决案件的争点、结果及理由的比对，而非裁判要旨或寻章摘句。[1] 归纳来看，两种观点的根本争议在于，类案比较点确定的关键是案情参照还是规则参照。

前一种观点认为，指导性案例中的裁判要点是对先例裁判规则的概括和精炼表达，应当根据裁判规则的内容为待决案件法律争议的解决提供参照和借鉴。受制于我国一直以来奉行的成文法传统，我们在法律制度运行中否认英美法那种通过先例进行造法并直接作为法律适用依据的做法。但由于我国行政指导性案例与生俱来的规则化和机制化的基因，其生成、运作和完善不可避免地依赖成文化与明确化的规则、制度和机制，这种依赖同时决定了行政指导性案例确立的是法律之下的规则，其中主要是解释性规则。[2] 在规则参照概念的基础上，学者张骐进一步提出"可普遍化论证"的概念，认为假设一个特定的针对某个案件争议适用指导性案例的判决是正当的，它就应当在所有基本具备该争议的同一特征或相同特征的情境中均为正当，如此方能满足类似案件类似审判、一视同仁的正义要求。[3] 第二种观点则认为，不应通过指导性案例预先总结普遍性结论从而为待决案件提供大前提，要发挥指导性案例的实质性参照效力，应当通过把握指导案例的裁判过程，以案情和诉讼争点等要素为着眼点，对待决案件是否与指导性案例相类似作出判断。在案例同质化和相似性的比对要素的选择上，学者基于不同角度存在不同的观点。例如，有学者认为"裁判理由和基本案情是判断'同案'的实质性要素"[4]。还有学者提出，"案由""基本事实""争议焦点""法律适用"等要素彼此融贯整合，具有类案认定的操作优势。[5]

---

〔1〕 参见冯文生：《审判案例指导中的"参照"问题研究》，载《清华法学》2011年第3期。

〔2〕 参见胡斌：《行政执法案例指导制度的法理与构建》，载《政治与法律》2016年第9期。

〔3〕 参见张骐：《再论类似案件的判断与指导性案例的使用——以当代中国法官对指导性案例的使用经验为契口》，载《法制与社会发展》2015年第5期。

〔4〕 于同志：《论指导性案例的参照适用》，载《人民司法》2013年第7期。

〔5〕 参见张滕：《类案认定标准的反思及其重构》，载《广东开放大学学报》2020年第5期。

与比较点相关的另一个关键性问题是，对行政指导性案例的类比和参照的基准是结果（法律效果）还是理由（法律原因）。出于不同的价值考量，结果相同和理由相同都有各自的合理性。笔者认为，我国行政指导性案例的价值目标在于实现类案基础上的类判，正如考夫曼（Arthur Kaufmann）所指出的："世界上没有什么事物是完全相同的，通常只是在一些作为比较点的标准下所呈现出来的一种或多或少的相似性。"[1]行政指导性案例的参照方式主要是规则适用和要素比对，而非简单的司法遵从。面对结果相同还是理由相同的问题，规则参照给出了肯定的答案。事实上，指导性案例类型与待决案件类型之间并非"一一对应"的关系，而可能存在"多对一""一对多"甚至"多对多"的复杂关系。[2] 以指导案例60号为例，该案是关于食品安全标准的行政处罚的规定，其裁判要点明确，食品经营者在食品标签、食品说明书上特别强调添加、含有一种或多种有价值、有特性的配料、成分，但未标示所强调配料、成分的添加量或含量的，属于违反《食品安全法》的行为。同时，该指导案例涉及消费者权益保护、产品质量责任、食品安全等多方面问题，在民商事实务领域中的援引和适用也十分广泛。在"巫某洋与陕西东裕生物科技股份有限公司网络购物合同纠纷案"[3]中，当事人通过引述指导案例60号，根据案涉茶叶外包装上标注有"富含锌硒"字样但其成分或者配料表中并未标注锌硒含量等事实主张惩罚性赔偿，体现了适用指导性案例时规则参照的重要性。如果仅强调结果一致，纠结于形式相似和结果正义，将大大限缩行政指导性案例的适用范围，落入法律适用机械主义的"陷阱"。换言之，法官的判决不仅必须正确评价法律规范的意义，还必须在法律规范所蕴含的类型基础上掌握关键事实，以便作出符合公正和生活发展道理的与有关案件相关的类似的判断。[4] 首先，规则参照符合成文法传统下清晰而明确的法律规则的特征，极大满足了案件承办法官在司法实务中对裁判结果的合理性、稳定性和可预期性的期待。其次，行政指导性案例既能为待决案件提供具体的裁判规则，也能提供包括诸如法理、价值评价等其他内容，因而在适用路径上具有更强的灵活性和更大的包容度。

---

〔1〕［德］考夫曼：《法律哲学》，刘幸义等译，法律出版社2004年版，第232页。

〔2〕参见孙跃：《指导性案例跨类型适用的限度与进路》，载《交大法学》2020年第1期。

〔3〕广东省惠州市中级人民法院民事判决书，(2017)粤13民终1156号。

〔4〕参见张骐：《论类似案件的判断》，载《中外法学》2014年第2期。

事实上，规则参照与案情参照并不是非此即彼的关系。在我国成文法的框架下，指导性案例不具有强制拘束力，其参照方式不能如判例制度下的法官造法类的法律适用，而必须依附于作为演绎推理适用大前提的某一成文法律条款。其基本运行逻辑是：基于指导性案例行政司法二重化的生成逻辑，行政指导性案例确立的法律规则为待决案件的处理提供大前提参照，而在小前提的适用上，仍需要需要通过争议点比对、案情事实的发现、证据适用等多维度进行类案的相似性判断，为作为大前提参照的规则提供补充论据。在裁判过程中，法官的目光不断往返于法律规则与案件事实之间，得出最终结论。在小前提的确认过程中，如果不具备前述要素的相似性或两案差异部分形成了对抗指导案例规则的力量，指导性案例的参照适用即行终止。这既体现了中国特色行政指导性案例制度下大陆法演绎推理与英美法类比推理的深度融合，也是从法律原因出发对行政指导性案例“裁判要点”部分的全面把握和灵活运用。

第二节　英美法系判例制度下的类案判断机理

一、遵循先例原则中的先例参照规则

“人类法律制度中没有纯粹意义上的判例法，任何国家、民族在历史发展中都会把习惯、判例上升为成文法，除非是在没有文字的时代。”[1]然而，到了18世纪中后期，司法审级制度和经验主义哲学的建立，出于对正义和平等原则的原始追求，信奉“法律的生命在于经验而非逻辑”，判例法逐渐在英国流行起来。美国判例法的建立稍晚于英国，但经过一百多年的发展和经验积累，美国也已成为世界上最典型的判例法国家。我国学界对判例法的研究，基本是以英国和美国的判例法为代表展开的。判例法系与英美法系，实质上指的都是英国和美国的法律体系和制度。判例法系国家并非只有判例法，判例法与成文法往往并存于一国的法律体系中。但在法律适用的基本逻辑上，与大陆法系国家重视演绎推理的传统不同，判例法强调救济先于权利本身，实质上是一种同中求异的

---

〔1〕 胡兴东：《中国传统判例法与近代普通法系判例法的异同》，载《人民法院报》2016年11月11日，第5版。

归纳思维。在普通法法系，判例法一般是指高级法院的判决，确切地说，是指一个判决中所含有的法律原则或规则，对其他法院（甚至对本法院）以后的审判，具有约束力（binding effect）或说服力（persuasive effect）。[1] 判例法的基本思路是，制定法本身是不完备的，总会存在这样或那样的纰漏或由于不可避免地滞后于现实情况等，需要法官在审判具体案件时结合成文法的实质内容和具体案情审慎地作出相应处理。同时，根据遵循先例原则的，上级法院所作判决或同级法院的先前判决对同级或下级法院具有约束力。这种约束力使判例法下的司法判决实质具备了大陆法系国家所不允许的“法官造法”（judge by law）功能。而在大陆法系国家，成文法典的地位是不可撼动的。例如，著名的《法国民法典》和《德国民法典》就是在继承罗马制定法的基础上制定的，在民法发展史上具有无可比拟的地位，更对大陆法系其他国家（包括中国）民法学的研究和发展产生了深远持久的重要影响。成文法典的基本功能是保障法律适用的稳定和统一，能够在裁判中提供具体的法律规则或原则，因而也是大陆法系国家法律体系中最重要的法律渊源。

与大陆法系明显不同的是，英美法系中的判例法在法律渊源中的效力位阶较高。无论是法官裁判规则还是律师等法律实务人员，在为自己的诉讼主张寻找依据时，通常首先考虑的就是规定判例法，而不太重视抽象的法律概念或规则的适用。英美法系国家的判例法有正式法源的法律地位，在法律实践中发挥如下重要功能：(1) 约束法官的司法裁量权，限制专断；(2) 降低司法成本的同时提升诉讼效率；(3) 促进司法的实质正义实现。中国是重视成文法传统的大陆法系国家，早在春秋时期，郑国执政子产就将郑国的法律铸在象征诸侯权位的金属鼎上，完成了中国历史上第一次公布成文法的活动——“铸刑书”。但由于历史原因，我国香港地区自 1997 年回归，至今仍保留着判例法的传统，根据《香港特别行政区基本法》第 8 条的规定：“香港原有法律，即普通法、衡平法、条例、附属立法和习惯法，除同本法相抵触或经香港特别行政区的立法机关作出修改者外，予以保留。”从拘束力上看，判例法兼具横向上和纵向上的双重拘束力。纵向上的拘束力体现在下级法院必须严格遵循上级法院的先前判决来对

---

[1] 参见沈宗灵：《比较法研究》，北京大学出版社 1998 年版，第 284～285 页。转引自张骐：《判例法的比较研究——兼论中国建立判例法的意义、制度基础与操作》，载《比较法研究》2002 年第 4 期。

相类似的案件进行审理。在英国，最高法院的判例相对于上诉法院具有强制性拘束力，上诉法院的判例相对于高等法院具有强制性拘束力……以此逐级类推。美国的情况则略有不同，美国共有 50 个州，在联邦制下，各州法律只适用于该州居民。因此，美国的联邦上诉法院对其管辖区域内的地方法院有正式拘束力，对其他州的法院仅具参考价值。横向上的拘束力则指某一法院的先前判决在该法院将来审理相类似案件时具有强制性拘束力。一般来说，横向意义上的先例判决更容易被推翻，实践中某一法院推翻自己先前判决并通过案件确立新判例规则的情形并不少见。可以说，横向的遵循先例原则比纵向的遵循先例原则在法律适用上更具灵活性。[1]

著名的"姜啤蜗牛案"是对判例法系国家"法官造法"原则进行诠释的经典案例。[2] 在这一案件中，原告唐某秋因从朋友请她喝的姜啤中发现了腐烂的死蜗牛而向法院提起诉讼。本案审理的难点和关键在于确定适格的被告。首先，根据苏格兰法律，存在基础合同关系是诉诸法院的前提。而在本案中，咖啡店店主作为批发者并不知道死蜗牛的存在，由于姜啤为朋友请客购买，姜啤生产厂家与原告也不存在实际的基础合同关系。综观同一时期的其他案例，从姜啤中喝出死蟑螂等现象也时有发生，但最终消费者都因被告和消费者不存在基础合同关系而败诉。对这样一个既无先例可循，又无法理可依的案件来说，如何确定被告并作出判决成为摆在终审法院——英国上议院面前的一大难题。最终，上议院的法官们通过推翻英国判例法处理类似老鼠案的原则，抛开了合同法律关系的前提，以受污染属于危险产品推定责任方存在过失，创立了一个全新的民事"过失原则"。这一原则后来成为合同法等领域中重要的法律适用原则。

在实行判例法的国家，遵循先例(stare decisis)原则是其司法裁判的精髓和核心所在。遵循先例的准确含义在其拉丁语源"stare decisis et non quieta movere"中得到了最完美的解释，其大意为：遵从先例，切勿破坏已有定论。[3] 遵循先例

---

〔1〕 参见余高能、代水平：《美国判例法的运作机制》，载《西安电子科技大学学报(社会科学版)》2007 年第 4 期。

〔2〕 参见霍建强：《法之力——英美法系经典案例详解》，中国政法大学出版社 2019 年版，第 3 页。

〔3〕 余高能、代水平：《美国判例法的运作机制》，载《西安电子科技大学学报(社会科学版)》2007 年第 4 期。

原则在判例法制度的运行中具有相当的确定性和预见性,在一定程度上也能保证司法裁判的稳定性。不过,这一原则总体来看仍是抽象的,因为即便是在运行了这么多年判例法的英美法系国家,也并不存在一套现成的用以查找先例的规则或方法,对遵循先例原则的贯彻往往需要法官强大的司法逻辑和丰富的裁判经验的共同指导。先例判决实质上包含了一系列对后案法官具有强制性法律的拘束力的规则。以英国为例,英国法院的判决文本主要包括两部分:判决理由和附带意见。判决理由部分与我国行政指导性案例的"裁判要点"部分颇为相似,实质上都是法院结合关键案情对案涉判决所作的一种说明和解释。在法律效力上,先例判决中的判决理由部分具有法律上拘束力,而附带意见作为一种参考性的意见,主要是案件审理法官个人所作的引申或发挥,一般不具备实质性的约束力。但作为法院判决的一部分,在实际运用中,律师等实务工作人员通过引用先例法官的附带意见部分对自身的诉讼请求的说服力加以补强的现象同样屡见不鲜。此外,记录不同主审法官异议的反对意见也经常出现在判决文书中。在判例法实践中,根据少数服从多数的原则,多数派观点往往形成具有拘束力的先例规则,少数派观点则相应形成具有参考力的见解。有时,判决理由和附带意见在先例判决中的内容界限并不十分清晰,因此,作为先例核心部分的判决理由往往需要由审理后案的法官在自行甄别、确定的基础上予以遵循适用。

在法律推理方法的适用上,遵循先例原则的法律实践过程包含了对演绎推理和类比推理的综合适用。司法判决和成文法律条款在文本性质上是完全不同的,司法判决通常是松散的或采取论证式的方式,展现的是法官如何对相互抵触的先例判决理由进行平衡并作出取舍的整个推理过程,而法律规则通常就隐含在这些判决理由中。[1] 因此,在进行法律论证时,需要后案法官首先运用演绎三段论的推理方式,从先例中抽取出其适用的成文法律条款或通过归纳先例确定的某一抽象法律规则,为待审案例的裁判提供具体的参照对象。在确定先例所创造的规则后,通过发现后案与先例的相似点,为遵循先例原则的适用搭建桥梁和通道。在这一比对过程中,类比推理发挥着至关重要的作用。类比推理就是通过区别技术的运用,对先例与待决案件的关键性事实(material

---

〔1〕 参见叶榅平:《遵循先例原则与英国法官的审判思维和方法》,载《比较法研究》2015年第1期。

facts)进行比对,从而得出待决案件是否与先例构成相似的结论。值得注意的是,在类比推理的适用中,关键性事实的相似性或差异性往往决定着整个案件的裁判走向,对于先例规则中那些价值不高的信息或只存在于该先例的特殊情况等,则需要通过区分关键性事实与非关键性事实(immaterial facts),检查先例与待决案件的相似部分是否足以覆盖差异部分,如果答案是肯定的,就发生遵循先例的法律后果,但答案为否定时,则需要法官继续投入到寻找下一个先例的法律推理活动中。

遵循先例原则的适用并非固定和僵化的,判例法制度下的法官能够通过司法裁判创造法律,同时也有规避先例适用或推翻先例规则的权力。规避适用与推翻先例实为两个不同层级的概念。规避先例主要指在后诉案件的审理中通过某种法律论证证明先例规则不需要被遵守或不适用于后案,大致包括两种情形:第一,后案法官在总结归纳先例的判决理由时,认为先例法院的某一主张属于附带意见而非判决理由部分,不具备实质的约束力,进而排除先例的适用;第二,后案法官虽然认可先例的裁判规则,但通过类比发现先例中的关键性事实与待决案件的关键性事实不具备法律意义上的相似性,因此不需要参照先例进行裁判。推翻先例则是从根本上否认先例所创造的法律规则的效力。在先例约束力的规制下,横向意义上遵循先例原则的适用更具灵活性,先例规则也更容易被推翻。一般来说,只有作出该裁判的法院及其上级法院才有权推翻该先例。不遵循先例或推翻先例的原因大多是随着情势变迁,过往判决中的法律规则已无法适应变化了的社会情况,如果坚持遵循先例将导致个案不公正的消极法律后果。[1]

尽管在审级制度下,高层级法院的先例在其他不同层级法院得到遵循的程度和效果不同,但从总体上说,实务法官一般都谨慎使用推翻先例的做法,如欲产生排除某一先例规则的法律后果,尽量采取区别关键性事实等方式来规避先例的适用。产生这种倾向的原因在于法官担心自己的判决可能会在上诉等程序中被上级法院再次推翻,主要考量包括:第一,担心自身职业信誉和个人声誉受损;第二,担心自己不遵循高层级法院先例的努力变为无用功。[2] 在这些考

---

〔1〕 参见王玧:《英美法系的判例法》,载《人民司法》1998 年第 6 期。

〔2〕 参见林喜芬:《美国法院遵循先例的运行机制及启示》,载《比较法研究》2015 年第 2 期。

量的影响下,“遵循先例——作出裁决”的司法审判路径能为后案法官减去许多不必要的麻烦,以一种较小成本的司法损耗实现较大价值的司法功能,在一定程度上有助于减轻诉讼负担,提升诉讼效率,因而为英美法系的法官所偏爱。

大陆法系的法官一般习惯以制定法为司法审判的依据,认为法院先前的判例与承载着学术观点的论文或著作等的功能相类似,仅仅是用来补充一方观点和加强论证的工具。尽管在传统成文法体系和实际国情等历史和现实原因的影响下,我国的行政指导性案例制度并未获得如同英美法系那样具有正式法源的高阶地位。但不可否认的是,作为中国特色的判例制度,其起始和运作都在相当程度上借鉴了普通法系国家中判例法运行的内在法律逻辑。在我国,行政指导性并非预先确定的,不像英美法系那样提前预设了特定案件就是先例的游戏规则。一个普通的行政案件需要通过“自发秩序”的推荐以及“自上而下”的遴选才能升级成为正式的行政指导性案例而发布,这也是中国法理逻辑下指导性案例的特色所在。[1] 无论是英美法系的判例还是我国的行政指导性案例,都是具有一定程度疑难色彩的案件,因而能够为后案提供不同程度的参照,二者在实现司法正义和明确“类案类判”的基本定位和促进价值目标的实现上也是一致的。同时要看到,行政指导性案例制度在我国运行时间尚短,在参照行政指导性案例进行类比适用时,由于缺乏统一的范式,法官也不如实行判例法国家的法官那样娴熟和精炼地对先例进行参照,适用指导性案例仍面临着许多困难。有学者对2019年度最高人民法院指导性案例的司法应用进行了统计,数据表明,行政类指导性案例有15例被应用于1106例案例。同时,法官隐性援引共涉及2886例,占比约为57%,法官隐性援引的比例依然占到近六成。[2] 采取这类隐性援引的方式,能在一定程度上避免直接引述适用指导性案例可能带来的被上级人民法院撤销或改判等风险,但难以显现出我国行政指导性案例的实质价值,也并非指导性案例制度运行的应有之义。“对判例的研习是判例法国家学习法律知识和法理思想的主要途径,在我国也同样是发现或凝练法理

〔1〕 参见孙光宁:《法理在指导性案例中的实践运用及其效果提升》,载《法制与社会发展》2019年第1期。

〔2〕 参见郭叶、孙妹:《最高人民法院指导性案例2019年度司法应用报告》,载《中国应用法学》2020年第3期。

的重要途径，我们常常借助判例阐释‘法理’、讲解法理学知识。”[1] 在我国，汉朝时期的比附作为刑法中的一项重要制度被广泛适用，继而为后世的历朝历代所沿袭。著名的《唐律疏议》中有关“举重以明轻，举轻以明重”的法律原则，即是参照类似法律定罪的明确规定。随着法律制度的改革和发展，参考英美法系判例制度的运行技术和经验，规范行政指导性案例的参照方式，加之实务人员在司法实践中通过反复练习精进技艺，有助于进一步推动中国特色行政指导性案例制度的实现。

二、区别技术下差异的识别与处理

（一）如何识别差异

前文提到，英美法系法官的推理过程实质是演绎推理与类比推理的结合，且是以类比推理依附于演绎推理逻辑大框架的形式实现的。在类比的过程中，根据遵循先例原则的要求，法官需要将待决案件与先例的关键性事实部分进行确定和比较，继而作出遵循先例或排除适用的抉择，而区别技术的运用就是推理的核心所在。遵循先例原则与区别技术的适用并非非此即彼，而是一体两面的关系。遵循先例原则包含了双层含义，既有对先例的遵循，又包括在区别于先例基础上的排除先例规则适用的情形。英美法系中，区别技术在概念的使用上更侧重于否定的“区别”，而非中立性质的“识别”或者“比较”。[2] 换言之，判例制度下区别技术的原意是强调差异，意在通过寻找先例与后案的差异点进而排除先例适用。但随着法律实践的丰富与发展，区别技术中的相似性比对部分也越来越获得人们的关注。区别技术与类推都是法律推理的重要方法，依赖于司法经验与逻辑的统一，结论也不可避免地带有或然性色彩，属于“实质性推理”的范畴。因而，也有学者评价区别技术是“一种只可意会不可言传的实践理性”[3]。

在普通法下的区别技术法律实践中，案件的关键性事实部分是否相似是判

[1] 丰霏：《如何发现法理？》，载《法制与社会发展》2018 年第 2 期。

[2] 参见孙光宁：《区别技术在参照指导性案例之司法实践中的应用及其改进——以指导性案例第 24 号为分析对象》，载《法学家》2019 年第 4 期。

[3] 李红海：《判例法中的区别技术与我国的司法实践》，载许章润主编：《清华法学》（第 6 辑），清华大学出版社 2005 年版，第 197 页。

断的最主要标准,一旦在此问题上得到了否定答案,相应的先例就会被排除适用。[1] 这是因为,非关键事实虽然在不同程度上影响着先例的裁判结果,但关键性事实通常是裁判理由所必须的那部分重要事实,表在特征是在判决理由中得到强调或说明。正如“人不可能两次踏进同一条河流”,绝对意义上的两个相同的案件并不存在,先例与后案之间或多或少地存在某种不同之处,而这种差异和不同的程度往往是决定是否能够排除先例适用的核心要素。因此,在比较两个案件的关键性事实时识别出差异部分以及在相似点与差异点之间进行权衡就成为后案裁判的关键因素。对于一些案情简单、法律关系清晰的案件,法官往往能够较为容易地识别,如果先例与后案间不存在明显的差异,法官只需要采用演绎推理即三段论的方式遵循相应的先例规则进行裁判。但当面对庞大复杂的案例集群时,无论是遵循先例还是区别原则都只是为后案提供了一种法律上的思维规则指引,后案法官可能同时被先例所特有的背景事实等许多无价值信息而迷惑,从而影响到对个案裁判的综合思考。事实上,在英美法普遍强调经验主义而不注重抽象概念或法律规则运用的法律精神指导下,司法实践自然也难以演化出区别技术运用的终极标准。[2] 但尽管如此,丰富司法经验的积累和加成仍使英美法系中的区别技术的运用生成了一套相对高效且理性的判断程序。归纳来看,大致可以分为以下两个步骤:

1. 比较先例与后案的关键性事实部分

从公开出版的案例报告中锚定那些对自身法院有强制性约束力的先例,初步筛选出与后案存在表面相似性的先例规则,表面相似性包括案件类型和争议点等具有突出特征的案件构成要素。英美法系下的先例不都具有强制性拘束力,那些层级较低或不存在审级关系的法院作出的先例判决往往只有参考性效力,同时这些具有实质约束力的判决也未必能及时有效地被公开或出版。因此,出于维护司法权威和谨慎判决的司法考量,法官往往仅能从前述案例集群中寻找与后案相似的先例。法官对先例与后案的关键性事实加以比较时,首要步骤就是对先例关键事实的确认。这里又包括两种情况:第一,先例法官基于

〔1〕 参见[英]迈克尔·赞德:《英国法:议会立法、法条解释、先例原则及法律改革》,江辉译,中国法制出版社2014年版,第457页。

〔2〕 参见孙光宁:《区别技术在参照指导性案例之司法实践中的应用及其改进——以指导性案例第24号为分析对象》,载《法学家》2019年第4期。

方便将来案件遵循和对司法判决严谨自律的要求,已然明确了一定的先例规则或裁判理由,此时后案法官可以依据规则和理由的描述寻找关键性事实。第二,先例中不存在确定的规则,裁判理由和附带意见的界限也不那么清晰,需要后案法官根据判决结果,结合司法智慧和经验归纳出裁判规则,那一部分为形成裁判规则所必要的事实即为关键性事实。关键性事实不一定只有一个,完全可能是一堆重要事实的集合。此时,结合待决案件,查找是否有与先例关键性事实部分相重合的情形,同时摘选出那些为后案特有的不存在于先例中的事实留待后用。

在中国指导性案例的背景下,学者张骐在研究外国学者的区别方法基础上对关键性事实比较具体方法的运用总结了如下公式:已知先例 G 存在 a、b、c、d、e、g 六个事实,A、B、C 为关键性事实(a 是 A 的具体情况),该先例的个案规则为 X。即 G:a、b、c、d、e、g/A、B、C→X。假设在待决案件 N 中,事实包括:a1、b1、c1、f1。由于 N 中的 a1、b1、c1 与 G 的关键性事实部分重合,因而可以判断 G 和 N 属于类似案件,待决案件 N 应当遵循先例 G 作出判决。[1]

这一判定逻辑是基于法官对关键性事实的充分提取。在实际适用中,无论是提炼基本案情还是通过裁判理由或争议点发现关键性事实,都需要将案件的基本要素加以归纳概括,从而进行具体量化分析。这一公式虽不足以覆盖千差万别的实际状况,但很好地总结了一般性的案件相似性的判断标准,能够减少案件承办法官的主观失误,基本具备可普遍化适用的功能价值。例如,在房某孝与上海市公安局边防和港航公安分局行政处罚案[2]中,参照指导案例 6 号裁判要点所指出的——《行政处罚法》(1996 年)第 42 条规定依法应当举行听证的条款中虽然没有明确列举"没收财产",但是该条中的"等"系不完全列举,对没收较大数额财产的行政处罚也应当根据该条规定适用听证程序,本案法官认为待决案件被告作出没收涉案成品油处罚决定之前未履行向原告告知听证程序义务的行为与指导案例 6 号类似,构成类似案件,因而作出参照处理。本案与行政指导性案例类似的判断即是对关键性事实的比对。但实践中类案相

〔1〕 参见张骐:《再论类似案件的判断与指导性案例的使用——以当代中国法官对指导性案例的使用经验为契口》,载《法制与社会发展》2015 年第 5 期。

〔2〕 参见上海海事法院行政判决书,(2019)沪 72 行初 34 号。

似性判定的情况可能更加复杂，应当依据实际情况对上述公式进行调整，而不能机械套用。同时，作为一种或然性的法律推理，关键性事实的相似性判断作为凝结了法官的智慧、逻辑和经验等的共同结晶，其标准需要通过反复检验而不断获得修正。

2. 确定差异部分是否足以对抗先例

在确定前例与后案关键性事实比对结果的基础上，如果答案是肯定的，应当继续通过差异部分对相似性结果进行检验，以最终确定是否要遵循该先例规则；如果答案是否定的，说明前例与后案不具备相似性，就直接排除先例适用，无须再就差异部分进行比较。对于后案中新出现的事实，由于差异的存在并不必然发生排除先例适用的法律后果，因此应当进一步分析差异部分的性质。基本标准是：当某个不同点的存在无法化解而且是必要的、有意义的时候，这个不同点就有可能导致后案与先例实质意义上的不同，致使后案不受先例的约束，得到与先例不同的判决。[1] 在判断类案相似性的过程中，两案之间并非所有的相同点都存在关联，也并非所有的差异点都缺乏意义，需要结合案件背景和法律关系进行具体分析。当后案与先例的关键性事实只构成部分重合时，应当对后案的关键性事实和其他事实部分进一步观察，在后案出现了新事实或缺失先例中某一关键性事实的情形下，再判断此种差异的存在是否足以对先例规则形成对抗。如果经由对先例规则的修正性解释或通过其他论证仍无法使差异部分融入先例的事实和理由中去，此时可以认定这种差异产生了足以对抗先例的力量。另言之，倘若经判断发现它们之间的"相关不同点"更重要，则可以作出偏离先例的决定，此时"异案异判"也便顺理成章。[2]

（二）差异化判决的正当性证成

绝对意义上相同的案件并不存在，如果英美法系的法官在区别技术的运用中，发现后案与先例在关键性事实部分并不相似，或者后案新出现的差异性事实足以对抗先例规则，通常会发生排除先例适用或推翻先例，由后案法官重新创造规则的裁判结果。在遵循先例原则的指导下，法官的目光不断在先例与后

---

〔1〕 参见邓矜婷：《确定先例规则的理论及其对适用指导性案例的启示——基于对美国相关学说的分析》，载《法商研究》2015 年第 3 期。

〔2〕 参见孙海波：《"同案同判"并非虚构的法治神话》，载《法学家》2019 年第 5 期。

案、普遍性规则与个案特殊性之间徘徊，同时由于各种法律和事实要素的不断交织与作用，甚至是法官个人价值判断的影响，都可能导致差异化判决结果的出现。类比推理的不确定性和或然性结论也为差异化判决提供了司法生存空间。在英美法系国家，差异化判决主要是以规避先例适用或推翻先例规则的结果形式存在的。大陆法系国家不存在强制适用先例的文化背景，但随着两大法系的融合和交互影响，参照先例进行审判这一事实性原则也为大陆法系的许多国家所重视。例如，在德国，联邦宪法法院的判决对所有法院和部门具有强制约束力，除此之外的其他法院判例虽没有约束力，但事实上，下级法院也很少不遵循上级法院的判例。[1] 德国法中同时存在判例的背离报告制度，即联邦各州的宪法法院在审理案件过程中，如果决定背离其他州宪法法院或联邦宪法法院的先前判例，必须要向联邦宪法法院报告。

类比推理和区别技术运用下的结论都非确定无疑的。在中国特色行政指导性案例的大背景下，"类案类判"的价值目标作为一种原则性而非规则性的存在，偏离类案所作的差异化判决的合理性得到进一步论证。从个案正义的角度出发，在千差万别的个案案情基础上所作的合理裁量范围内的差异化判决也更符合社会实际情况以及个案公正的内在要求。在大陆法系传统教义学的影响下，成文规则和抽象概念在法律适用中的地位不容置疑，行政指导性案例制度同样是在借鉴英美法判例制度基础上进行相应的本土化改造。但在参照技术的运用上，我国法官还不可避免地存在生疏和无所适从的现象。甚至有观点指出，在大陆法系国家，由于先例没有普通法赋予它们的那种正式约束力或明确的法律规范性力量，一个默示的推翻或其他背离（先例）的粗糙做法即已足够。[2] 从我国的法律实践来看，各类裁判文书中对区别技术的运用和差异化判决的处理主要存在以下特点：

1. 对区别技术的无意识适用

从笔者在北大法宝网站搜集的114份有效裁判文书来看，在对行政指导性案例的参照适用上，各地区的司法审判实践大多在不同程度上运用了区别技术，但这种运用并非预先准备的，而是仍处于自发且无意识的阶段。例如，"李

---

〔1〕 参见最高人民法院课题组：《关于德国判例考察情况的报告》，载《人民司法》2006年第7期。

〔2〕 参见汤文平：《中国特色判例制度之系统发动》，载《法学家》2018年第6期。

某来与永州市冷水滩区食品药品监督管理局因食品行政答复上诉案”是对指导案例60号的适用。在裁判理由部分，法院认为，在指导案例60号中，所涉食品调和油在含有菜籽油、大豆油、橄榄油三种配料的情况下，在食品名称中仅使用了“橄榄”，还以吊牌的形式特别注明采用了橄榄油，并对橄榄进行了成分和功效描述，明显地突出了橄榄油，因而构成违反食品安全标准的行为。而本案中，涉案产品的标签是以相同的字体、字号、色号标注“芥花籽橄榄油”，同时选用了橄榄果与芥花的图案，按两种植物果实实物大小同比例展示，涉案产品的标签不存在通过字体、字号、色彩变化、故意扩大和缩小图标的方式达到突出橄榄油的效果，只是清晰地反映了涉案产品是由芥花籽油和橄榄油两种油料组成的真实属性。因此本案与指导案例60号的基本案情不具有相似性。[1]

从这一案例中看到，该案法官基本的裁判思路是在对指导案例60号的案情进行总结的基础上，与待决案件的基本案情进行比对，虽没有明确使用“关键性事实”等词汇，但本质是法官对区别技术的无意识运用和归纳。这也是司法实务中许多援引指导性案例的裁判文书存在的共同之处。这正说明，中国特色行政指导性案例制度下的法官并非“不会用”区别技术，而常常是“不懂用”。在规范行政指导性案例的参照形式和有意识适用区别技术的漫漫长路上，司法实践仍需要在摸索中前进。

2. 差异化判决的普遍存在与缺乏充分论证间的矛盾

尽管有“应当参照”的法律规定，由于缺乏强制性法律效力，司法实务中适用行政指导性案例的差异化判决结果并不少见。事实上，“差异化判决”不意味着对某一行政指导性案例的否定或推翻，“应当参照”的含义也并非必须作出与先前指导性案例结果相同的判决，否则就落入了法律适用机械主义的“陷阱”。一个指导性案例内含的裁判理由、裁判规则甚至是法律理念、原则等都能为具体案件提供参照，在指导性案例的指引下，挖掘、解释其背后的规则和法理，为具体案件所用，在个案案情基础上所作的差异化判决自然也是合情合理的。

结合114份裁判文书来看，在23份法院主动援引行政指导性案例或对当事人的引述予以回应的判决中，参照行政指导性案例作出的差异化判决共15份。差异化判决并非只存在于理论图景中，也为大量的实务裁判文书所支持。

---

〔1〕 参见湖南省永州市中级人民法院行政判决书，(2017)湘11行终198号。

与此同时,差异化判决在可能性层面具备了合法性基础,但其在个案中的正当性还需要通过具体的判决理由进行说明。而司法实务中的一个突出问题就是差异化判决的普遍存在与裁判文书中缺乏充分说理论证之间的矛盾。[1] 如此一来,不仅司法裁判的可接受性将大大减弱,法律效果和社会效果的统一也变得难以实现。例如,在"陈某晃、尤溪县人力资源和社会保障局劳动和社会保障行政管理案"中,对于当事人再审申请中主张的"案应参照 77 号案例进行裁判",法院在裁判理由部分肯定了指导案例 77 号"应当参照"的效力。但对于指导案例 77 号与待决案件的关系,只是简单指出"申请人提出的 77 号指导性案例与本案案情不一,不属于类似案例,故不适用于本案"[2],而未就不适用的理由加以详细说明。在行政指导性案例参照形式缺失、差异化判决合理性边界不明的司法现状下,减少对指导案例的论证,一定程度上有利于规避司法风险,是一种较为稳妥的裁判方式。但是,差异点的确定本身就是一种与法官个人的判断高度相关的不确定性评价,差异化判决更内在地要求法官在个案中应当充分履行论证义务,提升判决的说服力,为个案正义的实现提供充足论据。而那些与指导性案例关键性事实部分相似但裁判结果迥异的判决,不在此处讨论的合理差异化判决的范围内。换言之,差异化判决是个案与指导性案例发生冲突时价值选择的结果,不可避免地存在于司法实践中,其本身不构成对法律的违反。但差异化判决内在要求法官必须在法律允许的边界或范围内实施,规范行使审判权,司法权威性和裁判公信力充分依赖于法官的论证和说理,也是实现"类案类判"和个案实质公正的应有之义。

同时,差异化判决的形成应当尽可能谨慎并遵照相应的程序性规定。在《实施办法》中,最高人民法院明确了在检索类案与关联案件时,案件承办法官针对不同情形的相应处理办法。其中,拟作出的裁判结果与同类生效案件裁判尺度一致的,只需要在合议庭评议中作出说明;但如果预计改变同类案件的法

---

〔1〕 司法实务中也不乏就指导性案例不予适用加以充分论证的正面案例。例如,在樊某诉成都市青羊区市场和质量监督管理局行政纠纷案中,法院指出其未予参照适用指导案例 60 号的理由在于,指导性案例中的涉案商品与本案涉案商品并不是同一商品,其标签文字、图案等并不相同,判定两案标签是否对橄榄油进行了强调的难易程度亦不相同,从而导致对销售者是否尽到审查和注意义务的认定亦不相同,由此,对销售者是否存在行政违法的认定亦不相同,因此不宜参照适用。参见四川省成都市青羊区人民法院行政判决书,(2017)川 0105 行初 49 号。

〔2〕 福建省高级人民法院行政裁定书,(2019)闽行申 281 号。

律适用标准,应当履行报请研究和提交专业法官会议或审委会讨论等程序。行政指导性案例作为具有指导和示范意义的权威性案例,在类案检索环节和案件审理上当然应予适用前述《实施办法》。如果案件承办法官在作出肯定性类案认定结论的基础上拟改变先前行政指导性案例的裁判规则或尺度,不仅要充分履行论证义务,加强释法说理,在程序上也应严格遵守上述规定。这既是司法责任制改革背景下"让审理者裁判,由裁判者负责"的内在要求,也是严格规范司法自由裁量权、提高裁判文书说服力和保障司法公信力的重要体现。

第三节　行政指导性案例的类案认定标准

中国的指导性案例在表现形式、法律地位、适用方式等方面都与英美法系国家的判例法制度和遵循先例原则有较大差异。因此,在探讨中国指导性案例的类案认定的判断标准时,必须将其放到中国特色社会主义法律体系的语境下,结合我国成文法律传统和长期以来的指导性案例适用实践情况进行综合分析。作为中国特色指导性案例制度的一类重要分支,行政指导性案例下行政类案的认定标准应当充分结合行政案件的特点和行政诉讼的相关规定,在《案例指导工作规定》和《实施细则》关于一般认定标准的基础上进行细化确定。从实践中行政指导性案例的运用情况来看,行政指导性案例运用总体上存在援引意识不强、积极性不高以及适用普遍性缺乏等问题。如何将这些现实难题和抽象理论转化为具体性规定,成为理论和实务界亟待解决的问题。

一、行政与民事、刑事指导性案例的区别与互动

(一)互动方面

无论是《案例指导工作规定》还是《实施细则》,都在共性基础上对各指导性案例作出了统一规定,而未就民事、行政或刑事不同领域内的指导性案例予以特殊规定。作为指导性案例下的子项,行政与民事、刑事指导性案例处于并列地位,在各自领域发挥其指导性作用。从制度层面来看,三大领域指导性案例具有高度统一的特征,在制度目标、编写体例、法律地位、指导效力等方面具有一致性。

首先,在制度目标上,我国的指导性案例是通过挑选各类社会广泛关注、疑难复杂等具有典型指导作用的案件,由最高人民法院进行公布、社会各界进行推广和宣传,为各级人民法院在审理案件时注意并参照,以充分发挥其指导和示范功能。中国特色案例指导制度是对英美法系判例制度的本土化改造,在中国地域辽阔、社会情势复杂、案件类型众多的情形下,树立指导性案例这一范例,既满足了司法实务处理各类案件的实际需要,又能充分发挥其统一裁判尺度、规范法官自由裁量权的效用,有利于维护司法公正和实现“类似案件类似审判”的制度目标。其次,在编写体例上,根据《最高人民法院关于编写报送指导性案例体例的意见》的规定,无论是行政还是民事、刑事指导性案例,其体例都主要包括七个部分:编号和标题、关键词、裁判要点、相关法条、基本案情、裁判结果以及裁判理由。其中,基本案情、裁判结果以及裁判理由部分源于原裁判文书,标题、关键词、裁判要点和相关法条部分则是在原裁判文书的基础上予以添加和归纳的。七个部分中最核心和关键的当属裁判要点,该部分是对于整个指导性案例的精炼表达,在案情和裁判规则中起沟通和串联的作用,方便各级人民法院审判时参照适用。再次,在法律地位上,中国特色案例指导制度区别于外国判例制度的一大特点就在于它在我国不具有正式的法源地位。中国的案例指导制度是在保持制定法的法律体制下对判例法的有益借鉴,并非推倒重来或彻底改造现有司法模式。[1] 其实质是通过法律解释的形式起到对法律条文的原则性规定或由于立法滞后造成的法律缺失等的解释和弥补作用。在实行判例法的国家,每一位法官都拥有创造先例的实质造法权,而指导性案例制度尚不具有强制性法律拘束力,法律也没有就不参照规定相应的惩罚性责任。因而,尽管有“应当参照”的法律规定,中国的指导性案例制度实质是案例指导而非判例指导,是中国成文法传统下案例制度的创新形式,至多拥有了“准法源”的法律地位。最后,在指导效力上,法律规定的“应当”实为必须之意。法律没有赋予指导性案例规范性拘束力,但作为体现司法权威的官方指导性案例,法官在审理类似案件时,应当参照适用指导性案例而未适用的,负有说明理由的义务,否则将面临当事人提起上诉和上级法院撤销判决的风险。此外,在适用方式上,根据《实施细则》的规定,各级人民法院审理类似案件参照指导性案

---

〔1〕 参见刘作翔、徐景和:《案例指导制度的理论基础》,载《法学研究》2006 年第 3 期。

例的,应当在裁判理由部分对指导性案例加以引述,但不能直接作为裁判依据引用。

行政指导性案例与民事、刑事指导性案例的互动还突出表现在指导性案例的跨类型适用上。根据“类案类判”原则的指导,对相似案例应当作出相似处理。但从实践来看,司法实务对相似案件的判断,并不局限于同类型的案件,而时常依据裁判规则背后的法律理念和思维确定类案,指导性案例跨类型适用的现象在实践中已相当普遍。规则参照是实现“类案类判”的重要一环,某一指导性案例所确立的规则背后的法理和原则往往成为后案裁判的重要指导。在指导性案例跨类型适用的频次上,有学者统计指出,在最高人民法院 2010 ~ 2017 年发布的 92 例指导性案例中,存在跨类型适用现象的指导性案例占比高达 40% 。其中,民事类指导性案例跨类型适用的现象最为普遍,行政类指导性案例次之,刑事类指导性案例相对较低。〔1〕

例如,指导案例 60 号是对不符合规定进行食品标签或食品说明书标示行为的行政处罚案例,其作为最高人民法院第十二批指导案例中的行政类指导性案例被发布。但作为涉及消费者权益保护、产品质量责任、食品安全等多方面法律领域的案件,指导案例 60 号在民商事实务领域中的援引和适用空间也十分广泛。例如,在戴某欣、深圳沃尔玛百货零售有限公司泉州江滨北路分店买卖合同纠纷案二审民事判决书中,法院在参照指导案例 60 号的基础上,认为案涉食品标签未标示橄榄油含量,不存在违反食品安全标准的情形,判决驳回上诉人退还购物款及支付十倍赔偿金的主张。〔2〕 在这一案例中,法院就上诉人与百货零售商之间的民事合同纠纷参照指导案例 60 号的裁判要点,是行政指导性案例跨类型适用于民事领域的体现。又如,在“天津瑞佳讯贸易有限公司与申某买卖合同纠纷案”〔3〕中,法官也参照指导案例 60 号的裁判要点,明确指出“本案并非行政案件,但上述指导案例对本案具有一定的参照意义”,继而认定涉案食品属于不符合食品安全标准的食品。再如,指导案例 76 号是关于行政协议的合同解释和法律效力的行政指导性案例。在“海南荣华工业发展有限公

〔1〕 参见孙跃:《指导性案例跨类型适用的限度与进路》,载《交大法学》2020 年第 1 期。

〔2〕 福建省泉州市中级人民法院民事判决书,(2017)闽 05 民终 4925 号。

〔3〕 北京市第一中级人民法院民事判决书,(2018)京 01 民终 7112 号。

司与琼海市自然资源和规划局建设用地使用权纠纷上诉案”中,法院认为,虽然我国《行政诉讼法》并未明确规定国有土地使用权出让合同属于行政诉讼受案范围,但“等”字规定系对行政协议类型的不完全列举,指导案例76号也明确将国有土地使用权出让合同定性为行政协议。因此,国有土地使用权出让合同作为行政协议应当纳入行政诉讼受案范围,本案不属于人民法院受理民事诉讼的范围。[1] 指导案例76号涉及国有土地使用权出让合同的法律效力问题,行政协议与民事合同的性质区分一向是司法实务中的热点问题,该案例表明了最高人民法院的态度,因而能拓展适用于民事合同领域,为法院审理案件提供参照。

综上所述,行政指导性案例与民事、刑事指导性案例作为中国指导性案例制度下的三大类项,不仅在制度目标、编写体例、法律地位、指导效力等方面具有高度一致性,在跨类型适用上也呈现出普遍性和多样性的特点。不同领域指导性案例在司法实践中的跨类型适用并未突破“应当参照”的法律底线,而是对特定指导性案例的二次解释与类型化再塑,起到丰富指导性案例制度、推动统一法律适用的实然价值作用。三大类型指导性案例的一致性与密切互动是我国指导性案例制度的特色所在,也为案例指导制度的进步与完善提供了丰富的案例素材,助益于“类案类判”的制度实践与司法实质正义的实现。

（二）区别方面

自2010年指导性案例制度在我国施行以来,学界多围绕其法律效力、地位、适用以及具体指导性案例进行大量分析和研究。截至2021年8月3日,以“指导性案例”为关键词在中国知网进行检索,共检索到中文文献693篇,大数据表明,学界现有关于指导性案例的研究成果已经十分丰富。但在各领域指导性案例(民事、行政、刑事)的区别和比对上,学界却鲜少关注,似乎默认某一类型指导性案例仅对其领域内的后案有指导和示范作用,各指导性案例相互之间则各自为政,并行不悖。实际上,从行政指导性案例的角度来看,其不仅有行政案件与民事、刑事案件的一般性区别,更存在行政指导性案例区别于民事、刑事指导性案例的特殊之处,在中国特色行政案例指导制度的运作中发挥其独特的法律和社会功能。

第一,行政指导性案例区别于民事和刑事指导性案例的首要特征是行政案

---

〔1〕 海南省高级人民法院民事裁定书,(2019)琼民终969号。

件诉讼主体的特殊性。民事诉讼发生在平等主体的自然人、法人和其他组织之间；刑事诉讼中，提起诉讼的主体一般是检察机关或公民个人；而行政案件作为典型的"民告官"类诉讼，当事人的地位始终是恒定的，即一方为公民、法人或其他组织，另一方为作出具体行政行为的行政机关。除此之外，国家赔偿类案件和知识产权类案件由于涉及司法赔偿、商标认定等行政纠纷，尽管不属于狭义上的行政案件，但从宽泛角度出发一般也被划入行政指导性案例的范围。例如，指导案例91号就是房屋强制拆除引发的行政赔偿案件，关键词中包含了"行政"和"行政赔偿"等，该案例的发布对其他国家赔偿类案件赔偿范围的认定具有普遍指导意义。又如，在最高人民法院于2021年7月23日最新发布的第28批指导性案例中，指导案例162号是关于商标权无效宣告的行政纠纷案件，关键词中第一个就是"行政"，因而也属于广泛意义上的行政类指导性案例的范围。

第二，在类案认定和检索方法的适用上，行政指导性案例也与民事、刑事指导性案例存在较大区别。在民事领域中，请求权是与支配权、形成权和抗辩权并列的一项重要民事权利，请求权基础理论的运用在民事审判实务中发挥着举足轻重的作用。民事案件的基本构造为当事人基于某种民事法律规范主张某种权利，根据学界的分类，我国民法上的请求权基础包括物权请求权、身份权请求权、合同请求权、侵权行为损害赔偿请求权、不当得利请求权等。有学者提出，民事指导性案例的裁判理由部分，法院应当围绕请求权基础的要件构成予以逐项说明认定事实与适用法律的理由。[1] 尽管还有标的、当事人等重要因素，在民事指导性案例的类案认定上，请求权基础的同一性往往是判断是否构成类案的关键比较点。对于刑事案件而言，我国《刑法》总则规定了刑法的基本原则以及犯罪和刑罚的一般原理，《刑法》分则规定了特定犯罪及其法定刑的具体规则。因此，一般认为，除关键性事实和争议问题外，对行为以及刑事诉讼法程序性质的判断是刑事类案认定的重要切入点。刑事指导性案例的类案认定，原则上以案件性质为统领，结合关键事实和争议问题确定是否为类案。以电话传唤到案能否认定为自首为例，案件性质为《刑法》总则中的自首，关键事实为

---

〔1〕 参见周翠：《民事指导性案例：质与量的考察》，载《清华法学》2016年第4期。

电话传唤到案,争议问题为自首的认定。[1]

不同于民事和刑事指导性案例,在我国的行政指导性案例中,行政案件的案由作为行政案件名称的核心组成部分,起到明确被诉对象、区分案件性质、提示法律适用以及引导当事人正确行使诉讼权利等重要作用。行政案件的案由不仅在案件标题中有所显现,更是确定行政案件性质的重要显性特征。根据《最高人民法院关于行政案件案由的暂行规定》(法发〔2020〕44 号)的规定,我国行政案件的案由包括三级,其中,一级案由为"行政行为",二、三级案由则是对一级案由的进一步细化。[2] 例如,现行的行政处罚类指导案例包括指导案例5、6、60、90、138、139 号。从指导性案例的标题格式来看,这些案例均表述为"×××诉×××行政处罚案"。又如,指导案例 76 号属于行政协议类案,其标题为"萍乡市亚鹏房地产开发有限公司诉萍乡市国土资源局不履行行政协议案",这类标题均适用的是行政二级案由。在指导案例 38 号的标题中,"田某诉北京科技大学拒绝颁发毕业证、学位证案"通过指出行政行为涉及的权利内容,体现了行政三级案由的运用。我国行政管理领域及行政行为种类众多,行政案由的确定是准确确定被诉行政行为以及公正适用法律的重要前提。在行政指导性案例的类案认定中,通过行政案由的比对,案件承办法官能高效地筛选出与待决案件案件性质类似的指导性案例,再辅之以关键性事实部分比较和区别技术的运用等,有助于法官规范地作出类案判断,从而提升司法裁判的公正性和科学性。

二、类型化基础上的行政类案判断

司法中的类案认定有强大的市场需求,行政类案的判断无论是对司法裁判还是对律师等实务工作者的法律实践活动来说都十分必要。大数据、云计算等信息化技术的发展给司法审判带来了光明的前景,借助于裁判文书公开和智能

---

〔1〕 参见顾翠姣:《检察机关办案视角下刑事类案的认定和参照参考》,载《贵州警察学院学报》2021 年第 1 期。

〔2〕 根据《最高人民法院关于行政案件案由的暂行规定》(法发〔2020〕44 号)的规定,目前列举的二级案由主要包括:行政处罚、行政强制措施、行政强制执行、行政许可、行政征收或者征用、行政登记、行政确认、行政给付、行政允诺、行政征缴、行政奖励、行政收费、政府信息公开、行政批复、行政处理、行政复议、行政裁决、行政协议、行政补偿、行政赔偿及不履行职责、公益诉讼。此外,该规定还明确了在确定行政案件案由时,三级案由具有优先适用的效力。

化数据检索网站等工具，中国智慧法院建设的深度和广度将得到全方位、多维度地大幅提升。有学者调查，上海法院的大数据系统同时包括了法官办案智能辅助、裁判文书智能分析、移动智能终端办案 App 等 35 个子系统，在类案推送、裁判文书智能分析、远程庭审、跨境取证、协同执行等方面为司法审判提供协助。[1] 在日常生活中，仅仅通过关键字输入、时间选取等简单操作，司法领域的互联网信息技术服务就能高度智能化地帮助法律人进行精准高效的类案检索和识别，极大地满足了司法审判的不同需求。在智慧法院的建设进程中，"互联网+"模式的引入为法官进行类案检索等提供了便利工具，但从根本上说，类案相似性的认定以及如何参照适用等问题仍有赖于司法审判人员的自由思考和理性判断，与"人"的因素是不可分割的。

在实务审判中，法官出于增强裁判说服力和提升司法公信力等实际考量，往往倾向于在先例案件中寻找与待决案件相似并支持自身观点的裁判文书。律师等法律实务工作者群体，援引、参考具备权威性的上级法院裁判案例、公报案例、指导性案例等作为论证自身诉讼请求理由的现象则更加普遍。尽管当事人对权威判例的援引和解释可能因存在一定主观性而不被法官采纳，但对其来说仍是具有高性价比的做法。根据笔者的分析，在 114 份裁判文书中，当事人一方引述指导性案例作为论证依据但法院不予回应的案件比率高达 75%。正因如此，构建一套能有效指导行政指导性案例中的类案认定活动的规则就成为摆在理论和实务面前亟待解决的现实问题。如前所述，行政案件案由的确定能起到区分案件性质、提示法律适用的重要作用。截至 2021 年 8 月 5 日，在最高人民法院发布的 28 批指导性案例中，将 27 例行政指导性案例依照行政案由进行分类发现，案由共涉及行政处罚类、行政确认类、行政许可类、行政协议类、行政征收类、行政登记类、信息公开类、行政处理类等。因此，案件承办法官在行政类案件的裁判过程中，应当在将行政案由类型化的基础上确定待审案件的性质，通过与现有的行政指导性案例的行政案由进行甄别和对比，初步确定是否有与待审案件法律性质相类似的指导性案例，以便进一步参照适用。

（一）寻找行政案件的关键性事实

比较点的选择是类案判断的核心，比较点也能为裁判结果的正当性提供说

---

〔1〕 参见徐骏：《智慧法院的法理审思》，载《法学》2017 年第 3 期。

明和论证。在面对某一待决案件时，判断其是否与先前某一指导性案例类似，实务人员往往有多种选择，但维度的多样性并不能保证相应的法律效果。类案认定涉及的要素相当复杂，在不确定是否存在可提供参照的类似行政指导性案例时，如果仅从个案出发进行全方位、多角度地比较和分析，不仅加大了司法成本，无形中也增加了审判结果的不确定性。因此，行政指导性案例中比较点的确定应当尽可能贴近个案事实，在追求结果最大化的基础上坚持经济原则，避免成为对既有文本的简单摘录和翻版复述。[1] 在英美法系的判例法实践中，遵循先例原则的实质是先例与待决案件关键性事实部分的比对。在我国行政指导性案例的制度运作中，这一做法也同样值得借鉴。对指导性案例的行政案由进行预先甄别后，寻找案件的关键性事实成为发现类案的关键一步，其中又包括对特定行政指导性案例关键性事实的归纳和对待决案件关键性事实的发掘。

行政指导性案例中的关键性事实的提取并非对某一指导案例案情的简单描述和事实对比，而是发现那些影响裁判结果或构成裁判理由所必须的案件事实，同时联系裁判要点、基本案情以及裁判理由等部分完成个案认定。当进行类案认定和参照适用时，在司法效率原则的要求下，法官最先关注和主要比对的往往是行政指导性案例裁判要点部分的内容。“指导性案例的裁判要点十分具体，不仅内含着多个具体、足以辨识的限定性要素，而且有案例事实的具体描述相衬照，从而足以清晰、明确地体现规范条文的实际意旨。”[2]因此，作为审判经验和司法智慧的结合，相比较于司法解释和其他法律性文件，裁判要点因其高度具象化的法律表达，在功能上更有前述形式无法替代的独特性。法官的裁判过程是其充分运用法律逻辑和司法技术形成相应的事实与法律相联结的论证结果，一份优秀的裁判文书在推理逻辑上必将存在一个完整、顺畅的闭环。简单地说，在一个案件中，实质性事实决定了判决理由的内容，而实质性事实部分的确定往往也有赖于对判决理由和裁判要点部分的把握。与某一行政指导性案例具体案情相似的案件不在少数，这类案件的相似性结论是显而易见的。例如，指导案例 21 号裁判要点明确了“建设单位违反人民防空法及有关规定，应当建设防空地下室而不建的，属于不履行法定义务的违法行为”。在“中国人

---

〔1〕 参见赵英男：《类似案件判断中比较点的确定：原则、路径与运用》，载《法律适用》2020 年第 6 期。

〔2〕 顾培东：《我国成文法体制下不同属性判例的功能定位》，载《中国法学》2021 年第 4 期。

民解放军第五七一五工厂等诉洛阳市人民防空办公室等其他行政管理案”[1]中，案涉项目未修建防空地下室，亦未办理人防基建审批签证的行为与指导案例21号案情要素高度相似，因此可“拿来即用”。但实践中存在大量待决案件与指导性案例事实要素不相重合的现象，也不能从基本案情的不相似直接得出两案不相似的否定性结论。指导性案例制度的最终价值在于“类案类判”，对于基本案情相似度小但规则适用相通的情况，也应当充分提炼有效事实，充分发挥指导性案例的参照适用价值。

以司法实务中援引和参照适用频次相对较高的指导案例77号为例。该案涉及的是行政诉讼中的原告资格以及受案范围等问题，对司法实务中常见的诉权疑案类案件的审理具有示范性作用。该指导案例的基本案情可归纳如下：原告罗某荣因吉安电信公司向其违法收取首次办理手机卡卡费20元一事向吉安市物价局进行举报，而在吉安市物价局作出的相关批复中，仅将规定的SIM卡收费上限标准进行了重申说明，未涉及原告与举报事项有关的处理结果。原告认为物价局在处理申诉举报事项中的行为违法，遂提起行政诉讼，主张依法撤销该答复并判令被告依法查处申诉举报信中的违法行为。上述案情事实可归纳为如下要素：(1)电信公司向原告收取首次办理手机卡卡费20元的行为；(2)原告向吉安市物价局进行了举报；(3)物价局对UIM卡收费上限标准进行罗列的告知性答复。结合吉安市物价局的答辩，本案的主要争议点包括：(1)对原告起诉资格的认定；(2)被告所作批复是否成立具体行政行为。

如果严格依照基本案情进行案件事实提取，将使案件比照的范围极大地缩小，因为要从浩如烟海的司法实务中发现一例当事人因电信公司收取手机卡费举报，后因行政机关的告知性答复未对举报行为进行处理而提起行政诉讼的案件实属勉强。因此，需要在审查基本案情与裁判结果的关系上，联系裁判要点和裁判理由等部分对基本案情予以适当地抽象性归纳。具体来说，指导案例77号的裁判要点包括两点：第一，对行政诉讼受案范围的界定，即行政机关对与举报人有利害关系的举报仅作出告知性答复，未对举报进行相应处理的具有可诉性。第二，原告资格的确定。举报人因自身合法权益受侵害向行政机关进行举报的，与行政机关的举报处理行为具有法律上的利害关系，具备行政诉讼原告

---

[1] 参见郑州铁路运输中级法院行政判决书，(2017)豫71行终44号。

主体资格。结合法院裁判理由部分的说理，可将基本案情进一步浓缩：在a. 电信公司收取首次办理手机卡卡费 20 元的行为中，无论是电信公司还是手机卡费抑或 20 元的数额，都非案情的必要性内容，在剔除这些修饰性内容后，案件的基本裁判逻辑仍得以成立，因此，基本案情 a 变为关键性事实 a1 可直接简化为通讯公司的收费行为，b1 在 b 的基础上可概括为原告的举报行为，c1 为行政机关作出的告知性答复。除此之外，本案的基本争点为行政诉讼受案范围与原告资格的确定问题，在行政类案相似性的判断上也应当加以联系和对比。

试以一实务案件举例，在"李某林、南宁市市场监督管理局行政监察案"〔1〕（以下简称李某林案）中，李某林发现其购买某公司生产的开心果及腰果中产品的营养成分表标注的脂肪含量与实际检测结果严重不符，构成虚假标注，遂向南宁市高新技术产业开发区管理委员会（以下简称高新区管委会）进行了投诉举报。高新区管委会对某公司给予了相应的行政处罚，后李某林不服该处罚决定诉至法院。一审法院认为，李某林并非行政处罚相对人，行政处罚结果与李某林并无直接利害关系，其不是适格的行政原告。二审法院认为，李某林是消费者亦是投诉人，该处理结果对李某林能否获得举报奖励有直接影响，李某林与该处罚决定具有利害关系。在二审行政裁定书中"法院认为"部分，"关于李某林主张应参照适用最高人民法院发布的指导性案例 77 号'罗某荣诉吉安市物价局物价行政处理案'认定其具有原告诉讼主体资格的上诉意见，本院予以采纳"即是法院对指导案例 77 号的直接参照适用。

循照前述有关关键性事实的归纳路径，本案的关键性事实部分可归纳如下：（1）原告购买的消费产品存在商家虚假标注的违法行为；（2）原告向行政机关的投诉举报行为；（3）行政机关对销售者作出了行政处罚。就该案的关键性事实部分与指导性案例 77 号进行对比发现，两个案件在商家违法行为（a1 与 A）与消费者投诉举报（b1 与 B）的事实上具有一致性。而在本案中，行政机关并非仅作出告知性答复，而是就该商家的违法行为作出了相应的行政处罚。换言之，两个案件的关键性事实部分仅存在部分重合。此时需要结合案件的其他部分对相似性作出进一步判断。在"李某林案"中，二审的争议焦点为李某林与 5 号处罚决定是否具有利害关系，李某林是否具有本案原告主体资格。联系指

〔1〕 南宁（柳州）铁路运输中级法院行政裁定书，（2021）桂 71 行终 28 号。

导案例 77 号的裁判要点能够发现，两案在行政机关行为与举报人的利害关系以及原告资格的判断方面的审理思路具有高度一致性。尽管存在部分不相似，但不构成对关键性事实部分相似性的背离。在行政诉讼原告主体资格的认定上，指导案例 77 号的案情和裁判理由、裁判要点能为“李某林案”提供充分的参照。

类比推理作为一种或然性法律推理，其结果在主客观等因素的影响下并非肯定无疑的，仍存在相当程度的不确定性隐患。在完成关键性事实部分的认定后，有必要对先前的判断进行验证。对此，有学者提出了“反事实推理”或“替代推理”的论证方法，即思考某一案情事实不存在时，案件裁判思路是否会因此发生变化。当某个事实被排除后不影响案件裁判的结果，那么该事实就不应当被包括在作为比较点的关键性事实内。[1] 前面提到，基本案情相似性的比对仅适宜在案情简单类案件中适用，当面对案情复杂类案件时，往往很难作出相似性判断，也于有形中增加了司法工作量和诉讼成本。将目光定位在关键性事实部分能够有效地排除一些与案件实质无关的因素，从而减少类案相似性判断的操作烦琐性和认定难度。同理，通过反向论证的方式查验某一事实是否为成立该裁判规则所必需，不仅在英美法国家的判例法实践中是一种重要的法律推理方法，在我国行政案例指导制度的运作中也具有理论和实践上的可行性。案件承办法官可以通过筛掉一些非关键性的事实和法律问题，在验证先前关键性事实判断结论的基础上进一步降低类案认定难度，以实现提升司法诉讼效率的理想愿景。

（二）相似点与差异点之间的规则取舍

在英美法系国家的判例法制度下，遵循先例原则与区别技术是相辅相成的，在法律方法的适用上通常以类比推理依附于演绎推理的方式实现。在区别技术的法律实践中，当法官确定了关键性事实的比较点并作出相似性判断后，于相似部分与差异部分之间进行法律取舍成为摆在其面前的又一道不可避免的难题。在前文中，我们认识到两个案件中并非所有的差异点都存在意义。在确定差异点并对差异部分的性质进行分析时，分析重点在于判断该种差异是否产生了足以对抗先例的力量。相较于关键性事实部分的确定，这一判断和取舍

[1] 参见赵英男：《类似案件判断中比较点的确定：原则、路径与运用》，载《法律适用》2020 年第 6 期。

过程往往更为抽象,既包含难以归纳的法律理性,也离不开对后案情境的个案分析。

以前述“李某林案”为例,在与指导案例77号进行相似性比对的过程中,指导案例77号的关键性事实c1:行政机关作出的告知性答复与“李某林案”的关键性事实C:行政机关对销售者作出了行政处罚存在不同。此时需要判断该种差异是否构成对指导案例77号裁判规则的背离。在指导案例77号中,原告因为行政机关仅作出告知性答复,而未对其举报事项进行处理为由起诉。本案的关键争点为案涉举报人就举报处理行为提起行政诉讼,是否与该行为具有法律上的利害关系,既涉及行政诉讼原告主体资格的法律认定,也包含行政诉讼受案范围的确定问题。在“李某林案”中,行政机关并非对消费者投诉作出告知性答复,而是对销售者作出了行政处罚,在这一点上两案存在不同。但实际上不难发现,无论是指导案例77号的关键性事实c1还是“李某林案”的关键性事实C,它们在案件中都是作为原告起诉的原因而存在的。在指导案例77号中,原告因不服行政机关的告知性答复,认为未就其投诉行为作出相应处理,遂诉至法院;在“李某林案”中,虽然行政机关针对李某林的举报行为对实施虚假标注的销售者给予了行政处罚,但李某林仍对该处罚不服,因而提起行政诉讼。换言之,c1和C都起到了启动诉讼程序的作用,而在两案诉讼过程中,作为被告的行政机关都对当事人的行政诉讼原告资格提出了质疑,在法律适用上有共通之处,因此可以认定两个案件具备了实质的相似性。在“李某林案”中,二审法院通过援引指导案例77号的裁判要点论证李某林与行政机关的处罚决定具有利害关系,因而具备合法的行政诉讼原告资格,该案的裁判文书引用适当、说理充分,是对行政指导性案例的规范参照和适用。

在相似点与差异点之间进行规则取舍的正当性还在于,两个案件无论是案情还是法律适用方面都并非一一对应的关系,这种复杂关系的本质在于同一类型的案件事实可能与多个不同法律部门规范甚至多种不同法律渊源形式都存在逻辑关联。[1] 案情的差异并不必然产生某一行政指导性案例的裁判规则丧失参照效力的法律后果,关键要看个案规范内容是否重叠。对于待决案件与指导性案例在关键性事实和法律适用上可能存在的“交叉性相似”的现象,只要待

---

〔1〕 参见孙跃:《指导性案例跨类型适用的限度与进路》,载《交大法学》2020年第1期。

决案件与指导性案例中就某一关键性事实所形成的裁判规则类似，就认为能够参照适用该指导性案例。行政指导性案例中其他与待决案件无关的部分不影响对两个案件所作的类似性判断。

指导案例77号的裁判要点包括两点：第一，行政机关对举报行为仅作出告知性答复的具有可诉性，不适用《最高人民法院关于执行〈中华人民共和国行政诉讼法〉若干问题的解释》第1条第6项“对公民、法人或者其他组织权利义务不产生实际影响的行为”的规定。第二，明确了举报人因自身合法权益受侵害向行政机关举报的，与该举报处理行为具有法律上的利害关系，具备行政诉讼原告主体资格。在“李某林案”中，李某林举报后，行政机关针对销售者的违法行为进行了处罚，不存在行政机关仅作出告知性答复这一事实情节，与指导案例77号裁判要点第1项中的事实不构成相似，因而不能参照适用该规则。但裁判要点第2项中关于行政诉讼原告主体资格的认定与“李某林案”的关键性事实部分相似，因而该部分裁判规则能为“李某林案”的审理法官在处理“民告官”的诉权问题时参照适用。

另外，在“阳某光、韦某艳等与灵川县人力资源和社会保障局劳动和社会保障行政管理案”[1]中，廖某和阳某均作为道路保洁员在工作区域打扫卫生时发生了货车相撞，造成两车损坏、廖某当场死亡。指导案例40号是关于原告孙某兴外出期间发生摔伤意外后的工伤认定问题。从基本案情来看，两案不具备相似性，但都涉及工伤认定方面的具体问题。指导案例40号裁判要点第2项关于“工作场所”的解释，明确了工作原因、工作场所的认定应当考虑是否与履行工作职责相关，是否在合理区域。对于后案中的道路保洁员来说，其工作具有相当的灵活性，廖某为完成道路两旁的清扫工作，可能适当超出规定的工作时间，还可能需要不止一次横穿公路进行巡查和清扫，该事故的发生不能排除与其本职工作的相关性，正常往来于多个工作场所之间的合理区域应属于工作场所范围。因而，在法律适用上，指导案例40号能为后案提供工伤认定相关的法律规则示范与指导。规则参照的合理性正在于，行政指导性案例针对某一特定事实所形成的裁判规则、背后的法律理念、逻辑等都可能成为后案参照的对象，待决案件与某一行政指导性案例的案情不可能完全相同，因而在参照适用上也

[1] 参见广西壮族自治区灵川县人民法院行政判决书，(2020)桂0323行初2号。

不能对裁判结果和规则机械地复制、照搬。如果后案法官通过对先前行政指导性案例裁判规则的修正性解释或通过其他方法论证等仍无法消融差异或实现逻辑自洽,就可以认定待决案件与指导性案例不构成相似,从而排除适用。

在相似点与差异点之间进行规则取舍的另一要义在于,受制于社会情势的发展和制定法条款的迭代更新,指导性案例所形成的裁判规则并非总是正确无误的。中国特色行政指导性案例的发展存在时间紧、任务重、制度设计不成熟等现实问题。关于我国案例指导制度面临的理论和实践困境,法学界许多学者已从多维度和方位进行了深入分析并提出了诸多解决路径,产出了相当丰富的研究成果。这些研究观点或结论在某种程度上有一致性,那就是总体上我国指导性案例的质量并不出彩,这种局面的出现是各方原因叠加形成的。例如,在目前的最高人民法院作为唯一主导者的遴选机制下,指导性案例的发布具有浓厚的政治性色彩;又如,囿于发布数量的限制,指导性案例的实际应用次数在浩如烟海的司法实践中寥寥可数,所占比例极小,自然难以产生制度建构时的预期法律效果。这种弊端呈现在行政指导性案例的实际应用中,一个不可避免的问题就是应如何对待错误或过时的某一指导性案例规则。实际上,随着社会的转型,司法改革进程中指导性案例退出机制在我国已初显端倪。根据2020年12月29日《最高人民法院关于部分指导性案例不再参照的通知》的规定,指导案例9号和20号自2021年1月1日起不再参照。尽管这两个指导案例并不属于行政类,但从废止原因来看,要么是新法出台之际对旧的法律解释进行清理,要么是指导案例规则背后的法律理念已不符合当下社会关系中特定利益保护的需要,亟待新的规则进行指导。但是,正如法律发展有内在的滞后性特征,在日复一日的司法实践中,要使最高人民法院适时地发现不恰当的行政指导性案例规则并发文予以正式废止,不仅不切实际,耗时和工作成本也都将无法估量。与此同时,先例中某个立场一旦被共同体所关注,即便是错误的,也可能在一次次新裁决的巩固下积重难返。[1] 因此,在不违反成文法规范和遵循指导性案例运作规则的前提下,恰当地解决这一矛盾十分有必要,这也对后案法官的审判能力和司法责任提出了不小的挑战。因为这意味着,即使法院裁决有误,也仍

〔1〕 参见汤文平:《中国特色判例制度之系统发动》,载《法学家》2018年第6期。

具有约束力。从法院的角度说,“遵守规则能以一种更小的恶避免更大的代价”[1]。但在中国特色案例指导制度的背景下,“应当参照”即意味着指导案例不具备正式意义上的法规范约束力,我国行政指导性案例在遵循先例的意义上仅具有事实拘束力。因而在对错误先例的处理上,行政指导性案例的参照功能的发挥和实际运用也应遵循本土化的法律逻辑。

笔者认为,大致可以从两个方面进行应对。第一,当法官对相似部分和差异部分进行比对时发现难以进行量化分析,且裁判结果可能背离先前行政指导性案例形成的规则,需要在先例基础上进行规则取舍时,可以通过调整诉讼争点的方式向指导性案例靠拢。案件的争议焦点是案涉法律纠纷的核心和主线,在审判中起到发现事实与决定法律适用的重要作用,待决案件审理法官在行政指导性案例的类案认定中也离不开对争议焦点问题的比对和分析。出于维护司法公信力和增强裁判说服力的考虑,后案法官应当先通过调整诉讼争点或运用法律解释的方式向指导性案例靠拢,如果能够实现逻辑自洽,就应当对行政指导性案例进行参照适用。第二,当面对不恰当的指导性先例规则时,另一合理做法是依法作出相应背离类案的差异化判决。在事实拘束力的规范效力下,如果后案法官认为某一行政指导性案例规则有瑕疵,即使通过层层论证得出了类案相似性的结论,也应将法律天秤向个案正义的一端倾斜。但是,这种判决的作出绝不是恣意的,应当符合相应的准则或具备特定的前提,具体包括:先例规则适用于后案将带来不公正的后果,后案的特殊情形所产生的实质理由必须具备相应的法伦理或规范基础。[2] 此外,差异化判决的正当性必须通过充分的释法说理加以证成,因为一旦进入二审程序,这种解释和说明也将成为二审法院作出判断时参考的重要辩护依据。

(三)作为补充论证的价值判断

在确定待决案件与先前某一行政指导性案例的关联关系时,司法裁判过程不仅是对法律规范的重申和再塑,价值判断的功能同样值得重视。作为中国特色社会主义司法制度的重要组成部分,行政指导性案例制度的建构源于对实务中生动丰富的裁判规则及审判经验的充分信赖和提炼,是通过解释宪法以外的

---

〔1〕 [英]约瑟夫·拉兹:《实践理性与规范》,朱学平译,中国法制出版社2011年版,第153页。

〔2〕 参见雷磊:《如何理解“同案同判”?——误解及其澄清》,载《政法论丛》2020年第5期。

国家各类法律法规的形式实现对法律规则和漏洞的弥补。与英美法系的判例法制度不同,其实质并非法官造法,而是具备了一种释法性功能。事实上,最高人民法院在发布各类指导性案例时,也会对该指导性案例的指导意义加以说明,以供类案参照适用。例如,最高人民法院在2012年4月9日发布的指导案例6号裁判要点中明确了行政机关作出没收较大数额涉案财产的行政处罚决定时,应当告知当事人有要求举行听证的权利。根据最高人民法院的说明,该指导案例从立法本意出发,将法律没有明文列举的“没收较大数额财产”的行政处罚列入听证范围,充分保障了行政相对人的权益,对于促进依法行政、建设和谐社会意义重大。[1] 指导意义的明确事实上就是司法审判中法官价值选择结果的体现。在指导性案例的参照适用上,尽管将来某一案件在案情上可能与指导案例6号不相类似,但指导案例6号裁判规则背后所折射出的行政相对人权益保障、促进和谐社会建设等法治理念也能为其他行政类案件的审理提供不同程度的司法价值参考。又如,指导案例77号裁判要点明确了举报人因自身合法权益受侵害向行政机关举报的,具备行政诉讼原告主体资格。但“合法权益”作为一个不确定性法律概念,在司法认定上仍有许多争议,其确切含义和范围边界等可能因个案情境的不同而有所差异,因而有待个案法官予以具体化分析和适用。

在司法审判实践中,法律适用是一个在探求法律规则背后立法目的及意旨基础上进行价值判断和价值选择的过程。作为一种实质性的法律解释,行政指导性案例裁判规则的生成也具有相当程度的价值取向性特征。演绎推理下的三段论式法律适用是通过寻找制定法依据并结合立法本意生成相应的裁判规则,这一判断过程离不开价值因素的影响和催化作用,行政案例指导制度下的类案相似性比对也同样如此。尽管行政指导性案例不具有强制性的法律约束力,但“应当参照”的规定明确限缩了法官司法自由裁量权的范围,也对实务疑难案件的处理产生了事实上的规范拘束力。它意味着如果案件承办法官既不参照先前指导性案例又不予以充分说明和论证,致使裁判结果显失公正的,就可能面临当事人提出上诉、申诉或上级法院改判、发回重审等司法风险。此时

〔1〕 参见最高人民法院案例指导工作办公室:《指导案例6号的理解与参照》,载《人民司法(案例)》2014年第6期。

问题就显而易见了:究竟法官在受法拘束的前提下,应如何妥当衔接法规范与待决案件,进而在实现个案正义的同时又能满足法规范体系性的要求呢?[1]问题的本质就在于,法规范的严谨和封闭性与个案正义的超现实性之间的矛盾导致了法律适用的困境。对此,将价值判断融入法律推理和法律解释的过程能够恰当地缓解这一矛盾。换言之,就是通过兼顾法规范要求与个案裁量的需要促进个案实质正义的实现。从丰富的行政指导性案例司法适用实践来看,价值判断在类案相似性判断以及促进个案正义实现等方面的应用也屡见不鲜(见表6-1)。

表6-1 行政指导性案例所涉价值判断的实践应用

序号	案号	所引用指导案例及裁判要点	具体内容
1	海南省海口市中级人民法院(2016)琼01行终6号行政判决书	指导案例6号 行政机关作出没收较大数额涉案财产的行政处罚决定时,未告知当事人有要求举行听证的权利或者未依法举行听证的,人民法院应当依法认定该行政处罚违反法定程序	"其精神在于要求行政机关在作出对当事人权利具有重大影响的行政处罚时,应当更为谨慎,充分听取当事人的意见。"
2	安徽省肥东县人民法院(2016)皖0122行初10号行政判决书	指导案例40号 "工作场所"是指与职工工作职责相关的场所,有多个工作场所的,还包括工作时间内职工来往于多个工作场所之间的合理区域	"被告、第三人辩称第三人本职工作确系操作工,且其当天工作岗位的变化是应原告的安排。该辩称符合常理和国家劳动保险立法本意,本院应予支持。"
3	广东省深圳市中级人民法院(2017)粤03行终451号行政判决书	指导案例60号 食品经营者在食品标签、食品说明书上特别强调添加、含有一种或多种有价值、有特性的配料、成分,应标示所强调配料、成分的添加量或含量,未标示的,属于违反《食品安全法》的行为	"……但并不意味着对所有涉案类型的违法行为市场监管部门均应当给予行政处罚。具体仍应由行政机关根据案件具体情况,在法律、法规、规章规定的处罚幅度范围内,依法行使行政裁量权予以确定。"

[1] 参见黄舒芃:《变迁社会中的法学方法》,台北,元照出版有限公司2009年版,第41页。转引自孙海波:《在"规范拘束"与"个案正义"之间——论法教义学视野下的价值判断》,载《法学论坛》2014年第1期。

续表

序号	案号	所引用指导案例及裁判要点	具体内容
4	广东省珠海市中级人民法院(2016)粤04行终93号行政裁定书	指导案例38号 高等学校对因违反校规、校纪的受教育者作出影响其基本权利的决定时,应当允许其申辩并在决定作出后及时送达,否则视为违反法定程序	“尽管程序合理性的边界模糊,但是,正当程序原则之核心内涵或‘最大公约数’是明晰的,这就是‘中立标准’——公正作为义务和‘参与标准’——赋予相对人或利害关系人程序参与权。”

“司法的本质是行使判断力,而判断必然是涉价值的。”〔1〕一份司法裁判文书中的“法院认为”及裁判理由部分就是案件承办法官对该裁判结果进行正当性证成的过程,法官在案件审理过程中往往需要通过运用法律推理方法并附以释法说理就个案裁判规则的妥当性进行充分论证。司法体制改革后,在司法终身责任制的约束下,这种论证还将受到各方的长期监督与检验。从实践来看,司法裁判活动对价值判断的运用也通过法官的说理部分得以体现。在判断某一案件与行政指导性案例是否具有相似性时,价值判断在相似性结论的得出上起最后的补充论证的作用。在完成了关键性事实部分的相似性比较并于相似性和差异部分作出相应规则取舍后,如果初步决定参照适用某一行政指导性案例,该指导案例裁判要点背后的价值取向和法律理念等能进一步为法官最终得出相似性结论提供坚实的法理支撑。行政指导性案例的法律适用机理并非一套简单、僵化的万能公式,简单的结果复制更无益于司法的长足发展与进步。因此,法官结合特定行政指导性案例的精神理念、所依据成文法律规则的立法本意,甚至从其个人积累的司法经验和智慧等出发,“再塑”行政指导性案例规则或就待决案件的法律适用进行个案释明,同样是司法裁判灵活性和创造力的生动体现。

类比推理的不确定性和或然性结论的宿命为差异化判决培育了司法生存“土壤”。如前所述,差异化判决是个案正义与指导性案例发生价值冲突时司法权衡的结果,不可避免地存在于行政司法实践中。在差异化判决理由的说明和证成过程中,司法价值的权衡与选择也是一个值得讨论的议题。我们知道,无

〔1〕 周少华:《刑事案件的差异化判决及其合理性》,载《中国法学》2019年第4期。

论是个人的价值选择还是司法习惯抑或国家立法的价值导向，都处于不断发展变化中。这种发展变化决定了行政指导性案例制度应当不断更新，在反映时代主题和社会主流价值观的基础上及时迭代进步，从而更好地发挥其应有的制度价值。试举一例加以说明：指导案例5号是关于行政机关未遵循《立法法》有关法律效力等级规定越权设定工业盐准运证制度以及行政处罚的错误适用法律行为的裁判规则，其裁判要点明确：地方政府规章违反法律规定设定许可、处罚的，人民法院在行政审判中不予适用。在"南通金大洋海水晶有限公司与如皋市盐务管理局行政处罚纠纷上诉案"〔1〕中，行政机关对向肠衣加工企业销售工业盐的制销企业作出了行政处罚，案件的主要争点之一是涉案行为主体向肠衣加工企业销售工业盐的行为是否违反法律规定。在该案与指导案例5号相似性的比对与审理上，就需要法官运用价值判断作出相应裁判。首先，从基本案情来看，两案虽然都与盐的购销行为有关，但所涉关键性事实部分实质不具有重合性。其次，在争议点和规范内容上，指导案例5号的裁判要点包括地方性法规或者地方政府规章能否设定工业盐准运证这一新行政许可以及对未取得许可经营工业盐能否设定行政处罚两个问题，而后案的关键是有工业盐经营权的企业能否将工业盐销售给食品加工企业及其他企业的问题。尽管两案都具备工业盐这一实物要素，但后案的关键并非设定行政许可以及行政处罚的法律效力的判断，而是行为主体将工业盐作为食盐向肠衣加工企业销售的行为违法性认定问题。在价值因素的考量上，后案的审理应当在"社会获得安全食品的期待"与"工业盐制销企业自主经营不受干预的期待"两个价值之间作出权衡。〔2〕尽管目前我国法律没有限制工业盐的经营和买卖行为，但根据《食盐专营办法》(2013年)的相关规定，严禁将工业用盐、农业用盐作为食盐销售。这意味着市场中的工业盐购销活动并非拥有绝对的自由权限。工业盐经营企业明知买受方可能将该工业盐用于肠衣加工却仍予以销售和经营的行为，明显与食品安全保护的立法理念相违背。尽管涉案工业盐经营企业并非直接的肠衣加工企业，但该行为仍造成了不可估量的食品安全等风险和后果。因此，基于

〔1〕 参见江苏省南通市中级人民法院行政判决书，(2014)通中行终字第0106号。

〔2〕 参见殷勤、顾建兵：《南通金大洋海水晶有限公司与如皋市盐务管理局行政处罚纠纷上诉案——工业盐制销企业构成销售违法的实质要件》，载《人民司法(案例)》2015年第16期。

保护公众利益和食品安全这一重要立法价值导向，对该行为从源头上实施行政处罚具有相当程度的必要性。

第四节　行政类案认定程序之建构

确定类案认定标准能解决如何判断待决案件是否与先前某一行政指导性构成相似的问题，但从行政指导性案例类案认定研究的整体性来看，就这一程序链建构一套明确的类案认定及相应裁判规则是更为必要的，也是在智慧司法和信息检索的现代语境下推动行政司法审判智能化、效能化发展的应有之义。作出某一待决案件与行政指导性案例相类似的判断并非恣意的，在某些情况下，问题本身和其实质比较容易发现，甚至不需要依赖法律逻辑就可以得出肯定结论。但情况并非总是如此，相似性判断虽是“人为”，也不可避免地包含了“理性”的色彩。类案相似性的判断说到底是法律与事实通过不断磨合和取舍最终实现融合的思维过程，因而特定的程序或规则或能帮助决策者避免陷入复杂、毫无头绪的困境。基于最大限度节约司法成本的考量，在缩略不必要的步骤后，在行政审判实务中，判定与行政指导性案例构成类案并作出相应裁判应至少包括三个环节：一是在现行有效的行政指导性案例范围内进行详细的类案检索；二是类案认定的核心，也是在整个程序中起决定性作用的步骤，即对类案相似性作出实体判断；三是要在前述结论基础上进行参照适用或作出相应偏离类案的差异化判决，面对特殊情况时，还需通过引用法律分歧解决机制完成最终确认。本节将以实际案件为切入点，试探索行政诉讼案件类案认定的方法论。

基本案情：公社化时期，马鞍岭（含案涉争议土地）由高州县学福大队（现第三人学福经济联合社）管理使用。1982 年，沙地经济合作社领取了高州县人民政府颁发的山林权证，该证第三栏记载的山林地名称为“马鞍岭（东）”。原告沙地经济合作社、牛皮铺经济合作社称，其村集体与学福大队口头约定，由其村集体出租争议土地给学福大队开办炮竹加工厂，学福大队每年交 3 万个炮头给其村集体作为租金。2013 年，第三人学福经济联合社与原告对争议土地的权属产生纠纷。原告认为其持有山林权证记载的“马鞍岭（东）”四至中的南至学福大队“农田屋”,该“农田屋”是现争议土地南边的“孵化场鱼塘屋”,该证包含争议土地。被告高州市人民政府以“原告于1982年向高州县人民政府申领的山林权证四至登记为‘南至学福大队农田屋边’明显是当年学福大队兵团的房屋边,而不是现在尚存的孵化场鱼塘屋作为当年的大队农田屋”为由,依据《土地管理法》(2004年)第16条第2款,《确定土地所有权和使用权的若干规定》第19、20条和第23条的规定,确定争议土地的所有权和使用权归学福经济联合社。后茂名市人民政府经行政复议维持了这一决定。沙地经济合作社、牛皮铺经济合作社仍不服,遂提起本案诉讼,要求撤销高州市人民政府前述处理决定。〔1〕

一、前提:行政指导性案例范域下的类案检索

类案检索是类案相似性认定的前置核心环节,我国司法实践也日益重视类案检索方式、检索报告的制作等环节。随着类案检索制度逐步迈入国家规范指导层面,推动案例检索与智慧司法的理念、实践紧密结合,推动实现智能化、精准化检索也成为类案检索的发展方向。〔2〕《实施办法》在《类案检索意见》等现有制度的基础上扩大了应当进行类案检索的情形。其中亮点之一就是明确了“诉讼代理人提交的指导性案例”应当进行检索〔3〕,有效衔接了《类案检索意见》中法官对当事人、代理人提交指导性案例及其他类案予以回应的要求的规定。这意味着未来律师在推动类案检索制度的落实上大有可为。笔者调研中发现,许多审判人员表示,对于已发布的一些代表性强、适用范围广的指导性案例,适用时往往无须刻意检索。然而,实践中各类行政指导性案例的总体应用状况还是缺乏平衡。因此,为充分挖掘、利用行政指导性案例的价值,统一司法适用,对已发布的行政指导性案例进行适当检索仍是必要的。

第一,检索方式的确定是有效实施类案检索并进行结果相似性比对的关键前提。在检索平台的选择上,《类案检索意见》要求承办法官依托中国裁判文书网、审判案例数据库等进行类案检索。《实施办法》还明确了最高人民法院将以

〔1〕 参见广东省茂名市中级人民法院行政判决书,(2015)茂中法行初字第79号。

〔2〕 参见王肃之:《规范指导视域下类案检索的智慧化》,载《法律适用》2021年第9期。

〔3〕 参见《〈最高人民法院统一法律适用工作实施办法〉理解与适用》,载最高人民法院官网,http://www.court.gov.cn/fabu-xiangqing-334151.html,最后访问日期:2021年12月1日。

现有裁判资源为数据依托,通过与现有的办案平台深度整合,打造集法律、司法解释和案例检索、应用、研究于一体的平台及数据库。这足以体现在大数据时代背景下,推动法律检索智能化、统一法律适用已成为司法系统今后长期的重点工作目标。事实上,“审判案例数据库”的概念外延相当宽泛。从已有规定来看,《最高人民法院司法责任制实施意见(试行)》提到了法信、智审等平台,市面上常见的商业类检索平台还包括威科先行、无讼以及北大法宝等。除此之外,各地区的司法系统内部往往也有仅限内部工作人员适用的案例资源库和相应的检索平台,这些办案平台各有相似和特殊功能,但在检索结果上殊途同归。检索者通过特定平台进行类案检索的,在后续检索报告的制作上应当详细注明。同时,检索者还可以结合多个检索平台的结果进行综合比对,最大范围检索出可能结果,以确定后续法律适用的最优方案。

第二,在检索方法的适用上,《类案检索意见》明确提出“类案检索可以采用关键词检索、法条关联案件检索、案例关联检索等方法”。在具体操作路径上,其并未进一步作出详细指导。在本书讨论的行政指导性案例实证研究的范围内,行政类案检索的范围被大大限缩,但如何从待决案件出发通过合理方式检索到可能构成相类似的指导性案例,仍对法官实行类案检索的能力提出较高的要求。以上述三种检索方式为出发点,多维度且有效的关键词、法条、案例关联检索机制是进行具体检索的前提。同时,这三类检索方法也不是孤立的,而是可以同时使用以辅助检索工作的完成。从检索实践来看,现有的法律检索平台以关键字检索为基础检索方式。以中国裁判文书网为例,当锚定行政案件这一检索范围时,平台智能推送中仅关键字部分就包括程序合法、驳回、具体行政行为、利害关系等三十余种;在高级检索的选项下,可供选择的信息项包含案件名称、法院名称、审判程序、法律依据甚至审判人员、当事人、律师等。无论是案例、法条还是关联案件检索,都可以通过设置检索条件和在快捷检索框中输入关键字实现针对性搜索。除了展现符合检索条件的裁判文书外,平台还提供了关联文书推送以及分类引导树显示等智能化功能。通过北大法宝平台,检索者还能在已有检索结果的基础上进一步增加限制条件,通过重复前述步骤获取更加精确的信息。例如,在行政指导性案例类案认定过程中,以行政指导性案例为限定范围进行类案检索,只需要在参照级别中选取指导性案例,再通过输入特定的关键字(包含法条、案例信息等),借助“在结果中检索”的功能实现案例的准确定位。

在具体场景中,审判人员可先大致了解上述案件基本信息和法律问题,结合现有证据全面梳理案件事实。对于前述案件,首先,结合原告诉讼请求,本案的案由可确定为土地行政确权纠纷。鉴于北大法宝法律数据库设置的参照级别选项能够直观地查阅,本案可直接借助这一平台完成已发布行政指导性案例的检索。笔者于 2021 年 10 月 30 日以“土地”为关键词并选定最高人民法院发布的行政指导性案例为检索范围,共检索到 3 篇,分别是:指导案例 76 号“萍乡市亚鹏房地产开发有限公司诉萍乡市国土资源局不履行行政协议案”、指导案例 22 号“魏某高、陈某志诉来安县人民政府收回土地使用权批复案”以及指导案例 41 号“宣某成等诉浙江省衢州市国土资源局收回国有土地使用权案”。

在缩小目标范围后,应通过对待决案件案情和法律关系的梳理,判定其是否能涵摄于前述指导性案例的裁判要点,或通过挖掘具体线索发现潜在的其他法律关系,同时进行交叉检索,避免遗漏。进一步分析待决案件,可将本案涉及争议焦点大致归纳为以下三点:一是原告沙地经济合作社持有的 1982 年《山林权证》第三栏记载的“马鞍岭(东)”的山岭是否包含争议土地的问题;二是原告沙地经济合作社、牛皮铺经济合作社是否出租争议土地给第三人学福经济联合社开办炮竹加工厂和每年交 3 万个炮头作为租金的事实;三是被告高州市人民政府作出的高府决[2015]1 号处理决定所适用的法律、规章是否错误的问题。其中,前两点属于与案情高度相关的事实问题,第三点则涉及抽象行政主体所作具体行政行为的依据是否合法的法律问题。

经比对发现,指导案例 22 号是关于行政诉讼受案范围的典型案例,指导案例 76 号涉及行政协议解释方面的法律问题,而指导案例 41 号是有关行政行为适用法律依据正确与否的判断。因此,本案可初步选取指导案例 41 号作为参考案例,待通过比对关键性事实等要素后,再进一步作出与该指导性案例是否类似的实体判断。

二、核心:类案相似性的实体判断

循照前文逻辑,决定是否参照行政指导性案例作出裁判,应就待决案件与指导性案例的关键性事实部分进行比较,通过高度浓缩和关键因素提取作出相似性与否的实体判断。对本案简要分析即可发现,待决案件是关于原告与行政机关对案涉争议土地所有权所作确认决定之间的法律纠纷,而在指导案例 41 号中,原告因对被告下发《收回国有土地使用权通知》收回原告所有的国有土地使用权的行为不服诉至法院。两案虽都涉及土地确权问题,但行政机关在争议法律关系中的地位和角色并不相同。换言之,两案的基本案情并不存在相似性,但案情不相似不能得出两案不具有相似性的结论。关键是要动态把握指导性案例裁判要点和规则所涵摄的事实和法律问题。而关键性事实的提取也并非对先前指导案例案情的简单描述和事实对比,而是发现那些影响裁判结果或构成裁判理由所必须的案件事实,同时联系裁判要点、基本案情以及裁判理由等部分完成个案认定。在本案中,结合前述对争议焦点的总结,待决案件与行政指导性案例都涉及行政机关所作具体行政行为的法律依据是否规范的问题。在行政指导性案例的参照适用上,如果仅满足于结果一致,强调形式相似和结果正义,将会大大限缩行政指导性案例的适用范围,落入法律适用机械主义的"陷阱"。因此,尽管案件的基本案情部分不相类似,本案仍可通过规则参照,提取关键性事实的路径援引适用前述指导性案例。

具体来看,指导案例 41 号"宣某成等诉浙江省衢州市国土资源局收回国有土地使用权案"的裁判要点已明确指出:"行政机关作出具体行政行为时未引用具体法律条款,且在诉讼中不能证明该具体行政行为符合法律的具体规定,应当视为该具体行政行为没有法律依据,适用法律错误。"在本案中,被告高州市人民政府将原国家土地管理局《确定土地所有权和使用权的若干规定》第 19、20 条和第 23 条的规定作为其确定争议土地权属时的法律依据。其中,该规定第 19 条的条文内容与其确权时定性为第三人学福经济联合社具有长期使用争议土地的事实不相符,而其笼统适用的第 20 条和第 23 条也未指出具体的款、项或目。但与指导案例 41 号裁判规则所呈现的案情不同的是,本案被告行政机关作出行政行为时的依据是行政规章,而非法律和行政法规。因此,该指导性案例的裁判要点是否能涵摄本案的裁判,取决于对该"具体法律条款"的理解。要参照指导案例 41 号的裁判规则作出类似性判决,还应当就该裁判要点指出的"法律"的范围作出补充解释。

在学理分类上,广义的法律指一国法律体系的总和,包括宪法、法律、行政法规、地方性法规、规章(包括行政规章和地方政府规章)以及某些自治地区的自治条例和单行条例等,而狭义的法律仅指全国人大及其常委会制定的规范性法律文件。在法律适用上，法律、行政法规和规章等都能作为行政机关实施具体行政行为的依据。《行政诉讼法》第 34 条第 1 款明确规定："被告对作出的行政行为负有举证责任，应当提供作出该行政行为的证据和所依据的规范性文件。"行政规章自然属于该规范性文件的范畴。因而，对指导案例 41 号裁判要点中的"法律"应作宽泛理解。虽然指导性案例针对的是适用法律、法规错误，并未明确列举规章，但是法律、法规和规章的适用原则在法理上是相通的，结合立法本意，应认定本案在规则参照层面上提炼的关键性事实与指导案例 41 号类似，应当参照适用该指导案例的裁判要点。据此，本案被告高州市人民政府作出的前述处理决定未指明具体适用规章的款、项、目，也未能就该土地确权决定的合法性加以证明，当属事实不清、证据不足，应当依法予以撤销。

与类案相似性判断相关的另一个关键问题是，对待决案件与行政指导性案例之间的差异应当如何评价并处理？对在关键性事实比对的过程中发现的差异，要判断此种差异的存在是否足以对指导性案例的规则形成对抗，同时也要注意防止因非关键事实的区别而排除指导性案例的适用。例如，在"魏某高、陈某志诉来安县人民政府收回土地使用权批复案"（指导案例22 号）和"练某火与广西壮族自治区柳州市人民政府等规划行政处罚及行政复议纠纷再审申请案"[1]（以下简称练某火案）中，指导案例与待决案件都涉及职权机关对其所属部门作出批复的内部行政行为，关键在于指导案例 22 号是行政管理部门未依法制作法律文书而直接将该批复付诸实施并对行政相对人的权利义务产生实际影响；在"练某火案"中，市规划局依区执法局咨询请求作出处罚意见，区执法局作出行政处罚时依法履行了该处罚决定的送达程序。实质上，待决案件所涉内部行政行为的处罚意见并未直接转化为对相对人权利产生实际影响的行为，区执法局所作行政处罚程序正当，直接对当事人的权利义务产生实际影响，因而待决案件与指导案例22 号的情形并不相同。两个案件虽都涉及职权机关批复是否对相对人权利义务产生实际影响的争议问题，但两案争议问题的实质前提并不相同。该种差异能够排除指导性案例适用的关键在于：区执法局所作行政处罚程序正当，对外产生了实质法律效力。因此，判断差异是否达到了对抗指导性案例并排除适用的条件，关键在于对指导性案例裁判要点背后和待决案

---

〔1〕 参见最高人民法院行政裁定书，(2018) 最高法行申 5868 号。

件争议问题的实质把握，衡量该种差异是否与争议问题的存在和裁判规则的形成有不可分割的紧密联系，从而作出理性判断。

三、保障：法律适用与分歧解决

在顺利完成前述类案检索和类案相似性判定后，最后一步就是作出相应裁判，完成案件审理的收尾工作。对于前述案件，应当直接参照指导案例41号作出裁判。换言之，只要该指导性案例裁判要点与现行法律、司法解释不相冲突，就应当参照适用。但实务中仍可能存在一些实际因素的干扰，如检索到不恰当的指导性先例规则或通过各种途径检索到的类案存在法律适用不一致情形等。

在第一种情形中，如果后案法官认为检索到的某一行政指导性案例规则确有瑕疵，即使通过层层论证得出了待决案件与类案具有相似性的结论，也应将法律天平向个案正义的一端倾斜。毕竟，我国行政指导性案例尚不具备正式法源的地位，其参照适用的规定仅存在事实上的拘束力。《实施办法》也对允许偏离类案法律适用标准的规定予以明确和细化，包括类案规则适用于后案将带来不公正的后果或存在特殊情况要特殊处理等情形。与此同时，该种结论的得出应当经过充分思考并履行特定的程序，以避免法官权力使用的随意性，维护法秩序的稳定和统一。根据《实施办法》的规定，裁判结果将形成新的法律适用标准的，应当由合议庭建议院、庭长召集部门专业法官进行讨论。此外，偏离类案的差异化判决的正当性必须通过充分的释法说理加以证成，因为一旦进入上诉程序，这种解释和说明也将成为上级法院作出判断时参考的重要辩护依据。在制度层面上，随着时代发展，行政指导性案例配套的清除和废止制度也应更新和完善，避免法官检索适用遇到类似尴尬局面。

对于第二种情形，《类案检索意见》已明确规定了相应的解决机制，即"人民法院可以综合法院层级、裁判时间、是否经审判委员会讨论等因素，依照《最高人民法院关于建立法律适用分歧解决机制的实施办法》等规定，通过法律适用分歧解决机制予以解决"。具体来说，结合作出不一致裁判的法院层级、裁判时间等因素仍无法确定法律适用的，可以向最高人民法院审判委员会专门设立的审判管理办公室依照法定程序提出法律适用分歧解决申请并参照执行其决定。事实上，受制于现有案例指导制度的遴选和发布机制等多重因素，目前行政指导性案例的数量供给并不充足，涉及的纠纷领域尚不全面，行政指导性案例的探索空间十分有限,因此出现前后案例不一致的几率较小,但该解决机制对于检索到的指导性案例以外的类案仍具有很强的参考性。与此同时,如何提高启动法律适用分歧解决机制的积极性、探索更为灵活和多元的解决方式仍是制度层面需要回应的必答题。

第七章

行政指导性案例拘束力的实现机制

第一节　指导性案例拘束力的形成与研究的缘起

一、拘束力的确立与嬗变

自1985年开始,《最高人民法院公报》公开发布具有指导性意义的典型审判案例,作为最高人民法院指导地方各级人民法院审判工作的重要工具。自此之后的很长一段时间内,指导性案例在审判工作中一直发挥着柔性的、非强制性的"参考"作用。法官在审理疑难案件时,如果缺乏相关的法律条文或司法解释,抑或对法律条文的适用存在理解上的困难,则可以借鉴、参考公报案例的裁判规则。因此,在案例指导制度发展的萌芽阶段,指导性案例并未被赋予强制性意义的拘束力,而是由法官自己决定是否参考适用。长期以来,学术界对指导性案例是否应当具有拘束力争论不断。有学者认为,指导性案例在我国运用的性质、目的、可调控的领域,决定了指导性案例在我国的审判实际中应当仅限于指导性作用,不应当具有拘束力。[1] 持相同观点的学者们普遍认为,我国是传统的成文法国家,以制定法为唯一的正式法律渊源。我国立法权高度集中的国家权力体制不允许指导性案例具备法律效力,对审判工作产生刚性的拘束力。这种考虑主要是基于对成文法传统的坚持和对法官造法的警惕。2005年

〔1〕 参见吴伟、陈启:《判例在我国不宜具有拘束力》,载《法律科学(西北政法学院学报)》1990年第1期。

10月26日,最高人民法院发布的《人民法院第二个五年改革纲要(2004—2008)》第13项明确提出:“建立和完善案例指导制度,重视指导性案例在统一法律适用标准、指导下级法院审判工作、丰富和发展法学理论等方面的作用。”这一改革文件仍然坚持把案例指导制度定位于“指导”,进一步明确了早期指导性案例的“柔性指导”地位。

然而,仅仅将指导性案例的功能定位于“柔性指导”与“参考”,缺乏相应的保障机制,使指导性案例在审判实践中难以起到作用,如2007年6月《最高人民法院公报》公布的“高淳县民政局诉王某胜、吕某、天安保险江苏分公司交通事故人身损害赔偿纠纷案”,有学者对类似的交通肇事撞死无名人氏的案件进行了梳理分析,发现绝大部分法院并未接受公报案例的指导,而是拒绝参考公报案例并作出了与公报案例完全相反的判决。[1] 对公报案例的背离,当然有一部分原因是公报案例的裁判结论与论证过程不被社会和法官普遍认同,但不可否认的是,缺乏拘束力的指导性案例难以案例指导制度实现统一司法裁判尺度的预期。于是,有学者提出,应当将指导性案例作为非正式的法律渊源,使其具有“事实上的拘束力”。[2] 所谓“事实上的拘束力”,是指本级和下级人民法院对于指导性案例“必须”充分注意并顾及,如明显背离并造成裁判不公,则将面临司法管理和案件质量评查方面负面评价的风险,案件也将被依法撤销或依法改判。从表面上看,这是对背离指导性案例的审判行为的约束,实质上这种约束是依赖于指导性案例的裁判规则背后所依据的实体法与程序法。换句话说,背离指导性案例进行司法裁判可能招致的风险与责任承担,并非由于违背指导性案例所确立的裁判规则,而是违反了指导性案例所适用的实体法与程序法,甚至是法律原则与精神。这种风险与责任承担并非意味着只承担法律明文规定的法律责任,还要承担法院内部的审判管理和上级人民法院审判业务上的监督指导。

2010年11月26日,最高人民法院发布的《案例指导工作规定》第7条明确

---

〔1〕 参见李友根:《指导性案例为何没有约束力——以无名氏因交通肇事致死案件中的原告资格为研究对象》,载《法制与社会发展》2010年第4期。

〔2〕 参见陈灿平:《案例指导制度中操作性难点问题探讨》,载《法学杂志》2006年第3期;张骐:《试论指导性案例的“指导性”》,载《法制与社会发展》2007年第6期;胡云腾、于同志:《案例指导制度若干重大疑难争议问题研究》,载《法学研究》2008年第6期。

规定:“最高人民法院发布的指导性案例,各级人民法院审判类似案例时应当参照。”《案例指导工作规定》赋予了指导性案例“应当参照”的效力,一方面否定了指导性案例的法源性,另一方面肯定了指导性案例具有刚性的拘束力,改变了长期以来指导性案例“柔性指导”的地位。在《案例指导工作规定》的官方解释中,指导性案例“事实上的拘束力”这一说法得到了有力的确认与强调。至此,我国的案例指导制度正式建立,指导性案例完成了从无拘束力到有拘束力、从“柔性指导”到“刚性拘束”的转变。指导性案例在我国具有了非正式法律渊源的地位,虽不具有法律效力,但是具有事实上的拘束力。

二、问题的提出

虽然指导性案例被正式赋予了拘束力,但有关指导性案例的拘束力的争论仍然没有停止,甚至愈演愈烈。《案例指导工作规定》对指导性案例拘束力的有关表述为“应当参照”,“应当”自然就是“必须”。这就意味着法院一方面要履行注意义务,关注每一个案件是否属于指导性案例的“类案”;另一方面则要在每一个“类案”的审理过程中,在无特殊情况下均应当参照指导性案例所体现的裁判规则进行审理,并依照《实施细则》的规定,将指导性案例作为裁判理由进行引述。然而,无论是《案例指导工作规定》还是《实施细则》,均没有规定专门的监督机制或责任机制来确保法院在审理每一个案件时都能够尽到以上两方面的义务,而是借用了法院内部的考评机制和法院审判级别上的监督关系来实现案例指导制度所谓的“事实上的拘束力”。但是,“应当参照而不参照指导性案例”的情形既没有成为上级人民法院审理上诉案件时可以改判或撤销案件的法定条件,也没有成为当事人申请再审的法定条件。这就意味着通过审判监督的方式来实现指导性案件的拘束力的效果将大打折扣。当然也有学者认为,我国毕竟不是判例法国家,判例法国家“遵循先例”的原则在我国并不适用,因此,不应当对遵循指导性案例作出过分硬性的规定。对于是否应当作“二审或者再审可以改判或者撤销原判”的硬性规定,在官方对《实施细则》的理解与适用中,我们可以看到最高人民法院审判委员会对这个问题也进行了细致的讨论,最终选择不作硬性规定。对此,官方给出的解释是“考虑到目前该条款的内容还不完善,尚存在较大争议,因此未在《细则》中作出明确规定"[1]。然而,对法官个人的绩效考核,比较重要的一个评估指标就是法官所判决案件的改判、发回重审率。不作"二审或者再审可以改判或者撤销原判"这方面的硬性规定,使"应当参照而不参照指导性案例"与"案件被改判、发回重审"的因果联系被削弱,从而导致即便法官审理案件时应当参照而未参照指导性案例,该案件也不必然会被改判或撤销,法官也不必然受到绩效考核方面的负面评价。因此,通过"上级法院审判监督与本院审判管理的双重约束"来达成的"事实上的拘束力",在实现路径上存在障碍。

另外,有学者对这种用行政化的方式和措施来实现指导性案例拘束力的方式予以质疑,认为"通过法院考评和司法管理方面的负面评价的方式来影响法官裁判的做法,与案例指导制度改革的旨趣是相违背的"[2]。案例指导制度的改革目的,就是统一法律适用,实现"同案同判"。[3] 然而,在目前的制度设计中,案例指导制度实现"同案同判"的方式却不是司法意义上的监督与约束,而是级别上的服从。下级人民法院在审理案件时,为了避免案件判决被上级人民法院推翻和驳回,以及由此招致法院内部管理机制的"惩罚"与"规训",只需要与指导性案例的裁判规则保持一致即可。在这种情况下,指导性案例并非单纯的优秀的裁判思路和法律适用方法,更多的是上级意志的体现。指导性案例的拘束力的实现背后,归根结底是对上级人民法院,乃至最高人民法院的意志的服从。这样的制度设计使下级人民法院在疑难案件的审理过程中,将难以进行创造性的法律阐释与适用工作,只会一味服从上级人民法院的意志、等待上级法院的指导,这不利于我国司法的创新性、能动性发展,也不是案例指导制度改革的初衷。因此,有必要构建指导性案例拘束力的实现机制,弥补案例指导制度功能上的缺失,解决当下需要借用行政管理手段来实现司法改革目的的尴尬局面。

---

〔1〕 郭锋、吴光侠、李兵:《〈《关于案例指导工作的规定》实施细则〉的理解与适用》,载《人民司法》2015年第17期。

〔2〕 泮伟江:《论指导性案例的效力》,载《清华法学》2016年第1期。

〔3〕 参见张伯晋:《案例指导制度不是判例法》,载《检察日报》2011年9月29日,第3版。

第二节 实现指导性案例拘束力的内在基础

无论是“上级法院审判监督与本院审判管理的双重约束”还是规范性文件中规定“应当参照”的约束,都是意图通过给法官施加外在的压力,达到指导性案例被法官普遍参照的效果。然而回归到指导性案例本身,案例自身的质量足够扎实,能够说服法官形成对指导性案例的内心确信,才是指导性案例能够指导其他法院审判工作的核心前提和保证。最高人民法院法官在对《案例指导工作规定》进行解读时也提到,指导性案例本身具有的“正确的决定性判决理由”和“经最高审判组织确定认可的程序安排”,共同构成了指导性案例在司法运用中的说服力和指导作用。[1] 指导性案例内在的理性说服力和权威性,构成了实现其拘束力的内在基础。

一、指导性案例说理论证上的合理性

一份说理充分、论证严谨的裁判文书,可以令当事人信服并服从审判,同时也向社会传达了法律的公平、正义。同样,法官在审理类似案件时参照指导性案例作出了裁判,那么法官此时的内心必定是被指导性案例中的说理论证过程与结果所说服的。若法官不被指导性案例所说服,而是迫于行政管理或上级机关的压力作出违背自己内心的裁判,即使作出的裁判参照了指导性案例,也显然不是案例指导制度改革所欲达成的实际效果。《法官职业道德基本准则》第8条规定:“坚持和维护人民法院依法独立行使审判权的原则,客观公正审理案件,在审判活动中独立思考、自主判断,敢于坚持原则,不受任何行政机关、社会团体和个人的干涉,不受权势、人情等因素的影响。”若指导性案例在说理论证上欠缺合理性,受指导的法官对指导性案例难以形成内心的认可和赞同,那么该法官可能会处在遵守职业道德准则和服从权威意志二者纠结的境地。在当下案例指导制度尚未被地方的审判实践足够重视的情况下,可以预见的情形

〔1〕 参见胡云腾等:《统一裁判尺度,实现司法公正——〈关于案例指导工作的规定〉的解读》,载《中国审判》2011年第1期。

是,多数法官会坚持经过独立思考、自主判断的结果,而拒绝参照指导性案例作出裁判,指导性案例的拘束力也就难以实现。因此,应当确保说理论证上的合理性,使法官在内心产生对指导性案例的信服,承认指导性案例在适用法律上的正确性、先进性,进而自愿接受案例指导,在潜意识中受到拘束。所以,指导性案例在说理论证上是否合理,与拘束力能否实现密切相关。有学者指出:"一般而言……说理充分的案例,其拘束力就强;说理薄弱的案例,其拘束力就弱。这一点已经成为各国判例法或者判例制度的共识。"[1]

在英美法系国家,虽然判例法具有法律渊源的地位,但是先例中所蕴含的逻辑性与说理论证的合理性仍是法官在援引先例时重点考虑的部分。如乔治·杰塞尔(George Jessel)爵士所说:"判例的权威性就在于其中所含原则的可靠性。"[2]以英国为例,英国先例的构成要素主要有判决理由和附随意见。判决理由是法官作出判决时对其最终决定有决定性意义的法律命题,其表现形式为包含了相关事实和规范性内容的抽象的法律规则。其他不作为判决的基础的法律命题则为附随意见。判决理由与附随意见并不是完全的非此即彼的关系,而是相互关联、相互纠缠,难以界分的。在先例中,实际上也只有判决理由部分具有拘束力,"遵循先例"实际上就是遵循先例的判决理由。因此,英国的法官在援引先例时,要对先例的判决理由进行总结和归纳,得到与待审案件的争议事实有关的部分,并从中提取出抽象的裁判规则,最终类比适用先例的裁判规则作出裁判。总结、归纳判决理由的过程,其实就是找寻应当适用的裁判规则的论证过程,先例的判决理由越是充分、合理,从中提取并适用的裁判规则就越是可靠,作出的判决也就更加难以被推翻。

而德国作为大陆法系国家的典型代表,虽然没有"遵循先例"的制度约束,但是德国下级法院的法官依然愿意接受上级法院的先例的约束。有学者认为,这种约束源于"事实性权威",即具有管辖关系的上级法院的判决对下级法院的权威。[3] 也有学者认为,在德国,法院判例之所以得到尊重,更多的是因为逻辑的力量,而非力量的逻辑。[4] 笔者认为,不可否认行政级别对先例的拘束力有

〔1〕 陈树森:《我国案例指导制度研究》,上海人民出版社 2017 年版,第 19 页。
〔2〕 转引自王志强:《中英先例制度的历史比较》,载《法学研究》2008 年第 3 期。
〔3〕 参见雷磊:《指导性案例法源地位再反思》,载《中国法学》2015 年第 1 期。
〔4〕 参见陈兴良主编:《中国案例指导制度研究》,北京大学出版社 2014 年版,第 717 页。

一定的影响，但是先例在说理论证上具备充分的合理性才足以说服下级法院在审理类似案例时能够自觉、主动地遵循。德国有着较为成熟的“背离报告制度”，德国的下级法院一旦不认同上级法院作出的先例，则可以将背离理由上报并作出违背先例的判决。德国的“背离报告制度”为下级法院的法官提供了对抗权威的路径，鼓励法官在决定是否适用先例作出判决时更多地聆听理性的声音而不必绝对服从于权威。

在我国已经公布的指导性案例中，有许多案例就因其精妙的说理论证过程，受到社会各界的格外关注。以指导案例38号“田某诉北京科技大学拒绝颁发毕业证、学位证案”为例，该案的争议焦点主要为“高校能否作为行政诉讼的被告”“校规校纪与法律、法规、规章相抵触时是否有效”“正当程序原则在高校管理中能否适用”。在该案的裁判理由中，法院通过对高校对受教育者的权力和职责分析以及对法理、法律原则的论证分析，认定了高校与受教育者之间的法律关系属于教育行政管理的法律关系，确立了“高等学校具备行政诉讼被告资格”“依据与法律、法规、规章相抵触的校规校纪作出的管理行为违法”“未经申辩和未及时送达的处理决定视为违反法定程序”这三条裁判规则，并将其凝练成裁判要点进行归纳和强调。审理该案的法官通过巧妙的论证，既规避了法条的缺陷，又实现了个案的正义，该案可看作将法律条文和法律精神的解读与说理论证相结合的典型案例。

二、来自最高审判机关认可的权威性

任何一份已经生效的判决书，都经过了法官的推理论证，都具有一定的说服力。但在我国，显然并不是所有的生效判决都能够对其他法院的审判工作产生拘束力。具有拘束力的判决仅仅是由国家最高审判机关经过遴选、审议后发布的指导性案例。因为，指导性案例的裁判规则不只体现了作出判决的法院的审判意见，还经过了国家最高审判机关——最高人民法院的审议和认可，代表着最高人民法院的审判意见。下级人民法院在审理案件过程中，涉及相关的法律适用问题时，自然会下意识地考虑最高人民法院的意见，关注最高人民法院对相关法律规则的解读，并参照指导性案例的裁判要点对案件作出判决，并乐于在裁判文书中引述指导性案例，利用最高人民法院的权威性来加固自己所作出判决的正当性和合理性。从这个角度来看，指导性案例能够指导下级人民法院的审判工作,依赖于最高人民法院的权威性地位。

最高人民法院的权威性地位对指导性案例拘束力的实现产生作用主要通过以下三种方式。

(一)通过程序安排,赋予判决"指导性案例"的地位

我国的指导性案例的生成方式与其他存在判例制度的国家不同。在我国,一份普通的判决,是不具有拘束力的。要想成为指导性案例并具有拘束力,则要先经过各级人民法院、社会团体的推荐,再经过最高人民法院案例指导工作办公室的遴选、审查、报审,由最高人民法院审判委员会讨论决定后,统一在《最高人民法院公报》、最高人民法院网站、《人民法院报》上以公告的形式发布。任何一个指导性案例的生成,都要经过这一整套程序性安排的层层选拔与淘汰。

无论是在英美法系国家还是在大陆法系国家,上级法院在作出判例时,该判例对下级法院就直接具有了拘束力,而且作出判例的法院级别越高,拘束力就越强。比如,在德国的判例制度中,判例的拘束力的强弱就与作出判例的法院的级别相关。联邦宪法法院作为在五大联邦最高法院之上的审判机关,作出的所有判决对联邦和州各级法院以及其他权力机关具有法律上的约束力。而联邦宪法法院之外的其他法院的判决不具有正式的、法律上的拘束力,但是在德国的司法实践中承认其具有一般性的拘束力。[1] 通常情况下,联邦宪法法院作出的判例拘束力最强,具有法律上的拘束力,五个联邦最高法院次之,其他下级法院判例的拘束力再次之。而我国并非如此,"法院和法官对先前案例的遵循并不在于创制先前案例的法院和法官的级别"[2]。有学者提出,我国案例指导制度具有发布机关特定、发布程序严格的特点,以上两个重要特点确保了指导性案例对各级人民法院的拘束力,保持了指导性案例的权威性。[3] 一份判决要经过一整套严格的遴选程序和发布程序,经历了层层淘汰后,才能成为"指导性案例",从而具备权威性的地位。只要不属于指导性案例,即使是最高人民法院作出的判决,那么依旧不承认该判决对各级人民法院的审判工作具有拘束力。反之,即使是基层人民法院作出的判决,只要通过了最高人民法院案例指

---

〔1〕 参见王玧:《判例在联邦德国法律制度中的作用》,载《人民司法》1998 年第 7 期。

〔2〕 郑智航:《中国指导性案例生成的行政化逻辑——以最高人民法院发布的指导性案例为分析对象》,载《当代法学》2015 年第 4 期。

〔3〕 参见王利明:《我国案例指导制度若干问题研究》,载《法学》2012 年第 1 期。

导工作办公室和审判委员会的筛选并经过发布成为了指导性案例，就对全国范围内的各级人民法院在审理类似案件时具有拘束力。

（二）利用审级制度的地位设置，保障指导性案例的适用

在我国的审级制度中，最高人民法院是最高审判机关，有提审任何一个诉讼案件的制度可能性，也有权对所有下级人民法院的判决进行审判监督。在我国现行的两审终审制的审级制度下，基层人民法院的裁判通常是由中级人民法院进行上诉审理，基本上是没有机会通过上诉审来达至最高人民法院。因此，有学者指出，我国的两审终审制将四级法院体系分割成分散的结构，"高级人民法院对基层法院尚且没有司法辐射力，更何况最高人民法院……最高人民法院一般只是部分标的额极高的案件的上诉法院，而不是'俯瞰全国'的最高法院，与一般原理中的最高法院不可相提并论"〔1〕。但是笔者认为，发挥指导性案例的效果并不意味着最高人民法院要亲力亲为地监督全国范围内的所有审判工作。最高人民法院作为最高审判机关，虽然有理论上的终审权，但是我国诉讼案例众多，依靠最高人民法院发挥审理上诉案件的职能来确保指导性案例的适用显然是不现实的。有学者提出"最高人民法院逐渐剥离事实审的司法功能，转而作为全国法院重大法律问题解释与适用之统一的中枢机构，直接创制供全国各级法院在类似案件中参照适用的指导性案例，将是一种极有可能的改革方向。"〔2〕最高人民法院的审级地位应该更多的发挥统一法律适用、维护全国法制统一的作用。下级人民法院的法官在审理案件时，如果背离了指导性案例作出裁判，则意味着其在法律适用方面与最高审判机关的权威意见产生了冲突，有适用法律错误的风险，这种风险完全可以被转化成二审或审判监督的标准。因此，在制度设计上，背离指导性案例作出的裁判有被上级人民法院在二审或再审中改判和撤销的风险，最高人民法院是否具有终审权也就无关紧要了。这种审级制度上的地位设置为指导性案例提供了拘束力上的制度保障。

（三）发挥专业能力上的权威性，说服下级人民法院进行参照

在遇到疑难问题时，听取资历丰富、学识渊博的专业权威人士的意见，往往

〔1〕 宋晓：《判例生成与中国案例指导制度》，载《法学研究》2011 年第 4 期。

〔2〕 卢佩：《司法如何统一？——以德国联邦最高法院判例为实证分析对象》，载《当代法学》2014 年第 6 期。

会是大多数人下意识的选择。而在司法审判工作中，最高人民法院自然是最具有权威地位的司法机关。最高人民法院是最高级别的审判机构，在法官的专业素质方面，最高人民法院法官的选任和晋升制度要基本保障上级法官相对于下级法官个体的普遍优势。[1] 在法官员额制改革和推动逐级遴选机制的背景下，当上级人民法院的法官出现空缺时，将通过遴选的方式从下级人民法院优秀的法官或法官助理中选拔。因此，在最高人民法院任职的法官往往都是精英中的精英，其在对法律案件的判断分析能力、逻辑思维能力、适用法律能力上有绝对的权威地位，代表了中国司法审判的最高水平。在绝大多数情况下，最高人民法院仅是指导性案例的确定和发布主体而非该案例的实际审理主体。有学者指出，这种指导性案例的审理主体和确定主体相分离的模式，徒增了人为"拟制"的色彩，使得基本案情的真实性和可信度大打折扣，直接影响了指导性案例的公信力和权威性。但是笔者认为，最高人民法院作为选编和发布指导性案例的唯一主体，虽然并没有亲自参与备选指导性案例的实际审理，但是可以通过阅读备选指导性案例的案卷材料，了解案件事实，把握裁判理由中的法律适用问题，并可以利用其在最高人民法院的地位，与大量富有经验的、有相当学术造诣和广泛影响的法学家和法律工作者协同工作，对备选指导性案例进行分析、研究和再编辑，将高质量的个案判决，转化为具有推广价值的、便于参照适用的、利于统一法律适用的典型性案例。最高人民法院在专业能力上的权威性可以一定程度地弥补因未参与案件的审理而导致的指导性案例效力上的缺陷。

第三节　指导性案例拘束力的实现障碍

一、理性与权威的矛盾

（一）权威概念的悖论

指导性案例的理性说服力和权威性构成了拘束力得以实现的内在基础。但是，理性和权威存在一定程度的不相容问题。根据约瑟夫·拉兹（Joseph

---

[1] 参见陈兴良主编：《中国案例指导制度研究》，北京大学出版社2014年版，第253页。

Raz)教授在《法律的权威》一书中所提到的“权威概念的悖论”问题,理性与权威是必然对立的。“理性要求我们权衡所能意识到的各种行为理由,‘三思而后行’。权威的本质要求服从,即使我们认为这种服从与行为理由相冲突。由此可见,服从于权威毫无理性可言。”〔1〕而具体到案例指导制度,理性与权威的矛盾就表现为指导性案例自身“说理论证上的合理性”与“来自最高人民法院认可的权威性”之间的矛盾。再具体而言,就是指导性案例背后的来自最高人民法院的权威意志在审判工作中对法官产生的压力使得指导性案例说理论证上的合理性无法显现,法官也无须对指导性案例的论证过程进行合理性判断。指导性案例在审判中的作用并非“以理服人”,而是“以权服人”。当然,另一种情形也可能存在,就是法官作为纯粹的理性人而不考虑权威的因素,仅仅依据个人的专业知识进行审判。若指导性案例的裁判规则不符合法官理性判断得到的结果,那么理性的法官将拒绝接受指导性案例的指导,即使事后证明指导性案例的裁判规则可能更为明智。因此,受到指导性案例质量参差不齐以及法官个人专业知识具有局限性的影响,而且这种局限性通常是普遍存在的,指导性案例被参照的可能性将大大降低,指导性案例的权威地位也将被极大地削弱。事实上,第二种拒绝参照的情形已经在实践中广泛存在,有学者对最高人民法院发布第一批指导性案例以来的1545份涉及参照问题的文书进行了实证研究,发现法院最终明确采纳指导性案例的比例仅有14%。“我们难以相信指导案例对正义的违背都已经达到了拉德布鲁赫所言的‘不可容忍的程度’,以至于法官不得不背离之。”〔2〕矛盾产生的上述两种情形使得理性的说服作用与权威的指导作用之间相互削减,阻碍了指导性案例拘束力的实现,降低了案例指导制度的改革成效,严重损害了司法公信力。

(二)化解矛盾的关键与障碍

然而,权威概念的悖论并非无法解决的问题。上述的讨论是建立在对权威的正当性保持怀疑的基础之上的,认为不存在合法的、正当的权威,所以推导出服从权威的行为活动不符合理性人的行为理由。事实上,虽然多数权威可能不

---

〔1〕［英］约瑟夫·拉兹:《法律的权威:法律与道德论文集》,朱峰译,法律出版社2005年版,第3页。

〔2〕张华:《论指导案例的参照效力——基于1545份已公开裁判文书的实证分析》,载《甘肃政法学院学报》2018年第2期。

具有正当性，但不能就此否认无任何正当性的权威的存在。某些权威的建立是具有正当性理由的，而承认某一权威的正当性也就意味着服从权威的行为活动是符合理性的判断的。比如，通过十字路口时，“红灯停绿灯行”的交通规则显然比个人自由通行更加正当，而承认交通规则并遵守它并不意味着放弃理性判断，遵守交通规则恰恰是理性选择的结果，闯红灯的行为反而是不理性的。拉兹教授也在书中指出，合法性权威所发布的命令事实上是行为的理由；某人服从权威就如同服从天气与证券走势，并没有使自己失去理性；权威概念所制造的仅仅是表面上的矛盾，权威概念的悖论也只不过是简单的错误。[1]

从哲学的角度来看，通过承认正当性权威的存在，理性与权威的矛盾得以化解。那么在案例指导制度的问题上，解决矛盾的关键就在于如何确保案例指导制度的正当性。这种正当性的要求不光包括了公平、正义等价值追求，还应当包括对指导性案例本身的正确性、典型性和普适性的追求。如果案例指导制度代表的是一种正当的权威，那么根据拉兹的权威理论，服从于指导性案例的裁判活动同样是符合法官的理性判断的，参照指导性案例作出判决将成为法官审理案件过程中的一项行为理由。法官将在充分信任案例指导的基础上，修正并提升自己对法律的理解与适用，对指导性案例不再是“被动式”地适用，而是“主动式”地参照。有学者将这种由法官自己选择而不是由制度或事实来强加的权威称为“说服性权威”，“这就像一个初涉股票市场的投资者对炒股行家的依靠，或者法学院一年级的新生对法学教师的求助”[2]。

在我国实行案例指导制度的必要性与正当性，显然已经不容置疑，[3] 在此不作具体表述。但是，不乏学者指出，在当下的司法现实之中存在诸多掣肘，阻碍着案例指导制度的发展，腐蚀着案例指导制度的正当性。[4] 在笔者看来，案例指导制度正当性的部分缺失，既有外部环境因素，也有内部生成因素。

（三）外部因素——缺乏共同体共识

案例指导制度改革是人民法院构建统一的法律适用标准的重要手段，有学

---

〔1〕 参见[英]约瑟夫·拉兹：《法律的权威法律与道德论文集》，朱峰译，法律出版社 2005 年版，第 5～23 页。

〔2〕 雷磊：《指导性案例法源地位再反思》，载《中国法学》2015 年第 1 期。

〔3〕 参见刘作翔：《我国为什么要实行案例指导制度》，载《法律适用》2006 年第 8 期。

〔4〕 参见牟绿叶：《论指导性案例的效力》，载《当代法学》2014 年第 1 期。

者提出司法共识在统一法律适用标准中具有重要作用，人民法院重视从外部制度层面驱动法官去遵循法律适用的统一标准，却忽视了法官在司法裁判标准形成中的角色和作用，因此，主张采用共识性进路建立起统一的非极端的主观法律适用标准。[1] 笔者认为，法律适用标准的统一，不应当是机械的、客观的统一，而应当是能动的、主观的统一。从法律适用的角度来看，法律不仅要有尺度，更要有温度，法官作为适用法律的主体，要结合自身的判断以及对价值的衡量作出裁判，而不能仅仅依据某种客观的外在标准；从法律发展的角度来看，法官在裁判过程中对法律的创造性运用，是法律发展的重要源泉。“法官的使命不但在于实现个案的公正，还在于通过一次次的判决阐释法律、发展法律。”[2] 在司法实践中，许多法规则的制定与完善都源于法官在一次次判决中进行的“法创造”。案例指导制度就是将个案的裁判规则对法律的创造性运用进行展示，并附加“应当参照”的拘束力。指导性案例在经过司法的考验，取得了一定的实效后，就逐渐被制定法规范所吸收。比如，在指导案例 6 号中，法官通过对 1996 年《行政处罚法》第 42 条对于应当告知听证权利的行政处罚决定范围的条款的分析，以及对行政相对人受损利益的衡量，认定“没收较大数额的涉案财产”属于应当告知听证权利的行政处罚决定类型。而 2021 年修订的《行政处罚法》第 63 条第 1 款第 2 项，将“没收较大数额违法所得、没收较大价值非法财物”明确列为应当告知听证权利的行政处罚决定类型。因此，统一法律适用标准离不开法官群体的主观能动性，司法的能动性同时也是实质法治的关注重点。[3] 而将带有主观性色彩的法律适用标准进行统一，有赖于法律共同体发挥作用。法官群体中存在类似于“激进的”或“保守的”这样不同的法律立场，这些不同倾向性的立场或者态度需要在法律共同体这样的一个平台内进行讨论、碰撞，最终形成一种复杂的一致性与统一性。

另外，我国也并非判例法国家，指导性案例并非有权机关行使立法权的产物，不具备法源性地位，“不具有来自国家强制力的当然保证与支持”。法官参照指导性案例的正当性，部分源于指导性案例的“正确的决定性判决理由”，而

[1] 参见刘小平、杨金丹：《统一法律适用标准的共识性进路——兼论作为制度的法官学院》，载《南京社会科学》2020 年第 9 期。

[2] 何海波：《通过判决发展法律》，载《人民法院报》2001 年 1 月 15 日，第 B04 版。

[3] 参见何海波：《实质法治：寻求行政判决的合法性》（第 2 版），法律出版社 2020 年版，第 17 页。

"正确的决定性判决理由"需要建立在社会沟通与共识的基础上。[1] 因为指导性案例的"正确性"是以法律共同体的认可为前提的,如果某个案例的裁判规则不被共同体认可,甚至受到法律职业群体的质疑,那么根据指导性案例的选编标准,该案例就不满足遴选指导性案例"适用法律正确,裁判说理充分,法律效果和社会效果良好"的门槛性限制条件。因此,指导性案例的正当性权威需要建立在法律共同体的共识之上。

然而问题在于,我国目前尚未形成法律职业共同体共识。尤其是在行政法领域,我国行政法制起步较晚,行政诉讼法、行政处罚法等变化较大,许多基础性问题在理论界和实务界都存在诸多相异的观点。而且,由于我国实行法官任命制,法官并非从优秀的律师中产生,律师群体与法官群体之间存在隔阂与不认同,[2]同时由于审判经验的高度人身依附性,不同法官之间也难以形成共鸣。这种不成熟的、未达成共识的职业共同体不具备自发形成稳定司法秩序的实践智慧。[3] 由此而导致不同的法律群体之间对相同的法律问题难免有认识上的差异,当这种差异聚焦在指导性案例上时,指导性案例所谓的"正确的裁判理由"将难以服众,缺乏共识的群体将无法形成实践理性并服从于理性的力量。而我国案例指导的制度设计同时赋予了指导性案例制度上的权威,后案的法官在制度的压力下丧失了独立性,被迫服从于指导性案例的裁判规则,这显然是存在正当性障碍的。此外,这种障碍还会一定程度地削弱制度的权威性,出现张骐教授所言"服从于权威与听从理性互相抵牾"[4]的情形。

(四)内部因素——案例生成的行政化

在域外的判例生成模式下,判例基本上都是在司法审判过程中自然形成的,不存在产生后的筛选和改编,判例在原审法院作出生效判决时就产生了拘束力。而我国指导性案例的生成模式与之大为不同。指导性案例的生成是从大量的备选案例中筛选、改编和加工并经过审核而产生的,而对备选案例的筛选、加工、审核工作由最高人民法院包办。这种指导性案例的生成模式体现出

---

〔1〕 参见张骐:《再论指导性案例效力的性质与保证》,载《法制与社会发展》2013 年第 1 期。

〔2〕 参见傅郁林:《建立判例制度的两个基础性问题——以民事司法的技术为视角》,载《华东政法大学学报》2009 年第 1 期。

〔3〕 参见彭宁:《最高人民法院司法治理模式之反思》,载《法商研究》2019 年第 1 期。

〔4〕 张骐等:《中国司法先例与案例指导制度研究》,北京大学出版社 2016 年版,第 171 页。

了浓郁的行政化色彩，指导性案例更像是最高人民法院“制作”或“改编”的，而非“原汁原味”的判决。[1] 在案例指导制度改革初期缺乏司法共识的情形下，将生成指导性案例的权力集中统一行使，一定程度上符合最高人民法院监督指导全国审判工作的职能定位，便于最高人民法院为全国范围内的法律适用树立统一标准。但是这种案例生成模式掺加了过多的诉讼程序之外的权力因素，难免会有较多不完善之处需要进行检讨。

第一，指导性案例的遴选过程不够透明，遴选的标准也过于模糊。指导性案例的整个遴选工作基本上是由最高人民法院案例指导工作办公室独立完成的，并报送最高人民法院审判委员会审查，由审判委员会内部会议讨论决定。社会公众只有推荐备选案例的资格而无实际参与遴选工作的主体资格。《实施细则》在第 7 条规定了案例指导工作办公室对于备选指导性案例“可以”向有关机关、部门和社会公众征求意见，而非“应当”征求意见。作出这样的规定虽然是考虑到发布指导性案例的时间和效率问题，但是这不可否认地造成了遴选过程不够公开、透明，降低了案例指导制度的权威性。案例指导制度是司法改革的成果，其终究是一项以司法权力为中心的制度设计，而司法的公开透明是司法公正、司法公信、司法权威的根本保证，是司法权力运作的基本要求。指导性案例的生成过程同样也是司法权力的运作过程，因此同样应当公开化、透明化。

第二，指导性案例的生成模式与审级制度相悖。在我国金字塔形的法院体系和审级制度下，上级人民法院可以推翻下级人民法院的判决，而下级人民法院只能对上级人民法院的判决表示服从。但是指导性案例是在全国各级法院的生效判决中遴选生成的，其中通过遴选的大多是基层人民法院和中级人民法院的判决，这些判决成为指导性案例后得到了司法外的权力加持，对全国范围内的各级人民法院都产生了拘束力，不再受“下级服从上级”的审级关系的约束，甚至也不再受管辖范围的约束，可能会给现有的司法制度带来不小的冲击。值得一提的是，我国《宪法》也规定了上级人民法院监督下级人民法院的审判工作，然而下级人民法院作出的判决一旦被选为指导性案例就对上级人民法院的审判工作产生了拘束力，颠覆了上下级人民法院之间的关系，难免存在正当性的缺失，甚至还存在合宪性上的风险。

---

〔1〕 参见陈树森：《我国案例指导制度研究》，上海人民出版社 2017 年版，第 93 页。

二、诉讼机制的内在缺陷

(一)审级制度作为支撑

在我国的案例指导制度中,在《案例指导工作规定》及《实施细则》中对指导性案例的拘束力作出了"应当参照"的规定,但是这仅仅是一种应然层面上的规定,并没有设计专门的机制保障指导性案例的实践运行。最高人民法院将案例指导制度的效力定位为"事实上的拘束力",即来自审级制度和法院内部管理方面的约束,表明了我国指导性案例发挥作用主要依靠诉讼机制的内在作用。下级人民法院在审理案件的过程中,假如没有参照指导性案例,作出了背离指导性案例的判决,通过上诉或再审等诉讼程序的启动,上级人民法院会对该判决进行纠正并对下级人民法院的法官进行错案责任的追究。

相似的依托诉讼机制来实现指导性案例的拘束力的方式,在实行判例制度的国家中是较为普遍的。在英美法系国家中,严格的审级制度和法院体系是"遵循先例"原则运行的基础。在英国,作出判例的法院的级别越高,该判例的拘束力也就越强。上级法院的判决对自己和下级法院具有正式的拘束力,而下级法院的判决仅对自己具有拘束力。下级法院要遵从基于管辖确定的上级法院的判例。

在大陆法系中,审级制度对判例制度的运行也有着巨大的作用。在德国,法院系统分为一个普通法院和五个专门法院,实行三审终审制,专门法院分别为宪法法院、劳动法院、行政法院、社会法院、财政法院。除了宪法法院不存在审级关系外,普通法院系统从地方法院到联邦法院有四个层级,其他四个法院系统均有三个层级。除了宪法法院外,另外五个法院系统的终审法院均为相应的联邦法院。[1] 由于德国是典型的成文法国家,所以除了联邦宪法法院的判例外,其余的判例都不具有正式的约束力,但是基于审级制度的内在约束,下级法院通常会遵循上级法院的判例,上诉法官对原审判决进行改判是保证下级法院遵循上级法院判决的主要力量。[2]

同样是成文法国家的日本,并没有对判例的约束力进行制度上的规定。但

---

〔1〕 参见左卫民、陈明国主编:《中国特色案例指导制度研究》,北京大学出版社 2014 年版,第 13 页。

〔2〕 参见最高人民法院课题组:《关于德国判例考察情况的报告》,载《人民司法》2006 年第 7 期。

是,《日本刑事诉讼法》第405条以及《日本民事诉讼法》第394条将违反判例作为法定上告理由。[1] 日本裁判所实行三审终审制,不服下级裁判所作出的判决的当事人可以向上级裁判所提起上诉。虽然各个裁判所独立行使裁判权,但是,对于被提起上诉的案件,上级裁判所的判决优先于下级裁判所的判决。[2]

无论是何种判例制度,判例的拘束力能够实际上发挥作用在很大程度上依赖于审级制度的支撑。世界上的大多数国家都采用三审终审制,这也就意味着终审法院的等级通常是"金字塔"型法院层级结构中位于塔尖一级的法院。当然,并非所有的案件都有机会享受到三审终审的待遇,由于司法资源的有限性,大量的案件并不能满足严格的上诉条件因而无缘第三审。但即便案件可能无法得到最高审判机关的终审审判,由于域外国家中判例发布主体的多元化,二审法院以往所作出的判例对第一审法院同样具有拘束力,所以下级法院在审理案件时,也仍然受到上一级法院作出的判例的约束。因此,我们还可以看出,拘束力的实现除了依赖审级制度的作用外,还与判例的发布主体有关。

(二)审级关系的断层

我国的法院系统虽然也是"金字塔"型的层级结构,从基层人民法院到最高人民法院构成了由下至上的四级法院系统。但是由于我国实行两审终审制,且四级法院都具有部分案件的初审管辖权,因此,四级法院系统被分割成了三种结构的审级关系:基层人民法院—中级人民法院、中级人民法院—高级人民法院、高级人民法院—最高人民法院。这也就意味着,大量的案件无法受到最高人民法院的审级监督,甚至大部分由基层人民法院担任一审法院的案件,上诉到中级人民法院进行审理后,就完成了终审。根据判例制度下审级制度发挥作用的原理,下级人民法院是为了避免案件受到上级人民法院的改判,而选择主动遵循上级人民法院发布的判例。然而,在我国的审级制度下,大量的案件到中级人民法院或者高级人民法院就已经完成终审,最高人民法院作为指导性案例的唯一发布主体,难以对由下级人民法院作出的终审判决通过诉讼程序直接进行纠错。

以基层人民法院为例。基层人民法院受理的第一审案件,若启动上诉程

---

〔1〕 参见[日]后藤武秀:《判例在日本法律近代化中的作用》,载《比较法研究》1997年第1期。

〔2〕 参见陈兴良主编:《中国案例指导制度研究》,北京大学出版社2014年版,第675页。

序,则由中级人民法院进行二审终审。基层人民法院的法官在审理案件的过程中,为了避免案件被二审法院改判或发回重审,自然会关注本辖区所属的中级人民法院在审理类似案件时的裁判过程。但是这种审级制度上的约束,与案例指导制度并没有直接的联系。因为根据我国的案例指导制度,中级人民法院并不具备发布指导性案例的资格。指导性案例虽然是从全国范围内的各级人民法院作出的判决中遴选产生的,但是各级人民法院的判决在被"钦点"成为指导性案例之前,并不具备供其他法院参照的制度正当性。换句话说,对于一审法院来说,指导性案例并非由二审法院发布的,一审法院只需要考虑二审法院对该案件的裁判倾向性,而没有动力去关注指导性案例的发布主体即最高人民法院的裁判倾向,因为案件根本到不了最高人民法院就已经完成了终审。即便考虑到再审制度,基层人民法院也只需要关注高级人民法院的类案判决。况且背离指导性案例也没有被规定为再审的法定启动条件,再审程序作为补充的审级约束效果要大打折扣。

(三)行政干预的负面效果

或许是考虑到我国的案例指导制度中审级制度发挥的作用有限,为了强调指导性案例的拘束力,最高人民法院对其进行了明文规定。一般在具有同样成文法传统的大陆法系国家里,判例拘束力的相关规定并不会出现在法律或法规的条文中,而我国却在《案例指导工作规定》中作了"应当参照"的规定。这种规定的行政干预性非常明显,最高人民法院显然是想用法院系统内行政管理层面上的权力,为指导性案例的拘束力开辟实现路径。最高人民法院除了是最高的司法审判机关外,还是法院系统中行政管理权力的拥有者,具有对下级人民法院的评估、奖惩权力,甚至对下级人民法院法官的选用,也具有一定的影响力。下级人民法院可能会迫于这种行政权力上的压力,或为了急于向最高人民法院展示本院对案例指导制度改革的落实效果,而主动参照指导性案例。

然而,这种通过行政化的权力压制和激励机制,使下级人民法院参照指导性案例的拘束模式,同样有着明显的缺陷。由于我国的指导性案例是由最高人民法院遴选、加工而成的,是高度浓缩后的裁判样板。这种指导性案例短小的结构体例虽然便于法院快速准确理解其裁判要点,但是不可避免地会面临同案认定错误的风险。正如世界上没有两片相同的树叶,不同的案件中事实存在千差万别,指导性案例的参照适用离不开精确的同案识别技术。在域外国家的判例运用模式中，已经存在较为成熟的同案认定环节，但是我国尚且缺乏这方面的经验。而且，我国的指导性案例的裁判要点是事先经过人为拟制的，不同于判例法国家中后案法官从先例的裁判理由中自行总结提取的具体规则。事先拟制的裁判要点更像是一种司法解释，具有制定法的固有缺陷，不具有判例法灵活适用的优点，缺乏应变性，很容易导致对号入座式的司法机械主义大行其道。[1]

一种可能的情况是，基层人民法院为了争取一些考核指标，而追求指导性案例的参照适用率，追求裁判结果与指导性案例结果的相似性，继而机械地、错误地适用了指导性案例，或者把不属于同案、类案的指导性案例错误认定成同案、类案，从而作出了错误的判决。更为糟糕的是，这类错案在判决书中还将指导性案例作为裁判理由引述，来加强错误结果的"合理性"。由于案件难以通过审级制度上达到指导性案例的发布机关即最高人民法院，这种错案很可能会被淹没在成千上万的普通案件中，造成了实质上的不公正，而且这种不公正还借用了最高审判机关的权威性作掩饰，其对司法公正和司法公信造成的恶劣影响比一般的错案更为严重。

第四节　构建指导性案例拘束力的实现机制

一、指导性案例适用的启动与回应机制

指导性案例正当性的缺失以及我国诉讼机制的内在缺陷，使得指导性案例在拘束力的实现方面遇到了阻碍，因此要在弥补制度缺陷的基础上，构建并完善指导性案例的拘束力实现机制。指导性案例正当性的部分缺失，所产生的恶劣影响主要体现在案件审理过程中，主要是司法工作人员、当事人、辩护律师等群体对指导性案例的理解与认识不统一，乃至不信任、不援引、忽视指导性案例的情形。针对这一问题，笔者认为，多方群体对指导性案例的理解差异可以通过司法工作人员的说理论证与互相讨论来部分消除。此外，应当设置司法工作

---

〔1〕 参见吴英姿：《谨防案例指导制度可能的瓶颈》，载《法学》2011 年第 9 期。

人员对指导性案例强制性的注意义务，并确保与案件有关的多方主体均有提出适用指导性案例的权利。因此，建立法官在说理上翔实的论证与回应机制是重点，并以允许多方主体援引指导性案例的启动机制作为补充。

要让指导性案例在案件的审理过程中发挥作用，首先应当解决指导性案例的适用如何启动的问题。具体而言，首先，应当明确谁来查询发现与本案存在类似案件关系的指导性案例并有权提出适用要求。其次，审理案件的法官又应当如何回应这种要求？也就是要明确启动主体和法官回应的问题。

（一）启动主体

在案件的审理过程中，应当由哪个或哪些主体来发现和提出适用指导性案例？

从域外的判例实践来看，发现和提出适用判例的责任，往往落在了律师身上。在英国，通常是由双方当事人的律师主张本案应当适用哪些判例，并将相关的法律渊源素材提交给法官，供法官考虑是否适用。法官很少会根据自己所知道的法律或判例作出判决并制作判决书，因为法官这么做，很可能会被指责剥夺或干预了当事人的辩论权。不同于大陆法系对“法官知法”的认知，英美法系所奉行的是当事人主义的诉讼模式，由当事人双方针对事实问题和法律问题进行辩论对抗，而法官则处于被动的地位。当事人不仅要向法院提交案件事实以及诉讼请求，还要向法院呈现支持其事实认定和诉讼请求的法律依据，包括其认为应当适用本案的判例，甚至是比较法或学术著作。[1] 而法官的职责是公平地参与双方当事人及律师的辩论过程，并根据辩论结果确定案件事实是否成立，法律适用是否正确，诉讼请求是否应当得到支持。

然而，我国并非当事人主义的诉讼模式，在我国，实质法治要求司法应当具有能动性，法官在审理案件的过程中并不是消极被动地等待当事人的辩论结果，而是负有查明案件事实，确保法律适用正确的职责。英美法系中判例启动主体的模式并不适应我国的司法现实，查找和提出指导性案例的义务不应当由当事人一方承担，而应当由承办案件的法官承担。

首先，从提高案例指导制度改革成效的角度考虑，指导性案例在我国仍属于新生事物，审判实践表明，各地区对指导性案例的参照情况不一，法官适用指

---

〔1〕 参见叶榅平：《遵循先例原则与英国法官的审判思维和方法》，载《比较法研究》2015 年第 1 期。

导性案例的意识尚且不强,对指导性案例的敏感度低,又怎能将案例指导制度改革的成效寄希望于当事人的律师身上呢?案例指导制度改革的重要目的就是统一法律适用,限制法官的自由裁量权,进而保障司法统一。如果由于当事人一方的原因,在类似案件中,提出参照指导性案例的案件与未提出参照指导性案例的案件有着明显相异的判决结果,而法官由于没有这方面的义务,则会消极地甚至选择性地对当事人进行提醒注意,那么"同案不同判"的现象就此产生。这实质上是指导性案例的选择性适用,会导致司法不统一,有悖于案例指导制度改革的初衷。

其次,如果查找并提出指导性案例的义务被分配给当事人一方,那么当事人就要承受因遗漏指导性案例而败诉的风险。在我国,指导性案例的裁判规则具有法律适用上的正确性,若因遗漏重要的指导性案例而导致案件的判决结果发生改变,那么本案的判决结果就不能说不存在法律适用上的错误。而法律适用错误的案件显然属于错案,应当被改判或者撤销。法官的职责是公平公正地审理案件,正确地适用法律作出判决。因此,承办案件的法官应当确保本案参照指导性案例正确地适用了法律。若法官因遗漏了重要的指导性案例而产生了错误的判决,自然应当承担错案的责任。《实施细则》第 11 条第 1 款的规定:"在办理案件过程中,案件承办人员应当查询相关指导性案例。在裁判文书中引述相关指导性案例的,应在裁判理由部分引述指导性案例的编号和裁判要点。"这条规定对案件承办人员即法官设定了指导性案例的注意义务。"应当"二字,意味着这种注意义务是一种强制性义务。法官在审理案件的过程中,负有寻找指导性案例的职责,如果法官没有履行这一职责,则应当承担相应的后果。

需要指出的是,虽然指导性案例的注意义务被分配给了法官,但是并不意味着当事人不能提起适用指导性案例的请求或主张。应当明确的是,"参照先例是当事人的辩论权利,而不是诉讼义务"〔1〕。当事人及其代理人有权主张本案应当适用哪些指导性案例,因为当事人是最关心案件的裁判结果是否符合利益期望的主体,在找寻与待审案件相类似的指导性案例方面,当事人及其代理人有最丰富的动机。从有利于指导性案例的普及推广的角度来看,也应当鼓励

〔1〕 冯文生:《审判案例指导中的"参照"问题研究》,载《清华法学》2011 年第 3 期。

当事人及其代理人主张适用指导性案例，法官在审理案件的过程中收到了当事人一方适用指导性案例的主张，则势必会提高其对相关指导性案例的关注，因为如果法官对当事人一方的主张视而不见，则很有可能会遭遇被当事人上诉的风险。

综上，指导性案例适用的启动主体应当是承办案件的法官以及案件的双方当事人及其代理人。其中，法官负有主要的注意义务，当事人及其代理人作为补充，享有提出适用的权利。

（二）法官回应

法官作为案件的实际审理主体，在适用指导性案例的主张被提出时，应当如何作出回应？

法官既是在诉讼过程中适用指导性案例的主体，同时也是寻找与待审案例相类似的指导性案例的主体，所以应当对法官作出查阅指导性案例的程序性要求，要求法官审案之时，履行指导性案例的查阅义务，将查阅结果进行记录并向法庭公布。若查阅结果显示存在与待审案件相类似的指导性案例，则应当提醒双方当事人，该指导性案例对当前待决案件具有指导性。指导性案例涉及的往往是法律条文中疑难、复杂或存在空白、漏洞的部分，法官有义务向当事人进行释法说理，也有义务解释为何本案应当参照适用该指导性案例。当事人也应当享有对法官所欲参照的指导性案例提出适用方面的质疑以及进行辩论的权利。最终法官在参照指导性案例作出判决时，还应当在裁判文书的判决理由部分引述指导性案例的编号和裁判要点。

若查阅结果显示尚不存在与待审案件相类似的指导性案例，双方当事人也未提出适用指导性案例的有关主张，则承办案件的法官无须参照指导性案例，依法作出判决即可。但是，是否应当在裁判文书中注明本案无可参照的指导性案例？笔者认为应当注明，因为简单地作出无可参照的指导性案例的标注，并不会造成司法效率的下降，但这个标注却有明显的宣示作用，既便于区分案例是否经过指导性案例的指导，还能够加强指导性案例的拘束作用。作出这一标注即意味着，法官已经履行了查阅指导性案例的案例库这一职责，法官要为“本案无可参照案例”这一认定负责。法官势必会更加认真负责地寻找、比对指导性案例，以确保万无一失。

除法官主动提出适用指导性案例之外，在当事人及其代理人提出适用指导性案例的要求时，法官也应当进行记录并认真对待。在此，首先要明确一个问题，当事人及其代理人提出的指导性案例，在诉讼过程中处于怎样的地位？法官是将其作为证据对待，还是视作当事人提出的法律意见？对此学界有不同的看法。张骐教授认为，指导性案例可以比照重要证据使用。[1] 笔者认为，这种观点有待商榷。因为证据是为了证明案件的事实问题，而指导性案例所关注的重点并非事实认定，而是疑难问题的法律适用。当事人及其诉讼代理人向法院提出适用指导性案例，并非意图证明本案的待证事实，而是希望法官能够按照指导性案例的裁判规则审理案件。另外，指导性案例也难以被归入目前法定的证据种类里，不属于当事人陈述、书证、物证、视听资料、电子数据、证人证言、鉴定意见和勘验笔录中的任何一种。周光权教授则认为，指导性案例应当作为一种法律意见，“在庭审过程中，控辩双方都可以使用指导性案例作为法庭辩论及发表法律意见的规范性依据”，无论是否采纳，法官都应当予以回应并说明理由。[2] 笔者比较赞同这种观点，因为指导性案例的形式和作用更像是一种特殊的法律解释，发挥着法律适用上的阐释和指导功能。当事人及其代理人提出要求适用指导性案例，其性质显然是属于向法官提出了法律意见或者是一种要求。需要指出的是，提出指导性案例的权利并不等同于提出意见权，目前我国只有刑事诉讼辩护律师具有提出意见权，我国《刑事诉讼法》规定：“经审判长许可，公诉人、当事人和辩护人、诉讼代理人可以对证据和案件情况发表意见并且可以互相辩论。”而当事人及其代理人提出指导性案例的权利无论是在民事、刑事或者行政诉讼中都应当被赋予，而且对这一权利不应当存在“经审判长许可”这一限制。另外，不同于刑事诉讼中法官对发表意见的沉默回应，对于当事人一方提出的指导性案例，法官应当认真对待并进行有效的回应，阐明适用或不适用指导性案例的理由。在这一环节，法官应当首先运用同案认定的技术，根据在审案件的案情，判断当事人一方提出的指导性案例是否属于本案的类似案件。若属于类似案件，则通常应当视目前的诉讼阶段作出适用指导性案例的有关后续处理；若不属于类似案件，则应当拒绝适用指导性案例并向当事人阐明理由。如在“宋某兰与中华人民共和国自然资源部土地处罚复议纠纷再审案”

---

〔1〕 参见张骐：《试论指导性案例的“指导性”》，载《法制与社会发展》2007 年第 6 期。

〔2〕 参见周光权：《刑事案例指导制度的发展方向》，载《中国法律评论》2014 年第 3 期。

中,宋某兰以指导案例77号的裁判要点作为理由之一向最高人民法院提出再审申请。最高人民法院审查后认为:"本案案情与第77号指导性案例并不相同,该指导性案例的裁判要点对本案不具有参考性。宋某兰的该项再审申请理由不能成立。"[1]另外,若法官未作出有效回应或回应理由不充分而拒绝参照指导性案例,应当视作该法官的失职行为,法律监督机关甚至监察机关有权对其进行责任追究。当事人也可以以此作为提起上诉或再审的事由。

由于法官的失职,导致案件的处理结果与指导性案例相差甚远,产生了错案,那么追究案件承办法官的错案责任无可厚非。但是如果承办案件的法官没有发现也未参照指导性案例却在结果上作出了公正的判决,错案并没有产生,那么此时是否应当追究法官在程序瑕疵方面的责任呢?笔者认为,这种情况下的法官不应当受到过于严苛的负面评价,应当以提醒教育为主,不应受到实质性的处罚。

二、指导性案例的背离报告机制与排除适用情形

我国诉讼机制的缺陷,使得审级制度的作用在指导性案例的运行过程中失效,而法院系统内行政化的干预手段又会引发其他的负面效果。笔者认为,行政化的激励和处罚手段应当被适当地抛弃,指导性案例拘束力的功能定位不应当侧重于对司法工作人员的监督,否则容易导致案例指导制度的"功能变异",[2]使得法官适用法律的过程被上级意志所控制。拘束力的实现机制的构建,应当以发挥案例指导作用、实现司法统一为最终目的,淡化对法官的监督与控制,为法官在裁判过程中适当地发挥主观能动性留出制度空间。具体而言,应当鼓励法官对指导性案例进行深入研究学习,允许法官对指导性案例的适用予以质疑并进行变通。经过实践的检验后,也可以及时对受到质疑较多的指导性案例进行质量控制。这样不仅有助于提升法官职业群体的工作能力,还有利于指导性案例的高质量发展。

因此,法官在面对与待审案件相类似的指导性案例时,以"应当参照"作为原则,若无其他理由则必须参照执行。但原则之下应当允许有例外,同案同处

---

[1] 最高人民法院行政裁定书,(2019)行申3082号。

[2] 参见吴英姿:《谨防案例指导制度可能的"瓶颈"》,载《法学》2011年第9期。

的追求不能完全绝对化、机械化，如果有充分的具有说服力的理由，指导性案例也可以不被参照。因此应当构建中国的指导性案例背离报告机制。构建这一机制应当明确三个问题，即向谁报告的问题，如何审查的问题，审查的结果问题。

（一）向谁报告

承办案件的法官在决定背离指导性案例作出判决时，应当向谁报告？或者说谁有权审查背离报告呢？笔者认为，大致存在三条路径：一是向指导性案例的发布机关报告；二是向上级人民法院报告；三是向本级法院的审判委员会报告。

第一，向指导性案例的发布机关报告显然是不现实的。因为我国指导性案例的唯一发布机关是最高人民法院。如果全国每个作出背离指导性案例的判决的法院都向最高人民法院进行报告，那么最高人民法院将会被成千上万的背离报告所淹没，不仅会妨碍最高人民法院发挥其原本的职能，而且不利于待审案件得到迅速的回应。因此，这一条路径明显是行不通的。

第二，向上级人民法院进行背离报告。从域外的经验来看，这条路径似乎是较为合理的。在德国，背离报告制度是判例运行的重要制度保障。当法院要背离判例另行作出判决时，必须向上级法院报告。例如，联邦各州的宪法法院要背离其他州宪法法院的判例或联邦宪法法院的判例对案件作出判决时，必须向联邦宪法法院报告。同样，某个联邦最高专业法院要背离另一个最高专业法院的判例时，必须向联邦最高法院普通审判庭报告。[1] 德国判例制度的经验值得我国借鉴和学习。上级人民法院作为待审案件未来的二审法院，对下级人民法院具有天然的权威性，因为背离了指导性案例的案件极有可能遭遇二审，让二审法院审查案件的背离情况，对下级人民法院有更加直接的拘束力。而且由上级人民法院审查背离报告既不存在职业能力方面的问题也不存在司法资源方面的问题。但是有一点值得注意，目前我国的司法实践中存在下级人民法院向上级人民法院请示汇报的情况，下级人民法院在审理疑难问题难以把握时，便向上级人民法院请示汇报，寻求上级机关的帮助。这种请示汇报的做法虽然在实务界受到追捧，但是学术界对其批评声音不断，学术界普遍认为，请示汇报

---

〔1〕 参见王玧：《判例在联邦德国法律制度中的作用》，载《人民司法》1998 年第 7 期。

令上诉审名存实亡，造成了审级制度的失效。因为案件在第一审时就向二审法院请示汇报，那么当案件启动上诉，到达了二审法院时，由于二审法院已经在一审时对案件作出了批示，下级人民法院也是依据上级人民法院的批示作出一审判决，二审法院大概率不会作出与自己先前作出的批示相矛盾的裁判，二审改判的可能性就大大降低了。这样案件实质上只经过了一次审理，在严格意义上违背了两审终审制的要求。因此，若以上级人民法院为背离报告的审查主体，那么这一制度设计就要把握好上级人民法院对下级人民法院背离行为的审查范围，防止案件在一审时就经过了二审法院的实质审理。明确上级人民法院在背离报告制度中的角色定位，应当避免背离报告制度出现类似于请示汇报的恶劣影响。

第三，向本级人民法院的审判委员会报告。根据《人民法院组织法》第37条的规定，审判委员会有“讨论决定重大、疑难、复杂案件的法律适用”的职能。案件是否应当参照指导性案例的问题同样属于案件的法律适用问题，因此，由本院的审判委员会作为本院受理案件背离报告的审查主体，是符合审判委员会的职能定位的。但是，审判委员会制度自建立至今，在学界饱受争议。有学者认为审判委员会对案件的讨论决定过程剥夺了当事人获得公正审判的基本诉讼权利，审判委员会的“讨论并决定案件”的类审判职能因其对案件的非亲历性和不可追责性而存在明显缺陷。因此审判委员会制度亟须重点改革甚至被废除。[1] 当然，也有学者认为，在中国，审判委员会制度的存在也具有一定的合理性。[2] 关于审判委员会的存废之争至今仍难以平息，但不可否认的是，在目前的司法改革趋势下，审判委员会正在逐步走向“还权赋能”的变革方向，审判委员会要逐渐脱离审判职能，转型至对审判经验的总结功能以及对疑难案件的咨询指导功能上，完整的审判权最终要回归到可以独立承担责任的承办案件的法官及合议庭身上。[3] 因此，在司法改革的形势要求下，若以本级法院的审判委员会作为案件背离报告的审查主体，则审查的结果对承办案件的法官来说就仅仅是专业咨询意义上的指导意见，而非具有拘束力性质的决定性意见。这样一

〔1〕 参见陈瑞华：《正义的误区——评法院审判委员会制度》，载《北大法律评论》1998年第2期；徐向华课题组：《审判委员会制度改革路径实证研究》，载《中国法学》2018年第2期。

〔2〕 参见苏力：《基层法院审判委员会制度的考察及思考》，载《北大法律评论》1998年第2期。

〔3〕 参见徐向华课题组：《审判委员会制度改革路径实证研究》，载《中国法学》2018年第2期。

来,指导性案例背离报告制度就缺乏了制度刚性,不符合背离报告制度的设计初衷,不利于保障指导性案例拘束力的实现。

（二）审查过程

审查的过程大致可分为两个阶段:第一阶段审查拟作出的判决是否属于对指导性案例的背离,若经审查确定其背离了指导性案例,则进入第二阶段,审查该背离行为的理由是否合理且充分。因此,审查主体对背离报告的审查重点解决两个问题,首先,明确指导性案例的哪些部分是具有参照效力的,不参照这些部分则构成了对指导性案例的背离。其次,判断其理由是否足以支持法官作出排除适用指导性案例的认定。应当强调的是,上述审查的范围应当局限于背离行为,而不应将审查范围扩大至案件的其他或整个裁判过程。这一点在上文中也已经提到,因为审查机关作为案件审理法院的上级机关,其作出的任何批示或意见都会对下级人民法院的审判工作造成重大的影响,上级机关对背离报告的审查不应当涉及案件的实质审理,否则将重蹈“请示汇报制度”的覆辙,当事人的诉权难以得到保障。

最高人民法院颁布的指导性案例由多个部分组成。显然,并非指导性案例的所有部分都具有指导性。有学者认为,关键词、相关法条、基本案情和裁判结果四个部分支撑起指导性案例的基本结构,但是因为其编排上的操作性以及内容上的概括性而难以发挥具体的指导作用,因此这四部分属于辅助性的体例安排。而裁判要点和裁判理由蕴含重要的裁判规则、理念或方法,是指导性案例体例中最重要的结构要素,因此具有指导价值。[1] 也有学者认为,指导性案例裁判结果部分也可能具有指导性。因为,指导性案例的裁判结果有时对于需要法官进行道德考量的案件,以及需要法官把握裁判尺度的案件具有一定的参考作用。[2]

笔者认为,关于审判类似案件时具体应当参照指导性案例哪部分内容的问题,《实施细则》第9条有明确的规定,即“应当参照相关指导性案例的裁判要点作出裁判”。裁判要点并非原案件判决书的一部分,同公报案例中的“裁判摘要”类似,是后期人为归纳并拓展的案例添加物,其内容是对指导性案例所确立

---

〔1〕 参见陈兴良主编:《中国案例指导制度研究》,北京大学出版社2014年版,第64页。

〔2〕 参见张骐等:《中国司法先例与案例指导制度研究》,北京大学出版社2016年版,第225~227页。

的裁判规则的集中概括,是我国案例指导制度的特色。[1] 裁判要点作为指导性案例的核心,毫无疑问是具有参照效力的,也是审查背离行为是否确实发生的首要审查目标。一旦拟作出的判决违背了裁判要点所呈现的裁判规则,则可以确定发生了背离行为。

除裁判要点外,裁判理由部分也应当在审查过程中被重点关注。虽然《实施细则》并没有明确赋予裁判理由以参照效力,但是裁判理由部分是法官围绕案件的主要问题及争议焦点,结合案件事实、法律规范甚至法律原则,运用法理进行详细地说理论证的过程,这一过程是否公正,说理是否准确、透彻,影响着指导性案例的说服力和指导性。当拟作出的判决在事实认定或法律适用上不同于指导性案例的裁判理由所呈现的裁判规则时,若该规则或标准已经被归纳为裁判要点,比如指导案例 137 号的裁判理由部分详细论证了"环境行政公益诉讼中审查行政机关是否履行法定职责的标准"这一裁判规则,该裁判规则同时也是该指导性案例的裁判要点。在这种情况下,应当认为裁判理由也具有参照效力,其属于裁判要点部分的参照效力的延伸。在审查背离行为时,应当结合裁判理由进行审查。

若该规则未被归纳为裁判要点,那么该裁判理由是否具备参照效力?拟作出的判决违背该裁判规则,是否算对指导性案例的背离?以指导案例 26 号为例,指导案例 26 号的裁判理由论述了"外网与内网、上下级行政机关之间对于该申请的流转,属于行政机关内部管理事务,不能成为行政机关延期处理的理由"这一规则。而裁判要点部分仅提取了后半句"行政机关对于该申请[2]的内部处理流程,不能成为行政机关延期处理的理由"呈现的裁判规则,没有将前半句"外网与内网、上下级行政机关之间对于该申请的流转,属于行政机关内部管理事务"呈现的解释规则进行提取。笔者认为,在这种情形下,若未被提取为裁判要点的规则属于依照一般认知即可作出判断的常识性的规则,一般人对其不易产生理解上的差异,如上述指导案例 26 号对"行政机关内部管理实务"的解释规则,该规则即属于常识性的规则,正常人对于"外网与内网、上下级行政机

---

[1] 参见郭锋、吴光侠、李兵:《〈《关于案例指导工作的规定》实施细则〉的理解与适用》,载《人民司法》2015 年第 17 期。

[2] 政府信息公开申请。——笔者注

关之间对于该申请的流转,是否属于行政机关内部管理事务”基本上能够得出一致的判断,则该规则实质上并非由指导性案例所确立的,因此对这类规则的违反不应当视作对指导性案例的背离,应属于违反常识,可能构成事实认定或适用法律、法规错误,应当经由诉讼程序进行纠正;若该规则不属于常识性规则,在对应问题上也确实容易存在争议,那么即便该规则没有被作为裁判要点,也应当视为指导性案例所确定的裁判规则,同样具有指导性和参照的效力,在背离报告的审查过程中也应当对拟作出的判决是否违背该裁判规则进行审查。

裁判结果是一个案件的整个司法过程最终形成的实体结果,实体结果应当是评判裁判过程是否符合实质正义的最直接也是最重要的因素。司法裁判的实体结果的“统一”也是案例指导制度改革“同案同判”的实践需求的主要指向。[1] 当然,追求实体结果的“统一”并不是要“比着葫芦画瓢”地参照具体的裁判结果,而是要接受指导性案例的裁判结果在类似案件的定性和尺度的把握上所具有的指导作用。因此,拟作出的判决结果与对应指导性案例的裁判结果是否有明显差异,也应当是审查背离行为是否发生的因素之一。

审查主体经过对上述内容进行审查,确定发生了背离行为,则进入审查的第二个阶段,即对背离理由的合理性进行审查。法官在适用指导性案例进行裁判的过程中,通常需要参照指导性案例,但有原则就有例外,应当存在某些情况,法官可以背离指导性案例的裁判规则,排除指导性案例的适用。背离行为的审查应当聚焦于案件是否出现了需要排除适用指导性案例的情况。在普通法系的司法实践中,排除适用判例的情况主要有两种:一是前后案件不同;二是发现判例规则存在缺陷。[2]

前后案件不同,是指待决案件与判例在关键的案件事实上存在不同,使得待决案件与判例不具有实质上的相似性,因而可以排除判例的适用。这种情况在我国指导性案例的司法实践中也应当存在。虽然我国的指导性案例中裁判要点的存在,使我国法官参照适用指导性案例的过程不像普通法系国家那般复杂,参照的重点是对抽象裁判规则的理解适用,但是,任何抽象规则的理解适用

---

〔1〕 参见孙光宁:《“两高”指导性案例的差异倾向及其原因——基于裁判结果变动的分析》,载《东方法学》2015年第2期。

〔2〕 参见于同志:《论指导性案例的参照适用》,载《人民司法》2013年第7期。

都不应当完全脱离案件的基本事实。当存在某些关键的案件事实上的差异,且这种差异足以阻断待决案件与指导性案例的实质相似性时,为了个案的公平正义的实现,应当允许法官排除指导性案例的适用。

指导性案例是经过最高人民法院的层层筛选、审议发布的,指导性案例呈现的裁判规则的质量以及正确性应当是有所保障的,通常不会存在明显缺陷。但是,随着时代的进步、社会的发展以及司法政策的变化,指导性案例的裁判规则也可能会过时,或暴露出某些方面的疏漏。另外,我国幅员辽阔,受到各个地区不同的风土人情的影响,司法运行过程难免会存在地域差异,指导性案例的参照适用也会受到地域文化差异的影响。指导性案例的裁判规则并不必然适合国内全部地区的司法实践,在个别情况下为了实现个案正义而背离指导性案例,理应是被允许的。

(三)审查结果

背离报告的审查结果主要是对背离行为作出否定性或肯定性的评价。若审查主体不认可法官的背离行为,认为背离的理由不充分或不正当,则应当对背离行为作出否定性的评价。但是,这种评价是否应当对法官的裁判具有约束性,需要进一步考虑。

在德国背离报告模式下,上级法院比较尊重下级法院对于案件的独立决定权,下级法院向上级法院提出的背离报告,仅仅相当于一种备案,而非请求上级机关作出决定。[1] 值得注意的是,我国最高人民检察院在2010年发布的《关于案例指导工作的规定》中有"背离报告"的类似规定,其第16条"在办理同类案件、处理同类问题时,承办案件的检察官认为不应当适用指导性案例的,应当书面提出意见,报经检察长或者检察委员会决定。"根据这一规定,检察官在办理案件时,若拟背离指导性案例,则需要经检察长或者检察委员会的批准,承办案件的检察官并不具有独立决定的权利。

上述两种模式均具有一定的借鉴意义。一方面,背离报告制度不应当过分干预审理案件的法官作出独立决定的权利;另一方面,若审查的结果不对法官产生约束,背离报告制度作为指导性案例拘束力实现机制的一部分,也就失去

〔1〕 参见孙国祥:《从柔性参考到刚性参照的嬗变——以"两高"指导性案例拘束力的规定为视角》,载《南京大学学报(哲学·人文科学·社会科学版)》2012年第3期。

了存在的意义。笔者认为,当下案例指导制度的改革尚处在攻坚期,指导性案例的司法适用情况仍不乐观,指导性案例拘束力的实现机制也尚不完备。因此,从保障指导性案例能够被更多地适用的方向出发,使背离报告的审查结果对法官的裁判具有决定性的约束力是较为合适的。当承办案件的法官提出的背离报告得到否定性评价时,不得作出背离指导性案例的裁判,而应当参照指导性案例作出裁判。但是,若因背离行为被否定而导致错判的,应当适当免除审理案件的法官的错案责任,将该责任转嫁至背离报告的审查主体。

若审查主体认可法官的背离行为,认为其不参照指导性案例作出裁判的理由合理且充分,符合个案的公平正义,则应当对背离行为作出肯定性的评价,也无需对法官的裁判施加约束。但是,法官仍然要承担因背离行为可能产生的错案风险,以及当事人针对其未参照指导性案例而上诉的风险。但在最终进行责任追究时可以酌情减轻法官有关的责任,不宜与“应当参照而不参照且无正当理由”而导致的错案情形同等对待。

三、错案纠正与责任追究机制

承办案件的法官未取得上级机关的批准,擅自背离指导性案例作出裁判,或者未尽到注意义务而没有参照指导性案例作出裁判,导致裁判结果产生实体差错的,应当属于错案,需要依法进行纠错处理并根据情况依法追究办案人员的错案责任。

(一)案件纠错机制

法官一旦作出了错误的裁判,就要面临上级人民法院通过审级制度进行的案件纠错。案例指导制度改革将指导性案例的效力定位为“事实上的拘束力”,就预设了以上级人民法院的审判监督机制作为实现指导性案例拘束力的路径之一。法官擅自背离指导性案例作出裁判,就要承担案件被上级人民法院通过诉讼程序进行纠错的风险。指导性案例只有呈现裁判规则的部分才具有指导性,法官在适用过程中,主要是理解并参照指导性案例在疑难问题上的法律适用。因此,法官对指导性案例的擅自背离,实质上是法律适用出现了错误。若当事人不服下级人民法院在一审程序作出的背离指导性案例的判决或裁定,提起上诉,则上级人民法院在审理上诉案件时,可以按照“原判决、裁定适用法律、法规错误”的情形处理,依法改判、撤销或者变更。同理,若法官擅自背离指导性案例作出的判决或裁定已经发生法律效力,则可以按照启动再审理由中"原判决、裁定适用法律、法规确有错误"的情形启动再审程序,对错案进行纠正。

(二)责任追究机制

在我国的审判工作中,追究办案人员的错案责任在主观方面需要满足存在故意或者重大过失的要件,而且在重大过失的情形下还要求造成严重后果才可以追究责任。〔1〕这就意味着,法官若无违法裁判的故意或重大过失,就不能追究其司法责任。对法官的司法责任进行一定程度的豁免,是世界上较为通行的做法,也是司法职业的特殊性和司法规律使然。〔2〕因此,对于因背离指导性案例而作出错误裁判的,在不存在其他违法因素的情形下,是否需要对办案人员进行错案责任追究,关键是看办案人员有没有背离指导性案例的故意或重大过失。对主观故意的行为表现的理解应当是明知承办的案件存在具有类似关系的指导性案例却拒绝适用且无正当理由,或者对当事人提出适用指导性案例的要求不予有效回应,并拒绝适用该指导性案例;对重大过失的行为表现的理解应当是没有尽到对指导性案例最基本的注意义务,比如法官在审理案件的过程中忘记对指导性案例进行例行检索。此外,在主观上属于重大过失的情形下,还应当判断是否造成了严重后果。对造成严重后果的理解应当是给案件的当事人造成了严重损失。

经审查判断,若案件属于应当追究错案责任的情形,则依照《最高人民法院关于完善人民法院司法责任制的若干意见》第 34 ~ 37 条所规定的违法审判责任追究程序进行司法责任追究。此外,根据 2016 年最高人民法院、最高人民检察院印发的《关于建立法官、检察官惩戒制度的意见(试行)》,人民法院发现法官存在违反职责的行为,应当在查明事实的基础上提请惩戒委员会审议。惩戒委员会经过审议后认为法官违反职责,构成故意或者因重大过失导致案件错误并造成严重后果的,应当将审查意见送达当事法官和有关法院。人民法院应当对当事法官作出惩戒决定,并给予相应的处理。

---

〔1〕 2015 年发布的《最高人民法院关于完善人民法院司法责任制的若干意见》第四部分第 25 项规定:"法官在审判工作中,故意违反法律法规的,或者因重大过失导致裁判错误并造成严重后果的,依法应当承担违法审判责任。"

〔2〕 参见朱孝清:《错案责任追究与豁免》,载《中国法学》2016 年第 2 期。

参 考 文 献

一、专著类

左卫民、陈明国主编:《中国特色案例指导制度研究》,北京大学出版社2014年版。

陈兴良主编:《中国案例指导制度研究》,北京大学出版社2014年版。

郝铁川:《中华法系研究》,复旦大学出版社1997年版。

于同志:《案例指导研究:理论与应用》,法律出版社2018年版。

林维:《刑法解释的权力分析》,中国人民公安大学出版社2006年版。

姜明安:《行政诉讼法》(第3版),北京大学出版社2016年版。

何海波:《行政诉讼法》(第2版),法律出版社2016年版。

章剑生:《现代行政法总论》(第2版),法律出版社2019年版。

何海波:《实质法治:寻求行政判决的合法性》(第2版),法律出版社2020年版。

沈福俊:《实践视角下的行政法治》,北京大学出版社2019年版。

李广宇:《新行政诉讼法逐条注释》,法律出版社2015年版。

黄茂荣:《法学方法与现代民法》,中国政法大学出版社2001年版。

舒国滢主编:《法理学导论》(第2版),北京大学出版社2012年版。

张骐等:《中国司法先例与案例指导制度研究》,北京大学出版社2016年版。

胡建淼:《行政法学》(第4版),法律出版社2015年版。

叶必丰主编:《行政法与行政诉讼法》(第4版),中国人民大学出版社2015年版。

《法学词典》编辑委员会编:《法学词典》(第2版),上海辞书出版社1984

年版。

宋亚辉:《社会性规制的路径选择》,法律出版社 2017 年版。

李惠宗:《教育行政法要义》,台北,元照出版有限公司 2004 年版。

姜明安主编:《行政法与行政诉讼法》,北京大学出版社、高等教育出版社 1999 年版。

江必新:《中国行政诉讼制度之发展——行政诉讼司法解释解读》,金城出版社 2001 年版。

章志远:《行政法学总论》,北京大学出版社 2014 年版。

王名扬:《美国行政法》,北京大学出版社 2016 年版。

郭叶:《最高人民法院指导性案例司法应用研究报告》,北京大学出版社 2018 年版。

[德]卡尔·拉伦茨:《法学方法论》,陈爱娥译,商务印书馆 2003 年版。

季卫东:《法治秩序的建构》,中国政法大学出版社 1999 年版。

陈金钊主编:《法律方法论》,北京大学出版社 2013 年版。

蔡小雪:《行政行为的合法性审查》,中国民主法制出版社 2020 年版。

应松年主编:《行政法学与行政诉讼法学》(第 2 版),法律出版社 2009 年版。

[德]罗伯特·阿列克西:《法律论证理论——作为法律证立理论的理性论辩理论》,舒国滢译,中国法制出版社 2002 年版。

[德]魏德士:《法理学》,丁晓春、吴越译,法律出版社 2005 年版。

章剑生、胡敏洁、查云飞主编:《行政法判例百选》,法律出版社 2020 年版。

最高人民法院司法改革领导小组办公室编写:《〈最高人民法院关于全面深化人民法院改革的意见〉读本》,人民法院出版社 2015 年版。

王名扬:《法国行政法》,中国政法大学出版社 1979 年版。

车文博主编:《心理咨询大百科全书》,浙江科学技术出版社 2001 年版。

[美]约翰·罗尔斯:《正义论》,何怀宏、何包钢、廖申白译,中国社会科学出版社 2001 年版。

[德]考夫曼:《法律哲学》,刘幸义等译,法律出版社 2004 年版。

[英]迈克尔·赞德:《英国法:议会立法、法条解释、先例原则及法律改革》,江辉译,中国法制出版社 2014 年版。

[英]约瑟夫·拉兹:《实践理性与规范》,朱学平译,中国法制出版社 2011 年版。

沈宗灵:《比较法研究》,北京大学出版社 1998 年版。

霍建强:《法之力——英美法系经典案例详解》,中国政法大学出版社 2019 年版。

许章润主编:《清华法学》(第 6 辑),清华大学出版社 2005 年版。

陈树森:《我国案例指导制度研究》,上海人民出版社 2017 年版。

[英]约瑟夫·拉兹:《法律的权威:法律与道德论文集》,朱峰译,法律出版社 2005 年版。

二、期刊文章类

胡云腾、于同志:《案例指导制度若干重大疑难争议问题研究》,载《法学研究》2008 年第 6 期。

王利明:《我国案例指导制度若干问题研究》,载《法学》2012 年第 1 期。

徐媛媛:《案例指导制度中的理性建构偏好——基于审判指导性案例的展开》,载《国家检察官学院学报》2019 年第 5 期。

张志铭:《中国法院案例指导制度价值功能之认知》,载《学习与探索》2012 年第 3 期。

秦宗文:《案例指导制度的特色、难题与前景》,载《法制与社会发展》2012 年第 1 期。

刘笃才:《中国古代判例考论》,载《中国社会科学》2007 年第 4 期。

陈兴良:《案例指导制度的法理考察》,载《法制与社会发展》2012 年第 3 期。

汪世荣、刘全娥:《陕甘宁边区高等法院编制判例的实践与经验》,载《法律科学(西北政法大学学报)》2007 年第 4 期。

刘作翔、徐景和:《案例指导制度的理论基础》,载《法学研究》2006 年第 3 期。

孙跃:《案例指导制度的改革目标及路径——基于权威与共识的分析》,载《法制与社会发展》2020 年第 6 期。

李桂林:《实质法治:法治的必然选择》,载《法学》2018 年第 7 期。

陈金钊:《实质法治思维路径的风险及其矫正》,载《清华法学》2012 年第

4 期。

张骐:《论中国案例指导制度向司法判例制度转型的必要性与正当性》,载《比较法研究》2017 年第 5 期。

郜永昌、刘克毅:《论案例指导制度的法律定位》,载《法律科学(西北政法大学学报)》2008 年第 4 期。

侯欢:《司法解释与案例指导制度关系之辨》,载《北方法学》2019 年第 3 期。

姜远亮:《指导性案例与司法解释的关系定位及互动路径——以刑事审判为视角》,载《法律适用》2019 年第 8 期。

章剑生:《行政诉讼"解决行政争议"的限定及其规则——基于〈行政诉讼法〉第 1 条展开的分析》,载《华东政法大学学报》2020 年第 4 期。

沙卫鹏:《监督行政对权利的影响——以〈行政诉讼法〉第 1 条为基础的解释学展开》,载《交大法学》2021 年第 1 期。

邵建东:《从形式法治到实质法治——德国"法治国家"的经验教训及启示》,载《南京大学法律评论》2004 年第 2 期。

张翔:《形式法治与法教义学》,载《法学研究》2012 年第 6 期。

江必新:《严格依法办事:经由形式正义的实质法治观》,载《法学研究》2013 年第 6 期。

黄文艺:《为形式法治理论辩护——兼评〈法治:理念与制度〉》,载《政法论坛》2008 年第 1 期。

马怀德、孔祥稳:《中国行政法治四十年:成就、经验与展望》,载《法学》2018 年第 9 期。

周佑勇:《裁量基准的正当性问题研究》,载《中国法学》2007 年第 6 期。

姜明安:《论行政裁量的自我规制》,载《行政法学研究》2012 年第 1 期。

王锡锌:《自由裁量权基准:技术的创新还是误用》,载《法学研究》2008 年第 5 期。

袁曙宏、赵永伟:《西方国家依法行政比较研究——兼论对我国依法行政的启示》,载《中国法学》2000 年第 5 期。

梁凤云:《行政协议的界定标准——以行政协议司法解释第 1 条规定为参照》,载《行政法学研究》2020 年第 5 期。

王彬:《指导性案例的效力困境及其解决》,载《河南大学学报(社会科学版)》2017 年第 4 期。

王利明:《论行政协议的范围——兼评〈关于审理行政协议案件若干问题的规定〉第 1 条、第 2 条》,载《环球法律评论》2020 年第 1 期。

刘树德、胡继先:《关于类案检索制度相关问题的若干思考》,载《法律适用》2020 年第 18 期。

江必新:《论行政争议的实质性解决》,载《人民司法》2012 年第 19 期。

王万华:《行政复议法的修改与完善——以"实质性解决行政争议"为视角》,载《法学研究》2019 年第 5 期。

江必新:《论行政诉讼法司法解释对行政诉讼制度的发展和创新》,载《法律适用》2018 年第 7 期。

张骐:《论裁判规则的规范性》,载《比较法研究》2020 年第 4 期。

谢晖:《民间法与裁判规范》,载《法学研究》2011 年第 2 期。

张其山:《裁判规范的创立原则》,载《政治与法律》2009 年第 10 期。

张嘉军:《论裁判规则的基本含义及其功能》,载《河南财经政法大学学报》2020 年第 1 期。

孙跃:《论类案裁判规则及其提炼方法》,载《湖北社会科学》2021 年第 8 期。

周佑勇:《作为过渡措施的案例指导制度——以"行政[2005]004 号案例"为观察对象》,载《法学评论》2006 年第 3 期。

刘作翔:《我国为什么要实行案例指导制度》,载《法律适用》2006 年第 8 期。

雷磊:《指导性案例法源地位再反思》,载《中国法学》2015 年第 1 期。

张骐:《再论指导性案例效力的性质与保证》,载《法制与社会发展》2013 年第 1 期。

泮伟江:《论指导性案例的效力》,载《清华法学》2016 年第 1 期。

彭中礼:《法律渊源词义考》,载《法学研究》2012 年第 6 期。

陈金钊:《法源的拟制性及其功能——以法之名的统合及整饬》,载《清华法学》2021 年第 1 期。

张卓明:《完善法律体系的司法路径》,载《法学》2011 年第 8 期。

陈金钊:《论审判规范》,载《比较法研究》1999 年第 3、4 期。

陆幸福:《最高人民法院指导性案例法律效力之证成》,载《法学》2014 年第 9 期。

吴叶乾、韩青松:《对“同案同判”的全面理解及其实现》,载《浙江理工大学学报(社会科学版)》2020 年第 1 期。

张骐:《发展案例指导制度需要处理好的三个关系》,载《中国审判》2011 年第 10 期。

孙海波:《指导性案例的隐性适用及其矫正》,载《环球法律评论》2018 年第 2 期。

郭叶、孙妹:《最高人民法院指导性案例 2019 年度司法应用报告》,载《中国应用法学》2020 年第 3 期。

江必新:《迈向统一的行政基本法》,载《清华法学》2012 年第 5 期。

章志远:《中国特色行政法法典化的模式选择》,载《法学》2018 年第 9 期。

刘汉天、肖冰:《良法善治的推进——以案例指导制度的功能实现为视角》,载《南京社会科学》2020 年第 11 期。

瞿灵敏:《指导性案例类型化基础上的“参照”解读——以最高人民法院指导性案例为分析对象》,载《交大法学》2015 年第 3 期。

耿宝建、姚宝华:《指导案例 5 号〈鲁潍(福建)盐业进出口有限公司苏州分公司诉江苏省苏州市盐务管理局盐业行政处罚案〉的理解与参照》,载《人民司法》2012 年第 15 期。

郑磊、卢炜:《“旧”下位法的适用性——以第 5 号指导性案例、第 13 号行政审判指导案例为焦点》,载《政治与法律》2014 年第 7 期。

黄喆:《地方立法设定行政处罚的权限困境与出路》,载《政治与法律》2019 年第 7 期。

林秋萍:《行政法领域的“设定权”与“规定权”》,载《河北法学》2014 年第 11 期。

石磊:《〈盐城市奥康食品有限公司东台分公司诉盐城市东台工商行政管理局工商行政处罚案〉的理解与参照——食品经营者在食品标签、说明书上应依法标示特别强调的配料、成分的添加量或含量》,载《人民司法(案例)》2017 年第 14 期。

郭叶、孙妹:《最高人民法院指导性案例司法应用年度比较分析报告——以2011－2018年应用案例为研究对象》,载《上海政法学院学报》2019年第6期。

宋亚辉:《食品安全标准的私法效力及其矫正》,载《清华法学》2017年第2期。

薛玮、季春:《机动车礼让行人义务的厘定与审查》,载《人民司法(案例)》2016年第20期。

柳砚涛、原浩洋:《过程性行为理论在行政审判中的应用——对全国首例"斑马线罚款案"的法理反思》,载《北京行政学院学报》2017年第1期。

薛玮、杨奕:《人行横道前机动车礼让义务的认定——贝某诉海宁市公安局交警大队行政处罚案》,载《中国法律评论》2016年第3期。

肖松:《各地严查"机动车不礼让斑马线"行为》,载《人民交通》2017年第9期。

杨士林、杨菲楠:《人行横道前的机动车礼让义务》,载《人民司法(案例)》2016年第20期。

李明超:《行政许可设定的三层次分析》,载《河南财经政法大学学报》2019年第3期。

沈岿:《指导案例助推垄断改革——以指导案例5号为分析对象》,载《行政法学研究》2014年第2期。

董皞:《论行政审判对行政规范的审查与适用》,载《中国法学》2000年第5期。

金自宁:《地方立法行政许可设定权之法律解释:基于鲁潍案的分析》,载《中国法学》2017年第1期。

沈关成:《对地方立法权的再认识》,载《中国法学》1996年第1期。

许中华:《高校学位授予权的行政法分析》,载《理论界》2007年第8期。

肖鹏:《论撤销学位的法律规制——对中山大学撤销陈颖硕士学位案件的法律思考》,载《中国高教研究》2008年第2期。

刘慧:《论学位撤销行为的法律性质》,载《武汉理工大学学报(社会科学版)》2019年第5期。

徐靖:《高校校规:司法适用的正当性与适用原则》,载《中国法学》2017年第5期。

高冠宇:《大学校规司法审查的法理阐释》,载《法学评论》2021 年第 4 期。

王霁霞:《高等学校校规司法审查的类型分析与进路重构——基于近 3 年 40 起高等学校教育行政诉讼案件的实证研究》,载《中国高教研究》2018 年第 9 期。

朱芒:《高校校规的法律属性研究》,载《中国法学》2018 年第 4 期。

石磊:《〈何小强诉华中科技大学拒绝授予学位案〉的理解与参照——高等学校在学术自治范围内有依法制定学术评价标准职权》,载《人民司法(案例)》2016 年第 20 期。

郑磊:《论学术自治尊让原则的具体化——基于最高人民法院指导案例 39 号之展开》,载《郑州大学学报》2016 年第 3 期。

周佑勇:《法治视野下学位授予权的性质界定及其制度完善——兼述〈学位条例〉修订》,载《学位与研究生教育》2018 年第 11 期。

周慧蕾:《再论大学自治权与学生权利的司法平衡——从我国司法实践切入》,载《法治研究》2018 年第 6 期。

杨艳飞:《司法介入高校学位授予纠纷之模式探析——以"田永案"与"何小强案"为分析视角》,载《学位与研究生教育》2015 年第 8 期。

王工厂:《基于司法大数据的高校学位授予实证研究——兼论高校学位授予关联行为的规范》,载《学位与研究生教育》2021 年第 1 期。

陈越峰:《高校学位授予要件设定的司法审查标准及其意义》,载《华东政法大学学报》2011 年第 3 期。

朱芒:《"行政行为违法性继承"的表现及其范围——从个案判决与成文法规范关系角度的探讨》,载《中国法学》2010 年第 3 期。

宁倩:《论信赖利益保护原则的运用——基于张道文案的分析》,载《法律适用》2020 年第 8 期。

成协中:《行政行为违法性继承的中国图景》,载《中国法学》2016 年第 3 期。

何兵:《行政行为的违法性继承——最高法院"饭垄堆案"判决释评》,载《行政法学研究》2019 年第 2 期。

谢增毅:《"工作过程"与美国工伤认定——兼评我国工伤认定的不足与完善》,载《环球法律评论》2008 年第 5 期。

郑晓珊:《工伤认定一般条款的建构路径》,载《法学研究》2019 年第 4 期。

石磊、阎巍:《〈孙立兴诉天津新技术产业园区劳动人事局工伤认定行政纠纷案〉的理解与参照——职工为完成工作任务在转换工作场所的必经区域过失导致自身伤亡应当认定为工伤》,载《人民司法(案例)》2016 年第 20 期。

朱欢颜:《试论道路交通事故责任认定的不可诉性》,载《交通管理研究》2001 年第 1 期。

高万云:《道路交通事故责任认定的不可诉性》,载《江苏公安专科学校学报》2001 年第 5 期。

罗凤娥:《交通事故责任认定的行政非诉性评析——兼论行政裁决行为的非诉性》,载《现代法学》2002 年第 3 期。

孟祥瑞:《建设工程竣工验收备案行为可诉性问题探析》,载《大庆社会科学》2020 年第 4 期。

雷丰超:《行政确认行为应纳入行政诉讼范围——对岳阳市 107 国道管理处诉岳阳县公安局案的法律分析》,载《行政法学研究》2004 年第 2 期。

石磊、阎巍:《〈内蒙古秋实房地产开发有限责任公司诉呼和浩特市人民防空办公室人防行政征收案〉的理解与参照》,载《人民司法》2014 年第 6 期。

陈新民:《搭附禁止原则与特别法适用原则的问题——评内蒙古秋实房地产开发有限责任公司诉呼和浩特市人民防空办公室人防行政征收案》,载《中国政法大学学报》2018 年第 6 期。

罗智敏:《行政赔偿案件中原被告举证责任辨析》,载《中国法学》2019 年第 6 期。

江必新:《完善行政诉讼制度的若干思考》,载《中国法学》2013 年第 1 期。

刘莘:《1993 年行政法学综述》,载《行政法学研究》1994 年第 2 期。

薛刚凌、王霁霞:《论行政诉讼制度的完善与发展——〈行政诉讼法〉修订之构想》,载《政法论坛》2003 年第 1 期。

邓刚宏:《行政诉讼举证责任分配的逻辑及其制度构建》,载《政治与法律》2017 年第 3 期。

杨杰:《行政强拆赔偿案件中的原告举证责任分析——基于〈行政诉讼法〉第 38 条第 2 款“举证责任倒置”引发的思考》,载《行政与法》2018 年第 12 期。

程琥:《新条例实施后政府信息公开行政诉讼若干问题探讨》,载《行政法学研究》2019 年第 4 期。

武飞:《论政府信息检索义务的司法审查——从最高人民法院 101 号指导性案例切入》,载《山东法官培训学院学报》2020 年第 5 期。

郑涛:《政府信息不存在诉讼之证明责任分配探析》,载《清华法学》2016 年第 6 期。

王嘉贤:《"政府信息不存在"的认定与审查》,载《行政法学研究》2021 年第 3 期。

刘练军:《姓名登记规范研究》,载《法商研究》2017 年第 3 期。

陈锦波:《公民姓名权的行政法双重保护》,载《行政法学研究》2020 年第 5 期。

刘练军:《公序良俗的地方性与谦抑性及其司法适用》,载《求索》2019 年第 3 期。

江必新:《中国行政合同法律制度:体系、内容及其构建》,载《中外法学》2012 年第 6 期。

郑红葛、石磊:《〈萍乡市亚鹏房地产开发有限公司诉萍乡市国土资源局不履行行政协议案〉的理解与参照——行政协议履行争议中行政机关合同解释行为的法律效力及司法审查》,载《人民司法(案例)》2018 年第 23 期。

陈国栋:《行政协议审判依据的审查与适用——76 号指导案例评析》,载《华东政法大学学报》2018 年第 3 期。

王清军:《环境行政公益诉讼中行政不作为的审查基准》,载《清华法学》2020 年第 2 期。

刘卫先、张帆:《环境行政公益诉讼中行政主管机关不作为违法及其裁判的实证研究》,载《苏州大学学报(法学版)》2020 年第 2 期。

石肖雪:《行政处罚听证程序适用范围的发展——以法规范与案例的互动为中心》,载《华东政法大学学报》2013 年第 6 期。

杨登峰:《指导案例 6 号的未竟之业》,载《法治现代化研究》2017 年第 3 期。

石肖雪:《行政听证程序的本质及其构成》,载《苏州大学学报(法学版)》2019 年第 2 期。

石肖雪:《作为沟通过程的行政听证》,载《法学家》2018 年第 5 期。

石磊:《〈魏永高、陈守志诉来安县人民政府收回土地使用权批复案〉的理解与参照》,载《人民司法》2014 年第 6 期。

章剑生:《行政机关上下级之间层级监督行为的可诉性——崔永超诉山东省济南市人民政府不履行法定职责案评析》,载《政治与法律》2017 年第 12 期。

胡美静:《内部行政行为的可诉性分析》,中国政法大学 2010 年硕士学位论文。

熊勇先、苗玉霖:《司法视域下内部行政行为的外化条件》,载《法律适用》2021 年第 8 期。

刘飞、谭达宗:《内部行为的外部化及其判断标准》,载《行政法学研究》2017 年第 2 期。

李永超:《揭穿内部行政行为之面纱——基于司法实践中"外化"之表达的一种解释框架》,载《行政法学研究》2012 年第 4 期。

王学辉:《行政批示的行为法意蕴》,载《行政法学研究》2018 年第 3 期。

朱维究、胡卫列:《行政行为过程性论纲》,载《中国法学》1998 年第 4 期。

苏琪越:《程序性行政行为的可诉性要件探讨——基于对最高法院第 69 号指导案例的评析》,载《哈尔滨学院学报》2020 年第 1 期。

蔡乐渭:《行政诉讼中的成熟性原则研究》,载《西南政法大学学报》2005 年第 5 期。

江利红:《行政过程的阶段性法律构造分析——从行政过程论的视角出发》,载《政治与法律》2013 年第 1 期。

伏创宇:《高校行政案件中正当程序适用的困境与基础重述》,载《求索》2020 年第 4 期。

何海波:《晨光初现的正当程序原则》,载中国法学会行政法学研究会:《服务型政府与行政法:中国法学会行政法学会研究会 2008 年年会论文集》,浙江工商大学出版社 2009 年版。

姚金菊:《法院的智慧:实体的有所不为与程序的有所必为》,载《中国应用法学》2018 年第 4 期。

赵宏:《保护规范理论在举报投诉人原告资格中的适用》,载《北京航空航天大学学报》2018 年第 5 期。

伏创宇:《行政举报案件中原告资格认定的构造》,载《中国法学》2019 年第

5 期。

孙光宁:《清理指导性案例的失范与规范——基于法〔2020〕343 号通知的分析与反思》,载《政治与法律》2021 年第 6 期。

刘作翔、徐景和:《案例指导制度中的案例适用问题》,载《湘潭大学学报(哲学社会科学版)》2008 年第 2 期。

张骐:《论类似案件的判断》,载《中外法学》2014 年第 2 期。

孙海波:《案例指导制度下的类案参照方法论》,载《现代法学》2020 年第 5 期。

王天华:《案例指导制度的行政法意义》,载《清华法学》2016 年第 4 期。

张骐:《再论类似案件的判断与指导性案例的使用——以当代中国法官对指导性案例的使用经验为契口》,载《法制与社会发展》2015 年第 5 期。

张祺炜、顾建兵:《商品房预售合同登记备案的司法审查》,载《人民司法(案例)》2017 年第 5 期。

宋晓:《判例生成与中国案例指导制度》,载《法学研究》2011 年第 4 期。

王彬:《指导性案例遴选标准的完善》,载《法律方法》2017 年第 2 辑。

孙光宁:《热点案件遴选为指导性案例的意义及其运作》,载《湖北社会科学》2020 年第 4 期。

陈兴良:《正当防卫如何才能避免沦为僵尸条款——以于欢故意伤害案一审判决为例的刑法教义学分析》,载《法学家》2017 年第 5 期。

徐骏、徐栩:《指导性案例体系的构建路径——以法官激励为中心的分析》,载《金陵法律评论》2012 年第 1 期。

刘治斌:《司法过程中的法律发现及其方法论析》,载《法律科学(西北政法学院学报)》2006 年第 1 期。

沈开举、邢昕:《检察机关提起行政公益诉讼诉前程序实证研究》,载《行政法学研究》2017 年第 5 期。

耿宝建:《主观公权利与原告资格——保护规范理论的中国式表述与运用》,载《行政法学研究》2020 年第 2 期。

刘雪鹂:《行政行为违法性继承的新进展——基于指导案例 88 号的分析》,载《华东政法大学学报》2021 年第 1 期。

黄锴:《"目的性限缩"在行政审判中的适用规则——基于最高人民法院指

导案例 21 号的分析》,载《华东政法大学学报》2014 年第 6 期。

何海波:《司法判决中的正当程序原则》,载《法学研究》2009 年第 1 期。

刘行:《行政程序中间行为可诉性标准探讨——结合最高法院第 69 号指导案例的分析》,载《行政法学研究》2018 年第 2 期。

郑磊:《土地行政公益诉讼的类型建构及展开》,载《行政法学研究》2020 年第 6 期。

胡卫列、田凯:《检察机关提起行政公益诉讼试点情况研究》,载《行政法学研究》2017 年第 2 期。

秦前红:《检察机关参与行政公益诉讼理论与实践的若干问题探讨》,载《政治与法律》2016 年第 11 期。

孙光宁:《法律解释方法在指导性案例中的运用及其改进》,载《中国法学》2018 年第 1 期。

陈坤:《法律解释与法律续造的区分标准》,载《法学研究》2021 年第 4 期。

杨铜铜:《论法律解释规则》,载《法律科学(西北政法大学学报)》2019 年第 3 期。

林来梵、张卓明:《论法律原则的司法适用——从规范性方法论角度的一个分析》,载《中国法学》2006 年第 2 期。

董皞:《判定法律冲突之问题研究》,载《法律科学(西北政法大学学报)》2014 年第 1 期。

孙光宁:《漏洞补充的实践运作及其限度——以指导性案例 20 号为分析对象》,载《社会科学》2017 年第 1 期。

张先明:《用好用活指导性案例努力实现司法公正——最高人民法院研究室负责人就案例指导制度答记者问》,载《人民法院报》2011 年 12 月 21 日,第 3 版。

李亚凝:《以基层经验为基础的集中决断模式——论我国指导性案例制度的本土化趋向》,载《中国刑事法杂志》2012 年第 6 期。

赵志、陈琨:《内外兼修:刑事指导性案例生成机制——以现有的 9 个刑事指导性案例为分析样本》,载《环球市场信息导报》2015 年第 49 期。

郭锋、吴光侠、李兵:《〈《关于案例指导工作的规定》实施细则〉的理解与适用》,载《人民司法》2015 年第 17 期。

王淑俐、王继余:《法官认知中的利益衡量与法律适用》,载《中国应用法学》2018 年第 5 期。

郭叶、孙妹:《最高人民法院指导性案例司法应用情况 2017 年度报告》,载《中国应用法学》2018 年第 31 期。

郭叶、孙妹:《指导性案例应用大数据分析——最高人民法院指导性案例司法应用年度报告(2016)》,载《中国应用法学》2017 年第 4 期。

朱孝清:《司法的亲历性》,载《中外法学》2015 年第 4 期。

张超:《论"同案同判"的证立及限度》,载《法律科学(西北政法大学学报)》2015 年第 1 期。

邱祥:《论类案的相似性判断标准——以最高人民检察院探索建立类案监督机制为背景》,载《西安石油大学学报(社会科学版)》2021 年第 4 期。

最高人民法院主办:《人民司法(案例)》2021 年第 8 期。

杨成:《法国行政判例制度及其借鉴》,载《行政与法》2007 年第 6 期。

张治宇:《行政判决·行政判例·行政判例法——一种比较的视角》,载《行政法学研究》2005 年第 4 期。

[德]罗伯特·阿列克西、拉尔夫·德莱尔:《德国法中的判例》,高尚译,载《中国应用法学》2018 年第 2 期。

高尚:《德国判例结构特征对中国指导性案例的启示》,载《社会科学研究》2015 年第 5 期。

孙海波:《普通法系法官背离先例的经验及其启示》,载《法商研究》2020 年第 5 期。

张雪宁:《案例指导制度形成机制的问题研究——以美国司法判例形成为参考》,华东政法大学 2020 年硕士学位论文。

汪全胜:《论立法后评估主体的建构》,载《政法论坛》2010 年第 5 期。

刘克毅:《论指导性案例的效力及其体系化》,载《法治现代化研究》2017 年第 5 期。

李秀霞:《三权分离:完善司法权运行机制的途径》,载《法学》2014 年第 4 期。

张骐:《论指导性案例的"指导性"》,载《法制与社会发展》2007 年第 6 期。

李拥军、周芳芳:《我国判决说理激励机制适用问题之探讨》,载《法制与社会发展》2018 年第 3 期。

孙海波:《“同案同判”:并非虚构的法治神话》,载《法学家》2019 年第 5 期。

郑智航:《中国指导性案例生成的行政化逻辑——以最高人民法院发布的指导性案例为分析对象》,载《当代法学》2015 年第 4 期。

孙光宁:《指导性案例在类案检索机制中的地位及其运作》,载《法律适用》2020 年第 12 期。

李世宇:《司法大数据在类案裁判中的应用探索》,载《郑州大学学报(哲学社会科学版)》2018 年第 1 期。

孙光宁:《指导性案例裁判要旨概括方式之反思》,载《法商研究》2016 年第 4 期。

四川省高级人民法院、四川大学联合课题组:《中国特色案例指导制度的发展与完善》,载《中国法学》2013 年第 3 期。

田源、张民全:《指导性案例的参照方法——以行政类指导性案例为例》,载《法律方法》2018 年第 2 期。

解亘:《论学者在案例指导制度中的作用》,载《南京大学学报(哲学·人文科学·社会科学版)》2012 年第 4 期。

胡云腾、吴光侠:《指导性案例的体例与编写》,载《人民法院报》2012 年 4 月 11 日,第 8 版。

冯文生:《审判案例指导中的“参照”问题研究》,载《清华法学》2011 年第 3 期。

胡斌:《行政执法案例指导制度的法理与构建》,载《政治与法律》2016 年第 9 期。

于同志:《论指导性案例的参照适用》,载《人民司法》2013 年第 7 期。

张滕:《类案认定标准的反思及其重构》,载《广东开放大学学报》2020 年第 5 期。

孙跃:《指导性案例跨类型适用的限度与进路》,载《交大法学》2020 年第 1 期。

张骐:《判例法的比较研究——兼论中国建立判例法的意义、制度基础与操作》,载《比较法研究》2002 年第 4 期。

余高能、代水平:《美国判例法的运作机制》,载《西安电子科技大学学报

(社会科学版)》2007 年第 4 期。

叶榅平:《遵循先例原则与英国法官的审判思维和方法》,载《比较法研究》2015 年第 1 期。

王玧:《英美法系的判例法》,载《人民司法》1998 年第 6 期。

林喜芬:《美国法院遵循先例的运行机制及启示》,载《比较法研究》2015 年第 2 期。

孙光宁:《法理在指导性案例中的实践运用及其效果提升》,载《法制与社会发展》2019 年第 1 期。

丰霏:《如何发现法理?》,载《法制与社会发展》2018 年第 2 期。

邓矜婷:《确定先例规则的理论及其对适用指导性案例的启示——基于对美国相关学说的分析》,载《法商研究》2015 年第 3 期。

最高人民法院课题组:《关于德国判例考察情况的报告》,载《人民司法》2006 年第 7 期。

汤文平:《中国特色判例制度之系统发动》,载《法学家》2018 年第 6 期。

周翠:《民事指导性案例:质与量的考察》,载《清华法学》2016 年第 4 期。

顾翠姣:《检察机关办案视角下刑事类案的认定和参照参考》,载《贵州警察学院学报》2021 年第 1 期。

徐骏:《智慧法院的法理审思》,载《法学》2017 年第 3 期。

赵英男:《类似案件判断中比较点的确定:原则、路径与运用》,载《法律适用》2020 年第 6 期。

顾培东:《我国成文法体制下不同属性判例的功能定位》,载《中国法学》2021 年第 4 期。

雷磊:《如何理解"同案同判"?——误解及其澄清》,载《政法论丛》2020 年第 5 期。

最高人民法院案例指导工作办公室:《指导案例 6 号的理解与参照》,载《人民司法(案例)》2014 年第 6 期。

周少华:《刑事案件的差异化判决及其合理性》,载《中国法学》2019 年第 4 期。

殷勤、顾建兵:《南通金大洋海水晶有限公司与如皋市盐务管理局行政处罚纠纷上诉案——工业盐制销企业构成销售违法的实质要件》,载《人民司法(案例)》2015 年第 16 期。

王肃之:《规范指导视域下类案检索的智慧化》,载《法律适用》2021 年第 9 期。

吴伟、陈启:《判例在我国不宜具有拘束力》,载《法律科学(西北政法学院学报)》1990 年第 1 期。

李友根:《指导性案例为何没有约束力——以无名氏因交通肇事致死案件中的原告资格为研究对象》,载《法制与社会发展》2010 年第 4 期。

陈灿平:《案例指导制度中操作性难点问题探讨》,载《法学杂志》2006 年第 3 期。

胡云腾、罗东川、王艳彬、刘少阳:《〈关于案例指导工作的规定〉的理解与适用》,载《人民司法》2011 年第 3 期。

胡云腾等:《统一裁判尺度,实现司法公正——〈关于案例指导工作的规定〉的解读》,载《中国审判》2011 年第 1 期。

王志强:《中英先例制度的历史比较》,载《法学研究》2008 年第 3 期。

王玧:《判例在联邦德国法律制度中的作用》,载《人民司法》1998 年第 7 期。

张华:《论指导案例的参照效力——基于 1545 份已公开裁判文书的实证分析》,载《甘肃政法学院学报》2018 年第 2 期。

牟绿叶:《论指导性案例的效力》,载《当代法学》2014 年第 1 期。

刘小平、杨金丹:《统一法律适用标准的共识性进路——兼论作为制度的法官学院》,载《南京社会科学》2020 年第 9 期。

傅郁林:《建立判例制度的两个基础性问题——以民事司法的技术为视角》,载《华东政法大学学报》2009 年第 1 期。

彭宁:《最高人民法院司法治理模式之反思》,载《法商研究》2019 年第 1 期。

[日]后藤武秀:《判例在日本法律近代化中的作用》,载《比较法研究》1997 年第 1 期。

吴英姿:《谨防案例指导制度可能的瓶颈》,载《法学》2011 年第 9 期。

周光权:《刑事案例指导制度的发展方向》,载《中国法律评论》2014 年第 3 期。

陈瑞华:《正义的误区——评法院审判委员会制度》,载《北大法律评论》1998 年第 2 期。

徐向华课题组:《审判委员会制度改革路径实证研究》,载《中国法学》2018 年第 2 期。

苏力:《基层法院审判委员会制度的考察及思考》,载《北大法律评论》1998 年第 2 期。

孙光宁:《"两高"指导性案例的差异倾向及其原因——基于裁判结果变动的分析》,载《东方法学》2015 年第 2 期。

孙国祥:《从柔性参考到刚性参照的嬗变——以"两高"指导性案例拘束力的规定为视角》,载《南京大学学报(哲学 · 人文科学 · 社会科学)》2012 年第 3 期。

朱孝清:《错案责任追究与豁免》,载《中国法学》2016 年第 2 期。

李梦雨:《类案检索制度对法官提出新要求》,载《人民法院报》2020 年 7 月 30 日,第 2 版。

胡云腾:《关于参照指导性案例的几个问题》,载《人民法院报》2018 年 8 月 1 日,第 5 版。

张伯晋:《案例指导制度不是判例法》,载《检察日报》2011 年 9 月 29 日,第 3 版。

范明志:《消解成文法中法律统一适用之痛》,载《人民法院报》2010 年 4 月 16 日,第 5 版。

胡兴东:《中国传统判例法与近代普通法系判例法的异同》,载《人民法院报》2016 年 11 月 11 日,第 5 版。

三、裁判文书类

最高人民法院行政判决书,(2016)最高法行再 81 号。

最高人民法院民事判决书,(2003)民四提字第 5 号。

最高人民法院行政裁定书,(2017)最高法行申 169 号。

最高人民法院行政判决书,(1999)行终字第 20 号。

最高人民法院行政裁定书,(2018)最高法行申 5868 号。

最高人民法院行政裁定书,(2019)行申 3082 号。

四川省高级人民法院行政判决书,(2019)川行再 9 号。

黑龙江省高级人民法院行政判决书,(2018)黑行申 77 号。
河南省高级人民法院行政裁定书,(2020)豫行终 1547 号。
福建省高级人民法院行政裁定书,(2019)闽行申 281 号。
海南省高级人民法院民事裁定书,(2019)琼民终 969 号。
河南省郑州市中级人民法院行政判决书,(2018)豫 01 行终 822 号。
江苏省无锡市中级人民法院民事判决书,(2013)锡民终字第 497 号。
辽宁省沈阳市中级人民法院行政判决书,(2016)辽 01 行终 297 号。
江苏省张家港市中级人民法院行政判决书,(2017)苏 0582 行初 56 号。
河南省信阳市中级人民法院行政判决书,(2014)信中法行终字第 31 号。
江苏省南通市中级人民法院民事判决书,(2018)苏 06 民终 436 号。
内蒙古自治区呼和浩特市中级人民法院行政判决书,(2010)呼行终字第 16 号。
洛阳铁路运输法院行政判决书,(2016)豫 7102 行初 210 号。
河南省郑州市中级人民法院行政判决书,(2019)豫 01 行终 348 号。
河北省唐山市中级人民法院行政判决书,(2020)冀 02 行终 54 号。
重庆市第四中级人民法院行政判决书,(2015)渝四中法行终字第 00050 号。
江西省萍乡市中级人民法院行政判决书,(2014)萍行终字第 10 号。
四川省成都市中级人民法院行政判决书,(2006)成行终字第 228 号。
安徽省滁州市中级人民法院行政裁定书,(2012)皖行终字第 14 号。
北京市第一中级人民法院行政判决书,(1999)一中行终字第 73 号。
江苏省南通市中级人民法院行政判决书,(2006)通中行终字第 16 号。
江苏省南通市中级人民法院民事裁定书,(2016)苏 06 行终 435 号。
上海市第三中级人民法院行政判决书,(2015)沪三中行终字第 37 号。
福建省永安市中级人民法院行政判决书,(2019)闽 04 行终 25 号。
北京市第二中级人民法院行政裁定书,(2019)京 02 行终 1955 号。
福建省永安市中级人民法院行政裁定书,(2019)闽 04 行申 1 号。
四川省成都市中级人民法院行政判决书,(2017)川 01 行终 569 号。
湖南省永州市中级人民法院民事判决书,(2016)湘 11 民终 2300 号。
河南省洛阳市中级人民法院民事判决书,(2017)豫 03 民终 5542 号。

河北省保定市中级人民法院行政裁定书,(2019)冀06民终707号。
广东省惠州市中级人民法院民事判决书,(2017)粤13民终1156号。
湖南省永州市中级人民法院行政判决书,(2017)湘11行终198号。
福建省泉州市中级人民法院民事判决书,(2017)闽05民终4925号。
北京市第一中级人民法院民事判决书,(2018)京01民终7112号。
郑州铁路运输中级法院行政判决书,(2017)豫71行终44号。
南宁铁路运输中级法院行政裁定书,(2021)桂71行终28号。
海南省海口市中级人民法院行政判决书,(2016)琼01行终6号。
广东省深圳市中级人民法院行政判决书,(2017)粤03行终451号。
广东省珠海市中级人民法院行政裁定书,(2016)粤04行终93号。
江苏省南通市中级人民法院行政判决书,(2014)通中行终字第0106号。
广东省茂名市中级人民法院行政判决书,(2015)茂中法行初字第79号。
河南省信阳市潢川县人民法院行政判决书,(2014)潢行初字第5号。
河南省郑州市金水区人民法院行政判决书,(2016)豫0105行初342号。
山东省济南市历下区人民法院行政判决书,(2010)历行初字第4号。
安徽省肥东县人民法院行政判决书,(2016)皖0122行初10号。
云南省剑川县人民法院行政判决书,(2017)云2931行初1号。
吉林省和龙林区基层法院行政判决书,(2017)吉7502行初字第1号。
四川省乐山市市中区人民法院行政判决书,(2013)乐中行初字第36号。
江西省吉安市吉州区人民法院行政判决书,(2012)吉行初字第13号。
山西省晋城市高平市人民法院行政裁定书,(2019)晋0581行初33号。
内蒙古自治区包头市九原区人民法院行政裁定书,(2016)内0207行初2号。
河南省漯河市中级人民法院行政判决书,(2020)豫11行初12号。
江苏省东台市人民法院行政判决书,(2012)东行初字第0068号。
四川省成都市新都区人民法院行政判决书,(2017)川0114行初19号。
广东省东莞市第一人民法院行政判决书,(2017)粤1971行初308号。
上海海事法院行政判决书,(2019)沪72行初34号。
四川省成都市青羊区人民法院行政判决书,(2017)川0105行初49号。
广西壮族自治区灵川县人民法院行政判决书,(2020)桂0323行初2号。